西北能源市场化改革与能源监管研究

黄少中　林卫斌　曲　玮　等　著

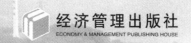
经济管理出版社
ECONOMY & MANAGEMENT PUBLISHING HOUSE

图书在版编目（CIP）数据

西北能源市场化改革与能源监管研究/黄少中，林卫斌，曲玮等著. —北京：经济管理出版社，2019. 12
ISBN 978-7-5096-2504-0

Ⅰ.①西… Ⅱ.①黄…②林…③曲… Ⅲ.①能源经济—市场改革—研究—西北地区②能源经济—市场监管—研究—西北地区 Ⅳ.①F426. 2

中国版本图书馆 CIP 数据核字（2020）第 017614 号

组稿编辑：陆雅丽
责任编辑：陆雅丽
责任印制：黄章平
责任校对：张晓燕

出版发行：经济管理出版社
　　　　　（北京市海淀区北蜂窝 8 号中雅大厦 A 座 11 层　　100038）
网　　　址：www. E-mp. com. cn
电　　　话：（010）51915602
印　　　刷：三河市延风印装有限公司
经　　　销：新华书店
开　　　本：787mm×1092mm/16
印　　　张：18. 25
字　　　数：433 千字
版　　　次：2020 年 9 月第 1 版　2020 年 9 月第 1 次印刷
书　　　号：ISBN 978-7-5096-2504-0
定　　　价：98. 00 元

总　论

本书旨在系统梳理西北地区（陕西、甘肃、青海、宁夏、新疆）能源市场化改革的进展和能源监管的实践，剖析提炼西北能源市场化改革和能源监管存在的主要问题，分析并建议深化西北能源市场化改革的方向与举措，提出完善西北能源监管的思路与对策。

一、能源市场化改革与能源监管的性质和意义

能源市场化改革是建立健全社会主义市场经济体制的重要内容，加强和完善能源监管则是市场化条件下国家能源治理体系和治理能力现代化的必然要求。2013年党的十八届三中全会明确了我国经济体制改革的总体方向和目标是"使市场在资源配置中起决定性作用和更好发挥政府作用"。如果说能源市场化改革是使市场在资源配置中起决定作用的不可或缺的关键领域改革，那么，能源监管则是更好发挥政府作用的不可或缺的政府职能。2014年中央财经领导小组第六次会议进一步明确了推进能源体制革命就是要"还原能源商品属性，构建有效竞争的市场结构和市场体系，形成主要由市场决定能源价格的机制"，就是要"转变政府对能源的监管方式，建立健全能源法治体系"。

当前，我国正在大力推进能源生产和消费革命，加快构建清洁低碳、安全高效的能源体系，以满足国内大气污染防治和国际上应对全球气候变化的要求，满足我国经济高质量发展的要求，满足生态文明和美丽中国建设的要求。以能源市场化改革和能源监管为核心内容的能源体制革命是能源生产和消费革命实现的先决条件，是清洁低碳、安全高效能源体系构建的制度保障。

本书第一章参考产业组织理论和哈佛大学迪安科夫（S. Djankov）、格雷瑟（E. Glaeser）和施莱弗（A. Shleifer）等学者发展起来的新比较经济学分析框架，从理论上分析能源市场化改革和能源监管的内涵和内在逻辑关系。能源市场化改革的本质是资源配置方式的变革，充分发挥市场竞争和价格机制在资源配置中的基础性作用。能源市场化改革主要包括三个层面的内容：一是重塑能源市场主体，厘清政府和企业的职能边界，使企业成为真正按市场经济规律办事的商业化的市场经济主体；二是重构能源市场结构，构建有效竞争的市场结构和市场体系；三是重建能源市场运行机制，放松管制，形成主要由市场决定能源价格的机制，充分发挥价格机制在资源配置中的基础性作用。

当然，市场从来不是完美的，在推进能源市场化改革、使市场在资源配置起决定性作用的同时，也需要更好地发挥政府作用、弥补市场失灵。其中，能源监管是不可或缺的政

府职能。根据能源领域市场失灵的类型，能源监管主要包括四个方面：一是监管能源垄断企业，解决市场竞争缺失问题；二是监管能源市场，保证市场充分有序竞争，解决市场竞争不充分问题；三是监管能源行业标准，解决一些与能源相关的环境、健康、安全等负外部性问题；四是监管能源产业政策的落实，解决一些能源领域的正外部性问题。

根据第一章的理论分析框架，本书第二章简要地梳理了我国能源市场化改革与能源监管的政策与实践。其中，电力市场化改革分为"5号文"之前的电力体制改革、"5号文"框架下的电力体制改革和"9号文"框架下的电力体制改革三个阶段，分别梳理不同阶段电力市场主体、市场结构和市场运行机制方面的改革政策与实践。煤炭市场化改革主要包括三方面的内容：一是从投资体制和管理体制改革方面梳理煤炭市场主体和市场结构的重塑；二是梳理煤炭价格市场化改革进程；三是梳理2015年以来实施的煤炭供给侧结构性改革的政策与实践。油气市场化改革相对滞后，其政策与实践梳理也主要分为三个方面：一是油气市场主体的形成过程，包括三大石油公司格局的形成和各环节其他市场主体的发展；二是油气价格形成机制的改革过程；三是2017年《中共中央 国务院关于深化石油天然气体制改革的若干意见》的主要内容。在能源监管方面，分析了当前能源监管体系的形成过程及其职能边界，并分别从价格监管、投资监管、市场监管和安全监管四个方面，梳理总结了我国能源监管的政策与实践。

二、西北地区能源发展的"八大特征"及"五大趋势"

西北五省（区）国土总面积约297万平方千米，占全国总面积的30.94%，地区能源资源品种多、储量足、分布广，风能、太阳能等新能源资源丰富，电力、油气管网设施较多，不仅是我国最大的能源生产区域，也是国家清洁能源生产的重要基地。本书第三章系统分析了西北地区能源行业发展的特征与趋势。

（一）八大特征

特征一：能源资源丰富，但区域分布不均。煤炭、石油、天然气基础储量分别占全国的16.2%、37.4%、36.8%，水电、风电、光伏资源分别占全国的12.9%、26.2%、35.2%。但是化石能源资源主要分布在陕西、新疆，可再生能源资源主要分布在甘肃、青海、新疆。特征二：能源投资建设规模较大，能源型经济特征明显。2017年，西北五省（区）能源工业投资总额占全社会固定资产投资总额的9%，青海、新疆、宁夏分别为14.7%、11.1%、10.6%，显著高于全国平均水平（5%）。特征三：能源生产大于能源消费，外送特征明显。2017年，西北区域煤炭、石油、天然气和电力的合计净调出量占产量的比重分别为37%、70%、109%[①]和15%。特征四：清洁能源发展快，能源转型基础较好。甘肃的水电和风电、青海的水电和太阳能、宁夏和新疆的风电发展基础好，2018年，甘肃和青海的水电、风电和太能发电等可再生能源发电占比分别达到48.1%和85.1%。特

---

① 净调出量占产量比重超过100%的主要原因是新疆2017年还有约389亿立方米的天然气进口量。

征五：能源消费总量较低但增速快，且消费结构日趋优化。西北五省（区）能源消费量占全国能源消费总量比重较小，2017 年仅为 10.74%，但是能源消费增长势头明显，增速是全国的近 3 倍，而且清洁能源消费占比不断提高。特征六：人均能源消费量较高，但人均生活用能水平较低。2017 年，西北人均能源消费量 5.95 吨标准煤，高于全国平均的 3.23 吨标准煤，但人均生活用电量 513 千瓦时，比全国平均水平 697 千瓦时少近 30%。特征七：能源消费结构单一，能耗水平较高。西北地区能源消费主要集中在第二产业，尤其是甘肃、青海和宁夏。这也决定了其能耗水平必然偏高，2017 年，西北地区单位 GDP 能耗为 0.95 吨标准煤/万元，高出全国平均水平 77%。特征八：能源价格相对较低，用能成本具有竞争优势。2018 年西北地区平均销售电价约 0.4 元/千瓦时，为全国平均水平的 2/3；成品油价格和天然气门站价格比全国平均水平分别低 2% 和 27% 左右。

（二）五大趋势

趋势一：能源需求还有相对较大的空间，仍将保持较快增长。受工业化城镇化推进、西部大开发、"一带一路"建设和产业转移等因素影响，西北地区能源需求还有相对较大的空间，仍将保持较快增长。趋势二：全国能源基地作用更加明显，外送特征仍然突出。随着能源供给侧结构性改革、外送通道完善和电力市场建设的推进，西北地区作为全国能源基地的作用将更加明显，外送特征仍将突出。趋势三：因地制宜推进市场建设，满足能源和资源优化配置需求。西北五省（区）资源的差异、高比例可再生能源发展的要求和市场体系的完善，将助推区域内优化能源资源配置、区域和省（区）电力市场建设并重进行。趋势四：能源革命深入推进，能源体系向清洁化、低碳化转型。国家建设生态文明和美丽中国以及国际上应对全球气候变化，必然要求西北地区能源生产和消费革命深入推进，能源体系向清洁化、低碳化转型。趋势五：用能结构逐步优化，能耗强度逐步下降。受节能减排政策、产业结构转型升级的影响，西北地区用能结构将逐步优化，能耗强度将逐步下降。

三、西北电力市场化改革：进展、问题和方向

（一）改革的进展

根据《中共中央　国务院关于进一步深化电力体制改革的若干意见》，"管住中间、放开两头"的总体精神及配套文件中各项改革任务的实施意见，西北各省（区）稳步推进新一轮电力体制改革，在核定"中间"输配电价的基础上，在积极推进售电侧改革、组建电力交易机构、有序放开发用电计划、扎实开展电力市场建设等六个方面取得了较好的进展。

一是按照准许成本加合理收益原则全面推进输配电价改革。2016 年，西北五省（区）

全部启动输配电价改革试点工作，辖区内开展第一监管周期①省级电网输配电价成本监审，核定了"大工业"、"一般工商业及其他"两大类用户输配电价，2019年，开展了各省（区）及西北区域第二监管周期（2020~2022年）电网输配电定价成本监审工作。二是有序向社会资本放开售电业务，稳步推动售电侧改革。西北五省（区）相继出台售电侧改革政策文件，推动售电主体积极参与市场，一方面启动售电公司注册工作，售电公司数量逐年增加，注册管理方法逐步规范；另一方面逐步取消省外售电公司的交易参与限制，不断提高各省（区）售电公司电力交易市场参与度，采取以年度交易为主、季度和月度交易为辅的新交易周期，电量成交规模不断扩大。三是加快推进并适时调整试点项目，开展增量配电业务改革。一方面，积极配合全国增量配电业务改革试点工作，在全国四批试点中，西北五省（区）共有75个项目先后纳入试点；另一方面，针对在增量配电业务改革试点实践过程中出现的预判失误、条件变更等实际项目落地问题，适时调整试点工作，申请并获准取消11个试点项目试点资格（甘肃9个、新疆2个）。四是逐步完善组建方案并组建交易中心，推进电力交易机构规范化建设。国网西北各省（区）的电力公司相应出台了各自组建电力交易中心的方案，各省（区）电力交易中心有限公司于2016年上半年相继挂牌成立，电力市场管理委员会也相继成立。另外，根据"股东多元、股权结构完善"的原则，西北各省（区）于2018年确定了关于电力交易机构的股份制改造方案。五是协同发展中长期交易市场、现货市场和辅助服务市场三方市场，深度完善电力市场建设。中长期交易市场建设方面，2017年西北五省（区）陆续启动了中长期交易规则的编制工作，通过自主协商和集中竞价等形式以省内大用户直接交易、跨省跨区交易、合同转让交易等多种方式有序开展中长期交易。电力现货市场建设仍处于试点探索阶段，目前只有甘肃列入试点并于2018年12月正式试运行；此外，西北能源监管局积极探索和推进区域现货市场建设，研究提出初步路线图。电力辅助服务市场建设方面，西北五省（区）加区域（"5+1"）的辅助服务市场体系实现了全覆盖，形成了以各具特色的省内市场为基础、以跨省交易进行优化和补充的市场体系。六是建立优先发电优先购电制度，逐步推动省级层面不断实践有序放开发用电计划。各省（区）发用电计划主管部门建立优先发电优先购电制度，不断完善其放开发用电计划方案，对市场主体的准入限制逐步放宽，越来越多的发电企业和电力用户被纳入市场化交易中，自2019年6月开始，西北各省（区）全面放开经营性电力用户发用电计划。

（二）存在的主要问题

近年来，在"9号文"指导和各级主管部门、企业共同努力下，西北电力市场化改革全面推动取得了长足的发展，但仍存在五个方面的主要问题。问题一：西北地区电网建设投资大、成本高，输配电价核定压力较大且难以执行到位，供电成本交叉补贴问题依然存在，输配电价改革不到位。问题二：西北各省（区）电力交易中心的大股东仍是国网省级

---

① 宁夏第一监管周期为2016~2018年，其余各省（区）第一监管周期为2017~2019年。

电力公司，股份制改造进展缓慢，并且人事任免等不独立，电力交易机构独立不彻底。问题三：受"省为实体"的电力管理模式、技术制约、电价区域差异等多重因素影响，省间资源配置阻力较大，省间交易壁垒突出。问题四：在偏差处理、长期负荷预测、技术支持系统等方面存在不足，中长期交易机制有待完善。问题五：现货市场建设推进比较缓慢，整体工作处于研究探索的起步阶段，市场意识不强、市场认知不足，相关技术支持的研究滞后。

（三）深化改革的方向与举措

西北电力市场化改革的总体方向是确立适合西北区域的电力市场模式，培育多元化市场主体，不断完善省级电力市场，推动市场融合，结合实际在更大范围内优化配置资源，着力构建区域电力市场，降低电力成本，引导电力行业投资，实现健康可持续发展。

深化西北电力市场化改革的举措包括十项重点任务和五项改革保障措施。

1. 十项重点任务

一是加快推进发用电计划改革进度，及时按照国家政策文件要求制定发用电计划改革政策并组织实施，确保政策有效落实，扩大电力市场化交易规模。二是继续深化输配电价改革，分步骤、分阶段减少工商业内部交叉补贴，稳妥处理好大工业与居民、农业用户交叉补贴；根据电网各电压等级的资产、费用、电量、线损率等实际运行情况进一步细化核定分电压等级输配电价。三是进一步规范中长期交易体制机制，逐步形成一套品种完备、组织有序的跨区跨省中长期交易体系；建立促进可再生能源消纳的交易机制。四是深化并完善辅助服务市场机制改革，在西北区域电力辅助服务市场"5+1"格局的基础上进一步丰富交易品种、扩大市场主体范围、激发市场内生活力，做好与电能量市场和现货市场的衔接协调。五是加快推进现货市场建设，研究制定现货市场建设方案和运营规则，加快开发建设现货市场相关技术支持系统，配套制定市场试运行方案、应急预案等。六是持续鼓励社会资本投资增量配电业务发展，积极推进划分配电区域、颁发增量配电类供电业务许可证等工作。七是推进交易中心股份制改造，落实交易机构股份制改造任务，规范交易机构的人员、资产和财务管理。八是探索推进区域市场建设，以西北区域电力辅助服务市场为切入点，深化跨省跨区电能交易、新能源跨省区发电权交易等多种交易形式；着力促进西北区域现货市场建设工作试点；开展筹建西北区域电力交易中心的可行性研究。九是持续推动新能源电量消纳，继续完善辅助服务市场机制，进一步发挥区域电网互济作用，完善相关新能源送出网架，进一步探索机制，推动跨区、省间、省内多个市场创新发展。十是大力推进西北电网电力电量外送，促进跨区及区域内电网建设；积极争取电力外送计划、中长期送电协议；进一步完善电力外送价格机制和利益分享机制，分环节降低电力外送价格；提高外送电量中可再生能源电量比重，通过清洁能源、"绿电"提高西北电力外送的竞争力。

2. 五项改革保障措施

与此同时，通过加强电力市场信用体系的建设、建立市场风险防范机制、健全电力市场信息披露机制、建立电力市场运营评估机制以及完善跟踪考核落实情况机制五个方面的措施来保障西北电力市场化改革的深化进程。

四、西北煤炭市场化改革：进展、问题和方向

（一）改革的进展

煤炭去产能和保障煤炭供应是区域煤炭市场肩负的双重重任，也是开展煤炭市场化改革的前提。在煤炭市场化改革进程中，西北五省（区）以"放管服"为着力点，通过搭建集约、安全、高效、绿色的现代煤炭工业体系，在突出大型煤炭基地、大型骨干企业集团、大型现代化煤矿主导地位的同时完善多元市场主体，提高生产效率和企业效益，进而推进煤炭价格的市场化运作模式，最终实现煤炭的供给侧结构性改革这一根本目标。具体在四个方面取得了长足的发展。

一是通过培育和组建大型煤炭基地及现代化煤炭企业集团，完善多元市场主体。西北地区各省通过兼并重组等方式深度整合煤炭市场，逐步向以大型特大型矿井为主、中小型矿井为辅、煤炭资源与伴生资源综合开发、煤电路和煤焦化多元产业开发多结构和综合模式转变，培育出一批具有国际竞争力的大型煤炭基地及现代化煤炭企业集团，产业附加值和开发效益不断提升。二是构建现代化煤炭交易体系，深化煤炭价格市场化改革。除新疆的特殊情况外，煤炭价格仍然在实行政府干预体制，价格管理机制未与全国接轨外，陕西、甘肃、青海和宁夏四省（区）煤炭价格市场化改革与全国情况基本一致，2012年在国家取消重点电煤合同和电煤价格双轨制后，四省（区）政府鼓励煤炭企业和电力企业签订自主协商、价格机制合理的中长期合同。三是推动政府职能向"政府放权、监服并重"方向转变，强化煤炭领域"放管服"改革。"放管服"改革不断深入，各省（区）在规范行政权力运行、提高行政审批效率、创新监管、改进服务等方面不断完善，政府职能从最初的单纯减少审批程序逐步向政府放权以及监管和服务并重的方向转变。四是依据"去产能是深化供给侧机构性改革的重要任务"精神，推进煤炭供给侧改革。西北五省（区）积极调整产业结构和优化布局，着力加强科技创新，从老矿区转型发展、完善煤炭深加工产业链、煤矿安全生产标准化建设、下岗职工安置等多方面开展工作。截止到2018年，甘肃、新疆均已超前完成"十三五"去产能任务，其他省份去产能任务均已超过60%，合计退出煤炭产能7667万吨。

（二）存在的主要问题

西北煤炭市场化改革发展良好，但也存在诸多问题，其中四个方面的关键问题不容忽视。问题一：矿权制度不完善，一方面存在煤炭和石油、天然气、煤层气等其他资源矿业权重叠的问题，另一方面矿业权流转制度也存在缺陷。问题二：西北五省（区）中除青海和宁夏，其余省（区）CR4值远远低于40%，"煤炭清洁高效利用"发展目标下需要进

一步提升煤炭行业市场集中度。问题三：西北煤炭行业简政放权不到位，企业项目审批负担重的问题仍然存在，简政放权在同步性、系统性等方面需要进一步加强，并且简政放权缺乏监管机制支撑，导致出现"放小不放大、放虚不放实、上放下不放"等问题。问题四：市场准入退出机制有待完善，主要包括淘汰产能落后的小微煤矿的退出补偿机制、扭亏无望的国有煤炭企业退出援助机制以及上一轮政策性破产中改制重组煤矿的有序退出政策等。

（三）深化改革的方向与举措

西北煤炭市场化改革的总体方向聚焦于构建市场机制有效、投资主体活跃、宏观调控有度、监管体系健全的煤炭体制机制，以加快推进煤炭短期市场建设为主要基调，积极谋划中长期市场建设，最终实现煤炭市场化改革全面推进。

深化西北煤炭市场化改革的举措包括三项重点任务和三方面改革保障措施。

1. 三项重点任务

任务一：优化煤炭产业结构，积极推动西北区域国有煤炭企业完善现代企业制度，提高国有资本配置和运行效率；鼓励大型煤炭企业兼并重组，培育大型煤炭企业集团；鼓励煤炭清洁利用项目投资，不断推动煤炭清洁利用。任务二：全面推进矿权制度改革，加快矿业权出让制度改革，探索通过招标、拍卖、挂牌等方式出让，规范程序，充分发挥市场配置资源决定性作用，进一步健全资源有偿使用制度。任务三：做好放活与管好相结合，进一步减少政府在煤炭行业流通领域、投资领域以及定价等方面的无效干预；及时梳理分析西北煤炭行业监管存在的空白和短板，厘清监管职责、加强互联互动、发挥派出能源监管机构一线监管作用。

2. 三方面改革保障措施

基于任务目标，为更好促进西北煤炭市场化改革，需要在煤炭信用体系建设、煤炭应急储备机制构建和成立西北区域煤炭交易中心三个方面提升保障能力。

五、西北油气市场化改革：进展、问题和方向

（一）改革的进展

西北油气行业发展起步晚于电力和煤炭，在市场化改革过程中仍处于初期的探索阶段，与电力、煤炭相比市场主体相对较少，市场化改革主要在石油和天然气价格改革方面取得了显著成效。

一是结合发展实际逐步推进多元市场主体的形成。从市场主体看，在油气勘探开发、管道运输、炼油环节和销售环节，除陕西延长石油集团（简称延长石油）外，西北区域主要是中国石油集团和中国石化集团在西北区域的各个分公司；在炼化环节，除延长石油外，地方企业在政策支持下得到发展；在勘探开采环节，新疆作为油气勘查开采改革试

点，于 2018 年 1 月首次以挂牌方式成功出让 3 个石油天然气勘查区块的探矿权。二是重点围绕成品油价格形成机制不断理顺石油价格体制机制。1998 年，西北区域石油价格由政府统一定价调整为与国际市场价格接轨；2006 年实施的石油价格综合配套改革及 2008 年实施的成品油价格和税费改革，基本理顺成品油价格与市场的关系；2013 年，成品油价格调整周期缩短至 10 个工作日；2016 年，简化成品油调价操作方式，同时按照新规定，对省内石油价格制定标准和管理方法进行了细化和完善。经过一系列石油价格的改革，西北地区石油价格与国际市场价格接轨且价格调整周期缩短后，油价在维持相对稳定的基础上更能灵活反映国际油价的变化情况。三是通过理顺天然气门站和管输价格、调整天然气销售价格来大力推动天然气价格体系。2013~2018 年，通过一系列天然气价格改革，西北各省（区）天然气价格管理由出厂环节调整为门站环节，门站环节非居民用气价格和居民用气价格由最高上限价格管理逐步过渡为基准门站价格管理，且居民用气价格逐步与非居民用气价格并轨。相应地，西北各省（区）价格主管部门按照国家天然气价格改革相关要求，也适时调整了天然气销售价格。此外，2016 年西北各省（区）相继出台城镇管道燃气配气价格管理和成本监审的办法条例，规范燃气配气价格，并为天然气管道运输价格的管理和成本监审提供了法律制度依据。

（二）存在的主要问题

西北油气行业发展起步晚于电力和煤炭，市场化改革也处于探索阶段，主要存在四个方面的问题。问题一：油气资源勘探开采领域的区域和行业高度垄断，低持有成本导致"三桶油"集团"占而不采"的现象严重，勘探开发力度不足，而以行政权力设置的市场准入壁垒又限制了竞争，油气市场缺乏活力。问题二：绝大部分油气管网由三大油气公司及省级管网公司垄断经营，为维护其垄断地位和垄断利润，管网设施极少向第三方开放，管道公平开放不足，严重阻碍油气行业市场化改革进程。问题三：中石油、中石化占据西北地区下游行业终端市场的主导地位，终端市场化程度不高，而民营批发零售企业受限于制度、规模、政策等因素未能成为具备竞争性的油气市场主体，企业数量和市场份额均较少。问题四：油气价格形成机制和油气管输环节定价机制有待进一步完善，价格无法灵敏反映市场供求关系、管输定价成本不透明、天然气企业缺乏建设储气设施的积极性和主动性等问题较为突出。

（三）深化改革的方向与举措

依据国家油气体制改革方案以及"管住中间、放开两头"总体原则，西北油气市场化改革重点方向是推进西北区域有序放开油气勘探开发、进出口及下游环节竞争性业务，进一步研究探索推动油气管网基础设施公平开放接入，通过公平、公正、有序的竞争释放市场活力，进一步提高西北油气供应保障能力，推动油气行业高质量发展。

深化西北油气市场化改革的举措包括六项重点任务和四项改革保障措施。

1. 六项重点任务

任务一：放开上游油气勘查开采准入限制，提升资源接续保障能力。实行勘查区块竞争出让制度和更加严格的区块退出机制，允许符合准入要求并获得资质的市场主体参与西北区域常规油气勘查开采。任务二：推进油气管网公平开放，提升集约输送和公平服务能力。建立完善油气管网公平接入机制，分步推进西北区域内干线管道独立、管输和销售分离，积极引进民营企业公平接入。任务三：完善油气产品定价，激发市场主体活力。建立合理反映油气资源供给、市场供求关系、生态环境价值和代际补偿成本的油气价格机制，充分发挥价格杠杆调节作用。任务四：深化下游竞争性环节改革，提升优质油气产品生产供应能力。完善油气加工环节准入和淘汰机制，提高国内原油深加工水平，加大天然气下游市场开发培育力度，促进天然气配售环节公平竞争。任务五：完善油气应急储备体系，提升油气战略安全保障供应能力，完善储备设施投资和运营机制，加大政府投资力度，鼓励社会资本参与储备设施投资运营。任务六：建立西北区域油气交易中心，提升资源流动能力，优化配置效率。本着"立足西北、服务全国、辐射丝路沿线国家、面向世界"的发展目标，按照"先现货后期货，先国内后国际"的发展战略，筹建"西北区域油气交易中心"。

2. 四项改革保障措施

通过改革政府管理体制、推进油气法制建设、推进信用体系建设以及建立有效监管体系四个方面的措施来保障西北油气市场化改革的顺利进行。

六、西北能源监管：实践、问题和思路

（一）能源监管的实践

在西北能源监管体系构架中，履行监管职责的部门主要是国家能源局西北区域派出机构和地方能源管理相关部门，对电力、煤炭和油气三个领域进行监管。

电力资源充裕、行业发展良好的电力行业是整个西北地区能源行业中最重要的产业，对电力行业的监管实践历史较长，在长期的监管实践中积累了丰富的监管经验。根据西北电力行业发展实际和重点工作安排，对西北电力监管实践工作的阐述从四个方面展开。一是政策落实监管。西北区域电力产业政策落实监管工作主要包括监管落实电力发展中长期规划、监管落实可再生能源关于发展和消纳的产业政策、监管涉及防范化解煤电产能过剩风险的政策落实三项。二是电力安全监管。作为西北能源监管中最重要的工作之一，西北电力安全监管主要通过实施常规电力安全监管、完善电力安全制度、开展系列专项监管等措施来预防和减少电力生产建设事故，保障电力系统安全稳定运行和电力可靠供应。三是电力市场监管。电力市场的监管工作以保障电力市场的公平竞争、维护市场秩序、提高供电质量为目标，在加强电力业务许可管理、规范电力调度交易和市场秩序、提升供电服务质量、制定电力中长期交易规则并监督其执行四个方面进行监管。四是电力价格监管。除

国家能源局派出机构每年对辖区内电网企业价格和成本信息的收集和审查等常规制度化电价监管，事项性的电价监管工作则从输配电价格和成本的核定和审查、用电价格调整政策的落实情况监管、电力企业价格和成本信息监测与披露三项展开。

根据煤炭在西北地区的分布特征、行业特征、发展趋势及其生产安全方面的需求，对西北煤炭行业的监管主要涉及三个方面。一是煤炭产业政策落实监管，近年主要是对国家煤炭去产能相关政策的落实情况监管。二是煤炭安全生产监管，由国家煤矿安全监察局在西北区域各省的派出机构履行管理煤矿安全生产许可证的颁发、监管专项安全生产、组织煤矿事故调查等主要职能。三是煤炭市场监管，即市场准入及秩序监管，由各省（区）发展改革委（能源局）、国家能源局派出机构以及地方市场监督管理局等相关机构，履行煤矿建设项目核准和建设秩序监管、煤炭经营监管和散煤质量管控以及煤炭中长期合同履行监管三大部分的市场监管职责。

西北油气监管相应部门职能建设和起步较晚的油气行业发展正处于同步推进之中，监管实践主要涉及三个方面：一是油气产业政策落实监管，主要包括石油、天然气中长期规划执行情况监管和成品油质量升级落实情况监管；二是油气管网公平开放监管，主要包括信息公开和信息报送监管、油气购销和管输合同监管；三是对石油和天然气的价格监管，主要涉及对油气管输环节的价格和成本进行监管，以及对价格政策执行情况的检查。

（二）存在的主要问题

近年来，西北能源监管体系趋于完善，但是随着能源行业不断发展、外部经济社会需求变化和生态环境要求不断提高，西北能源监管体系存在的问题也越来越凸显。问题一：监管体系不健全，相较于电力监管完善的部门设置和职责分工，对油气和煤炭的监管机构和制度不配套、不健全，监管职责划分不明晰，监管主体多且职责分散，安全生产监管领域的职责重叠问题最为突出。问题二：监管法律法规及其标准建设滞后，电力、煤炭和油气等能源领域的监管法律法规出台后，并未根据当前市场化改革以及监管机构职能变化进行相应的修订和调整，此外，在当前市场化改革的背景下，市场准入、市场秩序、价格监管等方面的监管标准也不完善。问题三：监管方式有待改进，非现场监管手段严重缺失，投诉举报制度有待制度化、规范化，信用体系建设有待完善，信息披露应用不够广泛。问题四：监管能力亟待加强，西北区域能源监管派出机构人员配置不够、监管力量短缺，提升监管能力、开展监管工作的经费不足，导致监管能力不足，此外，还存在执法手段单一的问题。

（三）完善能源监管的思路

随着能源市场化改革全面深化，清洁低碳、安全高效的能源体系建设不断推进，管理职能转变、简政放权进程加快，西北能源发展和市场化改革面临新的形势，对完善监管体系也提出了新要求。新形势下，结合西北能源监管体系存在的问题，西北能源监管工作的主要思路是贯彻落实"四个革命、一个合作"能源安全新战略，按照国家治理能力和治理体系现代化的要求，坚持目标导向和问题导向，始终围绕和服务于国家政策的有效实施、能源改革的有序推进、能源市场的科学构建、民生用能的可靠供应进行；不断创新和完善监管理念、监管体系、监管方式，切实提高能源监管整体效能，严格按照法律法规和"三定"规定履行能源监管责任，为促进西北区域能源行业高质量发展贡献监管力量。

根据健全西北能源监管体系的主要思路，加强并完善西北能源监管的举措重点集中在六个方面。

一是完善监管机构设置，明细监管职责。调整优化区域和省级能源监管机构，增加派出机构内油气、煤炭监管的部门或专业人员；在国家层面，通过法律法规对油气和煤炭相应部门的监管职责和执法权力予以明确，填补监管漏洞，增强监管力度。二是健全监管法规和标准建设，提升行政执法能力。在国家层面，大力推进《能源法》、《能源监管条例》等与能源监管相关的法律法规出台，完善相关规章制度，进一步明确能源监管的职责范畴和执法权限；在区域层面，加快研究制定能源监管配套规范标准文件的制定工作，充实完善现有能源监管条例中的内容，同时配套出台相关专项监管细则和法规。三是扩展监管思路，加强统筹协调。一方面进一步强化对能源市场运行秩序和自然垄断环节的监管；另一方面着力改变"重审批轻监管"、"重政策制定轻贯彻落实"的传统模式，把更多行政资源从事前审批转到加强事中事后监管上来。在区域层面，加强能源监管统筹协调，实行年度重点监管任务清单制度。四是加强部门协同联动，形成能源监管合力。一方面，从拟定能源发展规划、产业政策、体制改革建议和核准、备案能源项目开始，加强部门联动、政策联动和业务联动，充分发挥整体工作效能；另一方面，监管机构在制定监管制度、标准和方案时，征求地方能源管理部门意见，通过有效衔接和积极沟通，形成监管合力，构建监管闭环。五是创新完善监管方式，多措并举全面提升监管效率。加强能源监管信息化建设，一方面应推进信用体系建设和管理，建立标准科学统一、指标合格完备的能源企业信用评估模型，同时建立对能源企业的信用约束机制，推动能源企业和协会加强内部信用管理；另一方面要做好投诉反馈，发挥社会监督作用，全方位、多角度监督能源企业行为。六是强化监管成果应用，提高能源监管效能。一方面对监管中发现的问题及时采取政策调整、约谈等监管措施，编制发布监管报告、通报，对于典型性、苗头性问题，视问题影响程度采取综合手段及时予以纠正；另一方面通过加大稽查工作宣传力度，充分运用网站、报纸、官方社交媒体平台等形式，提升能源监管的震慑作用和社会影响力。

目　录

第一章　能源市场化改革与能源监管的基本理论 ················· 1

　　第一节　能源市场化改革的基本内涵 ······················ 1

　　第二节　能源监管的基本内涵 ··························· 5

　　第三节　能源市场化改革与能源监管的内在关系 ·············· 11

第二章　我国能源市场化改革与能源监管的政策与实践 ··········· 15

　　第一节　电力市场化改革 ···························· 15

　　第二节　煤炭市场化改革 ···························· 35

　　第三节　油气市场化改革 ···························· 47

　　第四节　能源监管 ······························· 63

第三章　西北地区能源行业的特点及发展趋势 ················· 81

　　第一节　能源行业的总体特征及发展趋势 ·················· 81

　　第二节　电力行业的特点、问题及发展趋势 ················· 94

　　第三节　煤炭行业的特点、问题及发展趋势 ················ 100

　　第四节　油气行业的特点、问题及发展趋势 ················ 105

第四章　西北能源市场化改革进展及存在的问题 ··············· 111

　　第一节　电力市场化改革进展及存在的问题 ················ 111

　　第二节　煤炭市场化改革进展及存在的问题 ················ 168

　　第三节　油气市场化改革进展及存在的问题 ················ 195

第五章　西北能源监管实践及存在的问题 ·················· 223

　　第一节　能源监管体系构架 ························· 223

　　第二节　电力监管实践 ···························· 225

　　第三节　煤炭监管实践 ···························· 239

　　第四节　油气监管实践 ···························· 245

　　第五节　能源监管存在的主要问题 ……………………………………… 251

第六章　深化西北能源市场化改革与完善能源监管的方向与思路 ………… 257

　　第一节　深化能源市场化改革的方向与思路 …………………………… 257

　　第二节　完善能源监管的方向与思路 …………………………………… 266

参考文献 ……………………………………………………………………… 271

后　记 ………………………………………………………………………… 275

第一章 能源市场化改革与能源监管的基本理论

能源市场化改革的本质是能源生产和消费等经济活动组织方式的变迁，是资源配置方式的变革，目标是充分发挥市场竞争和价格机制在资源配置中的基础性作用。能源市场化改革的主要内容包括重新界定能源市场主体功能、重新塑造能源市场结构和重新构建能源市场运行机制三个层面。能源行业特殊的经济技术属性决定了能源市场化改革与能源监管的制度耦合性，能源市场化改革必然要求加强能源监管、更好地发挥政府作用，一方面加强对垄断环节的经济性监管，保护消费者利益，另一方面加强市场监管，维护公平竞争的市场秩序。

第一节 能源市场化改革的基本内涵

一、市场化改革的含义及目标

市场化改革的本质是经济体制的变迁，即经济活动的组织方式以及维持经济活动秩序的制度体系的变迁。分析经济体制最有代表性的方法——市场与计划（市场与政府）二分法，将经济体制划分为由市场"无形之手"组织经济活动的市场经济体制和以政府"有形之手"组织经济活动的计划经济体制。

经济活动组织方式的差异本质上是市场与政府作用力对比的差异。因此，"经济体制改革的核心问题是处理好政府和市场的关系"。从产业组织的角度看市场这个抽象概念至少包含三个层面的问题，即市场主体、市场结构、市场运行机制。市场主体是市场中产品和服务的提供者，市场结构决定市场主体之间的竞争关系，市场运行机制则是市场主体行为的激励约束机制。在不同的组织方式下，市场主体的性质、市场结构的决定作用和市场运行机制等也存在本质差异。因此，分析政府和市场的关系应具体分析政府与市场主体的关系、政府对市场结构和市场运行机制的影响，这也就构成了经济体制的解析框架（见图1-1）。

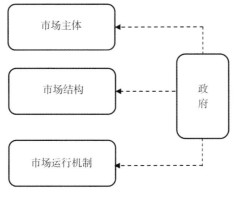

图1-1 经济体制的解析框架

（一）市场主体与政府

市场主体是市场上产品或者服务的提供者。市场主体与政府的关系在不同经济体制下不同。政企合一的国营体制决定了国有企业本身即是政府的组成部分，肩负生产经营和政府双重职能，追求经济、社会和政治等多重目标，其商业行为经过政府直接协调和控制，从而实现既定的政策目标。在市场经济体制下，市场主体是追求利润最大化的商业化企业。不同于国营体制下的政企从属关系，市场体制下政企分离，企业专司生产经营职能，政府则基于公共利益考虑，通过法制和监管手段来约束、规范、干预企业行为，矫正市场失灵。

需要特别强调的是，市场体制在市场主体的所有权性质上并不必然排斥国有化。国有企业也可以作为市场主体。在这种情况下，政府与企业的关系具有双重含义：一是政府作为所有者行使股东或出资人的权利，确保国有资本保值增值，追求利润最大化；二是政府对一般市场主体行使的职能，即避免市场失灵，追求社会福利最大化。政府的这两方面职能在国有国营体制下不作区分，但是在国有企业进行商业化经营的市场体制下必须加以区分。

（二）市场结构与政府

市场结构是影响市场主体竞争关系的市场组织特征，主要包括市场进入条件和市场集中度，分别决定了企业间的实际竞争关系和潜在竞争关系。市场中一个企业面临双重竞争，即与在位企业的实际竞争和潜在进入者带来的潜在竞争。高度集中的国营体制实际上塑造了一种行政垄断的格局，整个行业隶属于一个部门，行业准入受到严格的行政审批限制。而在完全自由放任的市场经济中，市场主体自由进退，市场中企业的数量和规模完全取决于行业的技术经济属性和企业自身的经营效率。介于完全自由市场和国有国营体制之间的经济体制下，企业进入和退出市场则需要满足政府监管规章中关于市场准入和退出的标准和要求，因此市场结构在很大程度上取决于监管机构的准入标准，政府也就可以通过法制或者监管影响市场结构。例如，在具有自然垄断技术经济属性的领域，监管机构通常实施特许经营制度，让一家企业在政府监管下垄断经营。

（三）市场运行机制与政府

国有国营体制采取自上而下的科层式指令的市场运行机制。在议会制国家，公共部门或国营企业的投资、产量和价格等通常由议会审批；在行政主导体制下，公共部门或国营企业的投资、产量和价格等则由上级行政部门审批。由监管机构颁发给企业的营业许可证，对企业的规范行为作出明确界定。特别是在特许经营领域，企业的投资、成本和价格等均需由监管机构决策。这种体制和国有国营体制的区别在于：企业是追求利润最大化的市场主体，政府与企业不是上下级关系或内部行政协调关系，企业间是市场竞争关系而不是国营体制下国营企业间的部门关系或"兄弟关系"。

市场运行机制是协调市场微观主体行为的作用机制。在纯粹的市场经济体制下，市场的竞争机制和"看不见的手"价格机制主导市场运行，企业根据市场竞争状况和市场价格信号决定产品产量等生产经营活动。当完全依赖市场时，大量无序行为将导致过高的制度成本，因此需要通过法律或监管来维持市场秩序，成熟完善的法制监管体系是健康市场必不可少的组成部分。

二、能源市场化改革的含义及目标

由市场化的内涵分析表明，能源市场化改革的本质是能源生产和消费活动的组织方式的变迁。包括能源市场主体、能源市场结构和能源市场运行机制三个方面。

市场主体方面，能源市场化改革意味着打破了政企合一的格局，厘清政府与企业的职能界限，特别是要剥离能源领域一些大型国有企业的政策性目标和社会职能，破除国有企业凭借自身的政治资源和行政资源在市场中的行政特权和垄断地位，从而使其成为真正的完全竞争主体。

市场结构方面，能源市场化改革要求明确矿产资源开发、能源投资、贸易等领域的产权规则，完善市场准入标准，破除行政准入壁垒。构建有效竞争的能源行业市场结构和市场体系。

市场运行机制方面，能源市场化改革意味着打破国营体制下的内部统筹协调机制，在竞争性或可竞争性领域，取消政府相关部门对能源企业的投资、产量和价格等方面的普遍管制。与此同时，某些需要监管的领域加强政府监管职能。

具体来看，要把价格、投资和产量等方面的行政审批"错装在政府身上的手"换成市场的手，与此同时，能源市场运行在某些领域的监管需要加强：一是对自然垄断环节的规划、投资建设和成本价格等方面的经济管制；二是对煤炭、油气交易中间环节的市场操纵、不公平竞争和破坏市场秩序等监管；三是对环境、健康和产品质量等方面的社会性监管。

三、能源市场化改革的主要内容

（一）重新界定能源市场主体功能

如前所述，市场经济体制在市场主体的所有权性质上并不必然排斥国有化。国有企业也可以作为市场主体。能源体制改革需要实现的目标是重新界定国有能源企业的功能，明确国有能源企业的市场属性及其产品的商品属性。正如习近平总书记在中央财经领导小组第六次会议上指出的要"还原能源商品属性"，也就是要求还原能源产品生产企业的市场属性，成为真正按市场经济规律办事的商业化企业，而不是提供公共产品或实现特定政策性目标的政府部门。

能源领域包括竞争性环节和自然垄断环节两大类。在竞争性环节，政府作为国有企业的所有者或股东，不应该通过行政手段行使其出资人权利，干预企业的经营活动[①]。在自然垄断环节（主要涉及电网和油气管网领域），政府不仅是能源国有企业的出资人，同时还以公共管理者身份与国有企业建立关系。确保能源国有企业商业化经营属性要求政府区分两种不同的角色，作为资本所有者，政府国资主管部门从国有资产保值增值的角度对企业进行管理，但是国有能源企业需要与其他企业一样，接受能源管理部门的经济性规制和其他管理部门的社会性规制。公共管理部门对所有市场主体的管理应该采取统一标准。

（二）重塑能源市场结构

构建有效竞争的市场结构首先要求破除行政性市场进入壁垒。在行业准入方面，有必要对能源行业的具体管理规章和办法进行优化，消除以资本实力、企业规模和从业资历等抬高行业准入门槛的做法，消除各种隐性壁垒和"玻璃门"、"弹簧门"、"旋转门"等现象，给予所有企业在获取资源、市场竞争等方面的公平待遇。特别是在电力生产和销售，煤炭、油气进出口等领域，应该尽量取消不必要的行政性限制。

考虑到输配电网和天然气管网具有自然垄断性，为构建有效竞争的市场结构，需要输配电网和天然气管网独立于电力和天然气市场交易，只提供传输服务，并对所有的市场交易主体公平开放接入。对自然垄断性环节采取特许经营的方式，接受独立规制机构的监督，按照特许协议进行契约化管理。当解除由自然垄断性资产和行政性限制造成的行业进入壁垒后，各种所有制类型的企业能够根据市场供求关系的变化自主安排进入或者退出行业，不仅确保了行业内有足够的竞争主体进行有效竞争，而且潜在进入竞争的压力也会促使行业内在位企业不断提高效率并降低成本，从而提高其竞争力。

（三）重建能源市场运行机制

在市场运行机制方面，要充分发挥价格机制的调节作用，让市场在能源资源配置中起

---

① 1973年，在面临阿拉伯国家石油禁运的情况下，虽然英国政府持有英国石油公司30%的股份并要求公司优先向英国政府供应石油，英国石油公司仍然坚持自己是独立经营的企业，只对股东负责，政府不应干预公司的经营活动。

决定性作用，同时更好地发挥政府的作用。放松甚至取消竞争性领域的经济性管制，形成主要由市场供求关系决定能源价格的机制。党的十八届三中全会明确提出"使市场在资源配置中起决定性作用"。要发挥市场配置资源作用的前提条件是在竞争性领域取消价格管制，让企业依据自身经营成本和市场需求自主决定价格。同时，取消政府对企业投资、生产等经营决策的行政干预，充分发挥市场价格机制调节供给和需求的作用，优化资源配置。

在能源领域，除输配电、天然气管网等自然垄断环节需要政府管制外，其他领域都可以引入市场竞争，形成由市场供求关系决定能源价格的机制，并通过价格机制这只"无形的手"优化能源资源配置。目标体制应该在形成有效竞争的市场结构和市场体系的基础上，放开政府对能源价格和投资的管制，在尚未形成有效竞争市场结构的领域尽快创造条件引入市场竞争并放开价格。具体来讲：电力方面，政府只管制输配电价，并在输配电网退出电能市场交易的基础上开放电能交易价格，由发电企业、经销商和用户自主决定；石油方面，在放开原油、成品油进口的基础上放开石油价格，由企业自主定价；天然气方面，在剥离储运领域的沉淀性资产并放开进口权的基础上，放开天然气门站价格和终端售价，政府只管制管网运费。

在放松甚至取消竞争性领域的经济管制的同时，必须强化并完善政府的管理职能。通过加强政府公共服务，加强对自然垄断性国有能源企业的经济性管制和对竞争性领域市场交易秩序的监管，加强对环境、安全、健康等领域的社会性监管，更好地发挥政府的作用。

第二节　能源监管的基本内涵

一、监管的基本内涵

监管，首先是一种政府行为，即监管的实施主体是政府，实施对象是市场、企业及个人。监管是政府干预和控制经济社会的手段之一，主要通过制定规则、标准并监督执行的方式来约束企业与个人行为，规范市场与社会秩序，以解决市场失灵问题，实现特定的政策目标。换言之，监管是政府为实现理想的经济社会目标，规定微观经济主体应该做什么或者不应该做什么。在监管范畴内，企业则缺乏相应的自主权。

当然，政府干预和控制经济社会、解决市场失灵问题、实现特定政策目标的方式和手段并不是单一的，而是具有多样化并可供选择的。Djankov 等（2003）、Shleifer（2005）把政府干预和控制经济社会的方式抽象为四种纯粹的模式：国有化、监管、法律和完全的自由化。在完全的自由化世界里，政府不施加任何干预甚至没有法律，完全依靠私人秩序，这种模式的制度成本在于可能发生弱肉强食等无序（Disorder）现象，即市场失灵。在完全的国有化世界里，政府包揽一切，没有市场竞争，避免了无序造成的制度成本，但是引发了另外一种重要的制度成本——专政（Dictatorship），即通常所谓的政府失灵。法律和监管介于完全的自由化和国有化之间，其中法律模式具有更大程度的市场失灵，而监管模式具有更大程度的政府失灵。在此基础上，Djankov 和 Shleifer 等提出了制度可行性曲线的概念。

除上述四种模式外，还有一种介于市场和监管之间的被政府管理实践中所广泛采用的模式，即税收与补贴，政府不直接干预企业行为，而是通过税收或者补贴的方式影响企业行为，从而实现理想的政策目标。据此，参考 Djankov 等（2003）画出如图 1-2 所示的制度可行性曲线。

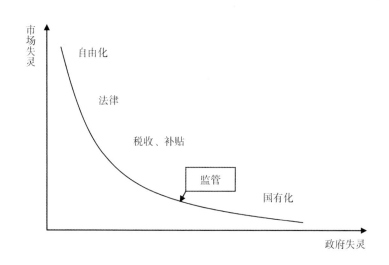

图 1-2　政府干预的制度可行性曲线

注：作为制度成本，这里用政府失灵替代 Djankov 等所谓的专政，用市场失灵替代无序。

如图 1-2 所示，监管是政府干预经济社会的方式之一，其目标是解决市场失灵问题、实现特定的政策目标，同时又会导致一定程度的政府失灵。为了更好地说明监管的性质，下面分别阐述监管与其他政府干预方式的区别与联系。

（一）监管与市场

有观点认为监管是对市场的替代，还有观点认为监管的对象是市场，只有市场才有监管。这两种观点都是不准确的。

早期的监管起源于 19 世纪末 20 世纪初对具有自然垄断的公用事业的监管与反垄断。例如，1887 年美国成立州际商务委员会（Interstate Commerce Commission，ICC），这是最早的联邦层面上的管制机构，负责管制铁路价格与线路。之后，逐步设置了大量的独立的专业化的监管机构，加强对能源、通信、民航等行业的监管，监管的主要内容包括价格、投资和服务质量等。这种对自然垄断企业的监管意味着政府直接制定市场准入标准、制定产品和服务价格并同时需要核准企业的投资决策及产品质量。政府直接参与资源配置，在这一层面上，监管和市场交易是资源配置的两种可替代方法，正是在这个意义上，卡恩（Kahn）认为"监管的实质是政府命令对竞争的明显取代，作为基本的制度安排，它企图维护良好的经济绩效"。

但是，在现代经济中，政府对市场经济活动的干预和参与日益多样化，范围也日益广泛，监管具有日益丰富的内容。对自然垄断企业的监管并不是监管发挥作用的唯一范畴，政府监管也不必然需要直接参与资源配置。监管还可以建立允许市场配置资源的机制的运行规则，如在证券领域的监管要求企业披露相关信息。在这样的情况下，正如法律一样，监管是市场交易的补充和基础。由此可见，监管与市场并不是单一替代或者互补关系。在竞争缺失的情况下（自然垄断），需要监管制度来替代市场竞争，而在不完全竞争下，需要监管来规范市场秩序、降低交易成本，通过监管规则提高资源配置效率。

（二）监管与法律

完全依靠市场秩序（Market Discipline）的自由化世界会存在大量的无序行为而导致过高的制度成本，因此需要通过法律来维持市场秩序。成熟的市场经济需要完善的法制基础，许多不完全的合约关系需要通过普通法来调整。以市场自由竞争为主导、以法制维持市场秩序，是当今世界经济领域主流的治理模式。但是，法律的问题在于立法的程序与法律的执行都颇费成本，又变化缓慢难以适应新的经济情况。在某些情况下，监管能为市场提供一个比普通法成本更低的规则基础。与司法规则相比，监管所提供的规则不但能降低成本，而且能带来更有效的资源配置。

由此可见，在某些领域的监管与法律一样都为市场有效运行提供规则基础，是普通法的有效替代和补充。特别是在法制基础比较薄弱的国家和地区，监管可以在规范市场秩序方面发挥更大的作用。监管更多地是事前约束和事中监督管理，而法律则更多地是事后起诉与判决。当然，在实践过程中，二者可以交叉运用，监管不必拘泥于命令和控制的传统形式，也可以借助普通法的形式和程序，制定公共规则，然后借助司法系统来执行监管规则。

（三）监管与税收、补贴

税收和补贴是政府应对市场失灵、实现特定经济社会目标的另一种主要政策工具。例如，对于温室气体排放问题，政府可以通过监管的方式设定排放标准，并监督企业执行；也可以通过对排放征税的方式，间接影响并调节企业的排放水平。在监管体制下，企业必须按照政府设定的排放标准进行排放，缺乏相应的自主权；在税收政策下，企业可以根据排放的边际收益和边际成本自主决定排放量。斯蒂格利茨（Stiglitz）把监管看成是一种数量干预方式，而把税收和补贴看成是一种价格干预方式，二者的制度成本不同。监管明确要求企业做什么或者不做什么，具有较强的控制力，但是发生政府失灵的可能性也较大，在许多情境下被认为具有更高的制度成本；而税收和补贴政策则更多地是以市场为基础（Market-based）干预方式，但前提条件是市场可以有效发挥作用，否则发生市场失灵的可能性较大。

（四）监管与国有化

除作为价格干预的税收补贴政策和作为数量干预的监管外，政府干预经济社会的另一种方式更强有力，是政府通过直接经营提供公共服务，即国有化、国有国营，政府包揽一切。在这样的情况下，公共部门作为政府的组成部分，对上一级行政主管部门负责或者直接对立法机构负责。

监管与国有化的主要区别在于，在监管体制下，政企分开，企业专司生产经营职能，政府制定公共的规章制度规范企业行为，矫正市场失灵。而在国有化体制下，政企合一，公共部门或者国有企业既承担生产经营职能，又承担政府职能，政府实现政策目标的方式是直接协调和控制国营企业或者公共部门的行为。通常，在议会制国家，公共部门或国营企业的投资、产量和价格等由议会审批；而在行政主导体制下，公共部门或国营企业的投资、产量和价格等则由上级行政部门审批。

需要强调的是，尽管在监管和国有化体制下，政府都直接干预企业行为，但二者是有本质区别的。监管的对象是按照市场经济规律办事的真正的商业化企业，监管机构与企业具有显著不同的目标函数。企业追求利润最大化，监管机构则旨在抑制企业的市场势力、解决市场失灵、规范市场秩序。而在国有化体制下政府对企业行为的直接干预则是一种内部协调机制。国营企业不以追求利润最大化为目标，其行为在很大程度上体现着政府的政策意图，当然，也有其特定部门利益。管理机构和国营企业之间的关系是行政主管或者部门间（或被形象地成为"兄弟间"）的关系，而不是监管与被监管的关系。例如，美国田纳西等水电管理局直属能源部，不受监管机构监管。另外，在我国计划经济体制下，各国营部门政企合一，国家计委作为综合协调部门主管价格和投资，计委与各国营部门之间的关系是一种内部协调而不是监管与被监管的关系。

二、监管的范畴和内容

（一）监管的范畴

Spulber（1989）提炼出三类需要监管的领域：一是针对进入壁垒的监管；二是针对外部性的监管；三是针对内部性的监管。据此，下面讨论适合监管发挥作用的三大范畴。

第一，针对垄断问题。主要是对市场准入和垄断企业的价格、投资、成本与服务质量的直接干预与控制。国内外实践表明，解决垄断问题，国有化方式的制度成本过于高昂，"商业化企业+政府监管"才是主流模式。

第二，针对外部性问题。主要解决成本收益不对称导致的资源配置无效率问题，如环境、安全等问题。除监管方式外，税收政策和排污权交易等也是解决外部性问题的常用市场化手段。

第三，针对不完全竞争问题。主要解决由信息不对称和合约不完全引发的市场失灵，要求政府干预市场交易的合约条款。对产品特性与合约条款的监管通常运用于不完全竞争性市场，通过事前与事中的监管，降低信息不对称与合约不完全导致的高昂交易成本和事后追责成本，落实法律程序，节约执行成本，规范市场秩序，有效补充普通法。

针对垄断问题的监管与针对不完全竞争问题的监管通常被称为经济性监管，而针对外部性的监管则通常属于社会性监管。

（二）监管的内容

明确了监管的三大范畴后，涉及对实际产业或者市场监管实践，具体需要监管什么？归纳起来包括以下七个方面。特定产业的监管内容主要取决于其市场失灵的范畴以及政府期望实现的政策目标。

1. 市场准入监管

根据一系列市场准入标准授予特定的企业经营许可证，未获许可的企业不得提供相应的服务。

2. 价格监管

主要包括价格制定与价格限制两种。价格制定指以服务成本为基础、根据合理的回报率确定受监管企业的价格；价格限制指对市场和企业进行最高或最低价格限制。

3. 产品特征监管

对产品质量、数量、耐久性及安全方面的标准制定与实施监管。

4. 企业投入与技术监管

对企业投入品或者技术的限制，如美国针对公用事业的《燃料使用法》对燃料使用的限制。

5. 健康与安全监管

对作业场所健康与安全的监管，在特殊情况下，承受健康和安全风险的自愿性行为也可能受到限制。

6. 环境监管

环境污染物排放标准的制定与实施，对渔场、石油和天然气等公共资源开采的监管。

7. 合同条款规则监管

在信息不对称与合约不完全的情况下，直接对私人交易与合约协议进行干预，如金融监管中的信息公开等。

三、能源监管的内容

能源在经济社会发展中享有基础性、全局性和命脉性地位，是国民经济和社会发展的命脉之一，事关全局，能源的有效供应是国民经济生产和城乡居民生活的基本保障。理想的能源经济系统运行要求是：资源开发有序、供需总体平稳、价格合理、企业经营高效、技术进步、结构优化、资源节约、环境友好、健康安全、供应保障、社会公平、服务国家战略等。由于能源行业具有其特定的经济技术属性，上述这些目标难以单纯依靠市场机制得到完全实现，要求政府积极发挥作用，以解决市场失灵问题。主要有以下几个方面：

（一）自然垄断

垄断是能源产业和能源市场的突出特点，甚至可以说是其不可分割的一部分。能源行业中的输配电网、石油天然气管网具有典型的自然垄断特征。这就要求政府进行干预，通过监管保证价格合理、保护消费者的利益。

（二）负外部性

煤炭、石油、天然气以及电力的开发利用过程与环境、安全、健康等社会问题密切相关，这些社会性问题具有负外部性特征，能源的生产者和消费者未能充分考虑其能源活动产生的负面影响，未能承担相应的社会成本。因此要求政府监管并规范能源企业行为，促进能源与环境、社会协调发展，实现理想的社会效益。

（三）技术创新

面对日益严峻的能源资源约束，能源技术创新是实现资源与经济社会协调发展的重要支撑。一方面，通过技术创新提高能源利用效率，节约能源资源；另一方面，通过技术创新发展新能源与可再生能源，优化能源结构。然而，具有典型的正外部性效应的技术创新，无法仅靠市场解决技术进步产生的外部性问题导致技术进步激励不足。因此，政府有必要对技术创新行为予以保护和鼓励，推动新能源技术的研发，鼓励发展可再生能源。

（四）能源安全

当今世界，能源进出口份额日趋增加，能源问题日趋全球化，能源资源争夺和贸易摩擦日趋激烈，对外依存度高的国家能源安全形势日趋严峻。能源问题不仅是经济问题，更涉及国家战略和经济安全、地缘政治、军事和外交等，要求政府在国家层面上、在全球视野下进行合理规划和布局，建立预防机制（如石油战略储备），保障能源安全，避免市场大起大落，防止能源外部供应中断或价格飙升给经济社会造成的强烈"供给冲击"（如石油危机）。

（五）社会公平

维护社会公平是政府干预市场经济的另一目标，在能源管理中主要体现为提供能源的普遍服务。按照能源普遍服务的要求，无论是发达地区还是偏远落后地区的公民、无论高收入者还是低收入者，都有权利以可承受的、无歧视的价格获得基本的能源供应。但是对企业而言，这可能意味着无利可图甚至亏损经营。单纯依靠市场机制和私人企业显然无法实现能源普遍服务的社会目标。这就要求政府采取相应的政策以保障这部分弱势群体或低收入家庭获得必需数量的能源产品。

（六）服务国家战略

能源作为国民经济生产不可或缺的投入要素，能源资源与技术成为影响国家竞争力的重要因素，成为国际经济、政治事务交往的重要筹码，许多国家在国际事务谈判中都主打"能源牌"。能源资源丰富的国家围绕能源资源制定国家战略，以充分利用其资源优势谋求最大的经济效益和地缘政治利益；而能源资源稀缺的国家则尽量规避其资源劣势，提高能源利用效率，保障国家能源安全，确保国家竞争力。不管是发挥资源优势还是规避资源劣势，单纯依靠企业和市场显然是无法做到的，需要政府力量的介入。

第三节　能源市场化改革与能源监管的内在关系

市场和计划的二分法为我们理解经济体制提供了最基本、最简单、最理想的理论视角。但是在现实中，各国无一例外都采取了介于纯粹的市场经济和计划经济之间的经济体制，市场和政府同时调节经济活动，只是二者发挥作用的领域、强度、频率有所不同。就政府调节经济活动的具体方式来说，又有直接干预和间接干预之分。除市场和政府的作用外，法律机制对经济活动也具有重要的调节作用。因此，在研究某个特定领域的经济体制问题时，一味强调市场化或市场干预是狭隘而片面的，应该考虑在多种调节机制或体制共同作用的市场状态下，分析政府在哪些领域、通过哪些手段发挥调节经济活动的具体作用。

根据上一节所提及的 Djankov、Glaeser、La Porta、Lopez-de-Silanes 和 Shleifer 等人创立的新比较经济学分析框架，现实经济活动存在四种不同类型的体制或组织方式，分别是市场（Market Discipline）、法制（Private Litigation）、监管（Regulation）和国营（State Ownership）。在只有市场起作用的纯粹状况中，经济主体不受任何政府干预甚至法律约束，完全依靠市场的竞争力量和交易秩序调节自己的行为（如一个想在市场中长期经营的企业可能出于对市场声誉考虑而保证其产品质量）。在完全国有国营的体制下，政府则包揽了一切经济活动，并依靠自上而下的科层制度和指令完成。法制和监管体制介于完全的市场化和国有化之间。在法制状态下，通过市场参与经济主体事后打官司的方式完成对市场秩序的约束和维护；而在监管下，政府通过事先制定规则，明确市场主体的权利和义务，成立专门机构监督执行情况并进行违规惩处。从市场、法制到监管、国营，政府的力量和干预程度逐步提高，而市场的作用则逐步减弱。当然，与市场和政府的二分法一样，在四种组织形式之间也存在大量的中间状态。即使是在同一经济领域，市场、法制、监管和国营等不同的组织方式并不相互排斥，可以（通常也是必须）同时发挥作用，形成相互叠加或协同作用下的某种交织状态。

根据新比较经济学理论，经济活动的任何一种组织方式都是不完美的，都有相应的组织成本、执行成本或制度成本。总体来看，制度成本主要包括两大类：一是由市场失序（Disorder）和市场失灵（Failure）带来的损失，简称制度成本 A；二是由政府独断（Dictatorship）和政府失灵造成的损失，简称制度成本 B。在完全自由放任的市场经济体制下，制度成本全部来自市场秩序混乱和市场机制失效造成的制度成本 A。在完全国有国营体制下，制度成本全部来自政府失灵造成的制度成本 B。

不同于市场和国营体制下单一的成本构成，法制和监管状态下多种成本并存。法制通过法律机制规范和维护市场秩序，虽然有助于减轻（但不可能完全克服）市场失灵问题，但同时也存在自身的运行成本或制度成本（如诉讼费用、谈判成本等）。与此类似，监管在规范市场秩序、减轻市场失灵的同时，因政府失灵而产生的制度成本也在增加。综合考察一个经济体制的制度成本，就必须考虑其中各种经济活动组织方式造成的制度成本组合，由制度成本组合就可以得到一条制度可行性曲线（Djankov 等，2003）。如图 1-3 所示，如果以纵轴代表市场失灵的制度成本，横轴代表政府失灵的制度成本，从完全的自由市场体制到完全的国有国营体制，随着政府的干预程度不断提高，市场失灵造成的制度成本不断降低，而政府失灵造成的制度成本则不断提高。进一步讲，在某个特定的经济活动领域，如果市场秩序能够有效约束经济主体的行为，制度可行性曲线整体就较为平坦；而市场失灵严重的领域，制度可行性曲线整体就会更加陡峭。在制度可行性曲线上，制度成本组合最小的那一点就是所谓的最优经济体制。根据优化原理，制度可行性曲线上成本最小化的点为制度可行曲线与 45°斜线相切的点，即图中 E 点①。

上述分析表明，体制改革的目的在于减少制度成本，而体制改革的方向则是寻求制度成本最小化的组织方式，即最优经济体制。当然，改革就意味着根本性或者颠覆性的转变。市场与计划（市场与政府）二分法视角下的体制改革是市场与政府作用力对比的根本性变化，而在市场、法制、监管、国营四分法视角下，体制改革则意味着经济活动主导组织方式的根本性变化，寻求市场、法制、监管和国营等组织方式的最优组合，从而最小化制度成本。

能源市场化的总体方向是降低政府干预和政府失灵导致的高昂的制度成本 B，将能源资源配置由政府主导转向市场决定，同时借助监管和法制的力量，降低因市场作用加强而提高的制度成本 A。进一步的问题在于，目标能源体制应该是处于法制和监管间的制度状

---

① 该优化问题为：Min（x+y），s.t. y=f（x），其中 y=f（x）为制度可行性曲线。容易证明，如果 45°斜线 x+y=c 与制度可行性曲线 y=f（x）相切，则最小化的制度成本为 c，除切点外，制度可行性曲线上的任意一点的制度成本都会大于 c。

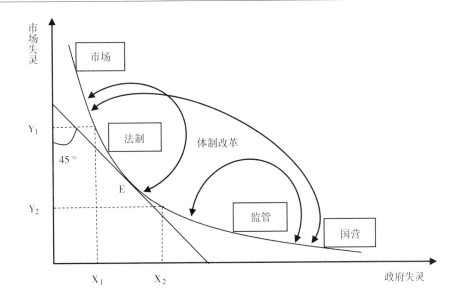

图 1-3　制度可行性曲线与体制改革

注：横轴代表政府失灵所造成的制度成本，纵轴代表市场失灵所造成的制度成本。制度可行性曲线代表各种体制安排下的制度成本组合。

态空间，还是处于市场和法制间的制度状态空间。前者意味着能源资源配置除市场、法制起作用外，监管和国营也具有一定的作用。后者意味着除市场和法制，不需要政府对能源资源配置进行直接干预。

后者代表的体制适合大多数竞争性领域和一般商品市场，但是能源行业特殊的经济技术属性决定了前者才是更适合的目标能源体制。首先，能源行业中存在输配电网络、燃气管网等自然垄断环节，要求政府在投资、成本、价格和服务质量等方面对垄断企业进行经济性管制。其次，能源与环境、健康、安全等社会性问题息息相关，要求政府针对负外部性问题加强社会性监管。最后，能源领域是高技术密集型行业，要求政府针对技术溢出的正外部性问题加强政策引导，甚至在基础性研究和信息分析等方面提供充足的公共服务。基于上述理由，理想的能源体制应该是介于法制和监管的中间状态。在这一体制下，市场经济在能源资源配置中起决定性作用，法制规范市场交易秩序，政府对自然垄断环节的企业进行经济性管制并针对环境等负外部性问题施加社会性监管，同时针对技术创新、信息等正外部性和公共品提供政策引导和公共服务。

第二章　我国能源市场化改革与能源监管的政策与实践

我国能源市场化改革自20世纪80年代启动以来，重点涉及了两大方面内容：一是在初期通过投资体制改革，实现了市场主体的多元化；二是通过一系列管理体制改革促进"政企分开"，以此来推进市场运行机制改革、建立并完善市场体系，使市场机制运行更加有效。经过30余年的推动，能源在电力、煤炭、油气三大领域的市场化改革不断加深，但基于各行业发展基础、特征、发展条件及管理要求的不同，相应的政策和实践进展各有特征，差异显著。

随着能源市场化改革的不断推进，对能源监管体系的构建和完善需求也在不断增加。20世纪末市场化改革中"政企分开"的逐步实现，预示着我国能源市场基本完成了从计划经济向市场经济转变的过程，监管体系建设相对落后于能源市场化改革进程的问题也相应凸显，推动政府及相应管理部门建立并完善一套能够更加规范地指导能源市场化发展趋势、与我国能源市场化改革相适应和配套的能源监管体系，以化解传统能源监管体系与建设新的能源市场体系之间的矛盾，由此，开始探索能源独立监管和综合管理体系的构建。总体上看，我国能源监管体系的演变主要表现在监管机构的演变上。

为了更好地展示我国能源市场化改革和能源监管体系发展脉络，这一章我们以时间发展为主线，通过梳理电力、煤炭和油气三个行业市场化改革关键政策和重点阶段，多角度厘清能源市场化改革的路径。同时，通过回顾能源监管体系建设历程，着眼于能源监管的价格监管、投资监管、市场监管和安全监管四个重要方面，对能源监管的政策和实践进行总结。

第一节　电力市场化改革

回顾过去40年可以看到，电力市场化改革是一个不断探索、渐进、深入的过程，从最初的计划经济下政府纵向一体化的办电模式，到市场结构和增量市场主体的改变，再到存量市场主体性质的改变，最终基本实现了多元市场主体建设。总结推动改革的政策措施可以看出，我国电力市场化改革大致可由两个关键文件及一系列相应措施作为里程碑，分为三个阶段：

第一阶段，改革开放之初到 2002 年，为电力市场化改革的基础奠定阶段；第二阶段，2002~2015 年，为市场化改革竞争力培育阶段；第三阶段，2015 年至今，为市场化改革的攻坚阶段。三个阶段之间的划分是 2002 年颁布的《电力体制改革方案》（国发〔2002〕5号，简称"5 号文"）和 2015 年出台的《中共中央　国务院关于进一步深化电力体制改革的若干意见》（中发〔2015〕9 号，简称"9 号文"）及其 6 个配套文件。对应相应的文件及其阶段划分，本书将"5 号文"和"9 号文"作为节点，将电力市场化改革实践分为"5 号文"之前（第一阶段）、"5 号文"框架下（第二阶段）和"9 号文"框架下（第三阶段）进行阐述。

一、"5 号文"之前的电力体制改革

20 世纪 80 年代之前，国家对电力工业实行指令性的计划生产和分配，形成了"中央政府独家投资、国家垄断经营"高度统一的计划经济管理模式，但这种完全依赖中央财政资金投资建设的电力发展模式越来越难以满足社会、经济发展对电力装机的需求，导致缺电现象越来越严重。进入 80 年代，随着国家改革开放，经济高速发展带动的电力需求急剧增长，使得电力供给成为严重制约国民经济发展的"瓶颈"。为了满足经济快速发展引发的高速增长用电需求，解决国家独资办电导致的供给不足，摆脱电力短缺的局面，政府尝试对计划经济下的电力体制进行了相应的改革，初期的改革重点集中于进行电力投资体制和电力管理体制两个方面，相应的改革极大地促进了电力工业的发展和电力产业组织的优化，为电力体制市场化改革奠定了基础。

（一）以"集资办电"为核心的投资体制改革

以"集资办电"为核心的投资体制改革是电力市场化改革的第一步，也是最关键的基础。

为解决中央财政单一渠道投入导致的办电资金短缺问题，电力市场化改革首先聚焦于电力工业投资体制的调整上，通过降低电力工业准入门槛，允许并鼓励各部门、各地区和各企业投资办电，扩大电力建设资金来源，以提高电力工业生产活力和经营效益，进而逐步形成了多元化的电力投资主体。

1980 年，当时的电力部在"电力工业十年计划汇报提纲"中提出利用部门与地方、部门与部门联合办电、集资办电、利用外资办电等办法来解决电力建设资金不足的思路。同年 11 月，国务院批转国家计委等单位《关于实行基本建设拨款改贷款的报告》，同意对电力行业试行"拨改贷"，电力企业的投资来源由政府无偿拨款改为大部分需要依靠银行贷款，资金来源渠道发生根本性转变，开拓了多元投资渠道，促使企业从根本上转变投资和经营理念。1984 年 3 月，利用世界银行 1.454 亿美元贷款兴建的云南鲁布革水电站，成为我国第一个利用外资贷款兴建的水电站，电力建设资金来源的市场化进程迈出了第

一步。

尽管"拨改贷"在一定程度上开拓了资金来源渠道，但由于长期计划经济形成的固定模式还未完全改变，投资、融资体制改革也没有完全到位。在当时的发展条件下，电力发展滞后的根本原因仍然是建设资金不足，因此亟待从根本上改革电力工业体制，重点保证电力投资体制适应社会发展需求。1985 年原水利电力部向党中央、国务院提出改"一家办电"为"多家办电"体制，逐步将电力企业变为自主经营、自负盈亏，具有自我改造和自我发展能力的经济实体；并提出"以电养电"，每千瓦时加价 2 分钱作为电力建设资金。为适应国民经济发展需要，改变统一办电格局，激励社会资金向电力行业聚集，以开辟更多资金来源渠道，同年 5 月国务院批转原国家经委等四部门《关于集资办电和实行多种电价的暂行规定的通知》（国发〔1985〕72 号文），以"电厂大家办，电网国家管"为原则实行集资办电，进一步放开对电力工业的进入管制和价格管制，为形成中央、地方和社会各方集资或独资兴建独立发电企业奠定了政策基础；同时，为吸引和鼓励社会资金投资兴办发电厂，国家改革"不计成本的电价形成机制"，实行"还本付息"电价的投资激励政策。这一激励机制极大地调动了社会各界投资电力项目的积极性，很快形成了多元化投资主体合资办电厂的局面，国家和地方相继成立了能源投资公司，又相应出台了"集资办电"的投资政策和"还本付息"的电价政策。截至 1988 年，国家层面成立了国家能源投资公司和华能集团公司，全国各省（区、市）也相继成立了电力开发公司和能源投资开发公司，以"集资办电"为核心的投资体制改革基本完成，电力行业逐步建立了多元化投资主体。

（二）以"政企分开"为核心的管理体制改革

以"政企分开"为核心的管理体制改革是在投资体制改革的基础上进行的更深入的改革。

在传统的计划经济体制下，企业没有自主决策和经营权，生产多少、产品以什么价格出售给谁等都要按照计划性指令来实施，极大地限制了企业作为一个微观经济主体所应发挥的作用。20 世纪 80 年代初，随着电力投资体制改革的推动，管理体制相应进行了一系列改革和调整，通过提高电力企业的自主决策权，减少政府对生产的直接干预，使电力企业逐步具有了独立经营和决策的权力。

一方面，为了针对不同区域电力工业的不同特征，打破传统的全国统一集中管理模式，在中央电力部门下成立了华北、东北、华东、华中、西北和西南六大电管局，以区域为单位优化了电力工业的宏观管理体系。另一方面，为了调动地方政府参与办电的积极性，1987 年，国务院出台了"政企分开、省为实体、联合电网、统一调度、集资办电"和"因地、因网制宜"的电力管理体制改革方针，以省为经营实体，适当放权于地方政府，华北、东北、华东、华中、西北五大电力公司同时成立了一批省（区、市）电力公司；1988 年，借助全国机构改革，继而成立了能源部作为电力行业的主管部门。至此，不断完善的政企分开构架为进一步深化管理体制改革奠定了基础。

在经营方面，根据 1991 年能源部颁布的《关于加强电力行业管理的若干规定》，各级电力主管部门主要行使规划、指导、检查、监督、协调和服务等管理职能，而对电力企业实行"包上缴利润、包完成技术改造任务，工资和售电量挂钩"等一系列承包经营责任制度，初步改革了电力企业的内部经营制度，在一定程度上调整了政府与企业、所有权与经营权之间的关系，提高了电力企业的经济效益和效率。

1993 年新成立的电力部对全国电力行业进行统筹管理，主要行使规划、指导、检查、监督、协调、服务以及制定政策法规等职责，在此基础上，华北、东北、华东、华中和西北在五大电力公司的基础上相继成立了对应的五大跨省电网电力集团，负责 21 个省（市、自治区）的电力供应，装机容量和发电量覆盖了全国总量的 70%以上。

这一时期虽然推动了一系列的电力管理体制改革，但是受制于体制机制没有完全匹配的约束，电力集团、地区电力公司实质上并没有完全脱离行政干预，投资、经营决策的自主权也没有完全下放。

直至 1996 年国家颁布实施了《电力法》，确立了电力企业作为商业实体的法律地位。同年国务院组建了以企业集团模式经营的国家电力公司，定性其为"国家授权的投资主体及资产经营主体，是经营跨区送电的经济实体和统一管理国家电网的企业法人"。随后的 1997～1998 年，由电力工业部与国家电力公司"两块牌子、两套班子"的双轨管理逐渐过渡实施"政企分开"，对电力工业的行政管理职能由原电力工业部继续行使；而国有资产和企业经营管理职能则逐步移交国家电力公司，同时接受电力工业部等政府部门的行政管理与监督。1998 年随着电力工业部撤销，相应的电力行政管理职能又移交给国家发展和计划委员会（简称国家计委）以及国家经济贸易委员会（简称国家经贸委）。同时，国家计委收回电力项目审批权和电价定价权。

直至 20 世纪末，"5 号文"之前的电力行业市场化改革通过投资体制和管理体制的改革，完成了从计划经济向市场经济过渡的前期准备阶段，极大地促进了我国电力工业的发展，电力建设规模取得了巨大成就，发电装机容量和年发电量双双跃居世界第二位，缺电状况得到明显改善，有力地支持了国民经济的快速发展。

二、"5 号文"框架下的电力体制改革

进入 21 世纪，随着我国经济的快速发展，电力市场供求状况发生了明显的变化，电力体制中一些不适应社会主义市场经济发展要求的缺陷和弊端，如垄断经营的体制性缺陷日趋突出、省际之间市场壁垒阻碍不断加剧等问题不断凸显，不仅阻碍省区间电力市场的形成，也阻碍全国的电力资源优化配置。为进一步促进电力工业持续向好地发展，提高资源配置效率和行业整体竞争能力，2002 年国家下发《国务院关于印发电力体制改革方案的通知》，启动了新一轮电力体制改革，标志着我国电力工业全面进入了从市场化初步改革向纵深化改革演进的新时期。

从总体目标看，"5号文"框架下的电力体制改革的总体目标由四大部分12个方面组成：一是从市场结构看，要打破垄断，引入竞争；二是从经营效率看，要提高效率，降低成本，健全电价机制；三是从资源配置看，要优化资源配置，促进电力发展，推进全国联网；四是从市场体系看，要构建政府监督下的政企分开、公平竞争、开放有序、健康发展的电力市场体系。

为实现上述目标，"5号文"规划了五个方面的主要任务：一是实施厂网分开，重组发电和电网企业；二是实行竞价上网，建立电力市场运行规则和政府监管体系，初步建立竞争、开放的区域电力市场，实行新的电价机制；三是制定发电排放的环保折价标准，形成激励清洁电源发展的新机制；四是开展发电企业向大用户直接供电的试点工作，改变电网企业独家购买电力的格局；五是继续推进农村电力管理体制的改革。

这一轮电力体制改革从多环节聚焦解决长期困扰的供电总量和区域结构失衡问题。在投资环节，通过"厂网分开"，在发电侧组建多层面、多种所有制、多区域的发电企业，形成多元市场主体，提高了投资积极性，形成了竞争态势，为进一步开展市场竞争奠定了更好的条件；在电网环节，通过重组电网企业，在国家电网和南方电网基础上，又新增组建了多个地方电网企业，增加了电网覆盖面和覆盖层次；从交易环节，改变传统的电力调度方式，通过建立电力调度交易中心，改变电网公司与发电厂之间的交易关系，实行发电竞价上网，开展发电企业向较高电压等级或较大用电量的用户和配电网直接供电的试点工作，准许大用户直接向发电企业购电等，初步形成了更趋于竞争性的市场交易关系。

（一）改革进程概览

从2002年"5号文"颁布至2015年政府启动"9号文"的新一轮电力体制改革，"5号文"框架下的电力市场化改革经历了13年历程，如表2-1所示，相关部门出台并实施了一系列改革举措。

表2-1 "5号文"框架下电力体制市场化改革进程表

时间	事件	核心内容
2002年2月	国务院印发《电力体制改革方案》	长期目标：打破垄断，引入竞争 "十五"目标：厂网分开，竞价上网，电价改革，环境折价标准，大用户直购电试点
2002年12月	重组国家电力公司	厂网分开，把原国家电力公司重组为五大全国性的独立发电公司和两大电网公司
2003年	成立国家发展改革委和电监会	国家发展改革委负责电力项目审批和电价管理 电监会培育市场和监管市场
2003年	国务院机构改革	成立国资委，撤销国家经贸委 将国家经贸委的指导国有企业改革和管理的职能移交国资委

时间	事件	核心内容
2003 年	国务院印发《电价改革方案》	长期目标：发电、售电价格由市场竞争形成，输电、配电价格由政府制定 近期目标：竞价上网，独立输配电价，销售电价与上网电价联动，大用户直购电
2003 年	电监会制定交易规则	出台《电力市场运营基本规则（试行）》、《购售电合同》、《并网调度协议》等规范性文件
2004 年	电监会制定大用户直购电交易规则	出台《电力用户向发电企业直接购电试点暂行办法》、《委托输电服务合同》、《电量直接购售合同》等规范性文件
2004～2006 年	竞价上网模拟运行与试运行	东北：两部制月度竞价 华东：差价合同月度、日前竞价 华中：双边交易和日前竞价
2005～2006 年	大用户直购电试点	2005 年 3 月，吉林炭素集团向吉林龙华公司直购电 3.9 亿千瓦时 2006 年，广东直购电试点；各省向电监会提出直购电试点申请
2005 年 5 月	国家发展改革委印发《电价改革实施办法》	上网电价：成本加成定价，逐步向两部制竞价过渡 输配电价：购销差价向成本加成过渡 销售电价：政府分类定价
2005 年 5 月 2006 年 6 月	国家发展改革委第一次、第二次煤电价格联动	第一次：销售电价每千千瓦时提高 25.2 元 第二次：上网电价平均上调 11.74 元/千千瓦时，销售电价平均提高 24.94 元/千千瓦时
2006 年 8 月	电监会推行电力业务许可证制度	强化市场的准入监管
2007 年 4 月	国务院颁布《关于"十一五"深化电力体制改革实施意见》	主辅分离，优化调度方式，输配分开试点，全面电价改革，加快电力市场建设，逐步实现竞价上网
2009 年 10 月	国家发展改革委和电监会联合制定《关于加快推进电价改革的若干意见（征求意见稿）》	提出电价改革的七个重点任务 推进电力用户与发电企业直接交易试点 构建有效电力市场体系，实现竞价上网 开展大用户与发电企业双方交易试点 放开新核准机组上网电价；完善政府定价；逐步建立规范的输配电价机制 推进销售电价改革
2010 年 5 月	国家发展改革委、国家电监会、国家能源局联合下发《关于清理对高耗能企业优惠电价等问题的通知》	因节能减排形势严峻，中央多部委叫停地方"直购电"试点
2011 年 9 月	国资委、国家发展改革委印发《电网主辅分离改革及电力设计、施工企业一体化重组方案》	由两大电网公司剥离的辅业与 4 家中央电力设计施工企业重组形成中国电力建设集团有限公司、中国能源建设集团有限公司

时间	事件	核心内容
2013 年 3 月	新一轮国务院机构改革	合并原国家电力监管委员会和国家能源局，组建新的国家能源局
2014 年上半年	重启"直购电"试点	安徽、江苏、江西等十多个省重启"直购电"试点
2014 年 11 月	国家发展改革委《关于深圳市开展输配电价改革试点的通知》	输配电价总水平等于输配电总准许收入除以总输配电量总收入的核定方法为：准许收入＝准许成本＋准许收益＋税金准许成本包括了折旧费和运行维护费；准许收益是可计提收益的有效资产乘以加权平均资本收益率；税金包括企业所得税、城市维护建设税、教育费附加

（二）调整产业结构

"5 号文"框架下的电力体制改革从"实施厂网分开，重组发电和电网企业"着手，重点放在发电环节引入竞争机制方面。

首先，实行厂网分开。将国家电力公司管理的资产按照发电和电网两类业务划分，分别进行资产、财务和人员的重组；

其次，进行资产重组。一方面重组国家电力公司管理的发电资产。按照建立现代企业制度要求组建规模大致相当的 5 个全国性的独立发电公司[①]，由国务院分别授权经营。另一方面，重组电网资产，分别设立国家电网公司和中国南方电网有限责任公司（简称南方电网公司）。国家电网公司作为原国家电力公司管理的电网资产出资人代表，按国有独资形式设置，在国家计划中实行单列，由国家电网公司负责组建华北（含山东）、东北（含内蒙古东部）、西北、华东（含福建）和华中（含重庆、四川）五个区域电网有限责任公司或股份有限公司。西藏电力企业由国家电网公司代管。国家电网公司主要负责各区域电网之间的电力交易和调度，并参与跨区域电网的投资与建设；区域电网公司负责经营管理电网，保证供电安全，规划区域电网发展，培育区域电力市场，管理电力调度交易中心，按市场规则进行电力调度。区域内的省级电力公司可改组为区域电网公司的分公司或子公司。南方电网公司由广东、海南和原国家电力公司在云南、贵州、广西的电网资产组成，按各方面拥有的电网净资产比例，由控股方负责组建南方电网公司，在国家计划中实行单列。

再次，形成新的电力产业组织结构。2002 年 12 月，中国华能集团公司（华能）、中国大唐集团公司（大唐）、中国华电集团公司（华电）、中国国电集团公司（国电）和中国电力投资集团公司（中电投）五大全国性的独立发电公司公司正式成立，形成了新的电力产业组织结构。

[①]　除华能集团公司直接改组为独立发电企业外，其余发电资产重组为规模大致相当的 4 个全国性的独立发电企业。

最后，重新布局发电、输电和配电环节。原有的国家电力公司进行资产重组后，在电力行业基本实现了发电环节与输电环节的纵向分离，而输电环节和配电环节仍然继续维持纵向一体化，并且在其所在的区域范围内实现横向一体化，新的发电、输电、配电环节结构如图 2-1 所示。

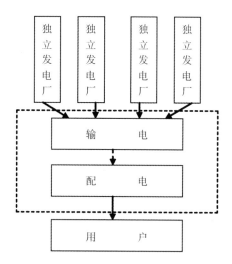

图 2-1　重组后的发电、输电和配电环节布局

发电环节打破了传统纵向一体化的垄断结构后，形成了多元化的投资和生产主体。根据原国家电监会发布的《电力监管年度报告（2011）》，截至 2011 年底，全国获颁发电许可证的企业共计 20299 家，其中装机容量 6000 千瓦以上的 5093 家，全国主要的发电企业 27 家（见表 2-2），发电环节呈现出多元化竞争格局。

在输电环节，根据 2002 年"厂网分开"方案，全国主要输配电业务由拆分后的国家电网公司和南方电网公司分区域专营，国家电网公司和南方电网公司售电量占全国售电量的 90% 以上。其中南方电网公司专营区域为广东、广西、云南、贵州和海南 5 个省、自治区，国家电网公司区域为除南方电网公司专营以外的 27 个省（市、自治区）。此外，仍存在一些地方电网企业，包括省级地方电网公司——内蒙古电力（集团）有限责任公司、陕西省地方电力（集团）有限公司、山西地方电力有限公司等，但市场份额较小。

表 2-2　中国发电企业构成类别（截至 2011 年底）

企业类别		企业名称
中央国企	原"国家电力公司"拆分重组形成的五大发电集团	中国华能集团公司 中国大唐集团公司 中国华电集团公司 中国国电集团公司 中国电力投资集团公司

企业类别		企业名称
中央国企	其他央企下属的发电企业	神华集团有限责任公司 中国长江三峡集团公司 华润电力控股有限责任公司 国家开发投资公司 中国核电集团公司 中国广东核电集团有限责任公司
地方国企	省国资委下属的发电企业	广东省粤电集团有限公司 浙江省能源集团有限公司 北京能源投资集团有限公司 河北省建设投资公司 申能集团有限公司 安徽省能源集团公司 湖北省能源集团有限公司 深圳市能源集团有限公司 江苏国信资产管理集团有限公司 甘肃省电力投资集团公司 广州发展集团有限公司 宁夏发电集团有限责任公司 江西省投资集团公司 山西国际电力集团有限公司

（三）推进市场建设

"5 号文"框架下的电力体制改革对"厂网分开"的改革比较彻底，形成了相互竞争的五大发电集团，电网企业只留有很小比例的发电厂作为调峰备用容量。电网公司与发电企业之间不再是科层式命令和控制的内部交易关系，而是形成了外部的市场交易关系。

根据 1993 年颁布的《电网调度管理条例》和 1994 年颁布的《电网调度管理条例实施办法》所规定的相关规则，并网运行的发电厂、机组、变电站均必须纳入调度管辖范围，服从调度机构的统一调度，履行调峰、调频、调压的义务条款，电网公司与发电企业之间的交易也主要依据此条款进行。厂网分开后，国家电监会根据《电网调度管理条例》的相关规定，于 2003 年制定和颁发了《电力市场运营基本规则（试行）》和《购售电合同（示范文本）》、《并网调度协议（示范文本）》等一系列规范条例，不断规范、完善电网公司、发电企业、电力调度机构在购售电交易过程中的责任、权力、义务及其操作规范和标准等具体内容。作为单一买方的电网公司，其所有购售电交易都通过调度机构来实现。从电网公司角度看，在与发电厂事前签订购售电合同基础上，其系统调度机构根据合同及终端用户的消费情况安排电厂的日发电调度计划曲线，在运行过程中，值班调度员可根据实际运行情况对日发电调度计划曲线作适当调整，但应提前通知电厂值班人员。从电力调度机构角度看，其必须按照同网同类型、同等技术条件的机组调整幅度基本相同的原则，兼顾电网结构和电厂的电气技术条件，安全、优质、经济地安排电厂参与电力系统调峰、调频、调压、备用。从发电企业角度看，其一方面需要遵守签署的并网调度协议，服从电力统一调度；另一方面须按月向购电人提供电厂机组可靠性指标和设备运行情况，及时提供设备缺陷情况，定期提供电厂机组检修计划，严格执行经购电人统筹安排、平衡并经双方协商确定的电厂机组检修计划。

"5号文"框架下关于推进电力市场建设的目标有两个：一是建立电力调度交易中心，实行发电竞价上网；二是在具备条件的地区，开展发电企业向较高电压等级或较大用电户和配电网直接供电的试点工作。

为了逐步改变传统的电力调度方式，推进电力市场建设，国家电力监管委员会先后在东北、华东、南方等地区开展"竞价上网"试点工作。2003年和2004年在东北地区分别运行了"两部制电价、全电量竞争"和"单一制电价"模式下的月度竞价模拟；2004～2006年在华东地区以"全电量竞价、差价合同"竞价方式进行了月度、日前竞价模拟，在研究华中电力市场交易规则基础上，提出"以双边交易为主、日前竞价为辅"的市场模式，同时启动了华北、西北等地区的市场设计研究。

在大用户直接向发电企业购电的交易方面，2004年国家电监会先后制定颁发了《电力用户向发电企业直接购电试点暂行办法》、《委托输电服务合同（范本）》和《电量直购合同（范本）》等办法和规范，规定电网公平开放，在电网输电能力、运行方式和安全约束允许的前提下，电网经营企业应当提供过网输电服务，输配电价由政府价格主管部门按"合理成本、合理盈利、依法计税、公平负担"的原则制定。大用户向发电企业直接购电的价格、结算办法，由购售双方协商确定，并在相关合同中予以明确。电网根据可靠性和服务质量标准，负责提供专项和辅助服务。发电企业和大用户根据合同约定对电网经营企业提供专项和辅助服务，价格标准执行国家有关规定。发电企业、大用户应当服从电力统一调度，并及时向电力调度机构报送电力直购和过网供电服务相关信息、报表。电力调度机构应当按照"公平、公正、公开"的原则依据合同（协议）进行调度，并及时向发电企业、大用户披露电力调度信息。

（四）完善行业管理

2003年在整合原国家发展计划委员会[①]、原国务院体改办和原国家经贸委部分职能的基础上成立国家发展和改革委员会，行使电力行业的行政管理和对电力工业的宏观调控职能。国家发展改革委下设能源局，主要负责制定能源发展战略、研究拟订能源发展规划和年度指导性计划、审核能源重大项目、提出能源发展政策和产业政策以及提出能源体制改

---

① 1952年，为了实施国民经济发展计划，中国成立了国家计划委员会；1998年原国家计划委员会更名为国家发展计划委员会；2003年将原国务院体改办和国家经贸委部分职能并入，改组为国家发展和改革委员会。

革建议五大方面工作。

厂网分开后，为对电力企业实施有效监管，2003 年挂牌成立了国家电力监管委员会（简称电监会），同时，分别在华北、东北、华东、华中、西北和南方区域共设立了 6 个电监局，在太原、济南、兰州、杭州、南京、福州、郑州、长沙、成都、昆明和贵阳 11 个城市设立了监管专员办公室，并向区域电网公司电力交易调度中心派驻代表机构。

电监会根据国务院授权履行全国电力监管职责，除制定及规范市场规则外，重点针对规则执行情况进行监管，监管内容主要包括七个方面：一是针对电力企业、电力调度机构执行规则的情况实施监管；二是对发电厂并网、电网互联以及发电厂与电网协调运行中的执行规则情况进行监管；三是对电力市场向电力交易主体公平开放以及输电企业公平开放电网的情况进行监管；四是对电力生产的质量、安全进行监管；五是颁发和管理电力业务许可证；六是对发电企业在各市场中所占份额的比例实施监管；七是对电价实施监管。

除上述国家发展改革委和电监会的管理外，国资委、地方经贸、工商管理、环保、技术质量监督和财政等政府部门都对电力行业拥有管理职能，改革前后相应管理部门对电力管理的权限和职能分配如表 2-3 所示。

表 2-3　电力体制改革前后电力管理权限、职能分配对比

管理职能	改革前	改革后
价格监管	国家计委	国家发展改革委为主，电监会部分参与
投资准入	国家计委	国家发展改革委
市场准入	国家经贸委	电监会
服务义务和服务质量	国家经贸委	电监会
行政执法	国家经贸委	电监会、地方经贸委
供电营业区划分	国家经贸委	地方经贸委、电监会
审批电力技改项目	国家经贸委	国家发展改革委
技术、质量标准	国家经贸委	国家发展改革委
监督企业财务制度	财政部	财政部为主，电监会部分参与
国有资产监督管理	财政部	国资委
环境监管	环保局	环保局
核定企业经营范围	工商管理部门	工商管理部门
电能计量标准	技术质量监督部门	技术质量监督部门
安全监管	国家经贸委	电监会
普遍服务	国家经贸委	电监会

资料来源：《中国能源监管探索与实践》，人民出版社 2016 年；中央编制办公室《关于明确发展改革委与电力监管委员会有关职责分工的通知》。

从表 2-3 不难看出，无论改革前还是改革后，我国的电力行业管理中存在比较普遍和显著的"多头管理"。即便是改革后电监会成立初始，国家发展改革委与电监会两个主要管理机构对电力行业的监管职权仍存在一些重叠和矛盾。其中最关键的是对电价管理和项

目准入两个核心管理权限的归属问题。以电价管理为例，国家发展改革委认为电价关乎整个国家宏观经济运行，应由管理国家宏观经济的政府部门统一管理，电价管理权限不能下放，因此电监会成立后，虽然履行电力市场监管职能，但由于缺乏电价管理权，在实现电力市场建设、优化电力资源配置功能方面开展工作较受掣肘，工作重点局限于对电力安全生产的监督和加强需求侧管理方面。虽然 2005 年 5 月 1 日正式实施的《电力监管条例》从法律层面上进一步明确了电监会是电力市场的监管者，但对电价管理权的界定依然模糊，并没有从根本上解决问题。

基于此，为进一步界定和明晰国家发展改革委和电监会的监管职能，2005 年 5 月底，中央编制办公室下发《关于明确发展改革委与电力监管委员会有关职责分工的通知》，首次在 13 项电力监管职责上予以明确分工，相应的职能分工调整如表 2-4 所示。

表 2-4　国家电监会成立后与发展改革委在电力监管职责上的分工

电力监管职责	发展改革委职责	电监会职责
市场准入	负责电力建设项目的投资审批、核准，经发展改革委审批通过的电力建设项目，应同时抄送电监会	负责颁发和管理电力业务许可证；电监会颁发电力业务许可证的有关文件应同时抄送发展改革委
电价管理	①起草有关电价管理的法律、法规、规章，进行电价政策调整，制定全国性电价调整方案以及涉及全国性的重大电力项目电价，且应事先书面征求电监会意见，重要文件应会签电监会 ②在电监会意见的基础上调整跨省（区）电力价格 ③会同电监会制定输配电价格成本审核办法，共同颁布实施 ④核准跨区域电网输配电价 ⑤审核跨省电网输配电价，征求电监会意见 ⑥负责制定销售电价 ⑦核批大用户用电直供的输配电价格 ⑧制定未实行竞价的上网电价 ⑨核批区域电力市场发电容量电价，会同电监会制定并共同颁布实施区域电力市场最高、最低限价	①负责监控跨省（区）电力价格，并根据交易情况提出价格调整意见 ②协同发展改革委制定输配电价格成本审核办法，共同颁布实施 ③拟定辅助服务价格，商发展改革委同意后颁布实施 ④审核跨区域电网输配电价，报发展改革委核准 ⑤研究提出销售电价调整的意见和建议 ⑥提出大用户用电直供的输配电价格初步意见，报发展改革委核批 ⑦提出未实行竞价的上网电价调整意见 ⑧根据电力市场情况，研究区域电力市场发电容量电价提出初步意见，报发展改革委核批，协同发展改革委制定并共同颁布实施区域电力市场最高、最低限价
电价监督检查	①会同电监会监督检查终端销售电价 ②按照职责对价格违法行为进行处理 ③对电价违法行为实施行政处罚	①对电力企业之间的价格行为（上网电价、输配电价）进行监督检查 ②会同发展改革委监督检查容量电价、输配电价格 ③按照职责对价格违法行为进行处理， ④对查出的电价违法违规行为，应及时向发展改革委提出价格行政处罚建议

尽管政府试图在各部门之间明确职责分工，但本质上仍然是对自然垄断企业采用传统的价格、投资审批的管制方式，而不是由专门的独立监管机构进行现代意义上的经济性规制。由此引出 2013 年国务院新一轮机构改革，将原国家电力监管委员会和原国家能源局合并重组为新的国家能源局，由国家发展改革委统一管理。

总体上看，2002～2015 年"5 号文"框架下实施的电力体制改革对电力行业市场化的推动力度不断加强，改革不断深入，极大地促进了电力产业发展，电力服务水平普遍提高，电价形成机制日趋完善，初步形成了多元化市场体系，也探索出了一条适应电力市场化发展的交易和监管路径。但是不可否认，电力行业的发展仍面临交易机制缺失、资源利用效率不高、价格关系不顺、市场化定价机制和协调机制不完善、政府职能转变不到位、发展机制不健全、新能源和可再生能源开发利用困难等一系列问题，立法修法工作相对滞后也在一定程度上制约着电力市场化推进和监管的健康发展。

三、"9 号文"框架下的电力体制改革

基于"5 号文"框架下改革取得的成就以及后期出现的问题，2015 年 3 月，中共中央国务院办公厅印发《中共中央 国务院关于进一步深化电力体制改革的若干意见》（中发〔2015〕9 号，简称"9 号文"），同年 11 月，国家发展改革委、国家能源局等部门相继发布了《售电公司准入与退出管理办法》、《有序放开配电网业务管理办法》、《省级电网输配电价定价办法（试行）》、《区域电网输电价格定价办法（试行）》、《输配电定价成本监审办法》及 6 个涉及改革的配套文件（表 2-5 罗列归纳了"9 号文"及其 6 个配套文件的主要内容），预示着开启了新一轮电力体制改革。这一轮体制改革的总体目标是在已有改革成果的基础上理顺价格形成机制，逐步打破垄断，有序放开竞争性业务，促进公平竞争，实现供应多元化；调整产业结构，提升技术水平，减低成本，提高能源利用效率；提高安全可靠性，促进节能环保，从而建立健全电力行业市场体制。

表 2-5　"9 号文"及其 6 个配套文件的主要内容

时间	事件	核心内容
2015 年 3 月	《中共中央 国务院关于进一步深化电力体制改革的若干意见》	在进一步完善政企分开、厂网分开、主辅分开的基础上，按照"管住中间、放开两头"的体制构架，有序放开输配以外的竞争性环节电价，有序向社会资本放开配售电业务，有序放开公益性和调节性以外的发用电计划；推进交易机构相对独立，规范运行；继续深化对区域电网建设和适合我国国情的输配体制研究；进一步强化政府监管，进一步强化电力统筹规划，进一步强化电力安全高效运行和可靠供应

时间	事件	核心内容
2015 年 11 月	《关于推进输配电价改革的实施意见》	开展输配电价测算工作，分类推进交叉补贴改革，明确过渡期电力直接交易的输配电价政策
	《关于推进电力市场建设的实施意见》	电力市场由中长期和现货市场构成，具有分散式和集中式两种模式，分为区域和省（区、市）电力市场，市场之间不分级别。这打破了我国电力市场的交易模式，为各类市场主体参与市场竞争提供了条件
	《关于电力交易机构组建和规范运行的实施意见》	交易机构不以营利为目的，在政府监管下为市场主体提供规范公开透明的电力交易体系。交易机构具有与履行交易职责相适应的人、财、物，日常管理不受市场主体干预，接受政府监督。交易机构主要负责交易组织，调度机构主要负责实时平衡和系统安全
	《关于有序放开发用电计划的实施意见》	明确了一产用电和三产中的重要事业、公益服务行业用电，以及居民生活用电优先购电。同时，明确了纳入规划的风能、太阳能、生物质能等可再生能源发电优先发电
	《关于推进售电侧改革的实施意见》	明确了售电公司、市场主体等的准入和退出条件以及售电公司可拥有增量配电网的经营权，并对售电的交易方式、交易要求、交易价格以及结算方式进行了详细说明
	《关于加强和规范燃煤自备电厂监督管理的指导意见》	对自备电厂的规划和建设做出了严格的规定，不仅要纳入国家依据总量控制制定的火电建设规划，而且要与公用火电项目同等条件参与优选。同时，明确指出京津冀、长三角、珠三角等区域新建项目禁止配套建设燃煤自备电厂；装机明显冗余、火电利用小时数偏低地区，除以热定电的热电联产项目外，原则上不再新（扩）建自备电厂项目

基于上述改革目标，改革的重点以"管住中间、放开两头"为体制主体架构，有序放开输配以外的竞争性环节电价，有序向社会资本开放配售电业务，放开公益性和调节性以外的发用电计划；持续推进交易机构相对独立，规范运行，深化对区域电网建设和适合我国国情的输配体制探索；在强化政府监管和统筹规划基础上，进一步加强电力安全高效运行和可靠供应。

（一）产业组织结构调整

"9 号文"在"5 号文"的改革基础上，产业组织结构方面的调整重点目标放在理顺输电、配电和售电及其他环节横向与纵向关系方面（见图 2-2），在维持输配电一体化的现状下，从售电侧入手推进改革，同时在配电领域引入了增量配电改革。

从理顺输配电各环节横向和纵向关系方面，工作主要集中在两个方面：一方面，多途径培育售电主体。一是允许符合条件的高新产业园区或经济技术开发区组建售电主体直接购电；二是鼓励社会资本投资成立售电主体，作为中间销售环节从发电企业购买电量向用户销售；三是允许拥有分布式电源的用户或微网系统，供水、供气、供热等公共服务行业和节能服务公司以及发电企业自己投资和组建售电主体进入售电市场，参与电力交易，从

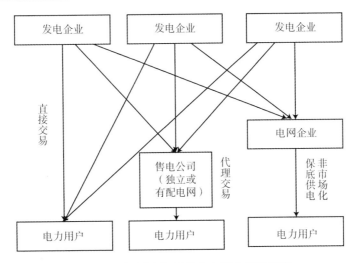

图 2-2 "9 号文"下的电力产业组织结构

事售电业务。

另一方面,鼓励以混合所有制方式发展配电业务,逐步向符合条件的市场主体放开增量配电投资业务。混合所有制方式即社会资本投资配电业务、增量配电网从而拥有配电网运营权,同时拥有供电营业区内与电网企业相同的权利并履行相应的责任及义务,最终形成三类售电公司模式:电网企业自有售电公司、社会资本投资并拥有配电网运营权的售电公司,以及不拥有配电网运营权也不承担保底供电服务的独立售电公司。

进一步从售电侧、增量配电以及交易机构三个角度探讨"9 号文"框架下的产业结构调整重点,能够更为清晰地厘清发展的脉络。

1. 售电侧改革

在完善政策法规条例方面,为积极稳妥地推进售电侧改革,建立健全有序竞争的市场秩序,保护各类市场主体的合法权益,相应管理部门国家发展改革委、国家能源局制定出台了《售电公司准入与退出管理办法》,明确售电公司(包括拥有配电网运营权的售电公司)的准入条件、准入程序和退出方式,同时规范了售电公司的信用体系建设,及其相应的权力、责任和义务。

在推动改革实践成效方面,在规范法规条例的基础上先后推进了江苏、山东、黑龙江、江西、福建、吉林、浙江、河北、广东、海南、重庆 11 个省市以及新疆生产建设兵团开展改革试点工作,各省的售电侧改革初见成效。以山东为例,截至 2017 年底省内注册的售电公司共 604 家(含北京电力交易中心推送的售电公司 201 家),其中 76 家参与了 2017 年电力市场交易,代理用户 1563 家,代理交易电量 662 亿千瓦时,占全省所有市场交易电量的 66%。选择售电公司代理交易的用户占全部交易用户的 93%,售电公司已逐步被用户认可和接受,对促进电力市场化交易起到了积极作用[①]。

---

① 资料来源:国家发展改革委网站。

2. 增量配电改革

2016 年 11 月，随着第一批 106 家增量配电业务改革试点批复，增量配电改革由此展开。2016 年以来，国家发展改革委、国家能源局先后发布了一系列政策文件（见表 2-6），分四批在全国范围内开展了 404 个增量配电业务改革试点，鼓励社会资本投资配电业务，有效提高配电网运营效率，优化供电服务，降低配电成本。

为进一步加强对增量配电改革试点的统筹指导，强化监督管理作用，2019 年 4 月，国家发展改革委、国家能源局联合组建 6 个调研组对 12 个省份的增量配电业务改革试点情况开展实地指导和调研，加快了试点项目工作的推进。截至 2019 年 8 月 31 日，第一批试点 94 个项目（不含 12 个申请取消的试点项目）中已确定项目业主项目 92 个、开工建设 29 个、建成投产 25 个。

在试点工作推进过程中，管理部门通过规范指导、严格监督和评估管理，对前期由于负荷预测脱离实际、未与地方电网规划有效衔接、受电主体项目没有落地等原因不再具备试点条件的项目进行评估，经过核定后取消了 24 个项目资格。

表 2-6 增量配电改革主要政策文件梳理

时间	政策文件
2016 年 10 月	《国家发展改革委 国家能源局关于印发〈售电公司准入与退出管理办法〉和〈有序放开配电网业务管理办法〉的通知》（发改经体〔2016〕2120 号）
2016 年 11 月	《国家发展改革委 国家能源局关于规范开展增量配电业务改革试点的通知》（发改经体〔2016〕2480 号）
2017 年 7 月	《国家发展改革委办公厅 国家能源局综合司关于请报送第二批增量配电业务改革试点项目的通知》（发改办经体〔2017〕1264 号）
2017 年 11 月	《国家发展改革委 国家能源局关于规范开展第二批增量配电业务改革试点的通知》（发改经体〔2017〕2010 号）
2017 年 11 月	《国家发展改革委办公厅 国家能源局综合司关于加快推进增量配电业务改革试点的通知》（发改办经体〔2017〕1973 号）
2017 年 12 月	《国家发展改革委关于印发〈区域电网输电价格定价办法（试行）〉、〈跨省跨区专项工程输电价格定价办法（试行）〉和〈关于制定地方电网和增量配电网配电价格的指导意见〉的通知》（发改价格规〔2017〕2269 号）
2018 年 3 月	《国家发展改革委 国家能源局关于印发〈增量配电业务配电区域划分实施办法（试行）〉的通知》（发改能源规〔2018〕424 号）
2018 年 4 月	《国家发展改革委 国家能源局关于规范开展第三批增量配电业务改革试点的通知》（发改经体〔2018〕604 号）
2018 年 6 月	《国家发展改革委 国家能源局关于规范开展第三批增量配电业务改革试点的补充通知》（发改经体〔2018〕956 号）
2018 年 7 月	《国家能源局综合司关于简化优化许可条件、加快推进增量配电项目电力业务许可工作的通知》（国能综通资质〔2018〕102 号）

时间	政策文件
2018 年 7 月	《国家发展改革委办公厅关于开展增量配电业务改革试点督导调研的通知》（发改电〔2018〕401 号）
2018 年 10 月	《国家发展改革委、国家能源局关于增量配电业务改革第一批试点项目进展情况的通报》（发改经体〔2018〕1460 号）
2018 年 11 月	《国家发展改革委办公厅 国家能源局综合司关于建立增量配电业务改革试点项目直接联系制度的通知》（发改办经体〔2018〕1492 号）
2018 年 12 月	《国家发展改革委办公厅 国家能源局综合司关于请报送第四批增量配电业务改革试点项目的通知》（发改办运行〔2018〕1673 号）
2019 年 1 月	《国家发展改革委 国家能源局关于进一步推进增量配电业务改革的通知》（发改经体〔2019〕27 号）
2019 年 3 月	《国家发展改革委办公厅 国家能源局综合司关于印发〈增量配电业务改革试点项目进展情况通报（第二期）〉的通知》（发改办体改〔2019〕375 号）
2019 年 6 月	《国家发展改革委 国家能源局关于规范开展第四批增量配电业务改革试点的通知》（发改运行〔2019〕1097 号）
2019 年 9 月	《国家发展改革委办公厅 国家能源局综合司关于取消部分地区增量配电业务改革试点的通知》（发改办体改〔2019〕948 号）

3. 交易机构改革

2016 年 3 月起，北京、广州电力交易中心和各省（市、自治区）电力交易中心在"9号文"框架下相继成立，并在电力市场化交易中发挥了重要作用。但是，由于体制约束，2018 年 8 月之前，只有广州电力交易中心和山西、湖北、重庆、广东、广西、云南、贵州、海南 8 省（市、自治区）电力交易中心为股份制公司，其他电力交易中心是电网企业的全资子公司，电力交易机构相对独立的目标尚未实现。

为进一步深化电力体制改革，推进电力交易机构规范化建设，为各类市场主体提供规范公开透明的电力交易服务，国家发展改革委、国家能源局印发《关于推进电力交易机构规范化建设的通知》（发改经体〔2018〕1246 号），要求进一步推进电力交易机构股份制改造，按照多元制衡的原则，对北京电力交易中心、广州电力交易中心和各省（市、自治区）电力交易中心进行股份制改造，为市场主体搭建公开透明、功能完善的电力交易平台，要求各省（市、自治区）相关部门制定股份制改造实施方案，于 2018 年 9 月 30 日前报国家发展改革委、国家能源局备案，并且应于 2018 年 12 月底前完成各电力交易机构股份制改造工作。尽管政策出台了，但实际各省（市、自治区）电力交易机构股份制改造工作的推动进度快慢不一，截至 2019 年 7 月，北京电力交易中心有限公司增资方案已经国资委批复同意，方案中非电网企业股比为 30%；天津、山东、宁夏等 16 家省级电力交易机构的股改实施方案已正式上报国家发展改革委、国家能源局备案，非电网企业股比在20%或者 30%（王璐和俞卜丹，2019）。

（二）输配电价改革

根据"9号文"及其配套文件改革框架，国家先后制定出台了一系列办法和规定（主要政策文件梳理详见表2-7），对输配电价跨省跨区专项工程、区域电网、省级电网、地方电网和增量配电网等各个环节、全部领域进行了较为完整的改革和顶层设计。

2015年4~5月，安徽、湖北、宁夏、云南、贵州、内蒙古等省（自治区）纳入第一批输配电价改革试点区域开始，2016年3月北京、天津、陕西等12个省级电网和电力体制改革综合试点省份的电网以及华北区域电网随即也纳入改革试点范围，同年9月，蒙东、甘肃、青海、新疆等14个省级电网进入改革试点，直至2017年西藏电网、华东、华中、东北、西北等区域电网也启动试点，输配电价改革在省级和区域级别上全面推开。

经过4年努力，输配电价改革取得了一定的成效。一是按照准许成本加合理收益原则，32个省级电网输配电价核定工作全部完成；二是在以"准许成本加合理收益"核准的准许收入基础上，按两部制电价形式核定并公布了华北、华东、华中、东北、西北等区域电网输电价格；三是按经营期电价法，区分联网功能为主和输电功能为主两种类型，分别实行单一容量电价和单一电量电价；四是开展新投产工程输电价格核定和已核价工程输电价格复核调整工作，调整公布了宁东直流等专项工程输电价格。

此外，通过输配电价改革进一步推动和活跃电力市场交易，改革红利不断释放。全国电力直接交易从2015年的0.43万亿千瓦时到2016年突破1万亿千瓦时，再到2017年的1.6万亿千瓦时，年均递增93%，同时用电费用实现连续下降，其中2016年下降了500多亿元，是2015年的200多亿元的2.5倍。通过输配电价核定直接降低各层级电网输配电价标准，仅省级层面就核减了32个省级电网准许收入约480亿元，全国整体平均输配电价比之前平均购销价差每度电降低近1分钱（司贺秋，2018）。

表2-7 输配电价改革主要政策文件梳理

时间	政策文件
2015年4月	《国家发展改革委关于贯彻中发〔2015〕9号文件精神加快推进输配电价改革的通知》（发改价格〔2015〕742号）
2015年6月	《国家发展改革委 国家能源局关于印发输配电定价成本监审办法（试行）的通知》（发改价格〔2015〕1347号）
2016年3月	《国家发展改革委关于扩大输配电价改革试点范围有关事项的通知》（发改价格〔2016〕498号）
2016年9月	《国家发展改革委关于全面推进输配电价改革试点有关事项的通知》（发改价格〔2016〕2018号）
2016年12月	《国家发展改革委关于印发〈省级电网输配电价定价办法（试行）〉的通知》（发改价格〔2016〕2711号）

时间	政策文件
2017 年 8 月	《国家发展改革委办公厅关于全面推进跨省跨区和区域电网输电价格改革工作的通知》（发改办价格〔2017〕1407 号）
2017 年 12 月	《国家发展改革委关于印发〈区域电网输电价格定价办法（试行）〉、〈跨省跨区专项工程输电价格定价办法（试行）〉和〈关于制定地方电网和增量配电网配电价格的指导意见〉的通知》（发改价格规〔2017〕2269 号）
2019 年 5 月	《国家发展改革委 国家能源局关于印发〈输配电定价成本监审办法〉的通知》（发改价格规〔2019〕897 号）

（三）市场运行机制建设

"9 号文"框架下的市场运行机制建设主要集中在有序放开发用电计划及建立中长期市场和现货市场两方面。

1. 有序放开发用电计划

2017 年 3 月，国家发展改革委、国家能源局印发《关于有序放开发用电计划的通知》（发改运行〔2017〕294 号）标志着有序放开发用电计划工作全面展开，具体工作包括："加快组织发电企业与购电主体签订发购电协议（合同），逐年减少既有燃煤发电企业计划电量，鼓励新核准发电机组积极参与市场交易，规范和完善市场化交易电量价格调整机制"；"有序放开跨省跨区送受电计划，认真制定优先发电计划，允许优先发电计划指标有条件市场化转让"；"在保障无议价能力用户正常用电基础上引导其他购电主体参与市场交易，参与市场交易的电力用户不再执行目录电价"等。

同年 7 月《关于积极推进电力市场化交易 进一步完善交易机制的通知》（发改运行〔2018〕1027 号），在煤炭、钢铁、有色和建材四个重点行业试点全面放开电力用户发用电计划。

实践表明，发用电由计划逐步向市场过渡，大大促进了改革红利释放和实体经济发展，充分发挥了市场在资源优化配置中的决定性作用。2019 年 6 月，为进一步全面放开经营性电力用户发用电计划，提高电力交易市场化程度，深化电力体制改革，国家发展改革委又印发了《关于全面放开经营性电力用户发用电计划的通知》（发改运行〔2019〕1105 号）。一方面，确定放开发用电计划的范围、原则和保障措施，规定"除城乡居民生活用电、公共服务及管理组织、农林牧渔等行业电力用户以及电力生产所必需的厂用电和线损之外，其他大工业和一般工商业电力用户原则上均属于经营性电力用户范畴，均应该全面放开"；另一方面，继续完善优先发电优先购电制度，要求"进一步落实规范优先发电、优先购电管理有关要求，加强分类施策，抓紧研究保障优先发电、优先购电执行的措施，统筹做好优先发电优先购电计划规范管理工作"。

2. 建立中长期市场和现货市场

与"5 号文"相比，"9 号文"框架下的电力市场化改革有一个突出的特点，即提出了"电力市场建设应该中长期交易和现货交易并举"[①]，一方面以现货交易发现价格信号，另一方面以中长期交易规避风险，因此，统筹协调电力中长期交易与现货市场是完善市场运行机制的必由之路。

我国电力中长期交易市场经历了逐步发展、完善的过程。2002 年的电力体制改革以来，通过不断推广开展大用户直接交易，逐步形成了较为成熟的中长期电力交易机制，市场主要开展多年、年、季、月、周等日以上电能量交易和可中断负荷、调压等辅助服务交易。2016 年 12 月，《国家发展改革委 国家能源局关于印发电力中长期交易基本规则（暂行）的通知》（发改能源〔2016〕2784 号）中进一步明确中长期市场的准入和退出机制，市场主体及各自的权利和义务以及市场交易的品种、周期和方式等，对中长期交易主体和规则进行了系统的规范。

我国现货市场主要开展日前、日内、实时电能量交易和备用、调频等辅助服务交易，以每 5～60 分钟时段的电量为交易标的。现货市场能与节能发电调度目标一致，有利于清洁能源的消纳，不仅能够有效引导电源、电网投资建设，还能为中长期交易、发电权交易等其他电力交易提供价格信号。但由于现行的电力市场缺乏市场化的电力电量平衡机制，难以真实地反映电力供需情况，价格信号在一定程度上存在失真问题。2017 年 8 月，为加快探索建立电力现货交易机制，国家发展改革委办公厅、国家能源局综合司发布《关于开展电力现货市场建设试点工作的通知》（发改办能源〔2017〕1453 号），确定第一批电力现货市场建设试点地区为南方（以广东为起步）、蒙西、浙江、山西、山东、福建、四川、甘肃 8 个地区。到 2019 年 6 月下旬，四川、福建、蒙西电力现货市场启动模拟试运行，同年 9 月，国网区域内山西率先开展电力现货试运行和试结算（张帅和冉涌，2019）。

（四）完善行业管理

如前所述，电力行业管理经过多轮整合，归属和管理权限一直有所变动，直至 2013 年根据《国务院机构改革和职能转变方案》以及《国务院关于部委管理的国家局设置的通知》（国发〔2013〕15 号）规定，整合原国家电监会和原国家能源局职责，重组国家能源局（副部级），归属国家发展改革委管理，从"政监分离"走向了综合监管，监管的权限统一到国家发展改革委及国家能源局的不同司局，"9 号文"及其相应配套文件对监管内容和监管实施主体也进行了相应的制度安排（见表 2-8）。

---

① 资料来源：国家能源局. 国家能源局市场监管司负责人就推进电力市场建设的实施意见答记者问 ［N］. 国家能源局网站，2015-12-01.

表 2-8　"9 号文"框架下的电力监管内容及相应的制度安排

监管内容	具体安排
输配电价监管	政府主要核定输配电价，并向社会公布，接受社会监督。输配电价逐步过渡到按"准许成本加合理收益"原则，分电压等级核定。用户或售电主体按照其接入的电网电压等级所对应的输配电价支付费用
电网投资建设监管	切实加强电力行业特别是电网的统筹规划。政府有关部门履行电力规划职责，优化电源与电网布局，加强电力规划与电源灯规划之间、全国电力规划与地方性电力规划之间的有效衔接
电网公平开放监管	改变电网企业集电力输送、电力统购统销、调度交易为一体的状况，电网企业主要从事电网投资运行、电力传输配送，负责电网系统安全，保障电网公平无歧视开放。电网企业应无歧视地向售电主体及其用户提供报装、计量、抄表、维修等各类供电服务
市场准入监管	准入标准确定后，省级政府按年公布当地符合标准的发电企业和售电主体目录，对用户目录实施动态监管，进入目录的发电企业、售电主体和用户可自愿到交易机构注册成为市场主体

第二节　煤炭市场化改革

　　煤炭是我国长期以来的主体能源，同时也是重要的工业原材料，煤炭工业作为重要的基础产业，有力支撑了国民经济和社会平稳较快发展。自新中国成立至改革开放前，煤炭工业实行计划经济模式，企业缺乏自主权。计划经济体制导致煤炭市场失灵，阻碍煤炭工业健康发展。对煤炭行业的改革大致可分为两条主线：一是对投资体制的改革；二是对管理体制和价格体制的改革。回顾煤炭行业改革历程可以看出，两条主线并非独立推进，而是相互交叉互为条件推进的。

　　综观煤炭行业的发展，大致可分为三个阶段：一是初期的全面体制改革阶段。这一阶段，我国煤炭工业的改革主线是投资体制改革，如其他各行各业一样，通过打破体制约束破除国家独家办矿格局，启动了投资体制和市场化改革，从最初形成的国家统配煤矿、地方国营煤矿和乡镇集体煤矿"三分天下"的格局逐步向集约和大中型现代化煤矿过渡。同时较为彻底的投资体制改革在一定程度上带动管理和市场化改革。二是深化管理和价格体制改革阶段。这一时期，改革的主线是管理和价格体制改革，通过整顿、规范、整合等多重手段，在管理体制方面实行政企分开，形成并逐步完善了自主经营、自负盈亏的市场经济主体，逐步形成了中央和地方两个层面的国有煤矿并存格局；在价格体制方面通过煤炭价格从政府定价到政府指导价、再到煤炭价格市场化的三步转变，基本实现了价格的市场化。三是供给侧结构市场化改革阶段。这一时期，随着国际和国内社会、经济、生态环境的不断变化调整，煤炭产能过剩问题较为凸显，改革的目标逐步聚焦于优化市场结构和完善市场运行机制两个方面。

一、投资体制改革

为适应改革开放初期社会经济发展需求，煤炭行业初期的全面体制改革主要针对煤炭投资体制进行大刀阔斧地改革，改革在尝试和推进过程中不断调整，政策有所反复，大约经历了两个过程：一是从改革开放初单一投资主体向社会全面开放的初期探索开放过程；二是对投资主体的逐步规范和整合过程。

（一）初期探索与全面开放

改革开放初期，为缓解煤炭供求关系失衡和供应紧张、突破煤炭供给瓶颈、支撑国民经济发展，国家尝试一揽子全面放开煤炭工业的投资主体限制。1982 年提出放开对集资办矿和私人办矿的限制，鼓励发展乡镇小煤矿；1983 年 4 月国务院批转煤炭工业部《关于加快发展小煤矿八项措施的报告》的通知，要求必须坚持"两条腿"走路的方针，即在重点发展国家统配煤矿的同时，在有条件的地区积极发展地方国营煤矿和小煤矿；其后又陆续提出"有水快流"和"国家、集体、个人一齐上，大中小煤矿一起搞"等方针，极大地推动了乡镇煤矿高速发展，乡镇煤矿数量和产量分别由 1983 年初的 1.6 万处 14607 万吨，增加到 1988 年初的 7.9 万处 35154 万吨，5 年间数量增加了近 4 倍，而产量增长了 141%，年均分别递增 32.5% 和 19.2%。虽然数量和产量都得到了很大的发展，但两者发展速度配比方面仍然有很大差异，数量的增幅远大于产量增幅，这从一个侧面反映出这一期间在政策推动下主要以小煤矿发展为主。

社会资本积极参与和快速增长的煤矿数量虽然在很大程度上缓解了当时全国范围内供应紧张、供不应求的局面，但却也引发了更多生产和管理方面的问题。受生产能力和条件、管理体制和水平、经营规模效益等多方面制约，乡镇煤矿和私人小煤矿平均规模不断缩小，煤矿低质化发展特征显现，导致后续出现了安全生产隐患、生产效率和效益低下等一系列市场和管理问题。地方、乡镇、私有小煤矿"多、小、散、乱、差"等问题越来越突出，安全生产问题也越发严峻。一系列投资和管理问题引发相关部门重视，1989 年 11 月，"能源政法〔1989〕1061 号文件"报请国务院，建议禁止个体办煤矿，将"国家、集体、个人一齐上，大中小煤矿一起搞"的办煤矿方针修改为"中央统配、地方国营、乡镇集体煤矿一齐上，大中小煤矿一起搞"。通过不断调整，初步完成了初期的探索开放过程，形成了煤炭行业国家统配、地方国营和乡镇煤矿"三分天下"的格局。

（二）中期逐步规范和整合

如上所述，初期探索开放过程虽然促进了乡镇煤矿数量快速扩张，总产量也有很大增长，为当时社会经济发展起到了很好的支撑。但是，中小煤矿盲目、无序和过度发展、低水平重复建设、非法生产、乱采滥挖、破坏和浪费资源以及安全事故频发等问题越来越突出，逐步演变为制约煤炭行业发展的主要矛盾。致使 20 世纪 90 年代中期煤炭行业很快就出现了严重的低水平过剩问题。1997 年亚洲金融危机爆发，致使国内煤炭需求量急剧下降，国家适时通过关井压产、企业兼并重组等措施适时对煤炭行业进行了结构调整，基建规模随之大大缩减，煤炭行业投资建设得以逐步向集约和大中型现代化煤矿聚集。相关改革进程中重点政策梳理如表 2-9 所示。

表 2-9　煤炭行业改革重点政策一览表

时间	事件	核心内容
1983 年 4 月	国务院批转煤炭工业部《关于加快发展小煤矿八项措施的报告》的通知	要求必须坚持"两条腿"走路的方针，即在重点发展国家统配煤矿的同时，在有条件的地区，积极发展地方国营煤矿和小煤矿
1989 年 11 月	能源政法（1989）1061 号文件报请国务院	建议禁止个体办煤矿，将"国家、集体、个人一齐上，大中小煤矿一起搞"的办煤矿方针修改为"中央统配、地方国营、乡镇集体煤矿一齐上，大中小煤矿一起搞"
1998 年 12 月	国务院发布《关于关闭非法和布局不合理煤矿有关问题的通知》	从关闭非法和布局不合理煤矿着手，压减煤炭产量。1999 年底完成关井压产任务目标，关闭非法和布局不合理煤矿 2.58 万处，压减产量 2.5 亿吨
1999 年 12 月	国家经贸委下发《关于下达 2000 年原煤生产总量控制目标的通知》	确定 2000 年全国原煤产量控制目标为 8.8 亿吨。同时，国家煤炭工业局和煤炭行业关井压产领导小组下关井通知，在此确定 2000 年全国关闭乡镇煤矿 1.89 万处
2001 年 1 月	国家经贸委下发《关于 2001 年煤炭行业总量调控和关井压产工作的通知》	确定 2001 年全国原煤产量目标 9.5 亿吨，并继续执行关井压产，同时提出要关闭国有煤矿的矿办小井
2001 年 6 月	国务院办公厅发出《关于关闭国有煤矿矿办小井和乡镇煤矿停产整顿的紧急通知》	提出全国所有乡镇煤矿依据四个"凡是"原则一律停产整顿（凡是国有煤矿矿区范围内的各类小煤矿，凡是采矿许可证、煤炭生产许可证、营业执照、矿长资格证"四证"不全的，凡是生产高硫、高灰煤炭的，凡是不具备基本安全生产条件的）
2001 年 9 月	国务院出台《关于进一步做好关闭整顿小煤矿和煤矿安全生产工作的通知》	强调要加快小煤矿关闭工作进度，凡属"四个一律关闭"的小煤矿，必须按照紧急通知有关规定全部予以关闭
2002 年 5 月	国务院安全生产委员会《关于印发〈深化煤矿安全专项整治实施方案〉的通知》	深化整治的重点是对破坏资源、技术落后、污染环境和不具备安全生产基本条件的七类小煤矿依法予以取缔、关闭
2005 年 6 月	国务院印发了《关于促进煤炭工业健康发展的若干意见》	提出构建新型煤炭工业体系的指导思想、发展目标。自 2005 年起，用 3~5 年时间，大型煤炭基地建设初见成效，形成若干个亿吨级生产能力的大型煤炭企业和企业集团；再用 5 年左右时间，形成以大型煤炭基地和大型煤炭企业集团为主体的煤炭供给体系

时间	事件	核心内容
2005 年 7 月	全国煤矿安全生产形势严峻	山西、陕西、新疆、河南、河北、贵州、广东等地相继发生停产整顿煤矿和不具备安全生产条件煤矿非法生产造成的特大、特别重大事故，造成了严重的生命财产损失
2005 年 9 月	国务院颁布《国务院关于预防煤矿生产安全事故的特别规定》	为及时发现并排除煤矿安全生产隐患，落实煤矿安全生产责任，预防煤矿生产安全事故发生，保障职工的生命安全和煤矿安全生产
2006 年 5 月	国务院安全生产委员会办公室下发《关于制定煤矿整顿关闭工作三年规划的指导意见》	自 2005 年 7 月至 2008 年 6 月，争取用 3 年左右时间，基本解决小煤矿发展过程中存在的数量多、规模小、办矿水平和安全保障能力低、破坏和浪费资源严重、事故多发等突出问题
2008 年 10 月	国家发展改革委、国家能源局、国家安全生产监督管理总局、国家煤矿安全监察局《关于下达"十一五"后三年关闭小煤矿计划的通知》	明确"十一五"后 3 年深化煤矿整顿关闭目标是通过深化煤矿整顿关闭工作，将现有小煤矿淘汰关闭一批、扩能改造一批、大集团整合改造一批，力争到"十一五"期末把生产能力在 30 万吨/年以下的小煤矿数量控制在 1 万处以内
2010 年 10 月	国务院办公厅转发《发展改革委关于加快推进煤矿企业兼并重组若干意见的通知》	通过兼并重组，形成一批年产 5000 万吨以上的特大型煤矿企业集团，煤矿企业年均产能提高到 80 万吨以上，特大型煤矿企业集团煤炭产量占全国总产量的比例达到 50%以上
2013 年 11 月	国务院办公厅关于促进煤炭行业平稳运行的意见	严格新建煤矿准入标准，停止核准新建低于 30 万吨/年的煤矿、低于 90 万吨/年的煤与瓦斯突出矿井。逐步淘汰 9 万吨/年及以下煤矿，重点关闭不具备安全生产条件的煤矿，加快关闭煤与瓦斯突出等灾害隐患严重的煤矿
2016 年 2 月	国务院关于煤炭行业化解过剩产能实现脱困发展的意见	从 2016 年起，3 年内原则上停止审批新建煤矿项目、新增产能的技术改造项目和产能核增项目；确需新建煤矿的，一律实行减量置换。有序退出过剩产能。推进企业改革重组，力争单一煤炭企业生产规模全部达到 300 万吨/年以上

在《煤炭工业发展"十一五"规划》"整合为主、新建为辅"方针指导下，整顿关闭和资源整合进程加快，小煤矿数量和产量大幅度减少。截至 2010 年全国累计关闭小煤矿 9616 处，淘汰落后产能达 5.4 亿吨，小煤矿（年产能 30 万吨以下）减少至 1 万处以内，小煤矿产量比重在 5 年中从 45%下降至 22%[①]。与此同时，组建了一批区域性大型煤炭企业集团。2010 年，千万吨级以上企业 47 家，产量占全国总量的 63%，其中，亿吨级特大

---

① 资料来源：此处关于去产能和大型企业的数据均来自国家能源局发布的《煤炭工业发展"十二五"规划》。

型企业 5 家，产量占全国总量的 25%。

进入"十二五"，根据《煤炭工业发展"十二五"规划》（发改能源〔2012〕640 号）要求，产业结构进一步优化。在大型煤炭基地内建成一批大型、特大型现代化煤矿，安全高效煤矿 760 多处，千万吨级煤矿 53 处；加快关闭淘汰和整合改造，"十二五"共淘汰落后煤矿 7100 处；积极推进煤矿企业兼并重组，产业集中度进一步提高。

二、深化管理和价格体制改革阶段

在煤炭行业改革进程中，管理和价格体制改革与投资体制改革一道不断深入并推进。总体上看，改革的前期，管理和价格体制改革围绕投资体制不断调整，进入 21 世纪后，经过国家政策措施的历次调整，随着投资主体的多元化逐步下放了煤炭企业的经营管理自主权，参与市场竞争的主体也日趋多元，煤炭行业的改革重点越来越转向对管理体制和价格体制的改革上。

（一）管理体制改革

改革开放后，随着煤炭行业投资体制改革，从全民所有制的计划管理模式逐步过渡到多元投资主体的市场化投资模式，管理体制的改革也随之而动。回顾煤炭管理体制的改革，大致经历了三个阶段：第一阶段，1978 年至 20 世纪 90 年代初的探索阶段。这一阶段虽然体制改革的方向大致确定，煤炭领域成立了东北内蒙古煤炭工业联合公司、中国统配煤矿总公司、中国地方煤矿联合开发公司等企业，但政企界限仍然不清晰，依旧保持政企合一的主体模式。第二阶段，从 90 年代末至 2003 年前后，随着煤炭行业多元化投资主体的形成，管理体制深化改革势在必行。这一时期，在纵向管理体制方面，中央不再直接管理煤矿企业，将国有重点煤矿企业及其所属的企事业单位下放至地方政府；在行业管理体制方面，通过部门调整，整合煤炭管理权限，从两个维度推动了煤炭行业整体上的管理权力逐步下放。经过近 10 年努力，煤炭行业逐步在政企分开、权力下放等方面完成了管理职能的调整，为后续煤炭管理体制改革稳步推进奠定了良好的基础。第三阶段，2003 年至今，进入了煤炭行业管理调整完善阶段，这一阶段改革的工作重点聚焦于解决煤炭行业管理弱化、增强监督管理职责和效能、淘汰落后产能、开发清洁能源产品等方面。

1. 行业管理的改革探索

1975 年，国家恢复煤炭工业部，负责我国煤炭工业的管理，同时将之前下放给地方管理的煤炭企事业单位陆续收归其管理。1978 年十一届三中全会以后，经国务院批准，10 个重点产煤省（区）的统配煤矿由煤炭工业部直接管理，这些地方的煤炭工业管理局代表煤炭工业部管理所在地区的煤炭企事业，其他省（区）的煤炭工业管理部门则是同级人民政府的职能机构管理本省（区）的煤炭企事业，煤炭工业部作为其业务领导。

在加强煤炭工业部管理的同时，煤炭行业开始从办矿体制着手探索体制机制改革，除国家统配煤矿外，鼓励多种形式办矿，发展地方国营煤矿和乡镇煤矿。在经营体制方面，通过实行统配煤矿投入产出总承包和系列配套措施，逐步扩大企业自主权。1982～1983年，先后成立了中国煤炭进出口公司和地方煤矿服务联合公司，前者负责煤炭进出口业务，后者承担对全国地方煤矿（包括乡镇煤矿）的行业管理①，建立了以中国煤炭进出口公司为主，统一对外、多家经营的运行机制。

1988年，经全国人大七届一次会议批准的国务院机构改革方案，撤销煤炭工业部，成立能源部，接管原煤炭工业部对全国煤炭工业实行行业管理的相关职能。同时，除负责管理内蒙古和东北三省统配煤矿的东北内蒙古煤炭工业联合公司外，将其他统配煤矿整合组成了中国统配煤矿总公司，归口能源部，负责管理统配煤矿和原煤炭部所属企事业单位（不含东北内蒙古煤炭工业联合公司所属部分）。此外原煤炭工业部下设的中国地方煤矿联合开发公司也转由能源部归口管理，负责协助能源部对全国地方煤矿（包括小煤矿）实行行业管理。改革开放初期三大煤矿公司的基本情况如表2-10所示。

表2-10　改革开放初期三大煤矿公司的基本情况

公司名称	主要内容
东北内蒙古煤炭工业联合公司	《关于成立东北内蒙古煤炭工业联合公司给煤炭工业部辽宁省吉林省黑龙江省内蒙古自治区人民政府的批复》 组建原因：能源供应紧张，严重制约东北地区经济的进一步发展。解决这个矛盾的关键在于开发煤炭，打破行政区域界限，成立东北内蒙古煤炭工业联合公司，加快该地区煤炭开发 ·1983年1月组建 ·公司集中统一领导和统一管理东北三省、内蒙古东部地区的统配煤矿，以及煤炭部在这个地区直属的基本建设、地质勘探、科研、设计、教育等单位 ·公司既是独立经营、核算的经济组织，又代表煤炭部对企业行使管理职能 ·隶属于煤炭工业部，由煤炭工业部负责管理 ·所辖范围内的地方矿，实行地方政府和公司双重领导，以地方政府为主
中国统配煤矿总公司	国务院办公厅转发能源部《关于组建中国统配煤矿总公司报告的通知》（国办发〔1988〕45号） 组建原因：组建中国统配煤矿总公司，是能源部门机构改革，转变职能，逐步实现政企分开的一项积极措施 ·管理统配煤矿和原煤炭部所属企事业单位（均不含东北内蒙古煤炭工业联合公司所属部分） ·组织和管理所属企事业单位煤炭生产、基本建设以及经营活动 ·完成指令性煤炭生产建设计划以及盈亏指标等方面 ·由能源部归口管理
中国地方煤矿联合开发公司	（地方煤矿服务联合公司）于1983年10月组建，原为煤炭部行使全国地方煤矿行业管理职能的行政单位 组建原因：为了发展地方国营煤矿和小煤矿

---

①　随后，实施了一系列政策举措对乡镇煤矿进行规范管理：1985年煤炭工业部颁布《乡镇煤矿管理办法》自同年11月开始实施；1986年12月，国务院发出《关于乡镇煤矿实行行业管理的通知》，决定乡镇煤矿统一由煤炭工业部管理；1989年3月，能源部、能源安保〔1989〕206号文件颁发了《关于加强乡镇煤矿安全工作的规定》等。

2. 行业管理的深化改革

在初期改革完成后，全国煤炭行业归口和行业管理体系基本成型。1993 年，经全国人大八届一次会议决定，再次撤销能源部重新组建煤炭工业部，负责管理全国煤炭行业，同时也撤销了中国统配煤矿总公司。重新组建的煤炭工业部在行业管理体制方面做了进一步改革，其中对政企分开、权力下放等方面做了部分管理职能的调整。

随后 1998 年全国人大九届一次会议再次将煤炭工业部改组为国家煤炭工业局，归由国家经贸委管理，其管理职能发生了更进一步的改变。首先，新成立的国家煤炭工业局负责行业规划、行业法规制定，不再直接管理企业，原来的行政管理、统配煤矿和直属企业全部下放地方政府；其次，为进一步加强其对行业的监督管理，原煤炭部和国家煤炭工业局在山西等 16 个主要产煤省（区）设立派出机构（煤炭工业管理局），一部分非主要产煤省（区）设立煤炭工业厅（局），受部（局）和地方政府双重领导。

同年，随着国务院正式下发《关于国有重点煤矿管理体制有关问题的通知》，截至 1998 年 8 月，原煤炭工业部直属和直接管理的 94 处国有重点煤矿，以及为煤矿服务的 176 个地质勘探、煤矿设计、基建施工、机械制造、科研教育等企事业单位，2397 亿元资产、320 万名职工以及 133 万名离退休人员，完全下放到省（区、市）一级地方管理。为保证顺利交接，平稳过渡，原煤炭工业部在 16 个重点产煤省（区、市）设立的煤炭工业管理局暂予保留，原有职能和经济渠道不变。

1999 年底，国务院办公厅印发《煤矿安全监察管理体制改革实施方案》（国办发〔1999〕104 号），设立国家煤矿安全监察局，由国家经济贸易委员会管理、负责煤矿安全监察的行政执法机构，承担煤矿安全监察职能。2001 年，国务院再次撤销国家煤炭工业局，组建国家安全生产监督管理局，由国家经贸委和国家计委两个部门分别负责。可见，这一阶段煤炭行业管理部门虽然调整频繁，但体制改革的目标却越发明确，逐步向监督管理方向侧重。

3. 行业管理的调整完善

2003 年，随着国务院撤销国家经贸委，组建国家发展改革委，原归口国家经贸委管理的煤炭行业管理职能一并交由国家发展改革委，部分重点产煤省份仍保留了煤炭工业局，负责管理省内煤炭行业；同时成立国有资产监督管理委员会，行使对国有重点煤炭企业的出资人职责监管。

2005 年，为进一步强化对煤炭安全生产的监管，国家安全生产监督管理局升格为国务院直属正部级别的国家安全生产监督管理总局，国家煤矿安全监察局单设为副部级机构，从属于国家安全生产监督管理总局管理的国家局。同年 6 月，成立国家能源领导小组，办公室设在国家发展改革委，重点加强对煤炭工业的战略规划和重大决策。

2006 年 8 月，国务院办公厅下发《关于加强煤炭行业管理有关问题的意见》（国办发〔2006〕49 号），将原属国家发展改革委履行的与安全生产密切相关的 5 项行业管理职能划至国家安监总局及其辖属的煤矿安监局行使。此次调整后，国家发展改革委主要从宏观层面管理煤炭行业的规划、投资及调控，旨在增强安监部门管理效能，解决煤炭行业管理弱化问题。

随着能源在社会经济发展过程中的作用越来越举足轻重，2008 年全国人大十一届一次会议对相应机构做了进一步改革，设立国家能源委员会作为更高层面的议事协调机构，负责"研究拟定国家能源发展战略，审议能源安全和能源发展中的重大问题"。同时，在原国家发展改革委能源局和国家能源领导小组办公室的基础上成立副部级国家局——国家能源局，隶属于国家发展改革委。同年 7 月，国务院办公厅下发《关于印发国家能源局主要职责内设机构和人员编制规定的通知》（国办发〔2008〕98 号），进一步明确国家能源局主要职责及内设机构，其中内设的煤炭司主要"承担煤炭行业的相应管理工作，包括拟订煤炭开发、煤层气、煤炭加工转化为清洁能源产品的发展规划、计划和政策并组织实施，承担煤炭体制改革有关工作，协调有关部门开展煤层气开发、淘汰煤炭落后产能、煤矿瓦斯治理和利用工作"。

2013 年 3 月通过的《国务院机构改革和职能转变方案》中，将国家电力监管委员会相应职责整合进入国家能源局。进一步调整和明确了国家能源局职责，取消其对煤炭相关建设规划的审批职责，加强了宏观方面对煤炭发展战略、规划和政策的拟订及组织实施职责，加强了推进煤炭体制改革和监督管理的职责。2018 年 3 月出台的《国务院机构改革和职能转变方案》，进一步调整了能源管理和监管相关机构和职能：撤销国家安全生产监督管理总局，组建应急管理部，国家煤矿安全监察局由应急管理部管理；撤销国土资源部，组建自然资源部，原国土资源部的职责整合至自然资源部。

调整后最新煤炭行业主要管理部门及其职能一览如表 2-11 所示。

表 2-11　最新煤炭行业主要管理部门及其职能一览

管理部门	相关职能
国家发展改革委	制定煤炭工业开发战略和规划、投资法规、行业政策；管理、审查煤炭建设项目；制定煤炭价格；管理煤炭经济运行
国家能源局	下设煤炭司，负责拟订煤炭开发、煤层气、煤炭加工转化为清洁能源产品的发展规划、计划和政策并组织实施，承担煤炭体制改革有关工作，协调有关方面开展煤层气开发、淘汰煤炭落后产能、煤矿瓦斯治理和利用工作
自然资源部	拟订矿产资源战略、政策和规划并组织实施，监督指导矿产资源合理利用和保护。拟订矿业权管理政策并组织实施，管理煤炭矿业权的出让及审批登记
国家煤矿安全监察局（应急管理部）	拟订煤矿安全生产政策，相关法律法规，相关规章、规程、安全标准，提出煤矿安全生产规划。承担国家煤矿安全监察、生产准入监督管理的责任。负责煤炭重大建设项目安全核准工作。负责组织指导和协调煤矿事故应急救援工作。指导煤炭企业安全基础管理工作，会同有关部门指导和监督煤矿生产能力核定和煤矿整顿关闭工作，对煤矿安全技术改造和瓦斯综合治理与利用项目提出审核意见以及其他职能

（二）价格市场化改革

传统计划经济时期，煤炭实行统购统销，企业没有定价权。同时，由于煤炭在国民经济中的重要地位，以及我国铁路运输瓶颈问题难以解决，煤炭价格改革长期不仅滞后于煤炭行业其他体制机制改革，也滞后于其他商品。从1984年逐步松动管控措施到1992年全面放开煤炭价格，经过8年酝酿，煤炭价格的市场化改革正式启动。改革的20余年来，煤炭价格市场化改革经历了从政府定价调整为政府指导价，再到煤炭价格市场化的三步转变，至今，煤炭价格基本实现了市场化，适应了社会发展和市场化配置资源改革的需要。

1. 初期酝酿

1978~1984年，尽管煤炭行业投资和管理体制都开始了改革，但主流煤炭价格仍然维持计划经济特征的政府定价原则，价格主要由原煤炭工业部和国家物价局制定。1984年国务院批准未纳入计划的乡镇煤矿可放开价格管制自行销售，煤炭价格管控有所松动。同年11月允许地方煤矿计划外生产的煤炭可以"随行就市，自定价格，议价出售"的方式自行销售，标志着煤炭市场局部出现了价格双轨制，即以政府定价和市场调节为价格形成机制的两种价格，预示着煤炭价格市场化改革开始起步。

1986年起，全国范围内实施了指令性煤炭价格两部制，包括由国家颁布的统一出厂价格以及在此基础上统一加价幅度两个部分，计划外价格则由市场调节；此后，1987年通过增加指导性计划，对超核定能力、超计划生产的煤炭实行了加价、议价政策，直至1992年6月，全面放开指导性计划煤及定向煤价格，取消对计划外实行的煤炭最高限价和超产、增产加价，煤炭价格的市场化改革由此正式拉开序幕。

2. 双轨运行

1993年，随着社会主义市场经济体制的确立，国家逐步放开部分行业和地区的煤炭价格，市场调节比重达到70%左右（徐亮，2018）；同时放开了东北、华北地区和湖南省国有重点煤矿煤炭出厂价格，以及洗精煤和电力、冶金行业用动力煤价格，国有煤炭企业基本走向市场。

1994年1月，国家进一步取消了统一的煤炭计划价格，除发电用煤（简称"电煤"）实行政府指导价外，其他煤炭价格全部放开，由企业根据市场需要自主定价。煤炭价格的进一步开放，使得煤炭企业参与市场的程度更深入，价格的调节作用进一步增强，对提高煤炭企业生产积极性起到了重要作用。

为保证正常的社会经济秩序，维护电价稳定和电煤供应，1996年全国开始实行电煤国家指导价格，每年第四季度由原国家计委颁布下一年指导价格，全国所有煤炭生产企业均执行这一价格。对电煤执行国家指导价格的政策一直实行至2002年，其后国家停止了发布统一电煤政府指导价，除计划内供发用电煤仍执行指导价格外，其他行业用煤实现了市场定价。煤电双方通过"煤炭订货交易会"协商确定电煤价格。受当时市场环境和条件限制，考虑到电煤作为基础性能源对物价有着较大影响，国家虽然停止发布指导价格，但仍不时会出台价格管制政策进行调控。在每年的煤炭订货会上通常会发布协调价格作为参考，以促成煤电双方成交。

2004 年 12 月通过建立煤电价格联动机制，形成了电煤价格的"双轨制"，一是由政府相关部门组织煤炭企业和重点电力企业签订的重点煤炭合同确定的价格，二是煤炭价格随行就市。2005 年底，宣布彻底不再对电煤价格进行宏观调控，并将由政府主导的年度煤炭订货制度改为政府指导煤炭产运需衔接，彻底完成了煤炭价格的双轨运行模式，为下一步煤炭价格的完全市场化奠定了良好的基础。

3. 完全市场化过渡

2007 年，《国家发展改革委关于做好 2007 年跨省区煤炭产运需衔接工作的通知》明确由供需双方企业根据市场供求关系协商确定价格。至此，中国的煤炭价格形成机制发生了质的变化，完全由政府定价转变为市场形成价格，煤炭资源的分配手段由政府指令性分配转化为市场配置，煤炭价格逐步走向市场。随后 2009 年底，国家发展改革委发布指导意见，终止了一年一度政府主导的煤炭订货会，由网上汇总取而代之，煤炭价格由供需双方协商确定，鼓励企业之间签订长期购销合同。

但是，由于煤炭生产受到诸多方面影响，价格波动幅度和频次较大，管理部门根据当下煤炭供需形势和价格变化对煤炭价格进行临时管控，其中，电煤价格是主要管控对象。一方面，在煤炭价格增长阶段，通过临时价格干预对市场交易的电煤实行最高限价，控制合同电煤的价格涨幅；另一方面，为进一步深化煤炭市场化改革，充分发挥市场配置资源的基础性作用，在煤炭价格平稳或下行过程中，及时解除对电煤的临时价格干预措施，交由供需双方自主协商定价。

2012 年底发布的《国务院办公厅关于深化电煤市场化改革的指导意见》（国办发〔2012〕57 号，以下简称《指导意见》）取消了重点电煤合同和电煤价格双轨制，电煤价格并轨，煤炭价格由煤炭和电力企业自主协商确定。此外，2013 年炼焦煤、动力煤期货成功上市，逐步建立完善了产、运、需三方共同参与的全国煤炭交易会制度。

三、供给侧结构性改革

2015 年 11 月，中央经济工作会议提出推进供给侧结构性改革，并部署了去产能、去库存、去杠杆、降成本、补短板五大任务，其中去产能改革尤为迫切。2016 年 2 月，国务院印发《关于煤炭行业化解过剩产能实现脱困发展的意见》（国发〔2016〕7 号），计划自 2016 年起 3 年内停止核准新建煤矿项目、技改、扩能项目，煤炭行业用 3~5 年时间退出产能 5 亿吨左右、减量重组 5 亿吨左右。通过较大幅度压缩产能，适度减少煤矿数量，使煤炭行业的过剩产能得到有效化解，实现"市场供需基本平衡、产业结构得到优化、转型升级取得实质性进展"的目标。为贯彻落实"国发〔2016〕7 号"文件精神，由国家发展改革委牵头，国家能源局等多家单位联合，出台了一系列通知、意见（见表 2-12）。

表 2-12　煤炭行业去产能相关政策梳理

时间	政策文件
2016 年 2 月	《国务院关于煤炭行业化解过剩产能实现脱困发展的意见》（国发〔2016〕7 号）
2016 年 3 月	《国家发展改革委、人力资源社会保障部、国家能源局、国家煤矿安监局关于进一步规范和改善煤炭生产经营秩序的通知》（发改运行〔2016〕593 号）
2016 年 4 月	人社部、国家发改委等 7 部门印发了《关于在化解钢铁煤炭行业过剩产能实现脱困发展过程中做好职工安置工作的意见》（人社部发〔2016〕32 号）
2016 年 5 月	《财政部关于印发工业企业结构调整专项奖补资金管理办法的通知》（财建〔2016〕253 号）
2016 年 7 月	国家发展改革委、国家能源局、国家煤矿安全监察局下发《关于实施减量置换严控煤炭新增产能有关事项的通知》（发改能源〔2016〕1602 号）
2016 年 8 月	国家发展改革委、国家能源局、国家煤矿安全监察局下发《关于做好建设煤矿产能置换有关工作的补充通知》（发改能源〔2016〕1897 号）
2016 年 9 月	国家发展改革委、国家能源局印发《关于在建煤矿项目落实化解煤炭过剩产能任务有关事项的通知》（发改电〔2016〕561 号）
2016 年 9 月	《国家发展改革委、国家能源局关于进一步做好建设煤矿产能置换有关事项的通知》（发改电〔2016〕606 号）
2017 年 2 月	十六部门《关于利用综合标准依法依规推动落后产能退出的指导意见》（工信部联产业〔2017〕30 号）
2017 年 4 月	《国家发展改革委关于进一步加快建设煤矿产能置换工作的通知》（发改能源〔2017〕609 号）
2017 年 4 月	《国家发展改革委关于明确煤炭产能减量置换工作中有关具体事项的通知》（发改电〔2017〕279 号）
2017 年 5 月	《关于做好 2017 年钢铁煤炭行业化解过剩产能实现脱困发展工作的意见》（发改运行〔2017〕691 号）
2017 年 6 月	《国家能源局关于完善煤矿产能登记公告制度开展建设煤矿产能公告工作的通知》（国能发煤炭〔2017〕17 号）
2017 年 8 月	《国家发展改革委办公厅、国家安监总局办公厅、国家煤监局办公室、国家能源局综合司关于明确煤炭产能置换和生产能力核定工作中有关事项的通知》（发改办运行〔2017〕1448 号）
2017 年 12 月	国家发展改革委、国家能源局、环保部等 12 部委联合印发《关于进一步推进煤炭企业兼并重组转型升级的意见》（发改运行〔2017〕2118 号）
2018 年 8 月	《国家发展改革委办公厅、国家能源局综合司、国家煤监局办公室关于进一步完善煤炭产能置换政策的补充通知》（发改办能源〔2018〕1042 号）
2019 年 3 月	《国家发展改革委、国家能源局关于深入推进供给侧结构性改革进一步淘汰煤电落后产能促进煤电行业优化升级的意见》（发改能源〔2019〕431 号）
2019 年 4 月	《国家能源局综合司关于征求对 2019 年煤电化解过剩产能工作有关文件意见的函》
2019 年 4 月	《国家能源局综合司关于请报送 2019 年煤电淘汰落后产能计划的通知》
2019 年 4 月	《关于做好 2019 年重点领域化解过剩产能工作的通知》（发改运行〔2019〕785 号）

　　总体上看，煤炭行业供给侧结构性改革是在前期改革的基础上进行的综合性市场化改革，主要涉及三方面的内容：一是规范煤炭生产经营秩序，处置"僵尸企业"，化解过剩

产能，推动煤炭企业实现脱困发展；二是通过兼并重组培育具有国际竞争力的大型企业集团，同时引导"规模小、安全差、效率低"的煤矿主动退出，提升煤炭行业发展的质量和效益；三是通过提升煤炭供给质量，推进煤电优化升级、煤炭行业清洁高效高质量发展。

通过 4 年改革，供给侧改革初见成效，主要表现在以下几个方面：

一是煤炭供需实现基本平衡。煤炭行业作为供给侧结构性改革的重点领域之一，随着改革的不断深入和推进，落后产能逐步按计划淘汰退出，优质产能得到有序释放，全行业产、运、需结构不断优化调整，资源配置开始逐步向更高层次的煤炭资源动态化、结构性供需系统发展，全国煤炭市场供需关系逐步达到基本平衡状态（王显政，2017）。一方面，通过淘汰落后产能，煤炭产能过剩得到有效控制，煤炭产量、库存大幅下降。截至 2019 年 4 月，累计共退出煤炭落后产能 8.1 亿吨。其中 2016 年作为开局之年关闭退出产能最多，超过 3 亿吨；2017 年退出产能 1.47 亿吨，其中动力煤和炼焦煤分别占退出产能的 75% 和 25%。另一方面，建立和完善中长期合同定价机制和"基础价+浮动价"协商定价模式取得了较为显著的成效，有效地推动煤炭供需双方形成战略联盟，收窄煤炭价格的波动区间，降低煤炭价格的不确定性，以此保障了全国煤炭资源稳定供应，促进煤炭经济的平稳运行。

二是结构调整成效显著（吴吟和张立宽，2018），主要体现在产业集中度提升、煤矿数量大幅减少和供需格局调整三个方面。逐步提升了产业集中度，增强了我国煤炭稳定供应能力。截至 2017 年，全国 14 个大型煤炭基地产量占到全国总量的约 94%；8 个亿吨级省（区）原煤产量占全国产量的 87%；前 4 家大型煤炭企业产量占全国总产量的 27%，前 8 家大型煤炭企业产量占比接近 40%。截至 2018 年 7 月，全国建成年产 120 万吨及以上的大型现代化煤矿产量比重占全国的 80% 左右，其中，年产千万吨级煤矿 36 处，产能 6.2 亿吨/年；在建和改扩建千万吨级煤矿 34 处，产能 4.3 亿吨/年（王显政，2018）。在煤矿数量变化方面，全国煤矿数量由 2015 年底的约 1.2 万处大幅减少到 2018 年的 5800 处。国家能源局统计数据显示，截至 2018 年 12 月底，安全生产许可证等证照齐全的生产煤矿 3373 处，产能 35.3 亿吨/年①。在供需格局方面，全国煤炭生产重心越来越向晋陕蒙宁地区集中，据统计 2018 年 1~9 月，晋陕蒙宁四省（区）煤炭产量占到全国总产量的七成以上。

三是产业转型升级效果凸显。首先，煤炭上下游一体化发展取得新进展。通过煤炭企业参股控股电厂、煤业和电力公司重组等方式，发展煤电联营、煤电一体化。神华集团与国电集团重组为国家能源投资集团，成为我国煤电联营、煤电一体化发展重大改革成果；靖远煤业、窑街煤电、甘肃煤投公司重组成立甘肃能源化工集团，构建了煤电化一体化发展模式。其次，现代煤化工进入产业化发展阶段。随着神华宁煤年产 400 万吨煤炭间接液化项目投入商业化运营，新一批煤制烯烃、煤制乙二醇、煤制气、煤炭分级分质利用项目开工设，特别是随着甲醇燃烧、煤炭深加工及精细化工等一批关键技术突破，现代煤化工

---

① 中国煤炭工业协会. 2018 煤炭行业发展年度报告［R］. 国家能源局，2019.

进入产业化发展阶段，进一步推动了煤炭供给侧结构性改革。

四是生产安全显著提高。随着煤炭行业供给侧结构性改革，大量落后的、不安全的煤矿被关闭停产，整体行业事故率有所下降。据国家能源局数据显示，2017年全国煤矿实现事故总量、重特大事故量和百万吨死亡率三个指标明显下降，百万吨死亡率0.106，创历史最低水平。瓦斯事故发生数、死亡人数由2005年的414起、2171人，降到2017年的25起、103人，分别下降了94%、95%。

第三节　油气市场化改革

改革开放40年来，我国油气行业也是从"政企合一、垄断经营、高度集中"的计划经济体制逐步向"政企分开、打破垄断、逐渐分离"的深化市场化改革的方向过渡。从三大石油公司形成的三足鼎立的格局到油气市场其他主体的形成，油气市场化改革在完善投资与管理体制、改善价格形成机制、深化企业改革等方面取得了一系列的重大突破。近年来，新一轮油气体制改革按照"管住中间、放开两头"的体制架构建立油气市场运行体系，对油气行业的上中下游全产业链进行改革，油气市场化改革不断实现新的突破。

一、油气投资与管理体制改革

（一）三大石油公司格局形成

1978年3月，全国人大五届一次会议决定撤销石油化学工业部，分别设立化学工业部和石油工业部[1]，其中石油工业部主管对外合作开采海洋石油资源，负责油气详查、地质勘探开发、对外合作开采等。同年8月石油工业部决定把大港油田的渤海石油勘探业务划出，在塘沽设立海洋石油勘探局。为适应扩大对外开放的形式，贯彻吸引外资和技术开发海上、陆上油气资源的决策，1982年2月，《中华人民共和国对外合作开采海洋石油资源条例》（国发〔1982〕第19号）颁布，成立中国海洋石油总公司，隶属石油工业部，"全面负责对外合作开采海洋石油资源业务，享有在对外合作海区内进行石油勘探、开发、生产和销售的专营权"。1983年7月，石油工业部下属炼油厂分离出来，与化学工业部和纺织工业部的部分石化、化纤企业合并，共39个石油化工企业组建中国石油化工总公司，为直属国务院领导的正部级单位，对石油产品的产供销实行统一管理和经营。1985年2月，国务院批准对外合作开采陆上石油资源，组建了中国石油开发公司，负责陆上石油勘

---

[1]　在此之前的油气主管部门机构变化历程如下：1949年10月，中华人民共和国中央人民政府成立，设燃料工业部主管石油工业。1950年4月，燃料工业部设石油管理总局，统管全国石油工业。1955年7月，撤销燃料工业部，分别成立石油、煤炭、电力3个工业部。1970年6月，煤炭部、石油部、化学部合并，组成燃料化学工业部（简称燃化部）。1975年2月，燃化部分为煤炭工业部和石油化学工业部（简称石化部）。

探、开发的对外合作业务。

1988 年 4 月通过的国务院机构改革方案决定撤销石油工业部，成立中国石油天然气总公司和中国海洋石油总公司，均直属国务院领导。由此，中国的石油行业形成中国石油天然气总公司、中国海洋石油总公司和中国石油化工总公司三足鼎立格局。其中，中国石油天然气总公司主要从事石油、天然气上游领域的生产业务，兼有部分政府管理、调控职能；中国海洋石油总公司负责海上石油勘探开发和对外合作；中国石油化工总公司主要负责石油炼化与销售。

1993 年 3 月出台的国务院机构改革方案决定撤销能源部，石油工业行业管理归属于国家计划委员会，中国石油天然气总公司、中国海洋石油总公司与中国石油化工总公司一并归国务院直接管理，加上负责进出口业务的中国化工进出口总公司，中国石油产业逐步形成"上下游分割、内外贸分治、海陆分家"的格局。三大石油公司格局形成时间表如 2-13 所示。

表 2-13 三大石油公司格局形成时间表

时间	内　容
1978 年	设立石油工业部
	设立海洋石油勘探局
1982 年	成立中国海洋石油总公司，隶属石油工业部
1983 年	组建中国石油化工总公司，直属国务院领导
1985 年	组建中国石油开发公司
1988 年	撤销石油工业部
	成立中国石油天然气总公司，直属国务院领导
	成立中国海洋石油总公司，直属国务院领导
	形成了三大石油公司协同发展的局面
1993 年	三大石油公司一并归国务院直接管理，加上负责进出口业务的中国化工进出口总公司，中国石油产业"上下游分割、内外贸分治、海陆分家"的格局逐步形成

1998 年 3 月，国家石油化学工业局组建成立，归口国家经贸委；国有石油天然气企业进行重组，组建中国石油天然气集团公司和中国石油化工集团公司，进一步推动中国石油工业逐步走向市场化，在组织形式方面为建立现代能源企业制度奠定了基础。

随后 1999 年下半年起，"三桶油"相继进行股份制改造，完成境内外上市工作。1999～2001 年，中国石油天然气总公司、中国石油化工总公司、中国海洋石油总公司分别在 1999 年、2000 年和 2001 年相继成立中国石油天然气股份有限公司（简称中石油）、中国石化股份有限公司（简称中石化）和中国海洋石油有限公司（简称中海油），并都成功上市。石油天然气企业的改革、改制使得原有国有公司模式不复存在，实行市场化、公司化运作，构建了符合现代企业制度要求、管理体制比较完善的现代化企业模式，呈现出多元化发展特征。

2016 年以来，中石油坚持"突出主业、优化结构、搞活机制、提高效益"原则，对相应板块进行市场化改革，实现国有资产保值增值。在油气方面，以开采效益不佳的低品位区块为主，扩大试点油田生产经营自主权改革；在管道方面，通过出售中亚管道50%的股权实现资产整合与管理增效；在天然气方面，通过昆仑能源收购中石油昆仑燃气股权，组建五大区域天然气销售分公司，整合平台。此外，中石油重组工程建设板块"天利高新"及金融板块资产"石油济柴"，借壳上市。2017年11月，中石油对工程技术业务进行重组改革，同时新增新疆、大港、华北、吐哈4家油田开展自主经营试点改革。

2017年，中石化将改革目标重点放在积极稳妥推进混合所有制改革方面。在油气方面，与中石油类似，以采矿效益不佳的低品位区块为主，扩大试点油田生产经营自主权改革；在管道方面，向中国人寿、国投交通出售川气东送天然气管道有限公司50%股权（两家公司持股比例分别为43.9%和6.1%）进一步实现股份制改造；在天然气方面，中石化组建川气东送、华北和华南三大天然气销售中心，此外，通过重组石油工程及机械装备整合资产并完善产业链条。

2015年8月，中海油提出《总公司炼化产业优化整合方案》，确定"炼化产业改革要实现公司协同效益最大化、理顺炼化产业体制机制和优化炼化产业结构"三个目标；整合7家炼化企业销售系统，成立华北、华东、华南三个销售大区公司，更名"中国海洋石油集团有限公司"，企业性质由全民所有制变更为有限责任公司。

油气市场化改革极大地推动了企业活力，产业竞争力得到了进一步释放。

截至2018年底，在油气管网输送环节，中石油国内运营的油气管道总里程达到8.7万千米。其中，原油管道2.1万千米，约占全国的70%；天然气管道5.4万千米，约占全国的75%；成品油管道1.2万千米，约占全国的43%[①]。在油气生产环节，中石油国内外油气产量2.9亿吨，其中，国内原油产量1.0亿万吨，占全国原油总产量的53%；国内天然气产量约1100亿立方米，占全国天然气总产量的70%。中石化国内外油气产量约0.6亿吨，其中，国内原油产量0.4亿万吨，占全国原油总产量的22%；国内天然气产量约280亿立方米，占全国天然气总产量的18%。

在石油炼化环节，2018年全国炼油能力达到8.3亿吨/年，其中，中石油炼油能力约2.1亿吨/年，占全国炼油能力的近25%；中石化2.6亿吨/年，占全国炼油能力的31%；中海油0.5亿吨/年，占全国炼油能力的6%[②]。在油气销售环节，中石油国内成品油销售量约1.2亿吨，占国内市场份额36%；国内天然气销售量约1700亿立方米，占国内市场份额约60%[③]。中石化国内成品油销售量1.8亿吨，占国内市场份额55%[④]。

---

① 中国石油天然气集团有限公司.2018企业社会责任报告［R］.2019.

② 中国石油集团经济技术研究院.2018年国内外油气行业发展报告［M］.北京：石油工业出版社，2019.

③ 天然气销售量来自中石油2018年报，市场份额根据发展改革委网站发布的天然气表观消费量2803亿立方米计算得来。

④ 中石油数据来自中石油2018年报；中石化销售量数据来自中石化2018年报，市场份额根据中石油数据计算得来。

（二）油气市场其他主体的发展

1. 勘探开采环节

1998 年 2 月，原属于陕西省延安市的延长油矿管理局、延炼实业集团公司和原属于榆林地区的榆林炼油厂合并，组建省政府直属的国有独资企业——陕西省延长石油工业集团公司（简称延长石油），与中石油、中石化、中海油并称"四桶油"。长期以来，我国上游油气勘探开发领域仅有"四桶油"具有资质，其他资本无法进入。

为了加快我国油气勘探开采，促进油气上游投资主体多元化，继 2011 年向社会资本开放首轮页岩气招标后，2012 年国土资源部面向社会各类投资主体公开招标出让页岩气探矿权，最终由央属国有企业[①]及地方投资的能源集团[②]，中标 17 个区块的探矿权；由两家民营企业[③]中标其余 2 个区块的探矿权[④]。2015 年，国土资源部对新疆 6 个常规石油天然气勘查区块进行公开招标。最终山东宝莫生物化工股份有限公司中标 1 处区块、北京能源投资（集团）有限公司中标 3 个区块，两家中标公司都具有国有资产背景，民营企业未中标[⑤]。

2018 年 1 月，新疆国土资源交易中心首次挂牌出让 5 个石油天然气勘查区块的探矿权，共有 7 家企业参与竞价，最终 3 家企业——申能股份有限公司、新疆能源（集团）石油天然气有限责任公司、中曼石油天然气集团股份有限公司分别拿下 1 处区块的探矿权，总成交价达 27 亿余元[⑥]。

目前，我国在石油天然气勘探开发领域，仍以中石油、中石化、中海油为核心，延长石油等地方企业和数家外资公司以及少数民营企业具有油气勘探开发的能力和资质。由于国内油气勘探开采环节准入存在诸多限制，制约了国内市场多元化资本的投入，但一些国内企业尝试"走出去"战略并已成功获得国外区块，积累了一定的技术和管理经验（刘满平，2017）。

2. 炼化环节

2015 年 2 月，国家发展改革委出台《关于进口原油使用管理有关问题的通知》（发改运行〔2015〕253 号），提出放开民营企业原油进口权和使用权，地炼以获"双权"为契机迅速崛起。截至 2017 年底，全国千万吨级炼厂 25 家，三大石油公司加工能力共计占全国一次加工总能力的 66%，地方炼油企业占比 31%，其余的加工能力主要来自煤基油品企

---

① 中煤地质总公司、华电煤业集团有限公司、神华地质勘查有限责任公司、国家开发投资公司等。
② 重庆市能源投资集团公司、铜仁市能源投资有限公司等。
③ 华瀛山西能源投资有限公司和北京泰坦通源天然气资源技术有限公司。
④ 王少勇. 页岩气探矿权出让招标结果公示：民营企业中标 2 个勘查区块，其余 17 个区块花落国有企业［N］.中国国土资源报，2012-12-10.
⑤ 自然资源部网站 2015 年 10 月 27 日发布的《新疆石油天然气勘查区块招标出让项目评标结果公示》。
⑥ 自然资源部网站 2018 年 1 月 24 日发布的《2017 年新疆维吾尔自治区石油天然气勘查区块探矿权挂牌出让结果公示》。

业和外资企业①。我国炼油产业形成了以中石化、中石油、中海油三大集团为主，地方炼油企业、外资及煤基油品企业等多元化主体共同发展的格局。截至目前，全国主要地方炼油企业如表2-14所示。

表2-14　全国主要地方炼油企业

名称	性质	加工能力（万吨/年）	所在地
陕西延长石油（集团）有限责任公司	国有	1740（一次）	陕西延安
山东东明石化集团	民营	1500（一次）	山东菏泽
宁夏宝塔石化集团	民营	1250（一次）	宁夏银川
福建联合石油化工有限公司	中外合资	1200（一次）	福建泉州
大连西太平洋石化公司	国有控股*	1000（一次）	辽宁大连
山东天弘化学有限公司（万达集团）	民营	2000（综合）	山东东营
山东汇丰石化集团有限公司	民营	1500（综合） 580（一次）	山东淄博
山东万通石油化工集团	民营	1500（综合） 650（一次）	山东东营
山东东方华龙工贸集团	民营	1380（综合） 300（一次）	山东东营
东营市亚通石化有限公司	民营	1000（综合） 500（一次）	山东东营

注：由于各公司公布的加工能力标准不同，有的只公布了一次加工能力，有的只公布了综合加工能力，有的二者皆有公布，所以在表格中对加工能力的标准在括号中进行了标注。

* 大连西太平洋石化公司原为中法两国股东共同投资兴建的我国第一家大型中外合资石化企业。2019年5月，企业信息中投资人由道达尔菲纳埃尔夫公司、大连市建设投资公司、中国化工进出口总公司、中国石油天然气股份有限公司、中化（香港）石油国际有限公司5家公司，变更为大连市建设投资集团有限公司和中国石油天然气股份有限公司，持股比例分别为15.52%和84.48%。

资料来源：各公司官方网站。

大连西太平洋石化公司原为中法两国股东共同投资兴建的我国第一家大型中外合资石化企业。2019年5月，企业信息中投资人由道达尔菲纳埃尔夫公司、大连市建设投资公司、中国化工进出口总公司、中国石油天然气股份有限公司、中化（香港）石油国际有限公司5家公司，变更为大连市建设投资集团有限公司和中国石油天然气股份有限公司，持股比例分别为15.52%和84.48%。

3. 管输环节

我国从2014年开始探索实践油气管网设施公平开放的实施路径和方式。但受管网设

---

① 中国石油集团经济技术研究院. 2017年国内外油气行业发展报告［M］. 北京：石油工业出版社，2018.

施建设和互联互通不充分、油气管网运营机制不完善等多方面因素影响，全国油气管网设施开放数量仍然较少，开放层次相对较低。

截至 2017 年底，全国已建成原油管道 2.38 万公里，成品油管道 2.60 万公里，天然气长输管道总里程近 7.4 万公里（钱兴坤和吴谋远，2018），其中中石油、中石化和中海油占据市场的主导地位，市场份额分别约占 70%、20% 和 5%。在城市燃气管网方面，市场主体呈现多元化，我国排名前十的燃气集团基本情况如表 2-15 所示。

表 2-15   中国十大燃气集团情况

序号	名称	性质	隶属关系	主要业务
1	中国燃气	香港注册上市	—	管道天然气业务
2	昆仑能源	国有控股	中国石油天然气集团旗下	城市燃气、天然气管道、液化天然气（LNG）接收加工储运
3	港华燃气	香港注册上市	香港中华煤气有限公司旗下	城市燃气
4	华润燃气	国有控股	华润集团旗下	城市燃气
5	新奥能源	民营	新奥集团旗下	城市管道燃气
6	北京燃气	国有独资	北京控股集团旗下	城市燃气
7	上海燃气	国有独资	申能集团旗下	城市燃气
8	深圳燃气	中外合资	—	燃气批发、管道和瓶装燃气供应、燃气输配管网的投资和建设
9	广州燃气	国有独资	广州发展集团股份有限公司旗下	燃气管网及设施的建设和管理
10	天津能源	国有独资	天津市国资委出资	气源开发、工程建设/管网输配、销售供应

4. 销售环节

从销售环节整体看，以中石油、中石化和中海油等企业为主。其中，在石油天然气销售领域，中石化、中石油通过兼并、收购、联合等措施不断强化了市场占有率；在成品油销售领域，中海油、中石化等国内大公司主导成品油批发和零售市场，通过多种途径提高市场占有率；国际石油公司通过与国内石油公司合作等手段开拓零售市场。截至 2018 年底，全国加油站数量约 10 万座。其中，中石油、中石化所属加油站分别约有 2 万和 3 万座；其他社会加油站约有 5 万座（徐烁，2019）。对于民营石油企业，虽然市场占有率近50%，但由于成品油零售价由国家发展改革委严格控制，加之成品油实际批发价受制于中石化、中石油两大集团，民营油气企业市场竞争能力相对较弱。但是，从成品油销售的发展趋势看，加油站环节已逐步形成竞争性的市场结构。

二、油气价格形成机制改革

（一）石油价格形成机制改革历程

我国石油价格形成机制主要经历了计划向市场过渡的价格双轨制阶段、逐步市场化的价格调整准备阶段以及与国际接轨的政府指导价阶段三个时期。经过多轮改革推进，为了应对国内经济的变化和国际油价的影响和冲击，石油产品的市场化定价已初步形成，我国成品油价格采用石油价格常用的定价机制——政府指导定价的方式，基本实现了与国际市场接轨。石油价格形成机制改革历程梳理如表 2-16 所示。

表 2-16　石油价格形成机制改革历程梳理

发文时间	政策名称
1994 年 4 月	《国家计委、国家经贸委关于改革原油、成品油流通体制意见的通知》（国发〔1994〕21 号）
1998 年 6 月	《原油、成品油价格改革方案》（计电〔1998〕52 号）
2001 年 10 月	《国家计委关于完善石油价格接轨办法及调整成品油价格的通知》（计电〔2001〕96 号）
2008 年 12 月	《国务院关于实施成品油价格和税费改革的通知》（国发〔2008〕37 号）
2009 年 5 月	《国家发展改革委关于印发〈石油价格管理办法（试行）〉的通知》（发改价格〔2009〕1198 号）
2009 年 5 月	《国务院关于实施成品油价格和税费改革的通知》（国发〔2008〕37 号）
2013 年 3 月	《国家发展改革委发布关于进一步完善成品油价格形成机制的通知》（发改价格〔2013〕624 号）
2016 年 1 月	《国家发展改革委关于进一步完善成品油价格形成机制有关问题的通知》（发改价格〔2016〕64 号）

1. 计划向市场过渡的价格双轨制阶段

计划经济时期能源定价过低，导致企业亏损严重，生产不足。为促进能源部门发展，1981 年，国务院批准当时的石油工业部实施产量包干方案，规定超产与节约部分的石油可按国际石油价格自行定价销售，差价所得由石油工业部用于石油的勘探和开发，石油价格由计划向市场过渡的双轨制初具雏形。随后，为了缓解市场上石油产品供应不足、部分商品短缺等矛盾，自 1984 年开始，中央针对能源行业进行了一系列经济体制改革，其中价格体制改革成为重中之重，并明确提出了实行价格双轨制，至此，石油产品定价正式进入双轨制时期。

2. 逐步市场化的价格调整准备阶段

在经历了 10 年的价格双轨制阶段，随着社会发展对能源需求的不断加大，外部市场化对原油、成品油市场产生了越来越多的影响，国内原油、成品油市场秩序越来越混乱，严重妨碍了国民经济的正常运行，政府适时对原油、成品油流通体制进行了改革。1994 年国务院批转《国家计委、国家经贸委关于改革原油、成品油流通体制意见的通知》（国发〔1994〕21 号，以下简称《通知》）中明确，国内原油出厂价格实行两档价格，"石化总公司内部按加权平均价配置给各直属炼油企业加工";炼油厂生产的成品油均实行统一出厂价格。成品油销售价格实行两级管理：35 个中心城市的价格由国家计委制订，其他市场的销售价格由国家规定作价原则，省级物价部门具体核定。

此后两年多，国务院先后三次对原油价格进行了重大调整，最终石油价格达到 1020元/吨。这一阶段的价格改革使油价水平愈趋合理，解决了我国长期存在的原油价格过低问题，但仍未摆脱政府定价原则。

3. 与国际接轨的政府指导价阶段

（1）原油价格与国际市场接轨。1998 年，为了解决国内原油价格低于国际市场价格不利于石油行业发展的困境，原国家计委出台《原油、成品油价格改革方案》（计电〔1998〕52 号），明确改革原油、成品油价格形成机制，加快了原油价格与国际市场接轨的步伐，详细改革进程如表 2-17 所示。

表 2-17　《原油、成品油价格改革方案》文件概要

价格分类	主要内容
国产陆上原油价格	定价方式 ·石油天然气集团公司和石化集团公司之间购销的原油价格由双方协商确定 ·两个集团公司内部油田与炼厂之间购销的原油价格由集团公司自主制定 价格构成 ·购销双方结算价格（不含税）由原油基准价格和贴水（或升水）两部分构成。原油基准价格由国家计委根据每月新加坡国际市场相近品质原油离岸价加关税确定；贴水（或升水）由购销双方根据原油运杂费负担和国内外油种的质量差价以及市场供求等情况协商确定
汽油、柴油零售价格	定价方式 ·由政府定价改为政府指导价 价格构成 ·由国家以"国际市场汽油、柴油进口完税成本为基础，加按合理流向计算的从炼厂经中转配送到各加油站的运杂费，再加批发企业和零售企业的经营差率"制定零售中准价格，两大石油集团公司在上下浮动5%的幅度内制定具体零售价格 ·当上月新加坡市场汽、柴油交易价格累计变动超过5%时，由国家计委调整汽油、柴油零售中准价格
供军队和国家储备用油的出厂价	国家按照新加坡市场相同油品进口完税成本制定
供铁路、交通等部门专项用油	在国家规定供军队用油出厂价基础上，上下浮动5%

（2）成品油价格与国际市场接轨。1998 年，石油价格改革方案出台后，成品油价格虽基本与国际市场接轨，但并没有严格执行每月调整的要求。直至 2000 年 6 月，在国家发展改革委明确下，国内成品油价格依照既定接轨办法予以调整：一是国内汽、柴油与新加坡市场挂钩，每月调整一次；二是以新加坡市场汽、柴油离岸价为基础，计算进口到岸完税成本作为国内汽、柴油出厂的接轨价格；三是供铁路等部门专项用油价格在国家规定

供军队用油出厂价基础上，上下浮动 5% 的幅度内双方协商确定；四是零售环节的中准价等额调整，两大集团在上下 5% 幅度内制定和工作具体零售价格。截至同年 7 月，国内成品油价格初步实现了与国际市场的接轨。

（3）理顺成品油价格机制。随着成品油与国际市场接轨初步完成，自 2001 年 1 月起原油价格由两大石油集团按照既定接轨新加坡市场相似油种自行确定，并报国家发展改革委备案，而不再由国家发展改革委定期发布，政府逐步退出成品油价格主导。其后的 2001～2009 年，随着国内外经济社会环境的变化，石油需求量不断增加，税费机制、负担不公平等弊端也随之显现，迫切需要进一步理顺成品油价格机制，原国家计委、国家发展改革委数次出台相关政策措施，改革完善石油价格接轨、形成机制、相关税费、管理办法等（见表 2-18），旨在进一步理顺成品油价格形成机制，接轨国际市场。基于上述原则和方向，2009～2013 年，国家对成品油价格共进行了 25 次调整，基本理顺了成品油价格关系。

表 2-18　理顺成品油价格机制的相关政策文件概览

文件名	主要内容
《国家计委关于完善石油价格接轨办法及调整成品油价格的通知》（计电〔2001〕96 号）	· 汽、柴油价格与新加坡、鹿特丹和纽约（权重为 6：3：1）三地市场挂钩 · 国际市场成品油价格变化超过 8% 时对国内成品油价格以较为缓和的方式进行调整 · 两大石油集团在零售基准价基础上下 8% 的范围内浮动 · 煤油、化工轻油和燃料用重油的价格放开
《国务院办公厅关于转发发展改革委等部门完善石油价格形成机制综合配套改革和有关意见的通知》（国办发〔2006〕16 号）	· 国内成品油出厂价根据布伦特、迪拜、米纳斯 3 种主要原油的现货平均价格加上炼油成本以及成本利润率确定 · 国内成品油零售价实行政府指导价，由国家发展改革委制定最高限价，石油、化工和社会加油站可在此以下自主确定具体零售价格
《国务院关于实施成品油价格和税费改革的通知》（国发〔2008〕37 号）	· 国内成品油出厂价格以国际市场原油价格为基础，加国内平均加工成本、税金和适当利润确定；当国际市场原油一段时间内平均价格变化超过一定水平时，相应调整国内成品油价格 · 汽、柴油零售实行最高零售价格。最高零售价格由出厂价格和流通环节差价构成。适当缩小出厂到零售之间流通环节差价 · 批发实行最高批发价格，对符合资质的民营批发企业汽、柴油供应价格，合理核定其批发价格与零售价格价差
《国家发展改革委关于印发〈石油价格管理办法（试行）〉的通知》（发改价格〔2009〕1198 号）	· 国内成品油出厂价、零售价规定与"国办发〔2006〕16 号"文件内容基本一致 · 国内成品油涨（降）价区间调整为：以国际市场 3 种原油价格为标的物，当国际原油价格变动每桶＜80 美元，按正常加工利润率计算成品油价格；每桶＞80 美元，扣减加工利润率，直至加工零利润计算成品油价格；每桶＞130 美元按照兼顾生产者、消费者利益，保持国民经济平稳运行的原则，采取适当财税政策保证成品油生产和供应，汽、柴油价格原则上不提或少提

（4）完善成品油价格机制。为了灵敏地反映国际市场油价变化，避免产生投机套利行为等问题，2013 年初，国家发展改革委在 2009 年印发的《石油价格管理办法（试行）》和上述 25 次调整实践经验的基础上进行总结，发布了《关于进一步完善成品油价格形成机制的通知》（见表 2-19），缩短调价周期，调整国内成品油价格挂靠油种。完善价格调控程序。

表 2-19　《关于进一步完善成品油价格形成机制的通知》
（发改价格〔2013〕624 号）文件概要

调整方向	主要内容
缩短调价周期	将成品油计价和调价周期由现行 22 个工作日缩短至 10 个工作日，并取消上下 4% 的幅度限制 当汽、柴油调价幅度低于每吨 50 元时不作调整，纳入下次调价时累加或冲抵
调整国内成品油价格挂靠油种	根据进口原油结构及国际市场原油贸易变化，相应调整了国内成品油价格挂靠油种
完善价格调控程序	当国内价格总水平出现显著上涨或发生重大突发事件，以及国际市场油价短时内出现剧烈波动等特殊情形需对成品油价格进行调控时，依法采取临时调控措施，由国家发展改革委报请国务院批准后，可以暂停、延迟调价或缩小调价幅度

由于 2014 年世界石油市场格局发生重大变化，原油价格大幅波动，为应对新形势同时进一步推进成品油价格形成机制改革，2016 年国家发展改革委发布《关于进一步完善成品油价格形成机制有关问题的通知》（发改价格〔2016〕64 号）以完善成品油价格机制。通知内容主要包括四个方面：一是设定成品油价格调控下限水平（每桶 40 美元）；二是建立油价调控风险准备金；三是放开液化石油气出厂价格；四是简化成品油调价操作方式。此外，国家发展改革委根据 2008~2016 年以来《石油价格管理办法（试行）》实施情况及此次成品油价格机制完善内容，修订并形成了《石油价格管理办法》，从政策法规方面进一步保障了石油价格管理体制机制运行和落实，重点内容概要如表 2-20 所示。

表 2-20　《石油价格管理办法》文件概要

调整方向	调整前	调整后
原油定价方式	由企业参照国际市场价格自主制定	实行市场调节价

调整方向	调整前	调整后
成品油价格调控	·当国际市场原油价格<80美元/桶时，按正常加工利润率计算成品油价格 ·当国际市场原油价格>80美元/桶时，开始扣减加工利润率，直至按加工零利润计算成品油价格 ·当国际市场原油价格>130美元/桶时，采取适当财税政策保证成品油生产和供应，汽、柴油价格原则上不提或少提	·当国际市场原油价格<40美元/桶（含）时，按原油价格40美元/桶正常加工利润率计算成品油价格 ·40美元/桶<当国际市场原油价格<80美元/桶（含）时，按正常加工利润率计算成品油价格 ·当国际市场原油价格>80美元/桶时，开始扣减加工利润率，直至按加工零利润计算成品油价格 ·当国际市场原油价格>130美元/桶（含）时，汽、柴油价格原则上不提或少提

（二）天然气价格形成机制改革

与其他能源一样，我国天然气价格在改革开放初期也由政府统一定价，生产企业没有自主定价权。1982年4月，国家对四川天然气实行"商品量常数包干政策"，包干内天然气由国家分配和定价，包干外由企业自行销售和定价（毛家义，2015），这一改革标志着我国天然气价格进入"双轨制"阶段。此后，"双轨制"运行20余年，2005年12月，为理顺天然气出厂价格和门站价格，调整天然气价格至合理水平，我国开始新一轮的改革。

1. 计划向市场过渡的价格双轨制时期

1982~2005年，我国天然气价格一直处于计划向市场过渡的双轨制时期，即对天然气实行计划垄断性定价和市场定价两种不同的定价机制，表2-21整理了天然气价格在政府管控下进行调整的重要节点。

表2-21　双轨制时期天然气价格调整情况

时间	事件	天然气价格
1982年5月	四川省天然气价格每千立方米上调30元，上调部分作为天然气的勘探开发基金	0.08元/立方米
1984年7月	国务院下发《关于提高四川天然气价格的批复》（国函字〔1984〕62号）	0.13元/立方米
1986年4月	四川省对四川石油管理局超过当年天然气包干基数47亿立方米的部分实行加价政策，在每千立方米130元基础上再加价130元	超包干基数部分： 0.26元/立方米
1986年5月	经国务院批准，除四川石油管理局、江汉石油管理局、辽河石油勘探局、贵州石油勘探指挥部外，其他油气田的天然气井口交气价格由每千立方米50元提高到80元	0.08元/立方米 0.13元/立方米

时间	事件	天然气价格
1987~1990 年	国务院批转国家计委等 4 部门《关于在全国实行天然气商品量常数包干办法报告》（国发〔1987〕26 号），在全国实行天然气商品量常数包干，定期 4 年	包干基数内的按各地现行价格结算；超过包干基数部分 0.26 元/立方米
1992 年 6 月	国务院下发《关于提高铁路货运、煤炭、天然气价格的通知》（国发〔1992〕37 号）	①四川天然气实行包干内外价格并轨，实行分类气价：除化肥以外的其他工业用气出厂价格 0.24 元/立方米，城市居民用气 0.28 元/立方米，城市商业用气 0.42 元/立方米 ②其他油田天然气出厂价格不并轨：包干外气，不分用气对象，一律执行同一气价，出厂价格 0.33 元/立方米。包干内气，区别不同用气对象，实行分类气价：城市居民用气出厂价格 0.13 元/立方米，其他用气 0.21 元/立方米 ③非化肥用气按新价格执行；化肥用气仍按原价供应
1994 年 4 月	国务院下发《国务院批转国家计委关于调整原油、天然气、成品油价格请示的通知》（国发〔1994〕26 号），决定从 1994 年 5 月 1 日起，天然气实行包干内外井口价格并轨提价	①四川天然气进口价格为：化肥用气 0.47 元/立方米，居民生活用气 0.53 元/立方米，其他工业用气 0.49 元/立方米，商业用气 0.67 元 ②其他油田天然气进口价格为：化肥用气 0.44 元/立方米，居民生活用气 0.46 元/立方米，其他用气 0.52 元/立方米 ③企业自销的天然气中准价格水平为 0.9 元/立方米，允许生产企业在上下不超过 10% 的范围内浮动（现行由地方政府规定而天然气生产企业又承认的价格除外）

2. 天然气价格市场化改革的探索阶段

2005 年底，天然气价格双轨制运行了 20 多年后，已不适应社会经济发展及行业自身发展需求，国家开始启动改革，探索适应市场发展的深层次天然气市场化路径。针对天然气价格改革的目标不同，改革分为两个步骤推进：一是 2005~2010 年的天然气出厂价格管理改革；二是 2011 年至今的天然气门站价格管理改革。其中，门站价格的管理重点包括理顺非居民用天然气门站价格、降低非居民用天然气门站价格以及理顺居民用天然气门站价格等。

（1）天然气出厂价格管理改革。2005 年 12 月，国家发展改革委下发《关于改革天然气出厂价格形成机制及近期适当提高天然气出厂价格的通知》，对天然气出厂价格形成机制进行改革（文件概要见表 2-22）。改革重点包括进一步规范价格管理、改变价格形式、建立与可替代能源价格挂钩和动态调整的机制三个方面。

表 2-22 《关于改革天然气出厂价格形成机制及近期适当提高天然气出厂价格的通知》

(发改价格〔2005〕2756 号)文件概要

内容	调整前	调整	调整后
价格分类	化肥用气 居民用气 商业用气 工业用气	将现行居民用气、商业用气及通过城市天然气管网公司供气的小工业用户合并为城市燃气用气	化肥用气 直供工业用气 城市燃气用气
价格管理	计划内气 自销气	明确一档气、二档气划分标准	一档气 二档气
价格形式	政府定价和政府指导价并存的价格双轨制	出厂价格改为统一实行政府指导价	政府指导价
挂钩机制	无与可替代能源价格的挂钩机制	根据原油、LPG(液化石油气)和煤炭价格五年移动平均变化情况,加权平均后确定天然气出厂基准价格	二档气价先启动与可替代能源价格挂钩调整的机制

2010 年,随着国际、国内能源市场供求形势变化,国内天然气价格偏低的矛盾越发突出,国家发展改革委针对国产陆上天然气出厂基准价格进行调整,进一步提高国产天然气出厂价格,完善天然气相关价格政策和配套措施(见表 2-23)。

表 2-23 《关于提高国产陆上天然气出厂基准价格的通知》

(发改电〔2010〕211 号)文件概要

内容	调整前	调整	调整后
价格管理	一档气 二档气	将大港、辽河和中原三个油气田一、二档出厂基准价格加权并轨,取消价格双轨制	出厂(或首站)基准价格
价格浮动幅度	一档气出厂价在国家规定的出厂基准价基础上,可在上下 10%的浮动范围内由供需双方协商确定;二档气出厂价格在国家规定的出厂基准价基础上上浮幅度为 10%,下浮幅度不限	将国产陆上天然气一、二档气价并轨,出厂基准价格允许浮动的幅度统一改为上浮 10%,下浮不限	供需双方可以在不超过出厂基准价格 10%的前提下,协商确定具体价格

(2)天然气门站价格管理。改革目标也包括三个方面:一是进一步规范价格管理;二是逐步提高价格水平,理顺与可替代能源的价格关系;三是建立与可替代能源价格挂钩和动态调整的机制。天然气门站价格管理改革主要分为三步:

第一步是理顺非居民用天然气门站价格。为进一步理顺天然气与可替代能源比价关系,引导天然气资源合理配置,促进节约用气,国家发展改革委印发《关于在广东省、广西自治区开展天然气价格形成机制改革试点的通知》（发改价格〔2011〕3033号）。2011年12月，国家在广东、广西开展天然气价格形成机制改革试点工作，对天然气门站环节价格进行改革：定价方法由成本加成为主调整为市场净回值；价格管理的重点由对天然气出厂价格管理调整为对天然气门站价格①进行管理，以计价基准点价格为基础，考虑天然气市场资源主体流向和管输费用，确定各省（市、自治区）天然气门站价格。建立中心市场门站价格与可替代能源价格挂钩的动态调整机制，中心市场选取上海市场，可替代能源品种选择燃料油和液化石油气（LPG），权重分别为60%和40%。同时实行最高上限价格管理，供需双方在不超过最高门站价格的范围内协商确定具体门站价格。

2013年6月，为逐步理顺天然气价格，保障天然气市场供应、促进节能减排，提高资源利用效率，在总结广东、广西天然气价格形成机制试点改革经验基础上，国家发展改革委印发《关于调整天然气价格的通知》（发改价格〔2013〕1246号），研究提出天然气价格调整方案。新的天然气价格调整方案中区分存量气和增量气，存量气为2012年实际使用气量，增量气为超出部分。增量气价格一步调整到与可替代能源保持合理比价的水平；存量气价格分三年进行调整：2013年为调整第一年，适当提高非居民用存量气价格。

2014年，为达到非居民用存量气价格三年调整目标，同年8月，国家发展改革委印发《关于调整非居民用存量天然气价格的通知》（发改价格〔2014〕1835号），继续适当提高非居民用存量气门站价格。

按照2015年实现存量气与增量气价格并轨的既定目标，2015年2月，国家发展改革委印发《关于理顺非居民用天然气价格的通知》（发改价格〔2015〕351号）（自2015年4月1日起实施），根据2014年下半年以来可替代能源的价格变化情况，决定适当降低增量气最高门站价格、适当提高存量气最高门站价格，实现非居民用存量气与增量气价格并轨，理顺非居民用气价格。

第二步是将非居民用天然气门站价格管理方法由设定最高价格调整为设定基准价格。2015年10月，《中共中央 国务院关于推进价格机制改革的若干意见》（中发〔2015〕28号）要求按照"管住中间、放开两头"，推进天然气价格改革，要求全面理顺天然气价格，加快放开天然气气源和销售价格。根据《意见》）精神，2015年11月，国家发展改革委印发《关于降低非居民用天然气门站价格并进一步推进价格市场化改革的通知》（发改价格〔2015〕2688号），明确降低非居民用气最高门站价格，降低后的最高门站价格水平作为基准门站价格，供需双方以基准门站价格为基础，在上浮20%、下浮不限的范围内协商确定具体门站价格。

2017年8月，按照党中央、国务院关于推进供给侧结构性改革的总体要求，在下调管道运输价格以及将天然气增值税税率由13%下调至11%②的基础上，国家发展改革委发布《关于降低非居民用天然气基准门站价格的通知》（发改价格规〔2017〕1582号），决定

---

① 门站价格=出厂（首站）实际结算价格＋管道运输价格。

② 2017年4月，国务院常务会议上决定推出进一步减税措施，将天然气增值税税率从13%降至11%。

将非居民用天然气基准门站价格下调 0.1 元/立方米。

第三步是理顺居民用气门站价格。为进一步深化资源性产品价格改革，充分发挥市场在资源配置中的决定性作用，促进天然气产供储销体系建设和行业持续健康发展，2018 年 5 月，国家发展改革委印发《关于理顺居民用气门站价格的通知》（发改价格规〔2018〕794 号），决定理顺居民用气门站价格，建立反映供求变化的弹性价格机制。将最高门站价格管理方式调整为基准门站价格管理：供需双方以基准门站价格为基础，在上浮 20%、下浮不限的范围内协商确定具体门站价格，逐步理顺居民用气门站价格，实现与非居民用气价格机制衔接。

三、新一轮油气体制改革

2017 年 5 月，我国首个油气体制改革方案《中共中央 国务院关于深化石油天然气体制改革的若干意见》（中发〔2017〕15 号）落地。该意见明确，油气体制改革按"管住中间、放开两头"的体制架构建立油气市场运行体系。深化石油天然气体制改革的总体思路是针对石油天然气体制存在的深层次矛盾和问题，深化油气勘查开采、进出口管理、管网运营、生产加工、产品定价体制改革和国有油气企业改革，释放竞争性环节市场活力和骨干油气企业活力，提升资源接续保障、国际国内资源利用和市场风险防范、集约输送和公平服务、优质油气产品生产供应、油气战略安全保障供应、全产业链安全清洁运营六大方面能力。

（一）上游勘探环节改革

在上游勘探环节改革中，通过完善并有序放开油气勘查开采体制，提升资源接续保障能力，实行勘查区块竞争出让制度和更加严格的区块退出机制，加强安全、环保等资质管理，在保护性开发的前提下，允许符合准入要求并获得资质的市场主体参与常规油气勘查开采，逐步形成以大型国有油气公司为主导、多种经济成分共同参与的勘查开采体系。

针对上游勘探改革内容包括三个方面：有序放开勘探开发权、有序放开原油进口使用权和进口权以及规范矿权退出和流转制度。

2017 年，国家围绕"矿权竞争性出让"出台了一系列方案，有序放开油气勘查开采体制，提升资源接续保障能力。2017 年 8～11 月，为加快推进区块页岩气勘查开采工作，国土资源部委托贵州省政府组织拍卖出让安页 1 井所在的正安区块，山西省国土资源厅公开出让省内 10 个煤层气区块探矿权，总面积约 2043 平方千米。

2018 年 1 月，新疆国土资源交易中心首次挂牌出让 5 个石油天然气勘查区块的探矿权，来自国内的 7 家企业参与竞价，3 家民企——申能股份有限公司、新疆能源（集团）石油天然气有限责任公司、中曼石油天然气集团股份有限公司（简称中曼石油）分别拿下 1 处区块的探矿权。其中，中曼石油为新一轮油气改革试点勘查区块中标的第一家民营企业，并于 2018 年 6 月 6 日，正式获得自然资源部颁发的新疆温宿区块《矿产资源勘查许可证》。

2019 年 6 月，国家发展改革委、商务部发布了《自由贸易试验区外商投资准入特别管理措施（负面清单）（2019 年版）》，取消了自贸区内外商投资石油天然气勘探开发限于与中方企业合资、合作的限制，真正对外资放开了石油天然气的勘探和开发权利，是我国首次对外资全面开放油气产业上游领域。

随着改革的不断深入，引入更多社会主体进入油气上游领域，仍是我国推进油气勘查开采体制改革的重要举措。

（二）中游管输环节改革

中游管输环节改革重点放在油气管网运营机制改革方面，以提升集约输送和公平服务能力。一方面，推动油气管道网运分开。分步推进了国有大型油气企业干线管道独立，实现管输和销售分开；另一方面，推动管网公平向第三方无歧视开放。通过完善油气管网公平接入机制，油气干线管道、省内和省际管网均向第三方市场主体公平开放。其中，组建国家管网公司是石油天然气体制改革中最为重大和根本性的改革措施之一。

2019 年 12 月 9 日，国家石油天然气管网集团有限公司（简称国家油气管网公司）在北京正式挂牌成立，标志着深化油气体制改革迈出关键一步，意味着油气行业市场化改革进程中最为困难的"网销分离"取得了关键进展。国家油气管网公司由国务院国资委、中石油、中石化、中海油按照 4∶3∶2∶1 持股比例共同出资，包括三大石油集团主要长输管道、部分地下储气库和 LNG 接收站资产。作为独立的油气储运企业，国家油气管网公司主要负责长输管网的建设和运行，不参与油气的购买和销售。

（三）下游销售环节改革

下游销售环节改革在油气分销环节引导社会资本充分参与竞争，销售板块通过混合所有制改革提升效率，聚焦于深化下游竞争性环节改革，提升优质油气产品生产供应能力。一是通过制定更加严格的质量、安全、环保和能耗等方面技术标准，完善油气加工环节准入和淘汰机制；二是通过提高国内原油深加工水平，保护和培育先进产能，加快淘汰落后产能；三是通过加大天然气下游市场开发培育力度，促进天然气配售环节公平竞争。

2018 年 6 月，国家发展改革委、商务部联合发布《外商投资准入特别管理措施（负面清单）（2018 年版）》，决定取消外资连锁加油站超过 30 家需由中方控股的限制。政策发布后，壳牌公司计划于 2025 年将加油站从 1300 座扩大到 3500 座；BP 计划未来 5 年新增 1000 座加油站（陈嘉茹和陈建荣，2019）。外资的进入有利于促进加油站之间在提供优质产品和差异化服务等方面形成有效竞争，为消费者提供多样化的选择。

（四）进出口管理体制改革

通过完善油气进出口管理体制，建立以规范的资质管理为主的原油进口动态管理制度，完善成品油加工贸易和一般贸易出口政策，提升国际国内资源利用能力和市场风险防范能力，以确保油气供应和提升市场风险防范能力。

2018年2月，商务部发布《中国（浙江）自由贸易试验区企业申请原油非国营贸易进口资格条件和程序》。非国营贸易企业第一次获得原油进口权，将改变现有具备原油进口资质企业的结构。

自2015年起，国家向地方炼厂放开原油进口权和进口原油使用权，原油非国营贸易进口允许量占比从2015年的12%提升到2018年的31%。2018年9月，商务部发布文件，2019年原油非国营贸易进口允许量为2.02亿吨，较上年增长41.83%。随着原油进口主体日趋多元化，我国原油安全保障程度将不断提高。

第四节　能源监管

随着我国能源管理体制和市场化改革推进，能源监管体系建设主要经历了三个阶段："政企分开"的起步阶段、以国家电力监管委员会成立为标志的独立监管探索阶段以及2013年国务院机构改革后的综合管理阶段。从职能和目标来看，能源监管的内容趋于合理，主要涉及价格监管、投资监管、市场监管和安全监管四个方面，但还有进一步完善的空间。

一、能源监管体系建设

（一）"政企分开"的起步阶段

专业化的能源监管源于能源行业体制改革的"政企分开"。如前所述，1998年以前，能源行业基本上由中央政府设立工业主管部门进行统一的计划管理，政企不分，政府主管燃料工业的人、财、物和产、供、销，企业完全按照国家计划进行相应的能源生产和供应。1998年，全国人大九届一次会议决定，撤销煤炭工业部、石油工业部、电力工业部，将其管理职能移交给当时国家经贸委下属的煤炭工业局，成立国家煤炭工业局、石油和化学工业局，归国家经贸委管理，首次明确了实行政企分开。电力工业部和水利部的电力行政管理职能移交国家经贸委，行业管理职能移交中国电力企业联合会。国家煤炭工业局、石油和化学工业局负责行业规划、行业法规的制定等行政管理，不再直接管理企业，统配煤矿和直属企业下放地方政府。

煤炭行业政企分开、企业管理权力下放后，为了保障煤矿的安全生产，1999年12月，国务院办公厅印发《煤矿安全监察管理体制改革实施方案》（国办发〔1999〕104号），设立国家煤矿安全监察局，与国家煤炭工业局"一个机构、两块牌子"，专业化的能源监管由此起步。国家煤矿安全监察局是国家经贸委管理的负责煤矿安全监察的行政执法机构，承担由国家经贸委负责的煤矿安全监察职能。2001 年，国家煤炭工业局撤销，组建国家安全生产监督管理局，与国家煤矿安全监察局"一个机构、两块牌子"。

（二）独立监管探索阶段

2002 年 2 月，《国务院关于印发电力体制改革方案的通知》（国发〔2002〕5 号文件）中明确要求设立国家电力监管委员会（以下简称国家电监会），并对机构的性质、机构设置和主要职责进行了原则性的规定：国务院下设国家电监会（正部级），为国务院直属事业单位，按国家授权履行电力监管职责。国家电监会按垂直管理体系设置，向区域电网公司电力调度交易中心派驻代表机构。国家电监会的主要职责是：制定电力市场运行规则，监管市场运行，维护公平竞争；根据市场情况，向政府价格主管部门提出调整电价建议；监督检查电力企业生产质量标准，颁发和管理电力业务许可证；处理电力市场纠纷；负责监督社会普遍服务政策的实施。

2003 年 3 月，国家电监会正式挂牌成立，开启了我国能源独立监管的探索阶段。根据国务院批准的《国家电力监管委员会职能配置内设机构和人员编制规定》，国家电监会按照国务院授权，行使行政执法职能，依照法律、法规统一履行全国电力监管职责，具体监管职责如表 2-24 所示。

表 2-24　国家电力监管委员会的十大监管职责

序号	电力监管职责
1	负责全国电力监管工作，建立统一的电力监管体系，对国家电力监管委员会的派出机构实行垂直领导
2	研究提出电力监管法律法规的制定或修改建议，制定电力监管规章，制定电力市场运行规则
3	参与国家电力发展规划的制定，拟定电力市场发展规划和区域电力市场设置方案，审定电力市场运营模式和电力调度交易机构设立方案
4	监管电力市场运行，规范电力市场秩序，维护公平竞争；监管输电、供电和非竞争性发电业务
5	参与电力技术、安全、定额和质量标准的制定并监督检查，颁发和管理电力业务许可证，协同环保部门对电力行业执行环保政策、法规和标准进行监督检查
6	根据市场情况，向政府价格主管部门提了调整电价建议；监督检查有关电价；监管各项辅助服务收费标准
7	依法对电力市场、电力企业违法违规行为进行调查，处理电力市场纠纷
8	负责监督电力社会普遍服务政策的实施，研究提出调整电力社会普遍服务政策的建议；负责电力市场统计和信息发布
9	按照国务院的部署，组织实施电力体制改革方案，提出深化改革的建议
10	承办国务院交办的其他事项

根据上述职责，国家电监会设立 7 个职能部门，分别是办公厅（国际合作部）、政策法规部（电力体制改革办公室）、市场监管部、输电监管部、供电监管部、价格与财务监

管部（稽查局）和人事培训部（机关党委），机关事业编制为 98 名。2003～2013 年，国家电监会在全国组建了 6 个区域电监局、12 个省级电监办，作为国家电监会的派出机构，全国各省（市、自治区）均有相应的电力监管机构负责，实现了电力监管机构的全覆盖。在法律法规体系建设方面，国家电监会先后出台了包括《电力安全生产监管办法》、《电力业务许可证管理规定》、《电力市场监管办法》、《电力企业信息报送规定》、《供电监管办法》等 31 个部门规章以及相关的规范性文件，初步形成了电力监管法规体系，为监管工作提供了法律法规依据。

（三）综合管理阶段

2013 年 3 月，国务院对国家能源管理机构做出重大调整，根据第十二届全国人大第一次会议批准的《国务院机构改革和职能转变方案》和《国务院关于部委管理的国家局设置的通知》（国发〔2013〕15 号），将国家电监会和国家能源局职责整合，重新组建国家能源局（副部级），接受国家发展改革委管理，负责拟订并组织实施能源发展战略、规划和政策，研究提出能源体制改革建议，负责能源监督管理等。

2013 年 6 月，国务院办公厅印发《国家能源局主要职责内设机构和人员编制规定》（简称国家能源局“三定”方案），赋予国家能源局的主要职责有能源发展战略、规划和政策的拟订及组织实施，推进能源体制改革，加强能源法制建设，完善能源监督管理体系，加强能源监督管理等。原国家电监会 18 个电力监管派出机构划转为国家能源局垂直管理的能源监管派出机构，包括 6 个区域能源监管局和 12 个省（区）能源监管办，具体负责所辖区域内有关能源监管和行政执法的工作。能源管理和能源监管“一体两翼”、综合管理的新格局初步形成。

2018 年，国务院机构改革将国家发展改革委的价格监督检查与反垄断执法职责、商务部的经营者集中反垄断执法以及国务院反垄断委员会办公室等职责整合，组建国家市场监督管理总局；将国家安全生产监督管理总局、国务院办公厅的应急管理等职责整合，组建应急管理部。能源价格制定权和政策执行的监管权主要在国家发展改革委，监管职权包括：组织对石油、天然气销售价格，输配电价、销售电价，可再生能源价格的成本调查和监审；相关价格的发布和监督检查工作；落实煤电价格联动机制等。市场准入监管的执行和实施除国家能源局外，国家发展改革委、商务部也负责审核、审批职权范围内的能源投资项目。

从监管权限的划分来看，如图 2-3 所示，能源监管与环境监管、安全监管和市场监管虽然存在一定的重叠，但仍然有边界。能源监管的职能主要有四个方面：一是对垄断企业的监管；二是对能源市场的监管；三是对能源行业标准的监管；四是对产业政策落实的监管。其中，对垄断企业的监管主要包括对其价格和投资的监管，对能源的市场监管涉及价格监管、投资监管和市场运行秩序监管。

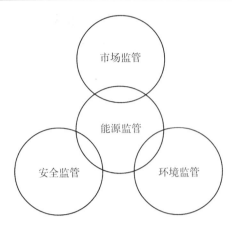

图 2-3　能源监管、市场监管、安全监管和环境监管关系图

如表 2-25 所示，在国家层面，除国家能源局外，市场准入监管部门涉及国家发展改革委、工业和信息化部、商务部、自然资源部；市场秩序监管部门主要在国家能源局、国家市场监督管理总局、商务部；行业标准监管部门包括国家能源局、国家市场监督管理总局、水利部、应急管理部；产业政策落实监管部门有国家能源局、发展改革委、工信部；能源安全监管涉及国家能源局、应急管理部（国家煤矿安全监察局、国家安全生产监督管理局）、水利部、生态环境部、工信部等。

在地方层面，能源监管是条块共管，国家能源局派出机构负责能源行业、市场、电力安全、电力许可证颁发等方面的监管工作，国家煤矿安全监察局派出机构负责煤炭安全生产监管，地方政府价格主管部门、电力、煤炭、油气等能源管理相关部门、市场监管、安全监管等主管部门负责相应领域的监管。

二、能源价格监管

能源价格监管是我国能源监管的重要工作内容之一，国家对电力和油气领域的价格监管方式不断调整，竞争性环节的定价机制逐步向市场化方向推进，垄断环节价格监管机制正在以公平、开放、透明为目标逐步建立。

（一）电力领域的价格监管

在第一轮电力体制改革期间，随着"厂网分离"这一改革举措的推进，相应地也进行了电力价格监管方式的改革。2003 年 7 月，《国务院办公厅关于印发电价改革方案的通知》（国办发〔2003〕62 号）中明确了电价改革的指导思想、目标和原则，在上网电价改革、输配电价改革、销售电价改革和电价管理等方面提出了具体的改革要求。对电力价格的监管，在制定销售电价的基础上增加了对上网电价的核定和管理，实施了煤电标杆上网电价。销售电价的分类和管理方法也进行了调整，居民阶梯电价在全国范围内普遍推行，大部分省份实行了大工业用户峰谷分时电价。

表2-25　国家能源监管相关部门

	价格监管	市场准入监管	市场运行秩序监管	行业标准监管	产业政策落实监管	安全监管
电力	发展改革委 价格司；国家能源监督管理总局 价格监督检查和反不正当竞争局	国家能源局 电力司、新能源和可再生能源司；发展改革委 体制改革综合司、固定资产投资司、利用外资和境外投资司；工信部 规划司、产业政策司	国家能源局 市场监管司；市场监督管理总局 执法稽查局、信用监督管理司、反垄断局、产品质量安全监督管理司	国家能源局 能源节约和科技装备司；市场监督管理总局 标准技术管理司；水利部 国际合作与科技司	国家能源局 电力司、新能源和可再生能源司；发展改革委 资源节约和环境保护司；工业和信息化部 产业政策司	国家能源局 电力安全监管司、核电司；水利部 农村水利水电司；生态环境部 核电安全监管司；工信部 生产安全司
煤炭	国家发展改革委 价格司；市场监督管理总局 价格监督检查和反不正当竞争局	发展改革委 煤炭司、体制改革综合司、固定资产投资司、利用外资和境外投资司；工信部 规划司、产业政策司；自然资源部 矿权管理司	国家能源局 煤炭司；市场监督管理总局 执法稽查局、信用监督管理司、反垄断局、产品质量安全监督管理司	国家能源局 能源节约和科技装备司；市场监督管理总局 标准技术管理司；应急管理部 国家煤矿安全监察局	国家能源局 煤炭司；发展改革委 资源节约和环境保护司；工信部 产业政策司	应急管理部 国家煤矿安全监察局
油气	国家发展改革委 价格司；市场监督管理总局 价格监督检查和反不正当竞争局	发展改革委 体制改革综合司、固定资产投资司、利用外资和境外投资司；自然资源部 矿权管理司；商务部 流通发展司、对外贸易司	国家能源局 市场监管司；市场监督管理总局 执法稽查局、信用监督管理司、反垄断局、产品质量安全监督管理司；商务部 流通发展司、对外贸易司	国家能源局 能源节约和科技装备司；市场监督管理总局 标准技术管理司	国家能源局 石油天然气司；发展改革委 资源节约和环境保护司；工信部 产业政策司	工信部 生产安全司；应急管理部 安全生产基础司、安全生产执法局（负责海洋石油安全以及炼化、成品油管道除外的石油行业）

电价改革方案中明确，上网电价改革的方向是全面引入竞争机制，价格由供需各方竞争形成。在过渡时期，上网电价主要实行两部制电价，其中，容量电价由政府制定，电量电价由市场竞争形成。输配电价由政府价格主管部门按"合理成本、合理盈利、依法计税、公平负担"原则制定。销售电价改革的方向是在允许全部用户自由选择供电商的基础上，由市场定价。竞价初期仍由政府制定销售电价。

在电价管理方面，电价改革方案中指出，需由政府管理的电价，由政府价格主管部门按照统一领导、分级负责的原则进行管理。电价管理原则和各电力市场的容量电价、输电价格由国务院价格主管部门负责制定。配电价格和对终端用户的销售电价，在输、配分开前，由国务院价格主管部门负责制定；在输、配分开后，由省级人民政府价格主管部门负责制定（跨省的报国务院价格主管部门审批）。政府价格主管部门和电力监管部门按各自职责对电力市场参与者的价格行为进行监督和检查。

2003 年电价改革方案出台后，国家发展改革委和国家电监会也相应地制定了一系列上网、销售与输配电价格管理和成本监审办法等相关的法规条例，将电力价格监管推上一个新台阶。2005 年 3 月，国家发展改革委出台了电价改革实施办法，即《上网电价管理暂行办法》、《输配电价管理暂行办法》和《销售电价管理暂行办法》，对电价改革方案中的上网电价、输配电价和销售电价等内容进行了详细的规定和说明。2005 年 7 月，《国家电力监督委员会关于明确发展改革委与电监会有关职责分工的通知》下发，明确了电力市场准入、电价管理、电价监督检查的职责分工，提出配电价格成本审核办法由发展改革委会同电监会制定，共同颁布实施；辅助服务价格由电监会拟定，商发展改革委同意后颁布实施；跨区域电网输配电价由电监会审核，报发展改革委核准。2007 年 7 月，国家电力监管委员会发布《跨区域输电价格审核暂行规定》（电监价财〔2007〕13 号），规范了跨区域输电价格审核行为。2011 年 11 月，国家电力监管委员会发布《输配电成本监管暂行办法》（电监价财〔2011〕37 号），进一步加强输配电成本监管，规范输配电成本和输配电价形成。

2015 年，新一轮电力体制改革开启，"9 号文"将推进电价改革列为新一轮电力体制改革的第一项重点任务，具体包括单独核定输配电价、分步实现公益性以外的发售电价格由市场形成以及妥善处理电价交叉补贴三方面内容。"9 号文"指出，现行电价方面存在的问题是电价管理仍以政府定价为主，电价调整难以及时反映成本和供求变化，强调要形成主要由市场决定能源价格的机制。"9 号文"明确，政府定价的范围主要限定在重要公用事业、公益性服务和网络自然垄断环节；要放开竞争性环节电力价格，把输配电价与发售电价在形成机制上分开。

同年，《输配电定价成本监审办法（试行）》（发改价格〔2015〕1347 号）和"9 号文"配套文件之一《关于推进输配电价改革的实施意见》出台，输配电价核定和成本监审成为电力价格监管的重要工作之一。随后，国家发展改革委先后颁发的《省级电网输配电价定价办法（试行）》、《区域电网输电价格定价办法（试行）》、《跨省跨区专项工程输电价格定价办法（试行）》、《关于制定地方电网和增量配电网价格的指导意见》等文件进一步细化了省级电网输配电价改革参照原则，即按照"准许成本加合理收益"原则分三批次核定电网企业准许总收入和分电压等级输配电价，于 2018 年全面完成了 32 个省级电网和 5 个区域电网首个监管周期的输配电价核定工作。

2019 年 1 月，国家发展改革委部署对全国除西藏以外的 30 个省份省级电网和华北、华东、东北、西北、华中 5 个区域电网全面开展第二轮输配电成本监审。成本监审工作由国家发展改革委统一组织实施，省级电网委托电网公司所在地的省级价格主管部门负责监审，国家能源局相关派出机构、价格成本调查中心派员参与。区域电网委托区域范围内相关省级价格主管部门联合监审，其中，由资产或电量较大的一家省级价格主管部门牵头负责，其他相关省级价格主管部门、国家能源局相关派出机构、价格成本调查中心派员参与。

2019 年 5 月，国家发展改革委、国家能源局联合出台正式版《输配电定价成本监审办法》（发改价格规〔2019〕897 号），对 2015 年试行版进行了修订和完善，主要体现在三个方面：首先，强化成本监审约束和激励作用，对电网企业部分输配电成本项目实行费用上限控制；明确对电网企业未实际投入使用、未达到规划目标、重复建设等输配电资产及成本费用不列入输配电成本，引导企业合理有效投资，减少盲目投资；对企业重大内部关联方交易费用开展延伸审核，提高垄断环节成本的社会公允性。其次，细化成本监审审核方法，明确不得计入输配电成本的项目，细化输配电定价成本分类、界限及审核方法，增加分电压等级核定有关规定等，进一步提升成本监审操作性。最后，规范成本监审程序要求，进一步明确经营者配合责任及义务，增加对信息报送要求、程序以及失信惩戒等规定，提高报送信息质量和效率。

（二）油气领域的价格监管

1998 年以来，国家对石油价格的形成机制不断调整，由政府统一定价调整为当前的原油实行市场定价，成品油实行与国际接轨的政府指导价。2008 年 12 月，国务院发布《国务院关于实施成品油价格和税费改革的通知》，决定实施成品油价格和税费改革，建立完善的成品油价格形成机制。2009 年 5 月，国家发展改革委出台《石油价格管理办法（试行）》。2016 年，正式版《石油价格管理办法》出台，在石油价格制定与调整、信息发布、价格监督检查等方面，对石油价格管理进行了系统的规定。

成品油价格的形成机制主要在与国际接轨的方式、价格调整的频率以及价格的浮动区间等方面进行了调整。从与单一国际市场（新加坡）直接接轨转变为当前的与布伦特、迪拜、米纳斯三种原油的平均价格间接接轨。成品油价格调整的频率由月度调整转变为当前的每 10 个工作日调整，同时取消了上下 4% 的幅度限制，设定了价格调控下限水平为每桶 40 美元。

在价格调整信息发布方面，根据《石油价格管理办法》，国家发展改革委在门户网站公布按吨计算的汽、柴油标准品最高零售价格，国家储备、新疆生产建设兵团用汽、柴油供应价格，以及汽油、柴油标准品与非标准品的品质比率。省级价格主管部门在指定网站公布本地区汽、柴油标准品和非标准品最高批发价格和最高零售价格。

2005 年以来，国家发展改革委出台了一系列天然气价格管理改革措施，天然气价格由政府定价调整为政府指导价，价格管理由出厂环节调整为门站环节，门站环节非居民用气价格和居民用气价格由最高上限价格管理逐步过渡为基准门站价格管理，且居民用气价格逐步与非居民用气价格并轨。

2005 年，国家发展改革委下发通知，将天然气出厂政府统一定价改为政府指导价，可在出厂基准价基础上有一定的上下浮动区间，增加了政府定价的灵活性。2011 年 11 月，中共中央国务院发布《城镇燃气管理条例》（中华人民共和国国务院令第 583 号），规定燃气销售价格应当根据购气成本、经营成本和当地经济社会发展水平合理确定并适时调整。县级以上地方人民政府价格主管部门确定和调整管道燃气销售价格，应当征求管道燃气用户、管道燃气经营者和有关方面的意见。2013 年，《国家发展改革委关于调整天然气价格的通知》（发改价格〔2013〕1246 号）要求天然气价格管理由出厂环节调整为门站环节，门站价格实行最高上限价格管理，供需双方可在国家规定的最高上限价格范围内协商确定具体价格。2018 年，居民用气由最高门站价格管理改为基准门站价格管理，最高可上浮 20%，同时价格水平与非居民门站价格并轨。

石油和天然气价格形成机制的理顺随着油气市场化改革的起步和探索，管输价格的成本监审和管理也成为油气领域价格监管的新内容。2016 年 8 月，《国家发展改革委关于加强地方天然气输配价格监管降低企业用气成本的通知》（发改价格〔2016〕1859 号），要求各地发展改革委（物价局）全面梳理天然气各环节价格，降低过高的省内管道运输价格和配气价格，减少供气中间环节，整顿规范收费行为，建立健全监管长效机制。2016 年 10 月，为加强和完善天然气管道运输价格管理，规范定价成本监审行为，国家发展改革委制定了《天然气管道运输价格管理办法（试行）》和《天然气管道运输定价成本监审办法（试行）》。

三、能源投资监管

（一）市场经济投资体制改革深化，明确企业投资主体地位

能源投资监管主要以投资项目审批、核准等形式开展，投资监管主体部门主要包括国家发展改革委、国家能源局、地方发展改革委、地方能源部门、水利部门等分别负责权限内的相应核准工作。国家能源局主要负责审批、核准、审核国家规划内能源固定资产投资项目；国家发展改革委主要负责审批、核准、审核重大建设项目、重大外资项目、境外资源开发类重大投资项目和大额用汇投资项目。

改革开放以来，国家对原有的投资体制进行了一系列改革，打破了传统计划经济体制

下高度集中的投资管理模式，初步形成了投资主体多元化、资金来源多渠道、投资方式多样化、项目建设市场化的新格局。

2004年7月，国务院发布《国务院关于投资体制改革的决定》（国发〔2004〕20号），我国投资体制改革全面开展，确立了通过深化改革和扩大开放，最终建立起市场引导投资、企业自主决策、银行独立审贷、融资方式多样、中介服务规范、宏观调控有效的投资体制目标，按照"谁投资、谁决策、谁收益、谁承担风险"的原则，围绕完善社会主义市场经济体制的要求在确立企业投资主体地位、规范政府投资行为、完善宏观调控措施、改善投资监督管理等方面实施了各项改革措施。

2004年，中共中央国务院发布《政府核准的投资项目目录》，提出政府对企业提交的项目申请报告，主要从维护经济安全、合理开发利用资源、保护生态环境、优化重大布局、保障公共利益、防止出现垄断等方面进行核准。对于外商投资项目，政府还要从市场准入、资本项目管理等方面进行核准。

2006年6月，国务院办公厅发布《国务院办公厅转发发展改革委等部门关于加强固定资产投资调控从严控制新开工项目意见的通知》（国办发〔2006〕44号），提出加强固定资产投资调控，从严控制新开工项目，遏制固定资产投资过快增长的势头。

（二）新一届政府大力推进简政放权，政府职能向服务型转变

2013年，党的十八届三中全会通过的《中共中央关于全面深化改革若干重大问题的决定》明确提出要进一步简政放权，深化行政审批制度改革，最大限度减少中央政府对微观事务的管理，市场机制能有效调节的经济活动，一律取消审批，对保留的行政审批事项要规范管理、提高效率；直接面向基层、量大面广、由地方管理更方便有效的经济社会事项，一律下放地方和基层管理。

2013年5月，《国务院关于取消和下放一批行政审批项目等事项的决定》（国发〔2013〕19号）取消和下放了一批涉及能源投资的审批项目。针对国家发展改革委，取消了其负责的企业投资年产100万吨及以上新油田开发项目核准，对取消的投资审批项目、企业投资年产20亿立方米及以上新气田开发项目核准，同时要求国土资源、环保、安全生产监管等有关部门加强监管，投资主管部门通过备案发现不符合国家有关规划和产业政策要求的投资项目，通知有关部门和机构，在职责范围内依法采取措施，予以制止。针对国家能源局，取消了其负责的电力用户向发电企业直接购电试点、电力市场份额核定。针对商务部，取消了其负责的石油、天然气、煤层气对外合作合同审批。国家发展改革委负责的企业投资在非主要河流上建设的水电站项目核准、企业投资风电站项目核准，下放地方政府投资主管部门；企业投资分布式燃气发电项目核准、企业投资燃煤背压热电项目核准、企业投资国家规划矿区内新增年生产能力低于120万吨的煤矿开发项目核准，下放省级投资主管部门；企业投资330千伏及以下电压等级的交流电网工程项目，列入国家规划的非跨境、跨省（市、自治区）500千伏电压等级的交流电网工程项目核准，下放地方政

府投资主管部门；企业投资非跨境、跨省（市、自治区）的油气输送管网项目核准，下放省级投资主管部门。

2013 年 6 月，国务院印发《国家能源局主要职责内设机构和人员编制规定》，国家能源局按规定权限核准、审核能源投资项目，其中重大项目报国家发展和改革委员会核准，或经国家发展和改革委员会审核后报国务院核准。能源的中央财政性建设资金投资，由国家能源局汇总提出安排建议，报国家发展和改革委员会审定后下达。

自《政府核准的投资项目目录》（2013 年本）开始，能源领域加大简政放权力度，转变政府投资管理职能，放管结合，对政府核准和审批权限进行了逐步的调整。按照 2004 年目录，总装机容量 5 万千瓦及以上风电站项目由国务院投资主管部门核准，其余项目由地方政府投资主管部门核准；在 2013 年的目录中，风电站项目无论规模大小均由地方政府核准。2013 年目录较 2004 年目录在原油、天然气、输油管网（不含油田集输管网）、输气管网（不含油气田集输管网）项目中审批权力均有所下放。但《政府核准的投资项目目录》（2013 年本）较《政府核准的投资项目目录》（2004 年本）部分项目出现了权力回收的情况。按照 2004 年目录，在主要河流上建设的项目和总装机容量 25 万千瓦及以上项目由国务院投资主管部门核准，其余项目由地方政府投资主管部门核准。在 2013 年目录中，在主要河流上建设的项目无论规模大小均需国务院投资主管部门核准。同时目录还对煤矿的核准要求进行了调整，国家规划矿区内新增年生产能力 120 万吨以下的煤炭开发项目的核准权限由国务院投资主管部门下放给了省级政府。并增加新要求，国家规定禁止新建的煤与瓦斯突出、高瓦斯和中小型煤炭开放项目不得核准。

《政府核准的投资项目目录》（2014 年本）较 2013 年本有着较大改动，将水电、火电、电网、油气等投资项目审批下放，按照 2014 年目录，跨界河流、跨省（市、自治区）河流上建设的单站总装机容量 50 万千瓦及以上项目才需由国务院投资主管部门核准，其中单站总装机容量 300 万千瓦及以上或者涉及移民 1 万人及以上的项目由国务院核准，其余水电站项目下放到地方政府核准。抽水蓄能电站由国务院行业管理部门下放到省级政府核准。火电站项目全部由升级政府核准改为分布式燃气发电项目由省级政府核准，其余火电站项目下放到地方政府。2013 年目录中跨境、跨省（市、自治区）±400 千伏及以上直流电网工程项目由国务院投资主管部门核准，2014 年目录中放宽到±500 千伏及以上。但在 2014 年目录中，燃煤背压热电项目核准权由地方政府回收到省级政府。同时，2014 年目录还增加了对新增年生产能力 500 万吨及以上的煤炭开发项目报国务院备案的规定。

《政府核准的投资项目目录》（2016 年本）较 2014 年本的改动不大，只是更详细地规定了液化石油气接收、存储设施（不含油气田、炼油厂的配套项目）、跨境、跨省（市、自治区）干线管网项目由省级政府下放到地方政府核准。输油管网（不含油田集输管网）、输气管网（不含油气田集输管网）中跨境、跨省（市、自治区）干线管网项目由国务院投资主管部门核准，其中跨境项目报国务院备案，其余项目由省级政府下放到地方政府核准。在煤炭项目核准方面，2016 年目录明确一般煤炭开发项目的核准由省级政府负责，并将禁止核准的要求调整为"国家规定禁止建设或列入淘汰退出范围的项目不得核准"。《国务院关于发布政府核准的投资项目目录（2016 年本）的通知》（国发〔2016〕72 号）中明确，原油、天然气（含煤层气）开发项目由具有开采权的企业自行决定，并报国务院行业管理部门备案；而对于煤矿项目，通知要严格执行《国务院关于煤炭行业化解过剩产能实现脱困发展的意见》（国发〔2016〕7 号）要求，从 2016 年起 3 年内原则上停止审批新建煤矿项目、新增产能的技术改造项目和产能核增项目；确需新建煤矿的，一律实行减量置换。

2017 年 3 月，国家能源局印发《国家能源局关于深化能源行业投融资体制改革的实施意见》。实行能源投资项目管理负面清单制度，进一步取消下放能源投资项目核准权限，严格按照《政府核准的投资项目目录》规定核准能源项目。建立能源投资项目管理权力、管理责任清单制度，明确责任主体，健全问责机制，简化程序、优化流程，也要做到投资审批权限下放层级与承接能力匹配。加强能源领域政府投资事中事后监管，建立政府投资资金使用情况后评估制度。

2019 年 2 月，《国务院关于取消和下放一批行政许可事项的决定》（国发〔2019〕6 号）取消了国家发展改革委负责的石油天然气（含煤层气）对外合作项目总体开发方案审批，改为备案，同时要求国家发展改革委、国家能源局会同有关部门加强事中事后监管。2019 年 11 月，《油气开发项目备案及监管暂行办法》（发改能源规〔2019〕1805 号）由国家发展改革委和国家能源局联合印发，明确石油天然气（含煤层气）开发项目实施备案管理，备案通过全国投资项目在线审批监管平台网上办理，进一步推进了油气领域简化投资监管和服务型政府建设。

四、能源市场监管

（一）电力市场监管

2005 年 2 月，中共中央国务院发布《电力监管条例》（国务院令第 432 号）。《电力监管条例》中规定，电力监管机构市场监管相关的职责有：颁发和管理电力业务许可证；监管发电企业在各电力市场中所占份额的比例；监管发电厂并网、电网互联以及发电厂与电网协调运行中执行有关规章、规则的情况；监管对电力市场向从事电力交易的主体公平、无歧视开放的情况以及输电企业公平开放电网的情况；监管电力企业、电力调度交易机构执行电力市场运行规则的情况，以及电力调度交易机构执行电力调度规则的情况；监管供电企业按照国家规定的电能质量和供电服务质量标准向用户提供供电服务的情况。

2005 年 10 月，《电力市场监管办法》公布。该办法明确由原国家电监会（现整合并入国家能源局）履行全国电力市场监管职责；区域电力监管局负责辖区内电力市场监管工作；城市电力监管办公室协助区域电监局从事电力市场监管工作。电力市场监管的对象包括电力市场主体和电力调度交易机构。电力监管机构的主要监管职责有：履行电力系统安全义务的情况；进入和退出电力市场的情况；参与电力市场交易资质的情况；执行电力市场运行规则的情况；进行交易和电费结算情况；披露信息的情况；执行国家标准、行业标准的情况；平衡资金账户管理和资金使用情况。

根据其工作职责，国家电监会出台了一系列电力市场监管相关的部门规章。主要有《电力业务许可证管理规定》、《承装（修、试）电力设施许可证管理办法》、《电力市场运营基本规则》、《电力监管信息公开办法》、《电力企业信息报送规定》、《电力企业信息披露规定》、《供电监管办法》等。

2013年，国务院机构改革将国家电监会和国家能源局职责整合，重新组建国家能源局，接受国家发展改革委管理，国家电监会的电力市场监管职责归入国家能源局。国家能源局内设市场监管司，其电力市场监管相关职责为组织拟订电力市场发展规划和区域电力市场设置方案，监管电力市场运行，监管输电、供电和非竞争性发电业务，处理电力市场纠纷，研究提出调整电价建议，监督检查有关电价和各项辅助服务收费标准，研究提出电力普遍服务政策的建议并监督实施。

自国家能源局重组成立以来，按照其机构职责并根据能源行业发展和体制改革的需要，进一步完善了电力市场监管规章制度，尤其加强了新能源领域的市场监管，相继出台了《光伏电站项目管理暂行办法》、《分布式光伏发电项目管理暂行办法》[①]、《光伏发电运营监管暂行办法》、《新建电源接入电网监管暂行办法》、《供电企业信息公开实施办法》、《能源行业监测统计报表制度》、《煤层气统计报表制度》、《可再生能源发电利用统计报表制度》、《能源行业市场主体信用信息归集和使用管理办法》、《12398能源监管热线投诉举报处理办法》、《电力业务许可制度执行情况监督检查"双随机一公开"实施细则》、《分散式风电项目开发建设暂行管理办法》等部门规章。

2015年底，国家能源局综合司发布《电力市场运营基本规则（征求意见稿）》、《电力市场监管办法（征求意见稿）》、《电力中长期交易基本规则（征求意见稿）》，向相关部门和企业征求修改意见。2016年底，国家能源局与国家发展改革委联合印发了《电力中长期交易基本规则（暂行）》。2017年7月，国家能源局向有关企业和单位征求《电力市场监管实施办法（试行）（征求意见稿）》的修改意见。《电力市场运营基本规则》、《电力市场监管办法》正式版截至2019年底尚未出台。

（二）煤炭市场监管

《中华人民共和国煤炭法》（简称《煤炭法》）是煤炭市场监管的主要依据之一，自1996年颁布以来进行了4次修订，其中涉及市场监管的重要修订是2013年的修订（见专栏2-1）。1996年颁布之初，在市场监管方面，《煤炭法》明确了监管的主体，并对煤炭经营许可和煤炭质量等内容进行了规定：煤炭国务院煤炭管理部门和有关部门负责全国煤

---

① 2017年11月15日，国家能源局综合司下发征求《分布式光伏发电项目管理暂行办法》修订意见的函，截至2019年底修订版尚未正式发布。

炭行业的监管，县级以上地方人民政府煤炭管理部门和有关部门负责辖区内煤炭行业的监管；煤炭经营需向指定部门提出申请，审查通过获得批准后才可销售煤炭；煤炭质量应当符合国家标准、行业标准及合同约定。1999 年 6 月，原国家经贸委配套出台了《煤炭经营管理办法》，加强对煤炭经营的管理，维护煤炭经营秩序，煤炭经营资格实行分级审查、分级管理制度。煤炭经营市场逐步规范化，煤炭经营主体过多、竞争无序、非法经营等现象得到了初步遏制。2004 年，国家发展改革委对《煤炭经营管理办法》进行了完善和修订，出台了《煤炭经营监管办法》，1999 年版同时废止。

2013 年 6 月，为贯彻落实国家全面深化改革和转变政府职能的部署，国家对《煤炭法》进行了重要修订，在市场监管方面，取消了煤炭经营许可证，减少了国家煤炭主管部门对煤炭企业生产经营的干预。2014 年 7 月，根据《煤炭法》的修订，国家发展改革委对 2004 年出台的《煤炭经营监管办法》进行了相应的修改，删去了煤炭生产和经营许可相关内容，同时增加了要求煤炭经营企业注册登记后向煤炭经营管理部门备案的规定。2019 年 3 月，"放管服"改革和政府职能转变进一步推进，国家发展改革委废止了 2014 年出台的《煤炭经营监管办法》。通过取消煤炭生产和经营许可证，国家对煤炭市场的监管重点由事前管理转变为事中事后监管。

专栏 2-1

《煤炭法》(1996 年版) 市场监管相关条款及其修订

监管主体和对象相关规定〔内容未修订〕

第十二条

国务院煤炭管理部门依法负责全国煤炭行业的监督管理。国务院有关部门在各自的职责范围内负责煤炭行业的监督管理。县级以上地方人民政府煤炭管理部门和有关部门依法负责本行政区域内煤炭行业的监督管理。

第十三条

煤炭矿务局是国有煤矿企业，具有独立法人资格。矿务局和其他具有独立法人资格的煤矿企业、煤炭经营企业依法实行自主经营、自负盈亏、自我约束、自我发展。

经营许可和审批相关规定〔2013 年修订中全部删去〕

第四十六条

依法取得煤炭生产许可证的煤矿企业，有权销售本企业生产的煤炭。

第四十七条

设立煤炭经营企业，应当具备下列条件：（一）有与其经营规模相适应的注册资金；（二）有固定的经营场所；（三）有必要的设施和储存煤炭的场地；（四）有符合标准的计量和质量检验设备；（五）符合国家对煤炭经营企业合理布局的要求；（六）法律、行政法规规定的其他条件。

第四十八条

设立煤炭经营企业，须向国务院指定的部门或者省、自治区、直辖市人民政府指定的部门提出申请；由国务院指定的部门或者省、自治区、直辖市人民政府指定的部门依照本法第四十七条规定的条件和国务院规定的分级管理的权限进行资格审查；符合条件的，予以批准。申请人凭批准文件向工商行政管理部门申请领取营业执照后，方可从事煤炭经营。

第七十一条

违反本法第四十八条的规定，未经审查批准，擅自从事煤炭经营活动的，由负责审批的部门责令停止经营，没收违法所得，可以并处违法所得一倍以上五倍以下的罚款。

煤炭质量相关规定 ［2013 年修订中第七十二条删去吊销生产许可证等内容］

第五十三条

煤矿企业和煤炭经营企业供应用户的煤炭质量应当符合国家标准或者行业标准，质级相符，质价相符。用户对煤炭质量有特殊要求的，由供需双方在煤炭购销合同中约定。煤矿企业和煤炭经营企业不得在煤炭中掺杂、掺假，以次充好。

第五十四条

煤矿企业和煤炭经营企业供应用户的煤炭质量不符合国家标准或者行业标准，或者不符合合同约定，或者质级不符、质价不符，给用户造成损失的，应当依法给予赔偿。

第七十二条

违反本法第五十三条的规定，在煤炭产品中掺杂、掺假，以次充好的，责令停止销售，没收违法所得，并处违法所得一倍以上五倍以下的罚款，可以依法吊销煤炭生产许可证或者取消煤炭经营资格；构成犯罪的，由司法机关依法追究刑事责任。

注：只标出法律主要内容调整之处，条款序号由于内容删减而进行的调整未标出。

随着大气污染防治等工作的开展，对煤炭质量提出了更高的要求，除《煤炭法》中对煤炭质量的规定外，2014 年国家发展改革委、国家环境保护部、商务部、海关总署、工商行政管理总局和质量监督检验检疫总局 6 部委联合出台《商品煤质量管理暂行办法》，对商品煤提出了更详细的质量规定，以强化商品煤全过程质量管理，提高终端用煤质量，推进煤炭高效清洁利用，改善空气质量，并要求煤炭管理部门及有关部门依法对辖区内的商品煤质量进行抽检，并将抽检结果通报国家发展改革委（国家能源局）等相关部门，商品煤质量达不到该办法要求的，责令限期整改，并予以通报。

此外，对煤炭中长期合同签订履行情况的监管是近年来煤炭市场监管的另一重要工作内容。2016 年 11 月，为推进煤炭中长期购销合同的签订和履行，国家发展改革委、国务院国资委会同交通运输部、国家能源局、中国铁路总公司、国家电网公司、南方电网公司研究制定了《关于加强市场监管和公共服务 保障煤炭中长期合同履行的意见》（发改运行〔2016〕2502 号）。该意见明确，中长期合同是指买卖双方约定期限在一年及以上的单笔数量在 20 万吨以上的厂矿企业签订的合同；意见指出，应充分认识煤炭中长期合同的重大意义；尊重企业市场主体地位；完善合同条款和履约保障机制；建立健全合同履约考核评价；加强主体信用建设，实施守信联合激励和失信联合惩戒等。

2017 年 11 月，《国家发展改革委办公厅关于推进 2018 年煤炭中长期合同签订履行工作的通知》（发改办运行〔2017〕1843 号）要求，加强事中事后监管，提高合同履行水平，全年中长期合同履约率应不低于 90%。该通知指出，国家发展改革委重点对 20 万吨以上的中长期合同进行监管，对合同履行情况实行分月统计、按季考核，并委托第三方征信机构开展中长期合同签订履行信用数据采集，建立动态信用记录，适时公布有关履约信用状况，同时要求各地方建立健全合同履行评价措施。

2018 年 11 月，《国家发展改革委办公厅关于做好 2019 年煤炭中长期合同签订履行有关工作的通知》（发改办运行〔2018〕1550 号）进一步强调煤炭中长期合同签订工作的重要性，要求高度重视煤炭中长期合同签订履行工作，早签、多签、签实中长期合同，规范中长期合同签订履行行为，加强合同履行事中事后监管。

（三）油气市场监管

2004 年 11 月，商务部发布《成品油市场管理暂行办法》（商务部令 2004 年第 23 号），明确了石油行业准入流程与准入条件。申请从事成品油批发经营的企业，应当向所在地省级人民政府商务行政主管部门提出申请。省级人民政府商务行政主管部门审查后，将初步审查意见及申请材料上报商务部，由商务部决定是否给予成品油批发经营许可。申请从事成品油仓储、零售经营的企业，应当向所在地市级（设区的市，下同）人民政府商务行政主管部门提出申请。市级人民政府商务行政主管部门审查后，将初步审查意见及申请材料报省级人民政府商务行政主管部门，由省级人民政府商务行政主管部门决定是否给予成品油仓储或零售经营许可。

2006 年 12 月，商务部发布正式版《成品油市场管理办法》（商务部令 2006 年第 23 号）和《原油市场管理办法》（商务部令 2006 年第 24 号），进一步加强成品油、原油市场监督管理，规范经营行为，维护市场秩序，保护经营企业和消费者的合法权益。2015 年10 月，根据《商务部关于修改部分规章和规范性文件的决定》（商务部令 2015 年第 2 号）对《成品油市场管理办法》和《原油市场管理办法》进行修正，删去了对成品油、原油批发和仓储经营企业注册资本的限制。

在燃气经营许可方面，2010 年 11 月，中共中央国务院发布《城镇燃气管理条例》（中华人民共和国国务院令第 583 号），规定国家对燃气经营实行许可证制度，禁止个人从事管道燃气经营活动；政府投资建设的燃气设施，应当通过招标投标方式选择燃气经营者；社会资金投资建设的燃气设施，投资方可以自行经营，也可以另行选择燃气经营者。2014 年 11 月，住房城乡建设部印发《燃气经营许可管理办法》（建城〔2014〕167 号），规定住房城乡建设部指导全国燃气经营许可管理工作。县级以上地方人民政府燃气管理部门负责本行政区域内的燃气经营许可管理工作；燃气经营许可证由县级以上地方人民政府燃气管理部门核发，具体发证部门根据省级地方性法规、省级人民政府规章或决定确定。

随着油气市场化改革的推进，对油气管网公平开放的监管成为新的市场监管内容。2013 年，整合重组的国家能源局成立，主要职责规定，与原电监会市场监管职责相比，主要的变化是增加了对油气管网设施公平开放的监管职责。2014 年，国家能源局发布《天然气基础设施建设与运营管理办法》和《油气管网设施公平开放监管办法（试行）》（国能监管〔2014〕84 号）。2019 年 5 月，国家发展改革委、国家能源局、住房城乡建设部、市场监管总局 4 部门联合印发了正式版的《油气管网设施公平开放监管办法》（发改能源规〔2019〕916 号）。

五、能源安全监管

1999 年底，由中央机构编制委员会办公室、国家经济贸易委员会、国家煤炭工业局拟定的《煤矿安全监察管理体制改革实施方案》经国务院批准印发，设立国家煤矿安全监察局，国家垂直管理的煤矿安全监察体制由此建立。由国家煤矿安监局、26 个省级煤矿安监局和 76 个区域监察分局组成的三级垂直监察体系逐步建立。2018 年国务院机构改革方案，决定将国家煤矿安全监察局划由国家应急管理部管理。

随着煤矿安监体系的建立，煤炭安全生产监管相关的法律法规陆续出台。我国煤矿安全生产工作初步形成了由 15 部法律法规、50 多部部门规章、1500 多项国家和行业标准组成的煤矿安全生产法律法规标准体系[1]。主要煤矿安全生产监管的相关法律法规如表 2-26 所示。

---

①② 国家煤矿安监局. 砥砺奋进 70 年煤矿安全生产实现八个历史性跨越——新中国成立 70 周年全国煤矿安全生产工作综述［N］. 中国煤炭报，2019-09-28.

表 2-26　煤矿安全生产监管的相关法律法规

能源领域	法律法规
煤矿	《中华人民共和国矿山安全法》（1992 年颁布，2009 年修订）
	《中华人民共和国矿山安全法实施条例》（1996 年）
	《中华人民共和国煤炭法》（1996 年颁布，2016 年修订）
	《煤矿安全监察条例》（2000 年颁布，2013 年修订）
	《煤矿安全规程》（2004 年颁布，2016 年修订）
	《煤矿防治水细则》（2009 年颁布，2018 年修订）
	《安全生产监督管理责任规定》（2011 年）
	《矿井瓦斯等级鉴定暂行办法》（2011 年）
	《国务院关于预防煤矿生产安全事故的特别规定》（2005 年颁布，2013 年修订）
	《煤矿重大生产安全事故隐患判定标准》（2015 年）
	《煤矿企业安全生产许可证实施办法》（2017 年修订）
	《煤矿安全培训规定》（2018 年）

中华人民共和国成立以来，我国煤矿安全生产先后经历了恢复调整、异常波动、持续恶化、高位波动和稳定下降五个阶段。1949 年，全国煤矿事故死亡 731 人，百万吨死亡率为历史最高峰值 22.54；1994 年，全国煤矿事故死亡人数达历史最高峰值 7016 人；1997年，煤矿重特大事故达历史最高峰值 95 起；2018 年，全国煤矿事故死亡 333 人、重特大事故 2 起、百万吨死亡率 0.093，分别比历史最高峰值下降 95.3%、97.9%、99.6%，各项指标均创历史最好水平[②]。

2003 年，原国家电监会的成立是我国电力安全监管体系化、专业化和规范化的开端。在电监会的职能规定中涉及电力安全的职责是参与电力安全标准的制定并监督检查。2013年，电监会与国家能源局重组后，国家层面负责电力安全监管工作的主要是国家能源局电力安全监管司，其具体职责为组织拟订除核安全外的电力运行安全、电力建设工程施工安全、工程质量安全监督管理办法的政策措施并监督实施，承担电力安全生产监督管理、可靠性管理和电力应急工作，负责水电站大坝的安全监督管理，依法组织或参与电力生产安全事故调查处理。表 2-27 为电力安全生产监管相关的主要法律法规。

表 2-27　电力安全生产监管的相关法律法规

能源领域	法律法规
电力	《电力安全事故应急处置和调查处理条例》（2011 年）
	《单一供电城市电力安全事故等级划分标准》（2013 年）
	《电力安全事件监督管理规定》（2014 年）
	《电力安全生产监督管理办法》（2015 年）
	《电力建设工程施工安全监督管理办法》（2015 年）

在 2018 年国务院机构改革之前，油气安全生产的监管主要由原国家安全生产监督管理总局和国家工业和信息化部负责。国家安监总局负责综合管理监管安全生产和相关的政

策法规工作。国家工信部下设安全生产司负责指导油气工业加强安全生产管理；指导安全产业发展，指导部属单位加强安全生产管理；指导工业安全生产标准体系建设和科技成果推广；参与重特大生产安全事故的调查处理。2018 年，国务院机构改革之后将国家安监局的职责整合，组建中华人民共和国应急管理部，并且不再保留国家安全生产监督管理总局。油气安全监管相关的主要政策法规文件如表 2-28 所示。

表 2-28　油气安全生产监管的相关法律法规政策

能源领域	法律法规政策
石油、 天然气	《石油天然气管道保护法》（2010 年）
	《关于调整油气管道安全监管职责的通知》（2014 年）
	《关于加强天然气合理使用监管工作的通知》（2014 年）
	《陆上石油天然气长输管道建设项目安全设施设计编制导则（试行）》（2015 年）
	《油气罐区防火防爆十条规定》（2015 年）
	《城镇燃气管理条例》（2016 年修订）

我国能源安全生产监管呈现"监管主体多元化"的特征，除国家煤矿安监局（应急管理部）、国家生产安全监管局（应急管理部）、国家能源局和工业和信息化部外，生态环境部、住房和城乡建设部、国家市场监督管理总局（原国家质量监督检查检疫总局）也负责部分安全监管职责。

第三章 西北地区能源行业的特点及发展趋势

西北地区总面积约 297 万平方千米，占全国总面积的 30.94%，是我国重要的能源战略基地。本章从能源行业整体角度出发，对西北地区能源行业的总体特征、发展趋势及其存在的问题进行全面、系统的分析，在此基础上，根据电力、煤炭和油气行业不同的资源特征、产业基础、行业特征，结合社会经济发展的外部环境进行专门剖析，多角度、多层次总结西北地区能源行业不同领域各自的特点及其存在的问题，分析西北地区当前和今后能源行业发展面临的新形势、新特点和新问题，以此为基础，对西北地区能源行业未来发展趋势进行展望。

第一节 能源行业的总体特征及发展趋势

一、能源行业的总体特征

一个区域的能源资源储量多寡及分布、行业的发展水平及特征与其所处的地理环境、区位及其社会经济发展水平有着密切的关系，西北地区也不例外。首先，西北地区能源资源储量丰富、分布广，且能源投资建设规模大，不仅是我国最大的能源生产区域，也是国家清洁能源生产的重要基地；但区域内部能源分布不均，化石能源资源主要分布在陕西、新疆，可再生能源资源主要分布在甘肃、青海、新疆。其次，由于区域内人口密度小、社会经济发展相对滞后，能源产量大于消费量，外送型特征明显，且消费结构中仍以第二产业为主，结构单一、能耗水平较高，人均能源消费量普遍偏高，而人均生活用能水平较低。但是，随着社会经济的快速发展，西北地区能源消费增速较高，而且由于能源价格相对较低，用能成本具有竞争优势。综合来看，西北地区能源行业的总体特征归纳为以下八点：

（一）能源资源丰富，但区域分布不均

西北地区地理分区明显，境内山脉高耸，河流纵横，地形多样，能源资源丰富，无论是化石能源，还是可再生能源，储量都十分丰富，其中尤以石油、天然气和太阳能占比居多。但是受地理环境影响，能源的区域分布并不均匀，各省（区）资源种类和储备差异较大。

在化石能源方面，煤炭基础储量约占全国煤炭储量的16.1%，主要分布在陕西、宁夏、新疆三省（区）；石油剩余技术可采储量约占全国石油剩余技术可采储量的37.4%，主要分布在陕西、甘肃、新疆三省（区）；天然气剩余技术可采储量约占全国天然气剩余技术可采储量的36.9%，主要分布在陕西、新疆两省（区）（见表3-1）。

在可再生能源方面，水能资源理论蕴藏发电量7867万千瓦时/年，占全国总量的12.8%，主要分布在甘肃、青海、新疆；西北地区陆地70米高度风能资源潜在开发量达到8.01亿千瓦，占到我国总风能资源理论储量的26.3%，开发利用潜力巨大，主要分布在甘肃、宁夏、新疆。西北地区太阳能资源丰富，年总辐射量在5300~6950兆焦/平方米；2018年，太阳能发电量约占全国太阳能发电量的28.8%，主要分布在青海和新疆。各省（区）具体数据如表3-1和表3-2所示。

表 3-1　西北能源储量占全国储量的比重

单位：%

指标\地区	煤炭基础储量占比	石油基础储量占比	天然气基础储量占比	水力资源理论蕴藏量占比	风能资源潜在开发量占比
陕西	6.5	11.3	14.4	1.8	0.6
甘肃	1.1	7.1	0.6	2.1	8.7
青海	0.5	2.3	2.5	3.1	0.8
宁夏	1.5	0.7	0.5	0.3	0.6
新疆	6.5	16.0	18.9	5.5	15.6
西北合计	16.1	37.4	36.9	12.8	26.3

资料来源：煤炭、石油、天然气基础储量数据来自国家统计局《中国统计年鉴2017》；水力资源理论蕴藏量数据来自国家发展改革委《中国水力资源复查成果2003》；风能资源潜在开发量为陆地70米高度潜在开发量，数据来自国家可再生能源中心《可再生能源数据手册2016》。

表 3-2　2018年西北区域太阳能发电量

指标\地区	太阳能发电量（亿千瓦时）	占全国的比例（%）
陕西	71	4.0
甘肃	95	5.4
青海	131	7.4
宁夏	97	5.5
新疆	116	6.6
西北	510	28.8
全国	1769	100.0

资料来源：中国电力联合会《电力工业统计资料汇编2018》。

（二）能源投资建设规模较大，能源型经济特征明显

西北地区能源储量丰富，相应地，近年来投资规模也较大。从西北区域整体看，2015年，投资总额达到6818亿元，虽然到2017年底投资额减少至4459亿元，但仍然占到西北全社会固定资产投资总额的9.0%，高于全国的5.0%；从分省（区）看，西北五省（区）能源工业投资规模均高于全国水平，其中尤以宁夏、青海、新疆投资规模比重为大，2017年占各省（区）全社会固定资产投资比重为全国水平的2～3倍，如表3-3和图3-1所示。

表3-3 2013～2017年西北地区能源工业投资额

单位：亿元

年份＼地区	陕西	甘肃	青海	宁夏	新疆	西北
2013	1786	1094	497	439	2101	5917
2014	1676	1138	429	606	2603	6452
2015	1697	826	511	786	2998	6818
2016	1803	683	497	673	1886	5542
2017	1799	357	410	549	1344	4459

资料来源：国家统计局历年《中国能源统计年鉴》。

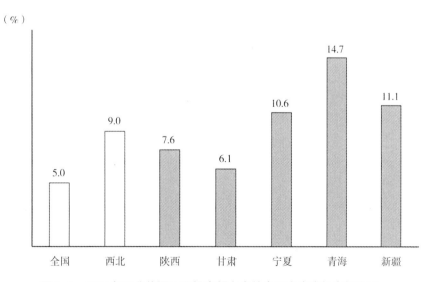

图3-1 2017年西北能源工业投资额占全社会固定资产投资额比重

分能源看，2017年，西北五省（区）煤炭采选业投资额合计593.2亿元[1]，占全国煤

---

① 各能源行业投资数据来自国家统计局《中国能源统计年鉴2018》。

炭选采业投资的 22.4%，其中陕西投资占比最高，占西北地区的 56.5%；煤气生产和供应业投资五省（区）合计 251.3 亿元，陕西占西北区域总投资额的 50.7%。2017 年，石油和天然气开采业投资五省（区）合计 702.3 亿元，占全国总油气开采投资的 26.5%，其中新疆投资额最大，占西北地区的 57.4%；石油加工及炼焦业投资合计 374.1 亿元，占全国总投资额的 14.0%，其中陕西投资占比最高，占西北地区的 59.2%。2017 年，电力和供热相关投资五省（区）合计 2539 亿元，占全国总投资的 11.5%，其中陕西和新疆投资额较高，分别占西北总投资的 34.5% 和 27.2%。2018 年，西北发电总装机容量 27049 万千瓦，占全国总装机容量的 14.24%，其中风电和太阳能发电分别占全国风电和太阳能发电总装机容量的 26.52% 和 24.73%，如表 3-4 所示。

表 3-4　2018 年西北区域装机容量情况

指标 地区	合计		火电		水电		风电		太阳能发电	
	总装机容量（万千瓦）	占全国的百分比（%）	总装机容量（万千瓦）	占全国的百分比（%）	总装机容量（万千瓦）	占全国的百分比（%）	总装机容量（万千瓦）	占全国的百分比（%）	总装机容量（万千瓦）	占全国的百分比（%）
陕西	5443	2.86	3937	3.44	385	1.09	405	2.20	716	4.11
甘肃	5113	2.69	2064	1.80	927	2.63	1282	6.96	839	4.81
青海	2800	1.47	379	0.33	1192	3.38	267	1.45	962	5.52
宁夏	4715	2.48	2845	2.49	43	0.12	1011	5.49	816	4.68
新疆	8978	4.72	5377	4.70	702	1.99	1921	10.42	978	5.61
西北合计	27049	14.24	14602	12.76	3249	9.21	4886	26.52	4311	24.73
全国	190012	100.00	114408	100.00	35259	100.00	18427	100.00	17433	100.00

资料来源：中国电力企业联合会《2018 年电力工业统计资料汇编》。

（三）产量大于消费量，外送特点突出

行业投资快速增长带动生产能力的不断提升，但受西北地区社会经济发展水平制约，区域内能源产量及供给水平远大于消费量，如表 3-5 所示，2017 年西北地区煤炭、石油、天然气和电力的净调出量均为正数，外向型经济特征明显。

表 3-5　2017 年西北区域能源产、消、调出情况

指标	地区	陕西	甘肃	青海	宁夏	新疆	西北合计
煤炭 （万吨）	产量	57102	3738	842	7644	18780	88106
	消费量	20070	6361	1747	11058	20370	59606
	净调出量	37055	-2492	-589	-2821	1356	32509

指标＼地区		陕西	甘肃	青海	宁夏	新疆	西北合计
石油 （万吨）	产量	3490	47	228	1	2592	6358
	消费量	776	907	344	113	1602	3742
	净调出量	2695	−120	−115	−130	2102	4432
天然气 （亿立方米）	产量	419	1	64	0	307	791
	消费量	104	29	50	22	125	330
	净调出量	317	−27	14	−22	580	862
电力 （亿千瓦时）	发电量	1814	1349	627	1381	3011	8182
	用电量	1582	1164	687	978	2576	6988
	调出量	232	177	−60	426	435	1210

注：净调出量与消费量之和大于产量主要是因为还有进口量，调出的除本地生产外，还有进口的能源。

资料来源：国家统计局《中国能源统计年鉴2018》。

2017年，西北区域原煤产量合计88106万吨，煤炭消费量合计59606万吨，净调出量合计32509万吨，净调出量占产量的约37%，主要调出省份为陕西；原油产量合计6358万吨，石油消费量3742万吨，净调出量4432万吨，净调出量占产量的约70%，主要调出省份为新疆和陕西；天然气产量791亿立方米，天然气消费量330亿立方米，净调出量862亿立方米，消费量占产量的约42%，净调出量占产量的约109%[①]，主要调出省份为新疆、陕西和青海；电力发电量合计8182亿千瓦时，全社会用电量合计6988亿千瓦时，电力净调出量1210亿千瓦时，净调出量占发电量的15%，主要调出省份为宁夏、新疆、陕西和甘肃。

长期以来，作为我国西气东输、西电东送战略的重要输出地，天然气和电力的外送能力不断加强。已投产的两条天然气管道陕京四线、西气东输二线（西段）输气能力分别为250亿立方米/年、300亿立方米/年，且已建成西安LNG应急气源站以及杨凌LNG应急储备调峰项目。截至2019年，西北电网跨区外送通道共有9条，合计容量5471万千瓦，跨区直流输电近1900亿千瓦时。

（四）清洁能源占比较高，能源转型基础较好

在生产方面，清洁能源的利用水平较高，这为区域能源结构的绿色、低碳、可持续转型奠定了良好的基础。以电力行业为例，从装机容量看，截至2018年西北总装机容量27049万千瓦，占全国总量的14.24%，其中以风电和太阳能为主的新能源装机容量为4886和4311万千瓦，分别占到全国总量的26.52%和24.73%（见表3-4）。从发电结构看，西北地区的发电结构在不断优化。如表3-6所示，2018年，虽然电源结构中火电依

---

① 净调出量占产量比重超过100%的主要原因是新疆2017年还有约389亿立方米的天然气进口量。

然为主要电源,但西北地区的风电和太阳能等清洁能源发电占比整体高于全国平均水平,尤其是甘肃省风电占比和青海省太阳能发电占比大幅高于全国平均水平。

表 3-6　2018 年西北区域发电结构

指标 地区	火电		水电		风电		太阳能发电	
	发电量 (亿千瓦时)	占比 (%)	发电量 (亿千瓦时)	占比 (%)	发电量 (亿千瓦时)	占比 (%)	发电量 (亿千瓦时)	占比 (%)
陕西	1761	87.8	102	5.1	72	3.6	71	3.5
甘肃	830	51.9	444	27.8	230	14.4	95	5.9
青海	120	14.9	517	64.2	38	4.7	131	16.3
宁夏	1310	81.2	20	1.2	187	11.6	97	6.0
新疆	2506	77.5	254	7.9	358	11.1	116	3.6
西北合计	6527	70.5	1337	14.4	813	8.8	510	5.5
全国	49249	70.4	12321	17.6	3658	5.2	1769	2.5

资料来源:中国电力企业联合会《2018 年电力工业统计资料汇编》。

从消费结构看,2013~2017 年,一次能源消费中,西北地区清洁能源消费占比不断提高,天然气与清洁能源消费占比均高于全国平均水平(见表 3-7),消费结构趋于优化。

表 3-7　全国与西北地区一次能源消费结构

单位:%

指标 年份 地区	煤炭		石油		天然气		清洁能源	
	全国	西北	全国	西北	全国	西北	全国	西北
2013	67.4	62.4	17.1	12.3	5.3	8.8	10.2	16.5
2014	65.6	62.0	17.4	11.6	5.7	9.1	11.3	17.3
2015	63.7	62.7	18.3	11.3	5.9	9.1	12.1	16.9
2016	62.0	63.5	18.5	11.1	6.2	9.1	13.3	16.4
2017	60.4	61.9	18.8	11.0	7.0	8.9	13.8	18.2

资料来源:《能源数据简明手册 2019》。

（五）能源消费总量基数较低,但增速较高

从消费总量看,如表 3-8 所示,2013~2017 年,西北五省(区)能源消费量总量基数较低,占全国能源消费总量比重较小。

表 3-8　2013～2017 年西北五省（区）能源消费量

单位：万吨标准煤

年份 地区	2013	2014	2015	2016	2017
陕西	10610	11222	11716	12120	12537
甘肃	7287	7521	7523	7334	7538
青海	3768	3992	4134	4111	4202
宁夏	4781	4946	5405	5592	6489
新疆	13632	14926	15651	16302	17392
西北	40078	42607	44429	45459	48158
全国	416913	425806	429905	435819	448529
西北/全国（％）	9.61	10.01	10.33	10.43	10.74

注：标准量折算采用发电煤耗计算法。

资料来源：国家统计局历年《中国能源统计年鉴》。

从消费量增长态势看，2013～2017 年，西北五省（区）能源消费增长势头明显，能源消费总量占全国总消费量的比例逐年递增，消费量年均增长率 5.04%，是全国能源消费量增长率（1.90%）的近 3 倍（见表 3-9）。以电力消耗为例（见表 3-10），西北五省（区）总用电量由 2013 年的 5252 亿千瓦时上升至 2018 年的 7373 亿千瓦时，增加了约 2000 亿千瓦时，年均增长率达 8.08%，高于同期全国水平。

表 3-9　2013～2017 年西北五省（区）能源消费量增长率

单位：%

年份 指标	2013	2014	2015	2016	2017	年均增长率
西北增长率	5.64	6.31	4.28	2.32	5.94	5.04
全国增长率	3.67	2.13	0.96	1.38	2.92	1.90

表 3-10　2013～2018 年西北五省（区）全社会用电量及增长率

单位：亿千瓦时

年份 地区	2013	2014	2015	2016	2017	2018	年均增长率 （％）
陕西	1152	1226	1222	1357	1495	1594	7.67
甘肃	1073	1095	1099	1065	1164	1290	4.04
青海	676	723	658	638	687	738	1.83
宁夏	811	849	878	887	978	1065	6.26

续表

地区 \ 年份	2013	2014	2015	2016	2017	2018	年均增长率（%）
新疆	1540	1900	2160	2316	2001	2686	14.88
西北	5252	5793	6017	6263	6325	7373	8.08
全国	53424	55637	56933	59747	63625	68449	5.62

资料来源：国家统计局网站。

（六）人均能源消费量较高，但人均生活用能水平较低

如前所述，西北地区能源消费总量并不高，但是由于区域内人口总量相对较小，两项相折全区域的人均能源消费水平偏高（见表3-11），人均能源消费量随着总量呈逐年增长的趋势。区域内各省域之间人均消费量有较大差异，其中宁夏人均能源消费量最高，是全国平均水平的3倍左右；新疆和青海次之，约为全国人均能源消费量的2倍；而陕西与全国人均能源消费水平持平；甘肃略低于全国。

表3-11 2013~2017年西北五省（区）人均能源消费量

单位：吨标准煤/人

地区 \ 年份	2013	2014	2015	2016	2017
陕西	2.82	2.97	3.09	3.17	3.27
甘肃	2.82	2.9	2.89	2.81	2.87
青海	6.4	6.85	7.03	6.93	7.03
宁夏	7.31	7.47	8.09	8.28	9.51
新疆	6.2	6.49	6.63	6.79	7.11
西北	5.11	5.34	5.54	5.59	5.95
全国	3.06	3.11	3.12	3.15	3.23

注：标准量折算采用发电煤耗计算法。

资料来源：国家统计局历年《中国统计年鉴》。

细分能源消费结构可以看出，西北五省（区）生活用能水平低于全国平均水平。如图3-2所示，以生活用电能消耗为例，西北区域合计人均生活用电量513千瓦时/人[1]，比全国平均水平697千瓦时/人少了近三成。西北五省（区）中，除陕西的人均生活用电量接近全国水平外，其余各省份均明显低于全国平均水平，区域内生活用能水平有很大的提升空间。

---

[1] 能源消费量和生活用电量数据来自国家统计局《中国能源统计年鉴2018》；人口数据来自《中国统计年鉴2018》。

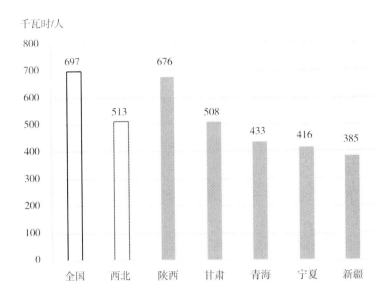

图 3-2　2017 年西北区域人均生活用电量

（七）能源消费结构单一，能耗水平较高

西北地区虽然普遍人均用能水平较低，但能耗却并不低，这与能源消费结构单一有一定关系。分产业来看，如图 3-3、图 3-4 所示，西北地区整体第二产业在终端能源消费和终端用电结构中占比较高，第三产业和居民生活比例相对较低。在终端能源消费结构中，青海和宁夏第二产业占比分别为 76.7% 和 83.5%，高出全国平均水平约 10 个百分点以上。在终端用电结构中，西北地区消费结构单一的特征更明显，除陕西外的西北其他四个省（区）第二产业占比均大幅高于全国平均 70.6% 的水平，第二产业占比在青海和宁夏终端用电结构中高达 90% 以上。

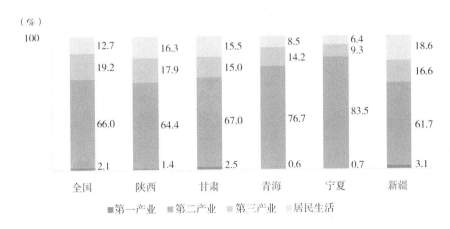

图 3-3　2017 年西北区域分产业终端能源消费结构

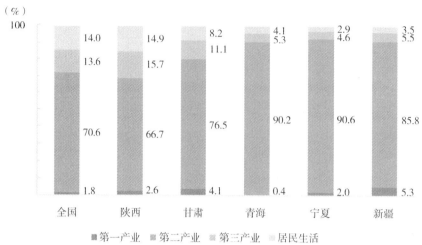

图 3-4　2017 年西北区域分产业终端用电结构

表 3-12 显示了西北地区各省域单位 GDP 能耗水平，全区域整体存在两个方面的特征：一是单位 GDP 能耗普遍高于全国平均水平。2017 年西北地区能耗 0.95 吨标准煤/万元，高出全国平均水平 77%。分省域看，除陕西能耗基本与全国持平，其他 4 个省（区）的能耗分别高出全国平均水平的 84%～244% 不等。二是能耗水平下降速度缓慢。2011～2017 年，西北地区能耗水平整体下降 10.4%，年均下降 1.8%，降速远低于全国的 23.6% 和 4.4%。其中，陕西、甘肃下降水平与全国平均水平持平，宁夏和青海的能耗水平下降缓慢，而新疆能耗整体不降反升。

表 3-12　2011～2017 年地区单位 GDP 能耗变动一览表

单位：吨标准煤/万元

年份 地区	2011	2012	2013	2014	2015	2016	2017
全国	0.72	0.67	0.71	0.66	0.63	0.59	0.55
西北	1.06	1.05	1.00	0.98	1.00	0.96	0.95
陕西	0.78	0.74	0.65	0.63	0.65	0.62	0.57
甘肃	1.29	1.24	1.15	1.10	1.11	1.02	1.01
宁夏	2.05	1.95	1.85	1.80	1.86	1.76	1.88
青海	1.91	1.86	1.78	1.73	1.71	1.60	1.60
新疆	1.40	1.58	1.61	1.61	1.68	1.69	1.60

资料来源：国家统计局。

（八）能源价格相对较低，用能成市具有竞争优势

西北地区丰富的能源储备具有明显的价格优势，虽然在产业布局方面聚集了高耗能企

业，但同时也确实降低了企业的生产成本。从表 3-13 可以看出，西北地区平均销售电价低于全国平均水平，其中青海终端销售电价为全国最低，2018 年的电价仅为 347 元/千千瓦时，比全国平均价格低了约 40%，价格优势明显。以 2008 年甘肃酒泉千万千瓦级风电基地获批建设为标志，西北地区新能源发展加快部署，之后新疆、宁夏、青海陆续成为千万千瓦级的新能源基地。西北各省（区）的平均成品油价格和天然气门站价格也低于全国水平（见图 3-5 和图 3-6）。

表 3-13　2018 年西北区域平均电价情况表

单位：元/千千瓦时

指标\地区	发电企业平均上网电价					平均销售电价	居民用电平均电价
	燃煤	风电	光伏	水电	燃气		
陕西	327	559	679	323	—	497	508
甘肃	295	430	857	236	—	400	508
青海	280	513	900	212	—	347	400
宁夏	249	505	832	264	719	370	467
新疆	215	458	875	245	—	400	480
全国平均	371	529	860	267	584	599	533

资料来源：国家能源局《2018 年度全国电力价格情况监管通报》。

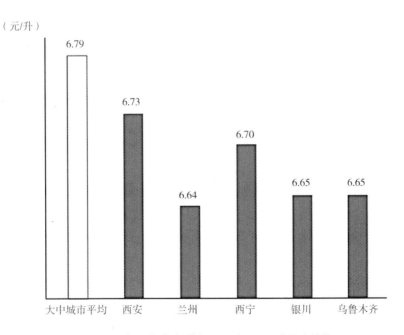

图 3-5　2018 年西北省会城市 2018 年 12 月成品油价格

注：成品油数据为 2018 年 12 月 19 日 92#汽油价格，"大中城市平均"为全国 36 个大中城市零售价格平均值。

资料来源：金投网。

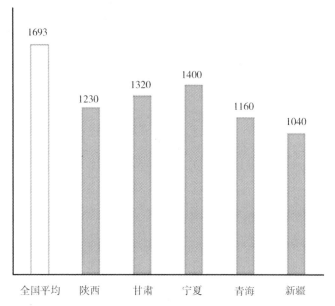

图 3-6 2018 年西北天然气基准门站价格

注：天然气基准门站价格含增值税。

资料来源：国家发展改革委网站。

二、能源行业的发展趋势

西北区域能源行业未来的发展趋势主要集中在五个方面：一是能源需求还有相对较大的空间，仍将保持较快增长；二是全国能源基地作用更加明显，外送特征仍然突出；三是区域内能源资源优化配置加强，区域市场将长足发展；四是能源革命深入推进，能源体系清洁化、低碳化转型；五是用能结构逐步优化，能耗强度逐步下降。

（一）能源需求还有相对较大的空间，仍将保持较快增长

随着工业化、城镇化进程进入快速增长的阶段，西北区域能源需求将呈现高速增长态势，尤其是新型能源正迎来新的发展机遇，还有相对较大的增长空间。2017 年，西部大开发新开工的 17 项重点工程中涉及西北地区能源发展的就有两项，分别是西部农村电网升级改造工程和南疆天然气利民工程。随着"一带一路"建设构想的实施，中国加快向西开放，并拓展俄罗斯、中亚和南亚的石油贸易和运输渠道，进而推动西北五省（区）对外开放发展的水平持续提高，以及西北能源企业"走出去"的进程不断加快，也将拉动西北地区经济发展和能源需求。

（二）全国能源基地作用更加明显，外送特征仍然突出

"十四五"期间，西北地区能源产量仍将在全国占很大比重，能源外送的特点进一步

突出。随着电力市场化改革的不断深化，以及更多跨区输电通道的建成投运和电力资源优化配置大平台的不断完善，西北将使更多的清洁电力输送到中东部地区。到 2020 年，西北电网主要送电通道将均建成双回 750 千伏线路并形成网格状主网架，电网结构得到进一步加强，基本满足区内用电、电源接入及送出、区内及更大范围内资源优化配置的需要。新建新疆准东—皖南、陕西府谷—江西南昌、甘肃酒泉—湖南湘潭 3 条网对网直流外送通道，输送容量 3000 万千瓦；新建陕西府谷—河北南网、陕西榆横—山东潍坊 2 条点对网交流外送通道，输送容量 650 万千瓦。

（三）因地制宜推进市场建设，满足能源和资源优化配置需求

西北五省（区）的能源资源分布差异很大，互补性强，对资源的配置有较高要求。通过油气管网设施的不断完善以及电力系统的区域统一运行，优化能源资源配置的效果逐步呈现，各省（区）之间互补性不断增强。相比省级市场，区域市场更适合西北实际，有利于解决问题、有利于行业科学发展，能够有效实现区域内资源优化配置，是推进西北电力市场建设的最佳方案。同时，各省（区）电力市场是构成西北电力市场的重要组成部分，区域电力市场和省（区）电力市场建设并重，是当前推进西北电力市场建设的现实选择。

（四）能源革命深入推进，能源体系清洁化、低碳化转型

为应对气候变化、满足建设美丽中国的发展要求，西北地区能源行业将深入推进能源革命，推动能源体系清洁化、低碳化转型。在能源供给方面，大力发展以风能和太阳能为代表的非化石能源，壮大清洁能源产业，促进可再生能源规模化发展，同时推进煤炭等化石能源清洁高效利用，普及先进高效节能技术，形成多轮驱动、安全可持续的能源供应体系。在能源消费方面，坚持绿色低碳的战略方向，优化能源消费结构，鼓励可再生能源消费，着力解决清洁能源消纳问题。

（五）用能结构逐步优化，能耗强度逐步下降

随着产业结构的转型升级和节能减排工作的持续推进，西北地区用能结构将逐步优化，能耗强度将逐步下降。从产业结构看，西北地区二产占比持续下降，第三产业稳步发展；钢铁、有色、建材、化工四大高耗能行业增长速度明显放缓。可再生能源的利用、电能替代工程，以及"煤改气"等措施直接推动着西北地区能源消费结构的优化。通过积极开发推广节能技术，以及建立节能降耗目标责任制等节能政策的引导，西北地区能耗稳步下降，五省（区）平均单位 GDP 能耗从 2011 年的 1.06 吨标准煤/万元降至 2017 年的 0.95 吨标准煤/万元，但与全国水平 0.55 吨标准煤/万元仍有较大的差距。今后，预计西北地区能耗强度将进一步下降，实现高质量低能耗发展。

第二节 电力行业的特点、问题及发展趋势

西北地区的电网覆盖了近1/3的国土，是我国供电面积最大的区域电网，同时也是我国主网电压等级最高的区域电网。西北地区因其特殊的地理环境经济社会条件、电网建设及其覆盖基础，电力行业具有明显的特征：电能储备大、外送特征明显、新能源发展快、用电结构单一。同时，行业也存在相应的问题，包括电力供大于求、新能源消纳压力大、煤电企业经营困难、电网结构不平衡等。西北电力行业的特点和问题共同决定了西北电力行业的三大发展趋势：挖掘区域内用电需求、充分发挥新能源潜能、进一步拓展外送能力。

一、电力行业的特点

西北地区电力行业因其特殊的地理区位及其在全国的地位，具有四个显著特征：一是资源丰富多样，电能储备大；二是外送型特征明显；三是新能源带动发电结构不断优化；四是用电结构单一，工业以高耗能产业为主。

（一）资源丰富多样，电能储备大

西北地区地理分区明显，境内山脉高耸，河流纵横，地形多样，水能、风能、太阳能资源十分丰富。其中，水能资源主要分布在黄河上游龙羊峡至青铜峡河段、汉江、白龙江及黄河北干流等，理论蕴藏量合计7867万千瓦，占全国总量的11%，可开发装机容量和电量分别为5841万千瓦和2351亿千瓦时（见表3-14）。西北地区风能资源理论蕴藏量达到14.87亿千瓦，占到我国总风能资源理论储量的34.4%，开发利用潜力巨大，呈现西北部丰富，东北部较少，北部好于南部的格局。区域内新疆九大风区、甘肃河西走廊、宁夏贺兰山区等均为风能富集区，全区域风电可开发容量3.48亿千瓦。西北地区太阳能资源丰富，年总辐射量在5300~6950兆焦/平方米。太阳辐射基本趋势是由陕西东部向西部逐渐增加，到青海中部地区达最高，再向新疆西部地区逐渐减少，同样地，日照时数分布与之相对一致，青海北部、甘肃北部及新疆东部地区较高。

表3-14 西北五省（区）水力资源量

指标 地区	理论蕴藏量		技术可开发量		经济可开发量	
	平均功率（万千瓦）	年发电量（亿千瓦时）	装机容量（万千瓦）	年发电量（亿千瓦时）	装机容量（万千瓦）	年发电量（亿千瓦时）
陕西	1119	1277	662	222	650	217

续表

指标	理论蕴藏量		技术可开发量		经济可开发量	
地区	平均功率（万千瓦）	年发电量（亿千瓦时）	装机容量（万千瓦）	年发电量（亿千瓦时）	装机容量（万千瓦）	年发电量（亿千瓦时）
甘肃	1304	1489	1063	444	901	370
青海	1916	2187	2314	913	1548	555
宁夏	184	210	146	59	146	59
新疆	3344	3818	1656	713	1567	683
西北合计	7867	8981	5841	2351	4812	1884
全国	69440	60829	54164	24740	40180	17534

资料来源：国家发展改革委《中国水力资源复查成果2003》。

（二）外送型特征明显

西北地区作为我国西电东送战略的重要送出基地，共有包括银东、灵绍、祁韶等9条电网外送通道，合计容量5471万千瓦。外送型特征明显，外送规模持续增长。据国网西北分部公布的数据，西北地区跨省跨区交易电量从2011年的约500亿千瓦时（其中跨区交易和区域内跨省交易分别约为430亿千瓦时和70亿千瓦时），大幅增长到2019年的约2170亿千瓦时（其中跨区交易近1900亿千瓦时，跨省交易约270亿千瓦时）。对比发电量（见表3-15）和用电量（见表3-16）的情况可以看出，西北五省（区）的发电量和用电量之间的差额较大，发电量供大于求。从增速上看，除陕西外，西北其余四省（区）发电量增速均高于全国平均水平，且用电量增速均低于发电量增速。尤其是青海，发电量年均增速达9.9%，而用电量年均增速仅为0.5%，可见发电量的增长主要由外送需求带动。

表3-15　2014~2018年西北五省（区）发电量

单位：亿千瓦时

年份\地区	全国	西北地区					
		西北	陕西	甘肃	青海	宁夏	新疆
2014	57945	6748	1630	1241	581	1196	2100
2015	58146	7065	1623	1242	566	1155	2479
2016	61332	7387	1757	1214	553	1144	2719
2017	66044	8182	1814	1349	627	1381	3011
2018	71117	9091	1856	1531	811	1610	3283
年均增长率（%）	5.7	8.7	3.5	5.8	9.9	8.7	14.1

资料来源：国家统计局历年《中国统计年鉴》。

表 3-16　2014~2018 年西北五省（区）全社会用电量

单位：亿千瓦时

地区＼年份	2014	2015	2016	2017	2018	年均增长率（%）
陕　西	1226	1222	1357	1495	1594	7.5
甘　肃	1095	1099	1065	1164	1290	4.5
青　海	723	658	638	687	738	0.5
宁　夏	849	878	887	978	1065	6.4
新　疆	1900	2160	2316	2001	2686	10.3

资料来源：国家统计局历年《中国统计年鉴》。

（三）新能源带动的发电结构不断优化

统计西北五省（区）2014~2018 年太阳能、风能、水力和火力的发电量，结果如表 3-17 所示。从发电量所占比重来看，火电所占比重最高，占比在 70% 以上，水电和风电次之，太阳能发电占比最小；从增长速度来看，水能、风能、火能和太阳能发电均呈现出上升状态，其中，风电的增速最快，太阳能发电次之，可见发电结构逐步得到优化。

表 3-17　2014~2018 年西北五省（区）分电源发电情况

单位：亿千瓦时

指标＼年份	2014	2015	2016	2017	2018
水能发电	1046	1059	978	919	1178
火能发电	5197	5373	5611	5883	6246
风能发电	336	389	506	734	886
太阳能发电	168	240	293	314	370
发电量	6748	7065	7387	7765	8600

资料来源：2012~2016 年数据来自国家统计局《中国能源统计年鉴 2017》；2017~2018 年数据来自国家统计局网站。

（四）用电结构单一，工业以高耗能产业为主

西北地区用电结构单一，工业占比较高。从表 3-18 可知，2014~2017 年西北地区各产业用电结构中，第二产业用电占全社会用电比重最大，近年来虽呈下降趋势，在 2017 年末仍高达 87.4%，是拉动全社会用电增长的主要因素；第一产业用电占全社会用电比重最小，整体也呈下降趋势，约为 3%；第三产业用电占全社会用电比重较小，但整体呈上升趋势，在 2017 年末占比为 9.4%；城乡居民生活用电占全社会用电比重较小，但也呈上升趋势，2017 年占比为 6.8%，其中城镇和乡村居民用电比例约为 6∶4。总体来说，在全

社会用电中,第二产业占比最大,第三产业次之,第一产业占比最小。其中,西北地区的第二产业中以连续用电的高耗能行业为主,包括电铝工业、有色金属工业、冶炼业、黑色金属工业冶炼业、化学工业等。

表3-18 2014~2017年西北地区用电结构情况

单位:%

指标＼年份	2014	2015	2016	2017
全社会用电总计	100.0	100.0	100.0	100.0
全行业用电总计	93.9	93.5	93.3	93.2
第一产业	3.7	3.5	3.3	3.2
第二产业	88.3	87.9	87.5	87.4
第三产业	8.0	8.6	9.1	9.4
城乡居民生活用电合计	6.1	6.5	6.7	6.8
城镇居民	62.8	62.2	62.5	62.1
乡村居民	37.2	37.8	37.5	37.9

资料来源:历年《中国电力年鉴》。

二、电力行业存在的主要问题

西北地区电力行业具有鲜明的优势特征,相应地,受区域社会发展整体水平影响,也存在较多的问题。

(一)供大于求,但局部地区部分时段电力供应紧张

"十三五"以来,西北区域电力工业实现了较快发展,取得了长足的进步,随着非化石能源装机比重持续提高,电力装机结构继续优化,西北地区的发电量由2014年的6748亿千瓦时上升至2018年的8600亿千瓦时。同时,西北地区全社会用电量年均增速6.6%,高于全国5.8%的年均增速,在2017年底全社会用电量为6867亿千瓦时。总体来看,电力总量供大于求,但由于西北区域地域广阔,各省(区)资源分布存在一定差异,且新能源出力不稳定,电力供应在部分时段存在较大波动。例如,青海水资源丰富,水电机组占比高,但随着光伏发电迅猛发展,青海出现了中午电源出力大无法消纳,夜间电源出力小无法满足负荷需求的特点。

(二)新能源发展迅速,消纳压力较大

西北地区是发展风电、光伏等新能源的良好地带,受市场消纳能力、电源调峰能力、电网输送通道能力及新能源预测精度等因素制约,新能源消纳压力较大。相比于风电、光伏新能源装机近40倍增速,西北电网最大用电负荷和用电量增速均不到3倍,甘肃、新

疆、宁夏新能源装机容量已超过本省（区）最大用电负荷，用电空间难以匹配消纳需求。此外，受制于海西和陕北送出等断面稳定水平限制，集中接入的新能源发电送出问题较为突出。为扭转西北新能源消纳不利局面，国家于 2016 年出台了一系列政策，2017 年、2018 年西北新能源消纳工作取得了一定成效，但形势依然严峻、任务仍旧艰巨，需要在今后继续落实和推进新能源消纳的各项措施。

（三）煤电企业经营困难，影响电力市场发展

近年来，煤炭市场供应持续紧张，电煤价格持续高位运行；电力生产整体供大于求，火电利用小时数总体较低，受市场电电量占比不断扩大和市场电价降价幅度不断增大等因素影响，煤电企业经营举步维艰。2017 年陕西、宁夏、青海煤电企业已经全面亏损，在此情况下，煤电企业对参与市场交易的积极性有所下降，市场交易对工业企业的扶持效果有限，对市场交易的深入开展造成了较大影响。

（四）电网结构不平衡，部分外送通道尚未满负荷运行

西北地区电力外送是国家"西电东送"整体布局及北部通道的重要组成部分，多条交直流外送通道已建成或者开展前期工作。但总体来看，西北电力外送工作推进缓慢。部分已建成的外送通道如哈密—郑州直流（天中直流）、祁韶直流、榆横—潍坊 1000 千伏交流送电通道因配套电源或电网问题送电能力不能得到满容量发挥；神府—河北南网交流通道等扩建工程建设滞后；陇彬地区电力外送通道、新疆第三回直流外送通道尚处于前期研究阶段，运行约束问题突出。

三、电力行业的发展趋势

西北地区电力行业特点鲜明的同时，相应的问题也较为突出。本着扬长避短的原则，以发展的眼光看，围绕内挖潜力、外拓市场目标，区域电力行业未来路径应从以下三个方面进行选择：一是进一步挖掘区域内部用电需求；二是充分发挥和挖掘可再生能源潜能；三是持续开拓电力外送能力作为保障。

（一）进一步挖掘区域内用电需求

据《西北区域"十三五"电力发展规划》研究，预计"十三五"期间西北地区用电量年均增速为 8.9%，2020 年用电量达到 9692 亿千瓦时。从图 3-7 可知，2013~2017 年西北地区的人均用电量呈逐年递增趋势，但与经济发达的江苏和浙江相比，其人均用电量仍然较低，但差异有逐渐缩小的趋势，说明西北地区经济社会发展态势良好，内部用电需求具有较大的增长空间。

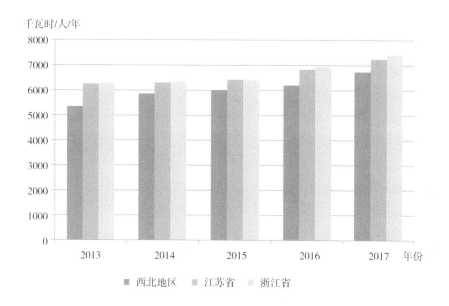

图 3-7 2013~2017 年西北地区与江苏、浙江等地人均用电量对比

（二）充分发挥和挖掘可再生能源潜能

2014~2018 年西北地区发电量呈逐年增加趋势（见表 3-19），年均增速 6.25%。其中，地区的可再生能源发电量和非可再生能源发电量均呈上升趋势，但可再生能源发电量增长更快，年均增速高达 11.94%，是非可再生资源发电量的近 3 倍，这也促使可再生能源发电量与非可再生能源发电量之间的差距逐年缩小，从 2014 年的 23∶77 缩小到 28∶72。截至 2018 年末，可再生资源发电量比 2014 年增加了 5.34 个百分点，而非可再生能源占总发电量的比重呈逐年递减趋势，2018 年比 2014 年下降了 4.38 个百分点。由此可见，可再生资源发电水平增长势头强劲，尚有可挖掘的潜力。

表 3-19 2014~2018 年西北五省（区）分电源发电情况

单位：亿千瓦时

指标 \ 年份	2014	2015	2016	2017	2018	年均增速（%）
西北地区发电量	6748	7065	7387	7765	8600	6.25
可再生能源发电量	1550	1689	1777	1967	2434	11.94
非可再生资源发电量	5197	5373	5611	5883	6246	4.70
可再生能源发电量占比	22.97	23.90	24.06	25.33	28.31	—
非可再生资源发电量占比	77.01	76.05	75.96	75.76	72.63	—

（三）持续开拓外送能力

经过多年发展，西北电网已形成省（区）间紧密联系，互为支撑，省内负荷中心坚强环网的 750 千伏主网架，各省（区）内 330/220 千伏电网实现全覆盖。通过银东、灵绍、祁韶等 9 条跨区直流通道实现电力外送，宁夏与甘肃电网之间建成太阳山—六盘山—平凉双回 750 千伏联络线路，提升了电网输送能力。陕西建成投运榆横—潍坊 1000 千伏交流输电通道，迈入特高压新时代。甘肃建成投运酒泉—湖南±800 千伏直流输电工程，有效促进新能源消纳。宁夏建成投运太阳山—浙江±800 千伏直流输电工程，外送能力大幅提升。新疆已开工建设准东—皖南±1100 千伏直流工程，建成后将有力推进疆电外送。随着西北地区各类电源发展，后期规划的推进，加快推进如陇东特高压直流工程、哈密北特高压直流工程、陕北第二条特高压直流工程等，继续扩大外送电力规模，进一步提升区域内能源资源优化配置能力，并将其作为西北电力发展的保障和基础。

第三节　煤炭行业的特点、问题及发展趋势

我国富煤、贫油、少气的资源禀赋决定了煤炭在目前及未来较长一段时间内仍然是我国主要能源。西北地区因煤炭储量丰富、项目规模比重大，在全国煤炭行业中占据举足轻重的地位。西北地区煤炭行业的发展也存在煤炭区域分布不平衡、产能过剩、企业包袱重等诸多问题。随着供给侧结构性改革的不断深入，西北五省（区）煤炭去产能重点由降总量转为调结构，落后产能淘汰任务基本完成，先进产能不断释放，煤炭供应充足，煤炭市场运行趋于平稳。

一、煤炭行业的特点

（一）煤炭资源储量丰富，区域分布不均衡

西北地区煤炭资源丰富，储量约占全国煤炭储量的 15% 左右，在全国七大区域中储量仅次于华北地区和东北地区（见表 3-20）。西北煤层赋存条件良好，开采条件优越，主要含煤盆地基底构造稳定，聚煤期构造相对平静，聚煤时代多，聚煤作用强，煤层层数多，厚度大，聚煤后构造改造作用较弱，煤类齐全、煤质优良。在国家《能源发展战略行动计划（2014-2020 年）》规划重点建设的 14 个大型煤炭基地中，西北就有 5 个，包括陕西 3 个（神东、陕北、黄陇）、宁夏 1 个（宁东）和新疆 1 个（新疆）。

西北地区煤炭资源区域分布不均衡，主要集中在陕西、新疆、宁夏 3 省（区）（见表 3-21），含煤盆地主要有鄂尔多斯、准噶尔、吐哈、塔北等区域。陕西和新疆维煤炭基础

储量接近，约为 160 亿吨，分别位列全国煤炭储量第三位和第四位，仅次于山西和内蒙古，合计占西北地区煤炭总储量的约 80%。其余三省（区）中，宁夏煤炭基础储量较多，为 37.45 亿吨，占西北总储量的约 9%；甘肃煤炭基础储量为 27.32 亿吨；青海的煤炭储量最少，仅为约 12 亿吨。

表 3-20　2012~2016 年全国各区域煤炭基础储量

地区 \ 年份		2012	2013	2014	2015	2016
全国煤炭基础储量（亿吨）		2298.9	2362.9	2399.9	2440.1	2492.3
西北	储量（亿吨）	343.9	344.3	336.2	367.7	402.4
	占比（%）	15.0	14.6	14.0	15.1	16.1
华北	储量（亿吨）	1133.4	1121.4	1132.4	1134.3	1126.5
	占比（%）	49.3	47.5	47.2	46.5	45.2
华中	储量（亿吨）	94.4	99.0	97.3	97.2	95.6
	占比（%）	4.1	4.3	4.2	4.2	4.2
华东	储量（亿吨）	11.2	11.3	11.1	10.9	10.8
	占比（%）	0.5	0.5	0.5	0.5	0.5
东北	储量（亿吨）	505.0	559.8	589.4	591.0	609.0
	占比（%）	22.0	24.4	25.6	25.7	26.5
西南	储量（亿吨）	202.9	219.0	225.6	232.7	241.7
	占比（%）	8.8	9.5	9.8	10.1	10.5
华南	储量（亿吨）	7.9	8.0	7.9	6.4	6.3
	占比（%）	0.3	0.3	0.3	0.3	0.3

注：华北指京、津、冀、晋、豫、鲁；东北指辽、吉、黑、蒙；华南指粤、闽、琼、桂；华东指沪、浙、苏；西北指新、甘、青、陕、宁；华中指湘、皖、赣、鄂；西南指滇、川、渝、贵。

资料来源：国家统计局网站，国土资源部历年《中国矿产资源报告》。

表 3-21　西北地区 2016 年煤炭基础储量

地区 \ 指标	煤炭基础储量（亿吨）	占比（%）
陕西	162.93	40.49
甘肃	27.32	6.79
青海	12.39	3.08
宁夏	37.45	9.31
新疆	162.31	40.34

资料来源：国家统计局网站。

（二）项目建设规模较大，煤炭产量稳步提升

2017~2018 年，国家发展改革委、国家能源局核准 19 处重大煤矿建设项目，总投资

共计 912.75 亿元（不含矿业权费用），其中西北地区核准 11 处重大煤矿建设项目，总投资 425.39 亿元（不含矿业权费用）。同时，原煤生产稳步提升。截至 2018 年，西北地区的原煤生产量已由 2014 年的 81895.0 万吨上升至 2018 年的 93126.5 万吨，原煤生产量占全国原煤总产量的比重由 21.2% 上升至 25.3%。其中，陕西原煤产量最大，分别占全国和西北地区总量的 16.9%、66.9%。具体生产情况如表 3-22 所示。

表 3-22　2014~2018 年西北五省（区）原煤生产情况

年份 \ 地区	陕西		甘肃		青海		宁夏		新疆		西北	
	产量（万吨）	占比（%）	产量（万吨）	占比（%）	产量（万吨）	占比（%）	产量（万吨）	占比（%）	产量（万吨）	占比（%）	产量（万吨）	占比（%）
2014	52225.6	13.5	4753.0	1.2	1833.4	0.5	8563.5	2.2	14519.5	3.8	81895.0	21.2
2015	52576.2	14.0	4399.6	1.2	816.5	0.2	7975.8	2.1	15221.5	4.1	80989.6	21.6
2016	51566.2	15.1	4254.3	1.2	787.3	0.2	7069.3	2.1	16073.1	4.7	79750.2	23.4
2017	56959.9	16.2	3712.3	1.1	715.5	0.2	7353.4	2.1	16706.5	4.7	85447.6	24.3
2018	62324.5	16.9	3575.1	1.0	773.4	0.2	7416.2	2.0	19037.3	5.2	93126.5	25.3

资料来源：2014~2016 年数据来自国家统计局《中国能源统计年鉴 2017》；2017~2018 年数据来自国家统计局网站。

二、煤炭行业存在的主要问题

（一）优质产能释放缓慢

虽然煤炭供给侧改革取得显著成效，但是西北地区优质煤炭产能并没有得到充分释放。已核准的部分煤矿仍存在手续尚不完善、违规生产和不能按时投产的现象，不能起到稳定煤炭市场的作用。例如，神华宁夏公司 4 对已核准处于试生产的主力矿井，产能达 2600 万吨/年，尚未取得采矿许可证，在煤炭去产能的大背景下，按照国土资源部文件规定，这 4 对矿井 2019 年以前不允许申办采矿许可证。西北能源监管局于 2019 年 11 月组织对国家能源局 2019 年核准批复的陕西、宁夏、青海三省（区）6 家煤矿建设情况进行了调研。调研发现，消防类、环保类支持性文件，受主管部门机构变更等因素影响，办理时间长、难度大；同时，调研的 6 家煤矿中，有 5 家煤矿未取得采矿许可证。采矿许可证申办前置条件多达 30 余项，审批周期长达 1 年以上，取得困难影响了煤矿正常建设进程。此外，调研还发现了复工申请困难，在建煤矿建设及维护资金压力大等问题。

（二）科技创新贡献率低

随着新一轮科技革命和产业革命的加速兴起，互联网、物联网、大数据、云计算、人工智能等数字化的技术也日益融入能源产业。与世界先进水平相比，我国在能源科技创新领域的能力不强，部分技术设施还存在着受制于人的短板，技术的"空心化"没有根本解决，企业原创性成果不多。具体表现在煤炭行业，就是随着煤矿开采条件日益复杂，水、火、瓦斯、地温、地压等灾害愈发严重，开采成本不断增加，迫切需要科技创新在改善开采条件，降低生产成本方面发挥重要作用，但目前科技创新对行业发展的贡献率低。

（三）煤电矛盾比较突出

我国煤电占发电总量的70%，但煤电行业经营形势严峻，存在产能过剩、行业亏损巨大的情况，这是造成两个行业市场不稳定的重要因素，如表3-23所示。主要原因有：一是煤电价格矛盾未疏导。2018年煤价小幅上涨，但煤电标杆电价未变动，价格较低的直接交易电量持续增长，造成煤电企业亏损进一步加大。二是煤电联营缓解煤电矛盾作用还未有效显现。相比煤、电产业规模，实行煤电联营的企业凤毛麟角，煤电行业融合度低，资源配置效率亟待提升。三是中长期合同稳价作用未得到有效发挥。从典型企业来看，绝大部分煤炭企业对国家中长期合同签订政策要求贯彻落实不到位，签订量占自有资源比值较低。

表 3-23　西北五省（区）部分煤电企业经营情况

指标 ＼ 企业	华能陕西	国电陕西	大唐陕西	陕投清水川	国电大武口	中铝宁夏马莲台	宁夏中宁
入炉标煤单价（元/吨）	580.06	663.54	645.11	603	498.29	492.32	531.98
入炉标煤单价同比增长（元/吨）	42.50	19.48	9.11	60.00	−29.64	37.67	44.99
单位发电成本（元/千千瓦时）	282.34	279.49	280.16	126.50	244.36	245.22	181.47
燃料成本占比（%）	65.30	64.37	62.10	44.80	53.66	66.76	66.38
利润（万元）	−26146.49	−18051	−32600	1296	−20600	−14719	−12275
同比利润增长（万元）	−16937.33	4032	−6000	−7344	4500	−2639	−6284

资料来源：西北能源监管局《2018~2019年度陕、宁、青三省（区）煤炭供需形势分析预测的报告》。

（四）清洁利用空间较大

煤炭作为西北地区的主体能源和重要工业原料，未来一段时期仍将在一次能源消费中占主导地位。但与全国整体情况一致，西北地区存在着煤炭利用方式粗放、能效低、污染重等问题，煤炭深加工处于产业化初级阶段，煤炭清洁利用仍有较大的空间。以煤炭深加工为例，为促进《煤炭深加工产业示范"十三五"规划》实施，西北能源监管局于2018年开展煤间接液化示范项目（简称煤制油项目）发展情况调研，发现受技术水平、现行成品油税费政策和产业链不完善等因素的制约，该煤制油项目实际年产量只达到计划产量的一半，且未达到盈利目标。对比国内外先进项目，南非萨索煤制油项目借助丰富的高端精细化学品始终能够保持良好盈利，内蒙古伊泰16万吨/年煤制油项目，通过延长产业链实现了较好盈利。推动西北地区煤炭清洁利用需要进一步政策的支持和企业的探索。

三、煤炭行业的发展趋势

西北地区煤炭行业发展历程长，特征鲜明，同时积累的问题也相应较多，基于西北地区煤炭储量、分布、生产能力等诸多特征，及其发展过程中的制约因素，煤炭行业未来的发展趋势主要集中在维持供需平衡、追求清洁高效、缓解煤电矛盾三个方面。

（一）维持供需平衡

国家为了稳定煤炭市场，在化解煤炭过剩产能、释放优质产能、平抑煤炭市场价格、保障煤炭供应等方面出台了一系列相关文件，取得了良好的效果。但随着煤炭优质产能释放、煤电化解过剩产能逐步推进、下游企业库存的补齐以及国家宏观与市场自行调控，预计未来煤炭供需基本平衡，煤炭价格波动较小。主要原因如下：一是西北地区煤炭行业工作重心将由"去劣"转为"增优"，新增产能进入高速释放期，先进产能增量将大于落后产能淘汰量，煤炭市场供应量预计将有较大幅度的增长，煤炭供应大概率可能转为宽松局面。二是当前我国经济下行压力较大，煤电化解过剩产能、房地产市场调供给侧调整、钢焦产量下滑综合作用将导致煤炭整体需求收紧，但西北地区煤化工等用煤产业发展迅速，还将有火电装机陆续投产，该区域需求将会呈现区外收紧区内旺盛的局面。

（二）追求清洁高效

未来几年，西北地区煤炭行业将会稳步推进煤炭清洁加工和转化。作为世界煤炭大国，我国已建成全球最大的清洁煤电供应体系，70%煤电机组实现超低排放。根据规划，"十三五"末，我国将建成煤制油产能1500万吨、煤制气180亿立方米、煤制烯烃1200万吨以上、煤制乙二醇600万吨以上、煤芳烃100万吨以上、新增高硫煤制甲醇1000万吨，上述规划项目全部完成将新增原料用煤2亿吨左右。这意味着在我国，煤炭正在实现由燃料向原料的转变，现代煤化工技术也逐步取得重要突破，为煤炭清洁转化提供路径，煤炭也开始大规模向煤制油、煤制气、煤化工等领域清洁转化。因此，"十三五"期间，西北地区将会提高煤炭清洁加工和转化示范工程的稳定性和可靠性，提升低阶煤分级提质利用技术示范，合理布局煤化工项目；提高煤炭深加工工程项目的生产运行负荷，增强其稳定性和可靠性，实现项目长周期连续稳定运行。

（三）缓解煤电矛盾

一是确保煤炭中长期合同履行到位。煤炭行业相关企业严格执行国家能源局政策文件要求，提高中长期合同量占自有资源量比例。二是积极推进煤电联营。相关企业创新煤电联营模式，推动煤炭和电力上下游产业有机融合，促进电煤供应在数量、质量、价格、运输上形成长期稳定的合作关系和市场机制，同时，地方政府将会加大支持力度，为煤电联营创造有利条件。三是严格区分"控煤"与"控电煤"。避免出现为实现控煤目标，简单限制煤电生产，从而造成电力紧张的情况。

第四节 油气行业的特点、问题及发展趋势

西北五省（区）石油、天然气资源丰富，是我国最重要的油气开发基地，辖区内有中国石油长庆油田、青海油田，中国石化大牛地气田，陕西延长石油集团，中国石油西部管道公司，中国石油北方管道公司，陕西燃气集团等多家大型油气生产、管输企业，是国家西气东输、北气南送等多条重要战略性气源通道的枢纽，在国内油气行业中占据举足轻重的地位。

一、油气行业的特点

（一）油气资源储量十分丰富

西北地区油气资源主要集中在塔里木盆地、鄂尔多斯盆地、柴达木盆地等区域。新疆油气资源主要位于塔里木盆地和准噶尔盆地，石油剩余技术可采储量约为 6 亿吨，占全国的 17%，天然气剩余技术可采储量约 1 万亿立方米，占全国的 19%；陕甘宁的油气资源主要位于鄂尔多斯盆地，其中陕西石油剩余技术可采储量约 3 亿吨，占全国的 11%，天然气剩余技术可采储量约 0.8 万亿立方米，占全国的 14%。位于青海西北部的柴达木盆地也有丰富的油气资源。西北各省（区）油气储量详情如表 3-24 和表 3-25 所示。

表 3-24 西北五省（区）石油剩余技术可采储量

地区 \ 年份	2012	2013	2014	2015	2016	2016 年占比（%）
陕西（万吨）	31397.9	33712.6	36300.8	38445.3	38375.6	11.0
甘肃（万吨）	19184.3	21150.0	21878.4	24109.8	28261.7	8.1
青海（万吨）	6499.4	6284.9	7524.5	7955.8	8252.3	2.4
宁夏（万吨）	2299.5	2313.9	2180.6	2370.6	2432.4	0.7
新疆（万吨）	56464.7	58393.6	58878.6	60112.7	59576.3	17.0
西北（万吨）	115845.8	121855.1	126762.9	132994.2	136898.3	39.1
全国（亿吨）	33.3	33.7	34.3	35.0	35.0	100.0
西北/全国占比（%）	34.8	36.2	37.0	38.0	39.1	—

资料来源：国家统计局网站。

表 3-25 西北五省（区）天然气剩余技术可采储量

年份地区	2012	2013	2014	2015	2016	2016 年占比（%）
陕西（亿立方米）	6376.3	6231.1	8047.9	7587.1	7802.5	14.4
甘肃（亿立方米）	224.6	241.3	256.1	272.0	318.0	0.6
青海（亿立方米）	1281.6	1511.79	1457.9	1396.9	1354.4	2.5
宁夏（亿立方米）	295.0	294.4	272.8	272.9	274.4	0.5
新疆（亿立方米）	9324.4	9053.9	9746.2	10202.0	10251.8	19.0
西北（亿立方米）	17501.8	17332.5	19780.9	19730.9	20001.2	37.0
全国（万亿立方米）	4.4	4.6	4.9	5.2	5.4	100.0
西北/全国占比（%）	39.8	37.7	40.4	37.9	37.0	—

资料来源：国家统计局网站。

（二）开发建设力度逐年加大

《能源发展战略行动计划（2014-2020 年）》中提出全国建设的 9 个千万吨级大油田中，西北地区就占了 4 个，其中新疆 2 个（新疆、塔里木）、陕西 2 个（长庆、延长）。2017 年，全国石油新增探明地质储量 8.77 亿吨，新增的 2 个大于 1 亿吨的油田，都位于西北地区，分别是鄂尔多斯盆地的华庆油田（甘肃）和姬塬油田（陕西）。西北地区也是我国天然气运输的重要通道，建有中亚天然气管道，西气东输一、二、三、四线，新粤浙煤制气外输管道等重要管线，承载着全国近 1/4 的天然气管输量。

（三）管网设施门类趋于齐全

西北地区管网设施较为发达。中石油长庆油田分公司已建成靖咸线、靖惠线、姬惠线等输油管道 3 条，总长 749 公里；陕西延长石油（集团）有限责任公司已建成油气管线共18 条，总长 1939 公里，其中输油管道 17 条，输气管道 1 条；陕西天然气股份有限公司已建成输气管道 13 条，总长 2920 公里；中石油西气东输长宁分公司银川管道处已建成长宁管道、兰银管道、西一线干线等输气管道 5 条，总长 1307 公里；中石油青海油田分公司已建成输油管道涩仙敦线，长度 346 公里。详情如表 3-26 所示。

表 3-26 陕宁青三省（区）主要油气管网情况统计

企业名称	项目名称	管道类型	起止点（位置）	长度（公里）	设计能力（原油：万吨、天然气：亿立方米）	管输价格（原油：元/吨、天然气：元/立方米）
中石油长庆油田分公司	靖咸线	原油	陕西志丹—陕西咸阳	464	400	0.235
	靖惠线	原油	陕西靖边—宁夏盐池惠安堡	216	350	0.183

企业名称	项目名称	管道类型	起止点（位置）	长度（公里）	设计能力（原油：万吨、天然气：亿立方米）	管输价格（原油：元/吨、天然气：元/立方米）
中石油西气东输长宁分公司银川管理处	长宁管道	天然气	陕宁交界111#桩—银川	254	11	0.22
	兰银管道	天然气	甘陕交界191#桩—银川	222	35	国家发改委未批复
中石油青海油田分公司	涩仙敦线	天然气	青海涩北—甘肃敦煌	346	3	0.159
陕西延长石油（集团）有限责任公司	定—靖原油复线	原油	陕西定边—靖边/榆林	203	110	内部管道，未批复管输价格
	吴延原油管道	原油	陕西吴起—延炼/延安	323	600	
	延西成品油管道	成品油	陕西延炼—西安临潼	201	500	
	临镇子长管道	天然气	陕西临镇—子长	112	38	
陕西天然气股份有限公司	靖西一线	天然气	陕西榆林—西安	489	10	
	靖西二线	天然气	陕西榆林—西安	483	30	
	靖西三线	天然气	陕西榆林—西安	626	90	
	宝汉线	天然气	陕西宝鸡—汉中	224	1.9	

（四）外送外输特征越发突出

西北五省（区）石油、天然气资源丰富，管网设施发达，是我国最重要的油气开发基地，也是国家西气东输、北气南送等多条重要战略性气源通道的枢纽，外送外输特征突出。已经建成的输气管线陕京线（靖边—北京）是北京天然气的重要来源。截至2019年5月底，作为西气东输主力气源地的新疆塔里木油田已累计向下游15个省份、120多个大中型城市供应天然气2315亿立方米，惠及约4亿居民、3000余家企业（顾煜和白佳丽，2019）。

（五）市场主体多元化程度高

2017年5月，中共中央、国务院出台《关于深化石油天然气体制改革的若干意见》，提出要还原能源的商品属性，充分发挥市场配置资源的决定性作用。2018年6月28日，国家发展改革委、商务部发布《外商投资准入特别管理措施（负面清单）（2018年版）》，取消了对外资加油站建设、经营的数量与股比限制，意味着未来将会有越来越多的外资加油站进入国内，成品油销售市场竞争更加激烈。西北五省（区）内有中国石油长庆油田、青海油田、中国石化大牛地气田、陕西延长石油集团、中国石油西部管道公司、中国石油北方管道公司、陕西燃气集团、港资企业秦华等多家大型油气生产、管输、销售企业。

二、油气行业存在的主要问题

虽然西北地区勇气行业特点突出，在国内具有相对的发展优势，但受地质条件、技术水平、基础设施建设等各方面影响，在优势突出的同时，行业发展中存在的问题也不可忽视。

（一）开采难度逐渐增大

西北地区石油天然气地质条件复杂，开采难度逐年增大，增储上产难度较大。在剩余常规石油资源中，深层、深水、低渗等资源占比较大，开采难度与成本逐渐加大。陆上东部老油田产量减少趋势加快，西北地区石油开采具有潜力的同时，也面临着高成本和高水平开发技术测试。天然气有提高产量的潜力，但预测期望并不看好。常规天然气资源约七成为低品位资源；页岩气资源由于地质条件复杂，开发成本高；煤层气受资源条件、经济性、矿权重叠等因素影响，大幅上产存在难度（鲁东侯，2015）。

（二）炼化能力相对过剩

西北地区炼化能力相对过剩。2018 年，全国炼油能力 83140 万吨，其中西北地区 8610 万吨，占比 10.4%，其他地区炼油能力及全国结构如表 3-27 所示。未来，随着多个大型炼化项目陆续建成投运，炼油能力过剩问题将更加突出，在区位偏远、出口不畅、竞争压力加大等多方面因素制约下，"过剩更多，盈利堪忧"的局面可能会不断加剧，这将不利于炼化行业的健康发展。

表 3-27　全国各地区炼油能力及结构

年份	指标 能力/占比	华北	东北	华南	华东	西北	华中	西南	合计
2012	能力（万吨/年）	17150	11850	10030	8130	8220	3840	200	59420
	占比（%）	28.9	19.9	16.9	13.7	13.8	6.5	0.3	100.0
2013	能力（万吨/年）	21860	12210	9900	9690	7950	4440	200	66250
	占比（%）	33.0	18.4	14.9	14.6	12.0	6.7	0.3	100.0
2014	能力（万吨/年）	22960	12210	11300	10140	7950	4440	1200	70200
	占比（%）	32.7	17.4	16.1	14.4	11.3	6.3	1.7	100.0
2015	能力（万吨/年）	27172	12249	11380	10115	8510	4740	1200	75366
	占比（%）	36.1	16.3	15.1	13.4	11.3	6.3	1.6	100.0

续表

年份	指标 能力/占比	华北	东北	华南	华东	西北	华中	西南	合计
2016	能力（万吨/年）	26976	12369	11380	10115	8610	4740	1200	75390
	占比（%）	35.8	16.4	15.1	13.4	11.4	6.3	1.6	100.0
2017	能力（万吨/年）	26746	12289	12380	10115	8610	4510	2500	77150
	占比（%）	34.7	15.9	16.1	13.1	11.2	5.9	3.2	100.0
2018	能力（万吨/年）	30166	14489	12530	10115	8610	4730	2500	83140
	占比（%）	36.3	17.4	15.1	12.2	10.4	5.7	3.0	100.0

注：华北指京、津、冀、晋、豫、鲁；东北指辽、吉、黑、蒙；华南指粤、闽、琼、桂；华东指沪、浙、苏；西北指新、甘、青、陕、宁；华中指湘、皖、赣、鄂；西南指滇、川、渝、贵。

资料来源：中石油经济技术研究院历年《国内外油气行业发展报告》。

（三）各环节间协调有待优化

国家管网公司成立后，上游油气田、中游管网公司和下游终端销售的目标分歧和利益矛盾，在一定程度上影响了上、中、下游各个领域企业的协调发展，市场供求矛盾不断凸显。此外，随着市场化改革的推进，市场主体多元化进程不断推进，市场交易方式增加，供求机制由"少对多"转向"多对多"，可能导致供气方或需求方违约情况发生，从而使得市场供求波动和矛盾更加严重，供需不平衡的问题时有发生（刘满平，2019）。

三、油气行业的发展趋势

西北地区油气行业优势十分明显，但受区位、地质条件影响，开采难度大成本高等问题也相应比较突出，加之炼化产能过剩、供应与管网衔接不畅等问题制约，未来油气行业的发展趋势主要侧重于原油保产量稳定、天然气促增长、平稳油气价格，促进油气消费等方面。

（一）原油产量基本保持稳定

据《石油发展"十三五"规划》发展目标，2020年，国内石油产量2亿吨以上，国内产量基本保持稳定。陕西和新疆作为产油大省，是稳定本区域和全国石油供给重要力量，也是实现"十三五"规划目标的重要保障。

（二）天然气产量具有较大增长空间

据《天然气发展"十三五"规划》，"十三五"期间，天然气年均增长8.9%，到2020年，天然气产量达2070亿方/年。虽然西北地区天然气供给量有所下降，但作为全国最主要的天然气供应基地，其份额占50%以上，因此，西北地区天然气产能是"十三五"规划目标实现重要的保障。

（三）促进油气消费

油品和天然气消费总量都有增加，但因消费基础或增幅相对较小，两者在能源消费总量中占比略有减少。2016 年，西北油品和天然气消费为 5392.9 万吨标准煤和 4158.4 万吨标准煤，分别比 2011 年增长 17.2%和 41.76%，天然气消费增幅较大，但由于基础消费量较少，因此在能源总消费中的比重增幅不大。

第四章 西北能源市场化改革
进展及存在的问题

西北能源市场化改革基本与国家同步。近年来特别是"9号文"发布以来，依照国家能源市场化改革相关部署、举措和工作要求，在电力、煤炭和油气等领域推动了一系列改革的具体工作。

在电力市场化改革方面，重点在输配电价改革、售电侧改革、增量配电业务改革、交易机构组建、电力市场化建设和放开发电用电计划六个方面予以推进，取得了长足发展。但是，随着西北地区电力市场化改革不断深入，一些问题也相应凸显出来。例如，输配电改革不到位、交易结构独立不彻底、区域内协作意识不强、中长期交易机制尚不完善、现货市场推进滞后等问题在一定程度上延缓了改革进程，消弭了改革成效的凸显。

在煤炭市场化改革方面，西北五省（区）以供给侧结构性改革和"放管服"改革为契机，逐步淘汰了一批长期停建、缓建和安全开采条件差、扭亏无望的煤矿，不断突出了大型煤炭基地的主体地位，提高生产效率和企业效益。同时，积极从引导各类市场主体参与煤炭交易市场建设着手，不断完善了煤炭交易市场的运行机制。但是，伴随改革推进，矿权制度不完善、市场集中度不高、简政放权不到位、煤矿关闭退出机制不健全等一系列问题也相应成为这段时期亟待解决的问题。

当前，与电力和煤炭市场化改革进程相比，西北地区的油气市场化改革仍处于前期的探索阶段。从油气勘探开发、油气管网建设和销售等环节看，以中国石油和中国石化为代表的大型国有企业占据绝大部分市场份额，油气管网市场化开放程度并不高，终端市场化程度也较低。从油气价格改革方面看，按照国家成品油价格改革和天然气价格改革要求，区域在推进成品油和天然气两类的价格形成机制方面的改革取得了显著进展。一方面，成品油价格能够更及时地反映国际油价的变化；另一方面，天然气价格的管理由出厂环节调整为门站环节，居民用气价格与非居民用气价格并轨提高了定价的科学性、合理性和透明度，促进了石油和天然气行业的健康发展。

第一节 电力市场化改革进展及存在的问题

迄今为止，"9号文"指导下推进的新一轮电力体制改革已经实施了4年有余，依照

"9 号文"及其配套文件以及国家出台的一系列改革政策要求,西北地区在输配电价改革、售电侧改革、增量配电业务改革、电力市场建设、放开发用电计划等方面综合推进了电力市场化改革,市场化程度取得了显著的提高。

一、全面推进输配电价改革

推进电价改革是"9 号文"中涉及新一轮电力体制改革的重点任务,国家发展改革委出台《输配电定价成本监审办法(试行)》和"9 号文"配套文件之一《关于推进输配电价改革的实施意见》中进一步明确了核定、发布和执行独立输配电价是电价改革的关键工作之一,据此,西北各省(区)根据《省级电网输配电价定价办法(试行)》、《区域电网输电价格定价办法(试行)》、《跨省跨区专项工程输电价格定价办法(试行)》、《关于制定地方电网和增量配电网价格的指导意见》等文件部署,按照"准许成本加合理收益"原则推进了相应的改革工作。

从各省开展工作的时间轴和推进的工作重点看,2015 年 4 月,宁夏先期实施了输配电价改革试点,这是继蒙西电网之后全国第二个批复的省级输配电价改革方案,宁夏是国家电网公司辖区内试点方案获批的第一个省份,也是西北五省(区)第一个进行试点的省份。随后陕西在 2016 年 3 月也被列入这一试点范围,接着同年 9 月,甘肃、青海、新疆也纳入试点范围,至此,西北五省(区)全部启动了输配电价改革试点工作。期间,各省(区)价格主管部门按照国家政策文件要求,在辖区内开展了第一监管周期省级电网输配电价成本监审,重点对西北地区省级电网企业 2013~2015 年输配电价成本情况进行了成本调查测算,核减与生产经营无关的资产额和不应计入成本的费用,为合理制定输配电价格提供依据。因各省(区)情况大致一致,在专栏 4-1 中以陕西为例就输配电价成本监审具体工作进行介绍。

专栏 4-1

陕西省发展改革委对国网陕西省电力公司输配电成本开展实地审核情况

按照《国家发展改革委关于开展 2016 年输配电定价成本监审工作的通知》(发改价格〔2016〕956 号)有关要求,陕西省发展改革委对国网陕西省电力公司 2013~2015 年输配电成本开展实地审核,并完成了《关于国网陕西省电力公司输配电价成本监审实地审核情况的报告》,审核主要内容如下:

本次审核，监审组严格按照国家发改委《输配电定价成本监审办法（试行）》等相关政策规定，从企业合并报表着手，依据审计报告，查阅 2013~2015 年度财务账簿，核减与输配电业务不相关的成本。在审核中抓住重点项目审核，确定与输配电相关的折旧费、材料费、修理费、职工薪酬、其他费用，并以国网陕西省电力公司 2015 年全口径售电量计算输配电单位成本。

本次国网陕西省电力公司共用网络输配电成本按照 330 千伏（合并 750 千伏和 330 千伏）、110 千伏、35 千伏、10 千伏和不满 1 千伏 5 个电压等级核定。

分电压等级输送电量和销售电量按照企业发展策划部门报送的各电压等级电量及输送关系情况表审核确定，其中各电压等级本级销售电量与销售报表核对一致。

准许成本由传导成本和共同成本两部分分别分摊，其中传导成本按归集到各电压等级资产的折旧，材料费和修理费，在各电压等级之间按传输电量比例传导；共同成本包括职工薪酬和其他费用，按照各电压等级售电量之间平均分摊。

报告显示，企业上报 2015 年输配电成本总额为 148.50 亿元，经审核后的核定定价成本总额为 120.58 亿元，共核减不应计入定价成本的费用 27.92 亿元，减少了 18.8%。

各省在完成输配电成本监审工作的基础上，核定省级电网输配电价，并出台政策文件（见表 4-1），要求电网企业执行核定的输配电价，大部分省份同时相应降低了销售电价。第一监管周期核定的输配电价情况如表 4-2 所示。

表 4-1　西北地区输配电价改革重要政策文件汇总

时间	政策文件名称
2016 年 4 月	《宁夏回族自治区物价局关于宁夏电网 2016-2018 年输配电价有关问题的通知》（宁价商发〔2016〕20 号）
2017 年 1 月	《陕西省物价局关于陕西电网 2017-2019 年输配电价有关问题的通知》（陕价商发〔2017〕3 号）、《陕西省物价局关于榆林电网 2017-2019 年输配电价有关问题的通知》（陕价商发〔2017〕4 号）
2017 年 7 月	《甘肃省发展和改革委员会关于合理调整电价结构有关事项的通知》（甘发改价管〔2017〕636 号）
2017 年 8 月	《自治区发展改革委关于新疆电网 2017-2019 年输配电价有关事项的通知》（新发改能价〔2017〕1204 号）
2017 年 9 月	《青海省发展和改革委员会关于青海电网 2017-2019 年输配电价有关问题的通知》（青发改价格〔2017〕580 号）

表4-2 西北各省（区）第一监管周期[1] 输配电价汇总

省（区）	大工业						一般工商业及其他			综合线损率标准（%）
	电度电价（元/千瓦时）				基本电价		电度电价（元/千瓦时）			
	1~10千伏	35千伏	110千伏	220千伏	最大需量（元/千伏/月）	变压器容量（元/千伏安/月）	不满1千伏	1~10千伏	35千伏	
陕西（不含榆林）	0.1484	0.1284	0.1084	0.1034	31	24	0.3917	0.3717	0.3517	6.69[2]
陕西榆林	0.1051	0.0851	0.0651	—	31	24	0.364	0.344	0.324	—
甘肃	0.1699	0.1599	0.1287	0.1197	28.5	19	0.4655	0.4555	0.4455	4.24
青海	0.1023	0.0923	0.0823	—	28.5	19	0.3702	0.3652	0.3602	3.65
宁夏	0.1649	0.1349	0.1049	0.0739	33	22	0.3713	0.3513	0.3313	3.64
新疆	0.1740	0.1520[3]	0.1300[4]	0.1100	33	26	0.273	0.27	0.266	7.93

注：①宁夏第一监管周期为2016~2018年，其余各省（区）第一监管周期为2017~2019年。

②陕西地电公司综合线损率标准为6.26%。

③新疆此电价对应的电压范围是35~66千伏。

④新疆此电价对应的电压范围是66~220千伏，0.1100元/千瓦时对应的电度范围为220千伏以上。

从各省（区）供电特征看，西北五省（区）虽然对用电分类略有不同，但大致都是将输配电价分为大工业电价和一般工商业及其他两大类进行核定，价格根据省域电力生产和供给需求等特点有所不同。在分类价格方面，大工业电价的范围在 0.07~0.17 元/千瓦时，一般工商业及其他电价范围在 0.27~0.46 元/千瓦时。其中，整体看，新疆、宁夏和甘肃三省（区）的大工业输配电价相对较高，而青海和陕西较低，其中，新疆 1~10 千伏电度电价最高（0.1740 元/千瓦时），陕西榆林 110 千伏电度电价最低（0.0651 元/千瓦时）；而一般工商业及其他电价中，甘肃电价相对最高（不满 1 千伏电度电价达到 0.4655元/千瓦时），陕西、青海和宁夏次之，新疆最低（35 千伏电度电价最低为 0.266 元/千瓦时）。从综合线损率标准看，新疆的综合线损率标准最高，达 7.93%，陕西次之，宁夏最低（3.64%）。

具体分省（区）观察：

（一）陕西

如表 4-3 所示，全省实行统一的基本电价，榆林电网的基本电价与其他地区的一致，榆林电网的电度电价整体低于陕西其他区域的电度电价。从用电类型和电度电价的电压等级来看，陕西电网（不含榆林）用电类型分为大工业用电、一般工商业及其他用电两大类，电度电价的电压分为不满 1 千伏、1~10 千伏、35 千伏、110 千伏和 220 千伏及以上共 5 个等级。榆林电网的用电类型除陕西电网的两类外，将电炉铁合金、电解铝、电解烧碱等高耗电工业用电单独核定了输配电价。榆林电网电度电价的电压等级分类中，将 110千伏和 220 千伏及以上合并为 110 千伏及以上，共有 4 个等级。线损率按照国网陕西电力公司 6.69% 和陕西省地方电力集团公司 6.26% 计算。

经过输配电价的成本监审和价格核定，陕西省的电价产生了降价空间。按照陕西省物价局相关文件规定，第一轮输配电价改革所产生的降价空间用在降低陕西电网工商业用电价格上，平均降低了 0.0108 元/千瓦时。同时，陕西省物价局还对电价市场化改革提出了相应的意见，要求参与电力市场的用户购电价格由市场交易价格、输配电价和政府性基金及附加组成，并与现行峰谷分时等销售电价政策适当衔接；未参与电力市场的用户，继续执行政府定价。

（二）甘肃

如表 4-4 所示，甘肃电网基本电价为 28.5 元/千瓦/月（最大需量）以及 19 元/千伏安/月（变压器容量），综合线损率按照 4.24% 计算。甘肃输配电价标准在用电类型分类中，除一般工商业及其他和大工业用电两大通用分类外，将电解铝、铁合金、电石、碳化硅生产用电 4 种高耗电工业列为电度电价相对较低的第三类。其中，110 千伏和 220 千伏两类每度电比大工业用电分别低 0.0453 元和 0.0413 元，而 1~10 千伏和 35 千伏每度电比大工业用电均低 0.0392 元。

表4-3 2017~2019年陕西电网和榆林电网输配电价情况

陕西电网（不含榆林）

用电分类	电度电价（元/千瓦时）					基本电价	
	不满1千伏	1~10千伏	35千伏	110千伏	220千伏及以上	最大需量（元/千瓦/月）	变压器容量（元/千伏安/月）
大工业用电		0.1484	0.1284	0.1084	0.1034	31	24
一般工商业及其他用电	0.3917	0.3717	0.3517				

榆林电网

用电分类	电度电价（元/千瓦时）				基本电价	
	不满1千伏	1~10千伏	35千伏	110千伏及以上	最大需量（元/千瓦/月）	变压器容量（元/千伏安/月）
大工业用电		0.1051	0.0851	0.0651	31	24
一般工商业及其他用电	0.3640	0.3440	0.3240			
电炉铁合金、电解铝、电解烧碱、合成氨、电炉钙镁磷肥、电炉黄磷、电石生产用电		0.0557	0.0377	0.0197	31	24

注：表中电价含增值税、线损及交叉补贴，不含政府性基金及附加。参与电力市场化交易的电力用户输配电价水平按上表执行，并按规定征收政府性基金及附加。政府性基金及附加的具体征收标准以销售电价表中征收标准为准。2017~2019年陕西电网综合线损率按国网陕西电力公司6.69%和陕西省地方电力集团公司6.26%计算。实际运行中线损率超过上述数值带来的风险由相关电网企业承担，低于上述数值带来的收益由国网企业和电力用户各分享50%。国网陕西省电力公司榆林供电区域输配电价按表中所列价格降低0.0149元/千瓦时执行。

甘肃输配电价改革产生的降价空间用于降低甘肃大工业用电和一般工商业用电价格。据统计，工商业销售电价平均降低 0.023 元/千瓦时，其中大工业生产用电电度电价（除汶川地震重灾八县区外）平均降低 0.0188 元/千瓦时。大工业生产用电基本电价最大需量由 33 元/千瓦/月降为 28.50 元/千瓦/月，变压器容量由现行 22 元/千伏安/月降为 19 元/千伏安/月。对一般工商业用电（除汶川地震重灾八县区非居民照明、商业、非普工业用电外）价格，统一降低 0.01 元/千瓦时。

（三）青海

如表 4-5 所示，青海电网基本电价为 28.5 元/千瓦/月（最大需量）以及 19 元/千伏安/月（变压器容量），综合线损率按照 3.65% 计算。与甘肃相同，青海输配电价标准将电解铝、铁合金、电石、碳化硅生产用电列为电度电价相对较低的第三类，每个等级每度电比大工业用电低 0.0074 元。

青海省在公布输配电价时并没有相应地调整电力销售价格。2018~2019 年按照国家政策要求，青海多次降低了一般工商业用电价格和输配电价格，但降价空间主要源于增值税率调整和国家重大水利工程建设基金征收标准降低等，而不是源于输配电价的成本监审和价格核定方面。

（四）宁夏

如表 4-6 所示，宁夏电网基本电价为 33 元/千瓦/月（最大需量）和 22 元/千瓦/月（变压器容量），综合线损率按 3.64% 计算。宁夏电网输配电价标准将电石、铁合金、碳化硅、电解铝、单多晶硅行业生产用电 5 类高耗电产业列入电度电价相对较低的第三类用电类型，每度电分别比对应的用电等级下大工业用电电价低 0.007~0.03 元。

根据宁夏自治区物价局政策文件，在 2016~2018 年的监管周期内，宁夏电网平均输配电价为 0.1346 元/千瓦时（不含政府性基金与附加）。为缓解宁夏存在大工业企业用电成本偏高问题，宁夏将第一监管周期输配电价改革腾出的降价空间全部用于降低大工业基本电价，同步调整了终端用户目录销售电价。

（五）新疆

如表 4-7 所示，新疆电网输配电价标准中基本电价为 33 元/千瓦/月（最大需量）和 26 元/千瓦/月（变压器容量）。将电炉铁合金、电解烧碱、合成氨、电炉钙镁磷肥、电炉黄磷、电石生产用电 6 类高耗电产业列入电度电价相对较低的第三类用电类型，比大工业用电对应用电等级下的电度电价低 0.0162~0.0435 元。从电度电价的电压等级分来看，与西北地区其他省份不同，新疆电网以不满 1 千伏、1~10 千伏、35~66 千伏、66~220 千伏及 220 千伏为标准共分为 5 个电压等级，其中，一般工商业及其他用电对应的是不满 1 千伏、1~10 千伏、35~66 千伏三个电压等级，电价约为 0.27 元/千瓦时；大工业用电对应的是 1~10

表 4-4　2017～2019 年甘肃电网输配电价情况

用电分类	电度电价（元/千瓦时）					基本电价	
	不满 1 千伏	1～10 千伏	35 千伏	110 千伏	220 千伏	最大需量（元/千瓦/月）	变压器容量（元/千伏安/月）
一般工商业及其他用电	0.4655	0.4555	0.4455				
大工业用电		0.1699	0.1599	0.1287	0.1197	28.5	19
电解铝、铁合金、电石、碳化硅生产用电		0.1307	0.1207	0.0834	0.0784	28.5	19

注：表中电价含增值税，线损交叉补贴，不含政府性基金及附加。政府性基金及附加的具体征收标准以现行目录销售电价表中征收标准为准。2017～2019 年国网甘肃电力公司综合线损率按 4.24% 计算，实际运行中线损率超过 4.24% 带来的风险由国网甘肃电力公司承担，低于 4.24% 的收益由国网甘肃电力公司和用户各分享 50%。

表 4-5　2017～2019 年青海电网输配电价情况

用电分类	电度电价（元/千瓦时）				基本电价	
	不满 1 千伏	1～10 千伏	35 千伏	110 千伏及以上	最大需量（元/千瓦/月）	变压器容量（元/千伏安/月）
一般工商业及其他用电	0.3702	0.3652	0.3602			
大工业用电		0.1023	0.0923	0.0823	28.5	19
电解铝、铁合金、电石、碳化硅生产用电		0.0949	0.0849	0.0749	28.5	19

注：表中电价含增值税，线损交叉补贴，不含政府性基金及附加。参与电力市场化交易的电力用户输配电水平按上表执行，并按规定征收政府性基金及附加。政府性基金及附加的具体征收标准以现行目录销售电价表中征收标准为准。其他电力用户继续执行现行目录销售电价政策。2017～2019 年国网青海省电力公司综合线损率按 3.65% 计算，实际运行中线损率超过 3.65% 带来的风险由国网青海省电力公司承担，低于 3.65% 的收益由国网青海省电力公司和用户各分享 50%。

表 4-6　2016~2018 年宁夏电网输配电价情况

用电分类	电度电价（元/千瓦时）						基本电价	
	不满 1 千伏	1~10 千伏	35 千伏	110 千伏	220 千伏	330 千伏	最大需量（元/千瓦/月）	变压器容量（元/千伏安/月）
一般工商业及其他用电	0.3713	0.3513	0.3313					
大工业用电		0.1649	0.1349	0.1049	0.0739	0.0589	33	22
电石、铁合金、碳化硅、电解铝、单多晶硅行业生产用电		0.1369	0.1069	0.0869	0.0669	0.0519		

注：表中电价含增值税，含交叉补贴，含线损。表中所列价格不含政府性基金及附加。具体征收标准为：农网还贷资金 0.02 元；国家重大水利工程建设基金 0.004 元；大中型水库移民后期扶持资金 0.0016 元；城市公用事业附加 0.01 元；可再生能源电价附加 0.019 元；参与电力用户直接交易的输配电价按表标准执行；其他用户继续执行现行目录销售电价政策。2016~2018 年宁夏电力公司综合线损率按 3.64% 计算，实际运行中线损率超过或低于 3.64% 带来的风险或收益均由电网企业承担。

表 4-7　2017~2019 年新疆电网输配电价情况

用电分类	电度电价（元/千瓦时）					基本电价	
	不满 1 千伏	1~10 千伏	35~66 千伏	66~220 千伏	220 千伏	最大需量（元/千瓦/月）	变压器容量（元/千伏安/月）
一般工商业及其他用电	0.2730	0.2700	0.2660				
大工业用电		0.1740	0.1520	0.1300	0.1100	33	26
电炉铁合金、电解烧碱、合成氨、电炉钙镁磷肥、电炉黄磷、电石生产用电		0.1305	0.1222	0.1105	0.0938		

注：表中电价含增值税，含线损及交叉补贴，不含政府性基金及附加。参与电力市场化交易的电力用户中征收标准为：其他电力用户继续执行现行目录销售电价政策。2017~2019 年国网新疆电力公司综合线损率按 7.93% 计算，实际运行中线损率超过 7.93% 带来的风险由国网新疆电力公司承担，低于 7.93% 的收益由国网新疆电力公司和用户各分享 50%。

千伏、35~66 千伏、66~220 千伏及 220 千伏 4 个电压等级，以 1~10 千伏的电度电价 0.1740 元/千瓦时为基准，每提高 1 个电压等级电度电价降低约 0.02 元。新疆维吾尔自治区发展改革委在公布输配电价时并没有相应地调整电力销售价格。

2019 年 1 月，国家发展改革委组织开展推进第二监管周期（2020~2022 年）电网输配电价定价成本监审，于 2019 年底完成省级与区域电网两级电网定价，按照相应工作安排，各省（区）发展改革委负责本省（区）省级电网的成本监审工作，甘肃省发展改革委牵头负责整个西北区域电网的成本监审，具体输配电价核定结果尚未公布。

二、稳步推动售电侧改革

"9 号文"明确提出了稳步推进售电侧改革，有序向社会资本放开售电业务，并就鼓励社会资本投资配电业务、建立市场主体准入和退出机制、多途径培育市场主体和赋予市场主体相应的权责四个方面的指导性意见。其配套文件之一《关于推进售电侧改革的实施意见》对售电侧改革进行了更详细的说明，按投资主体不同将售电公司分为电网企业直属的、拥有配电网经营权的以及独立的三类售电公司。该意见还指出，同一供电营业区内可以有多个售电公司，但只能有 1 家公司拥有该配电网经营权，并提供保底供电服务；同一售电公司可在多个供电营业区内售电；符合市场准入条件的电力用户可以直接与发电企业交易，也可以自主选择与售电公司交易，或选择不参与市场交易。

售电公司组建程序秉承四个重点，即"一承诺"、"一公示"、"一注册"和"两备案"。"一承诺"，即符合准入条件的市场主体应向省级政府或省级政府授权的部门提出申请，按规定提交相关资料，做出信用承诺。"一公示"是省级政府或省级政府授权的部门通过"信用中国"等政府指定网站将市场主体是否满足准入条件的信息、相关资料和信用承诺向社会公示；公示期满无异议的纳入年度公布的市场主体目录，并实行动态管理。"一注册"是列入目录的市场主体可在组织交易的交易机构注册，获准参与交易。"两备案"是在能源监管机构和征信机构进行事后备案。

随后，国家发展改革委、国家能源局于 2016 年 10 月联合印发了《售电公司准入与退出管理办法》，为西北各省（区）积极推进售电侧改革提供了更具体的依据和指导，为售电公司注册工作有序开展提供了制度保障，极大地促进了独立售电公司数量迅速增长。

（一）出台完善政策推动售电侧改革

西北各省（区）根据"9 号文"及其配套文件《关于推进售电侧改革的实施意见》精神出台推动改革的政策文件和法规，积极开展售电侧改革，相关重要政策文件汇总如表 4-8 所示。

表 4-8　西北地区售电侧改革重要政策文件汇总

时　间	政策文件名称
2016 年 4 月	《国家发展改革委 国家能源局关于同意新疆生产建设兵团开展售电侧改革试点的复函》（发改经体〔2016〕789 号，附《新疆生产建设兵团售电侧改革试点实施方案》）
2016 年 8 月	《国家发展改革委办公厅 国家能源局综合司关于同意甘肃省开展电力体制改革试点的复函》（发改经体〔2016〕1924 号，附《甘肃省电力体制改革试点实施方案》）
2017 年 6 月	《陕西省发展和改革委员会关于印发〈陕西省售电侧改革试点实施细则（暂行）〉的通知》（陕发改运行〔2017〕737 号）
2017 年 7 月	《自治区经济和信息化委关于印发〈宁夏回族自治区售电公司准入与退出管理实施细则（试行）〉的通知》（宁经信电力发〔2017〕222 号）
2018 年 9 月	《省发改委 省能源局 省经信委 西北能源监管局关于印发〈青海省售电公司参与省内电力市场化交易试点方案〉的通知》（青能综合〔2018〕5 号）
2019 年 7 月	《国家能源局新疆监管办公室关于印发〈新疆区域售电公司监管办法（试行）〉的通知》（新能监市场〔2019〕107 号）
2019 年 7 月	《自治区发展改革委关于印发〈宁夏回族自治区售电公司管理办法（暂行）〉的通知》（宁发改规发〔2019〕1 号）

新疆生产建设兵团是西北区域最先获得国家批复并开展售电侧改革试点的地区。2016年 4 月，国家发展改革委、国家能源局批复同意《新疆生产建设兵团售电侧改革试点实施方案》。该方案指出兵团第十三师具有配网相对独立、清洁能源丰富、电力富裕、电力需求空间巨大等优势，因此将售电侧改革试点初期拟定为十三师全部行政辖区，后期根据试点改革推进情况，逐步推广到全兵团。试点区域基本情况如专栏 4-2 所示。方案还明确了售电侧改革工作的指导思想和基本原则，以及改革试点工作的总体目标、工作路径和组织实施方案等。

甘肃是继新疆生产建设兵团之后，西北区域第二个开展售电侧改革试点的地区。2016年 8 月，国家发展改革委、国家能源局批复同意《甘肃省电力体制改革试点实施方案》，方案中将售电侧改革列为 2016~2017 年重点推进的 4 项专项改革试点工作之一，明确甘肃开展以园区型为主的售电侧试点工作，以园区型售电区域作为突破口，安排兰州新区、平凉工业园区、酒泉瓜州资源综合利用产业园区 3 个园区作为甘肃省第一批售电侧专项改革试点单位。根据甘肃省发展改革委发布的消息，省有关部门还制定了《甘肃省售电侧改革专项试点工作方案》，以指导改革工作的有序开展。

专栏 4-2

《新疆生产建设兵团售电侧改革试点实施方案》（节选）
试点区域基本情况

（一）区位情况

新疆生产建设兵团下辖 14 个师，各师团场呈点状分布于新疆辖区内。第十三师辖区均匀分布在新疆哈密地区两县一市内，地域南北宽约 270 公里，东西长约 297 公里，辖区面积 9985 平方公里，总人口约 10 万人。售电侧改革试点初期拟定为十三师全部行政辖区，包含红星一场、红星二场、红星四场、黄田农场、柳树泉农场、火箭农场、红山农场、淖毛湖农场区域及十三师全部工业园区。后期根据试点改革推进情况，逐步推广到全兵团。

（二）电力运营现状

兵团电网由 12 个师属相对独立供电区域组成。十三师电网作为兵团电网的组成部分，实现了电网在 8 个团场的均匀布局，全师最高运行电压等级为 110 千伏，全师已建成 110 千伏变电站共 2 座，总变电容量 206 兆伏安，在建 110 千伏变电站 3 座，总变电容量 378 兆伏安，35 千伏变电站共 13 座，总变电容量 205.3 兆伏安。截至 2015 年底，全师电源总装机容量为 1704.79 兆瓦。其中，水电装机容量 1.29 兆瓦，光伏装机容量 570 兆峰瓦，风电装机容量 1094 兆瓦，尾气及余热发电 39.5 兆瓦，装机结构以清洁能源居多。

近年来，十三师工业发展呈井喷态势，全师用电量逐年递增，2015 年达到 10.5 亿千瓦时，"十二五"期间年平均增速超过 35%。十三师现有电力购销大部分按照趸售形式进行，电价及执行存在不统一、不稳定特点，普遍高于同一区域地方水平。

（三）推行售电侧改革的基础条件

1. 配网相对独立，符合改革要求。十三师区域配电网络由十三师自主建设，独立于新疆公网，电力供需和电价矛盾较为突出，符合开展国家电力体制改革试点的条件。

2. 电力富余，易于市场化体系建立。周边区域电力业务发展成熟，电力供应市场富余，适宜电力体制改革政策实施，易于实现电力购销市场定价。

3. 经济增速较快，电力需求空间巨大。十三师地处国家"丝绸之路"经济带重要枢纽区域，国家各项战略规划的逐步实施将进一步促进区域工业经济发展，电力需求侧市场增长空间巨大，电力供需平衡市场化调节作用显著。

4. 清洁能源丰富，具备能源结构优化基础。区域清洁能源丰富，清洁电力占比较高，符合售电侧改革中关于提高能源利用效率和清洁能源消纳水平的要求。

5. 区域电力系统可复制性较强，易于政策性推广。兵团各师当前电力运营模式相对统一，适宜国家电力体制改革政策推广，十三师售电侧改革试点可为兵团进一步实践电力体制改革提供示范和经验。

同甘肃一样，陕西、青海、宁夏和新疆在其电力体制改革综合试点方案中均将售电侧改革列入重点任务之中，但改革范围覆盖全省，未指定具体的试点区域。宁夏的综合试点方案中指出实施园区型售电主体直接交易，在高新产业园区、经济技术开发区、循环经济园区等各类园区，选择有参与意愿并符合准入条件的，组建独立的售电公司。新疆在园区类型中还增加了跨境经济合作区、边境经济合作区、保税区等各类园区以及兵团团场。陕西和青海的方案中没有类似的表述。除电力体制改革综合试点方案外，陕西、青海、宁夏还出台了针对售电侧改革的实施细则和方案，对售电侧改革试点的工作思路、市场主体、市场主体准入与退出、交易和结算、电力输配、用户接入以及信用体系建设与风险防范等方面提出了具体的规定和要求。专栏4-3节选了《陕西省售电侧改革试点实施细则（暂行）》中售电公司准入条件部分。

专栏4-3

《陕西省售电侧改革试点实施细则（暂行）》
售电公司准入条件（节选）

1. 按照《中华人民共和国公司法》，进行工商注册，具有独立法人资格。

2. 资产总额：

（1）资产总额在2千万元至1亿元人民币的，可以从事年售电量不超过6亿至30亿千瓦时的售电业务。

（2）资产总额在1亿元至2亿元人民币的，可以从事年售电量不超过30亿至60亿千瓦时的售电业务。

（3）资产总额在2亿元人民币以上的，不限制其售电量。

3. 拥有与申请的售电规模和业务范围相适应的设备以及固定经营场所，具备用户管理、交易、结算功能的技术支持系统，满足参加市场交易的报价、信息报送、合同签订、客户服务等功能。

4. 拥有至少 1 名电力工程类高级职称和 3 名电力工程类中级职称专职管理人员，拥有 10 名以上掌握电力系统基本技术经济特征的相关专职专业人员，具备电能管理、节能管理、需求侧管理等能力，有三年及以上工作经验，满足参与电力市场交易的管理、服务等工作需要。

5. 售电公司参与交易周期内代理用户的总用电量在 3000 万千瓦时以上。

6. 单个售电公司参与集中竞价交易申报电量不可超过当期竞争电量总规模的 10%，超出部分削减至零。视为关联企业的多个售电公司申报电量之和不得超过当期竞争电量总规模的 15%。

7. 拥有配电网运营权的售电公司除上述准入条件外，还需具备以下条件：（略）

8. 国家法律法规等规定的其他要求。

在宁夏自治区经信委制定的实施细则中，准入条件大部分与专栏 4-3 中所列陕西的准入条件相同，对工商注册、资产总额、经营条件、工作人员资历等内容进行了规定，但是也有两点不同之处。一是宁夏售电公司准入条件中未将专栏 4-3 中第 5 项"售电公司参与交易周期内代理用户的总用电量在 3000 万千瓦时以上"列入；二是宁夏还增加了关于电力企业、高新产业园区、经济技术开发区、公共服务行业配电网建设运营企业等通过申请业务范围增项，履行准入程序等方式开展售电业务的说明。实施细则试行两年后，根据电力改革最新要求及机构改革的职责界定，并针对运行中反映出在引导售电公司开展增值服务、参与跨区交易、与电网及用户的结算关系等方面不够明确等问题，2019 年 7 月，宁夏回族自治区发展改革委出台《宁夏回族自治区售电公司管理办法（暂行）》。与实施细则相比，主要的变动是增加了"交易规范"这一章节，规范了售电公司与所代理用户、电网企业签订《市场化批发和零售供用电合同》执行步骤，明确鼓励并支持售电公司积极开展跨省跨区电力交易，以及为中小用户提供售电和增值服务。

关于售电公司的准入条件，青海出台的试点方案中除要求售电公司执行国家发展改革委和国家能源局制定出台的《售电公司准入与退出管理办法》中规定外，与陕西类似，也规定了售电公司参与交易年度周期内，原则上代理用户的总用电量至少保持在 3000 万千瓦时以上。试点方案还对售电公司、代理用户与发电企业签订委托代理交易协议及购售电合同等方面进行了说明和规定，规定了初期售电公司之间原则上暂不开展交易业务。2019 年 1 月，在青海省工业和信息化厅发布《关于开展 2019 年电力直接交易有关事项的通知》中，首次明确将售电公司列入电力直接交易准入范围，规定在电力交易机构完成注册的售电公司可代理除电解铝以外用户参与交易。

2019 年 7 月，为进一步加强售电公司监管，新疆维吾尔自治区能源监管办根据国家相关政策法规，结合自治区实际情况，印发《新疆区域售电公司监管办法（试行）》，依据国家《售电公司准入与退出管理办法》及自治区、兵团相关政策，详细规定了售电公司准入条件、交易行为及其他行为的监管办法，要求售电公司符合新疆电力市场注册相关要求，按照注册相关流程开展售电业务。

（二）完善售电主体促进售电侧改革

根据《关于推进售电侧改革的实施意见》，西北区域的售电公司也分为了规定的三大类：一是电网公司直属的售电公司，即国网陕西电力公司、国网甘肃电力公司、国网青海电力公司、国网宁夏电力公司以及国网新疆电力公司。二是拥有配电网经营权的售电公司。陕西地方电力（集团）有限公司是西北区域唯一一家已运营配电网并开展售电业务的此类公司，业务范围涵盖陕西全省范围，2019 年，售电量 434.46 亿千瓦时，占陕西全社会用电量的 31.34%。此外，已取得电力业务许可证（供电类）的增量配售电企业合计 9 家。三是独立的售电公司。根据西北各省（区）电力交易中心网站公布的最新数据，截至 2019 年 9 月，西北五省（区）在本省电力交易中心受理注册的售电公司总计 337 家，其中陕西数量最多（133 家），其次为甘肃和新疆。甘肃由其他电力交易中心推送注册的售电公司数量在西北五省（区）中最多，达到 345 家，依次为宁夏和青海。具体各省（区）电力交易中心注册的售电公司数量如表 4-9 所示。

表 4-9　2019 年西北各省（区）注册的售电公司数量

地区	注册售电公司数量		
	本省受理	其他中心推送	合计
陕西	133	31	164
甘肃	90	345	435
青海	14	266	280
宁夏	37	270	307
新疆	63	188	251
合计	337	—	—

注：本省受理即该售电公司的注册地在该电力交易中心所在省份，其他交易中心推送即该售电公司是在其他省份注册的，但计划在该交易中心参与该交易中心所在省份的电力交易，故由其他交易中心将其信息推送至该交易中心。

资料来源：西北各省（区）电力交易中心网站。

在注册的独立售电公司中，国有企业投资控股的占比较大，大唐、华能、华电、国家电投、国电等国家五大发电集团，以及华润电力、国家电网等大型国有企业在西北均注册有独立的售电公司。以青海为例，青海省电力交易中心受理的在本省注册的 14 家售电公司中，7 家是国有企业或国有资产控股企业，如青海华能能源销售有限公司、青海国投配售电有限责任公司、青海综合能源服务有限公司（国网青海公司全资）、青海水利水电集团海西售电有限责任公司等。

具体分省（区）观察：

1. 陕西省

2017 年 7 月和 12 月,陕西电力交易中心集中开展了两次售电公司的市场注册工作,先后有 44 家和 39 家售电企业通过审核及公示完成了注册。2018 年 6 月,陕西电力交易中心进一步颁布《关于常态化开展售电公司市场注册工作的通知》,按月开展、按月公示售电公司注册工作,标志着售电公司市场化注册进入常态化管理模式,极大地推动了售电公司注册数量的提升,截至 2018 年底,陕西电力交易中心注册和备案的售电企业就达到 131 家,除 8 家由北京电力交易中心推送以外,其余均为省内售电公司(见表 4-10)。

表 4-10　陕西售电公司注册情况汇总

年份	售电企业数量及批次		备注
2017	44 家	第一批(7 月)	陕西注册
	39 家	第二批(12 月)	陕西注册
2018	48 家		其中 8 家由北京电力交易中心推送
合计	131 家		

资料来源:根据陕西电力交易中心相关公告整理。

2. 甘肃

甘肃电力交易中心统计,2016~2018 年,在甘肃交易中心新注册的售电公司数量呈逐步增长态势,从 2016 年新增 31 家到 2017 年新增 159 家,再到 2018 年新增 125 家,3 年合计新增 315 家(见表 4-11)。其中,在甘肃电力交易中心注册的售电公司 83 家,北京电力交易中心注册的拟在甘肃电网开展售电业务售电公司 232 家,参与 2018 年电力直接交易的售电公司 18 家。

表 4-11　甘肃售电公司注册情况汇总

年份	售电公司数量(家)		备注
2016	31		甘肃电力交易中心注册
2017	159	120	北京电力交易中心推送
		39	甘肃电力交易中心注册
2018	125	112	北京电力交易中心推送
		13	甘肃电力交易中心注册
合计	315	—	其中 232 家由北京电力交易中心推送

资料来源:根据甘肃电力交易中心相关公告整理。

3. 青海

截至 2018 年 12 月底,青海省电力交易中心注册和备案的售电企业共计 201 家,其中青海电力交易中心注册的售电公司共 13 家,北京电力交易中心推送的售电企业 188 家(见表 4-12)。

表4-12　青海售电公司注册情况汇总

年份	售电公司数量（家）		备注
2017	89	79	北京电力交易中心推送
		10	青海电力交易中心注册
2018	112	109	北京电力交易中心推送
		3	青海电力交易中心注册
合计	201	—	其中188家由北京电力交易中心推送

资料来源：根据青海电力交易中心相关公告整理。

4. 宁夏

截至2018年底，在宁夏电力交易中心注册或者备案的售电企业共201家，其中在宁夏电力交易中心注册的有25家，其余176家由北京电力交易中心推送（见表4-13）。

表4-13　宁夏售电公司注册情况汇总

年份	售电公司数量（家）		备注
2017	94	77	北京电力交易中心推送
		17	宁夏电力交易中心注册
2018	107	99	北京电力交易中心推送
		8	宁夏电力交易中心注册
合计	201	—	其中176家由北京电力交易中心推送

资料来源：根据宁夏电力交易中心相关公告整理。

5. 新疆

表4-14统计了2017~2018年新疆售电公司注册数量，共有242家售电公司在新疆电力交易中心注册或者备案，其中54家公司在新疆电力交易中心注册，188家售电公司由北京电力交易中心推送。

表4-14　新疆售电公司注册情况汇总

年份	售电公司数量		备注
2017	116	86	北京电力交易中心推送
		30	新疆电力交易中心注册
2018	126	102	北京电力交易中心推送
		24	新疆电力交易中心注册
合计	242	—	其中188家由北京电力交易中心推送

资料来源：根据新疆电力交易中心相关公告整理。

（三）加快市场交易实现售电侧改革

随着各省（区）售电侧改革方案的实施以及售电公司注册工作的启动和推进，西北各省（区）售电公司开始参与电力市场交易。总体来看，达成交易的售电公司逐步增多，市场参与度逐步提高。2016 年底出台的《甘肃省 2017 年电力用户与发电企业直接交易实施细则》首次将售电公司纳入甘肃电力直接交易市场主体中，但对售电公司的要求是"符合条件的省内售电公司"，省外售电公司尚不能参与。2017 年下半年，在陕西售电公司注册启动的同时，首次参与了陕西电力自主协商直接交易。2018 年 11 月，青海售电公司首次参与青海省内电力直接交易。2019 年甘肃新出台的实施细则中取消了省内售电公司的限制，在甘肃电力交易中心注册或备案的售电公司均可参与交易，同时将交易周期调整为以年度交易为主，季度、月度交易为辅，与之前相比新增了月度交易，越发灵活。

陕西电力交易中心较为完整详细地公开了包括售电公司交易情况的各次电力交易成交结果。根据公开的数据整理，2017 年下半年，售电公司首次参与的陕西电力自主协商直接交易，第一批注册的 44 家售电公司中有 18 家达成了交易，成交电量合计 32.33 亿千瓦时，分别占售电公司和总成交规模的 41% 和 37%，预示着售电公司参与电力市场交易有了一个良好的开端，售电侧改革成效初现。自售电公司参与电力直接交易以来，陕西售电公司市场参与度稳步提升，2019 年 4 月全省上半年第一次自主协商直接交易中，成交总电量 147.93 亿千瓦时，其中售电公司与大用户成交电量约 144.13 亿千瓦时，占总成交电量的 97%，达成交易的售电公司有 58 家，而发电企业与大用户直接签约的成交电量仅 1.57 亿千瓦时；售电公司与中小用户成交电量约 2.23 亿千瓦时，达成交易的售电公司有 41 家。在达成交易的售电公司中，除在陕西本省注册的公司外，首次出现了由北京电力交易中心推送的外省注册售电公司。

与陕西相比，西北其他省（区）参与电力交易的售电公司数量较少。青海电力交易中心的公告显示，2018 年 11 月，售电公司首次参与的青海省内电力直接交易中，共有 3 家售电公司达成交易。2019 年 12 月，省内电力用户、售电公司与水电发电企业和与新能源发电企业的电力直接交易中，有 5 家售电公司达成交易。据宁夏电力中心公布的信息显示，2019 年 1~11 月，区内市场共有 14 家售电公司参与电力直接交易，实际完成电量 140.02 亿千瓦时。《新疆电网 2019 年度电力用户与发电企业直接交易结果信息披露报告》显示，2019 年度直接交易最终成交电量 400 亿千瓦时，其中，售电公司成交电量约 180 亿千瓦时，占总成交电量的 45%。

三、试点开展增量配电业务改革

西北区域省级及以上电网企业包括国网西北分部、国网陕西省电力公司、陕西地方电力（集团）有限公司、国网甘肃省电力公司、国网宁夏电力公司、国网青海省电力公司和国网新疆电力公司 7 家企业，其他还有新疆生产建设兵团、石油、水利系统所属供电企业等多家电网企业。2018 年省级及以上电网企业资产总额如表 4-15 所示。各电网企业总装机容量、供电面积、电网负荷等情况如专栏 4-4 所示。

表 4-15　2018 年西北区域电网企业资产总额

公司名称	国网陕西公司	陕西地电公司	国网甘肃公司	国网青海公司	国网宁夏公司	国网新疆公司	合计
资产总额（亿元）	660	287	514	432	330	759	2982
占比（%）	22.13	9.62	17.24	14.49	11.07	25.45	100.00

资料来源：2018 年度西北区域电网企业财务经营情况报告、国网新疆电力公司官网。

专栏 4-4

西北主要电网企业情况概览

国家电网公司西北分部设立于 2011 年 4 月，是国家电网公司总部在西北设立的派出机构，在总部授权范围内负责西北陕西、甘肃、青海、宁夏、新疆区域内的电网调度运行管理、安全质量监督、审计监督以及分部电网资产管理，开展区域内跨省电网项目前期及电网规划工作。

陕西省拥有国网陕西省电力公司（简称国网陕西公司）和陕西省地方电力（集团）有限公司（简称陕西地电公司）两家电网公司。国网陕西省电力公司是国家电网公司的全资子公司，辖 11 家地市级供电企业（分别设在陕西 10 个地级市和西咸新区）、28 家县级供电企业。截至 2018 年底，国网陕西公司资产总额约 660 亿元，供电面积 20.58 万平方千米（含趸售），供电人口 1816 万（不含趸售），约占全省总人口的 47%，总装机容量 3994.53 万千瓦，输电线路 4.2 万千米。2018 年全年国网陕西公司售电量 1174.22 亿千瓦时，外送电量 102.67 亿千瓦时，电网最大负荷 2394 万千瓦。

陕西地电公司是省属大型供电企业，前身为成立于 1989 年的陕西省农电管理局，由陕西省政府主导，省水利厅、西北电管局等多部门参与组建。2004 年，按照国家电力体制改革"政企分开"的要求，陕西省农电管理局整体改制为陕西省地方电力（集团）公司，2008 年，按照现代企业制度的要求，完善法人结构，改制为陕西省地方电力（集团）有限公司。陕西地电公司共辖 9 家地市级供电企业（设在除铜川外的 9 个地级市）、70 家县级供电企业。截至 2018 年底，陕西地电公司资产总额约 287 亿元，供电面积 14.25 万平方千米，供电人口 2033 万，占全省人口的 53%，总装机容量 767 万千瓦，高压配网线路 1.55 万千米。2018 年电网售电量 434.5 亿千瓦时，电网最大负荷 977 万千瓦。

除陕西外，西北区域其他 4 省（区）电网企业均为国家电网有限公司下属的子公司，包括国网甘肃省电力公司（简称国网甘肃公司）、国网青海省电力公司（简称国网青海公司）、国网宁夏电力公司（简称国网宁夏公司）和国网新疆电力公司（简称国网新疆公司）。

国网甘肃公司辖甘肃省 14 家市（州）供电公司，县（区）供电公司 82 家。截至 2018 年底，国网甘肃公司资产总额约 514 亿元，供电面积约 45 万平方千米，电力客户 852.21 万户，总装机容量 5197.03 万千瓦，特高压直流输电线路 2599 千米，交流输电线路 6.37 万千米。2018 年公司售电量 879 亿千瓦时，跨区跨省外送电量 325 亿千瓦时，电网最大用电负荷 1404.9 万千瓦。

国网青海公司辖青海 8 家地市级供电企业、40 家县级供电企业。截至 2018 年底，国网青海公司资产总额约 432 亿元，供电面积 72 万平方公里，供电人口 593 万，省调总装机容量 1827.40 万千瓦。2018 年公司售电量 802.9 亿千瓦时，最大用电负荷 925 万千瓦。

国网宁夏公司辖有宁夏 6 个地市供电公司，18 个县供电公司，供电面积 6.64 万平方公里，服务人口 688 万余人。截至 2018 年 8 月，宁夏电网 10 千伏及以上电网线路总长 4.91 万公里；截至 2018 年 12 月 31 日，宁夏电网统调总装机容量 4272.61 万千瓦，其中火电、风电、集中式光伏、10 千伏及以上分布式光伏和水电装机各为 2400.04 万千瓦、1011.128 万千瓦、761.66 万千瓦、57.55 万千瓦和 42.23 万千瓦，新能源总装机容量 1830.34 万千瓦，装机占比 42.84%。

国网新疆公司是国家电网有限公司在新疆注册的全资子公司，以建设运营电网为核心业务。截至 2018 年底，公司本部下设 24 个部门，下属 15 家地州供电公司，8 家业务支撑机构，服务 848 万电力客户。公司共有员工 3 万余人，资产总额 759 亿元，750 千伏骨干网架线路总长度 7579 千米，220 千伏线路总长度 21323 千米。2018 年售电量 1072 亿千瓦时，外送电量 503 亿千瓦时，消纳新能源电量 476.9 亿千瓦时。

（一）加快推进试点促进增量配电业务改革

自 2016 年 11 月《国家发展改革委 国家能源局关于规范开展增量配电业务改革试点的通知》（发改经体〔2016〕2480 号）下发，批准了第一批增量配电业务改革试点项目开始，国家发展改革委、国家能源局又分别于 2017 年 11 月、2018 年 4 月和 2019 年 6 月先后批准了第二、第三和第四批增量配电业务改革试点，全国 4 批试点共开展了 404 个增量配电业务改革试点项目。西北各省（区）积极开展增量配电业务改革试点项目申报工作，五省（区）共有 75 个项目先后纳入试点范围，其中陕西、甘肃、青海、宁夏和新疆分别有 20 个、24 个、2 个、6 个和 23 个。但据国家能源局最新项目进展情况通报显示，西北地区增量配电业务试点项目的推进较慢，截至 2019 年 3 月，只有新疆生产建设兵团第十三师增量配电项目建成投产，是全国五个最早建成投产的增量项目之一。

1. 陕西

自 2016 年 11 月第一批增量配电业务改革试点公布以来，陕西省经过 4 批次共确定了增量配电业务改革试点项目 20 个（见表 4-16），截至 2019 年 1 月，所有的项目还在建设过程中，都没有完成建设进入投产阶段。

表 4-16　陕西量配电业务改革试点项目汇总

批次	项目名称
第一批 （5 家）	延安新区综合智慧能源增量配电业务试点
	富平区域综合能源增量配电业务试点
	铜川矿业增量配电业务试点
	韩城经济技术开发区龙门区域增量配电业务试点
	铜川经济技术开发区坡头工业园区增量配电业务试点
第二批 （5 家）	西安灞桥工业园区增量配电业务试点
	华州区工业园增量配电业务试点
	长庆油田靖安油田增量配电业务试点
	安康国家高新区增量配电业务试点
	榆林榆神工业区增量配电业务试点
第三批 （8 家）	咸阳高新区电子信息产业园增量配电业务试点
	西咸新区沣西城南部思路科创谷及现代综合商务去增量配电业务试点
	渭南澄合矿业公司增量配电业务试点
	渭南高新技术产业开发区东区增量配电业务试点
	延安市志丹县双河镇志丹工业园增量配电业务试点
	汉中三合循环经济产业园增量配电业务试点
	洋县桑溪矿业园增量配电业务试点
	神木市"飞地经济"示范园增量配电业务试点
第四批 （2 家）	黄陵矿区增量配电业务试点
	靖边能源化工综合利用产业园区增量配电业务试点

据《国家发展改革委 国家能源局关于增量配电业务改革第一批试点项目进展情况的通报》（发改经体〔2018〕1460 号）显示，截至 2018 年 10 月，陕西铜川矿业增量配电业务试点已取得电力业务许可证，陕西延安新区综合智慧能源增量配电业务试点、陕西韩城市经开区增量配电业务试点业已开工建设。2019 年 3 月发布的第二期试点项目进展情况通报显示，截至 2019 年 1 月底陕西省第一批试点项目中，陕西富平区域综合能源增量配电业务试点已确定业主但未划定供电区域，陕西铜川市坡头工业园增量配电业务试点已完成前置程序但仍未开工。

2. 甘肃

2016 年以来，甘肃共有 4 批次 24 个增量配电业务改革试点项目纳入国家试点项目范畴。具体项目名称和批次如表 4-17 所示。

表 4-17　甘肃增量配电业务改革试点项目汇总

批次	项目名称
第一批 （5 家）	兰州新区增量配电业务试点
	平凉工业园区增量配电业务试点（已取消）
	瓜州柳沟综合物流及现代煤化工产业园区增量配电业务试点
	兰州经济技术开发区兰州西部药谷产业园增量配电业务试点（已取消）
	兰州国际港务区及机场北高新园区增量配电业务试点（已取消）
第二批 （5 家）	金昌经济技术开发区紫金云大数据产业园增量配电业务试点
	敦煌市文化产业示范园区增量配电业务试点（已取消）
	酒泉市肃州区新能源综合利用试验区增量配电业务试点
	玉门东镇建化工业园增量配电业务试点
	玉门经济开发区增量配电业务试点
第三批 （11 家）	白银刘川工业集中区增量配电业务试点
	张掖循环经济示范园增量配电业务试点
	张掖冶金产业园增量配电业务试点
	武威工业园区增量配电业务试点（已取消）
	定西岷县梅茶新区增量配电业务试点（已取消）
	庆阳市长庆桥工业集中区工业Ⅱ区增量配电业务试点（已取消）
	天水张家川县东部工业园区增量配电业务试点（已取消）
	嘉峪关市嘉北高端铝制品加工产业园增量配电业务试点
	酒泉金塔县北河湾循环经济产业园增量配电业务试点
	酒泉阿克塞县工业园区增量配电业务试点
	酒泉经济技术开发区增量配电业务试点（已取消）
第四批 （3 家）	甘肃酒泉核技术产业园增量配电业务试点
	金川集团公司生产区增量配电业务试点
	白银银东工业园增量配电业务试点

根据 2019 年 3 月《国家发展改革委办公厅 国家能源局综合司关于印发〈增量配电业务改革试点项目进展情况通报（第二期）〉的通知》（发改办体改〔2019〕375 号），截至 2019 年 1 月底，甘肃第一批改革试点的 5 个项目全部已确定业主但未划定供电区域。

（二）适时调整试点优化增量配电业务改革

在增量配电业务改革试点实践过程中也出现了一些问题和困难，鉴于项目受到实施单位条件变更、前期负荷预测脱离实际、与地方电网规划衔接不够、售电主体项目没有落地等各种因素影响，一些项目不再具备试点条件，2019年9月，国家发展改革委、国家能源局下发通知①，同意取消24个改革试点申请，其中也包括甘肃的9个试点项目（具体项目见表4-17标注），其中，第一、二、三批试点项目各有3个、1个和5个，这也意味着国家和省级各部门对项目实施的客观性越来越重视，随时根据情况变动优化试点成为常态，项目动态管理程序越发科学、完善和合理。

1. 青海

青海有2个增量配电业务改革试点项目纳入国家试点项目范畴（见表4-18）。

表4-18　青海增量配电业务改革试点项目数量汇总

批次	项目名称
第一批	青海省海西州团鱼山矿区增量配电业务试点
第三批	海北州祁连县央隆乡特色旅游区增量配电业务试点

团鱼山矿区增量配电项目由国网青海电力与青海能源发展（集团）公司联合投资并申报，是纳入第一批增量配电业务改革试点的项目。作为青海增量配电业务改革试点的首家混合所有制售电公司——青海海西团鱼山售电有限公司集配电网规划、建设、运营为一体，涉及的增量配电区总面积约130平方千米。根据2019年3月，国家发展改革委办公厅和国家能源局综合司发布的第二期试点项目进展情况通报，截至2019年1月底，该项目已完成前置程序但仍未开工。

2. 宁夏

自2016年11月以来，宁夏共有6个增量配电业务改革试点项目纳入国家试点项目范畴，5个地级市均布局开展增量配电试点工程（见表4-19）。宁夏回族自治区发改委重视增量配电业务改革试点工作的推进，于2017年11月和2018年10月两次下发文件，安排部署相关工作。

表4-19　宁夏增量配电业务改革试点项目数量汇总

批次	项目名称
第一批	银川经济技术开发区增量配电业务试点
	固原经济技术开发区增量配电业务试点
	吴忠市宁夏太阳镁业增量配电业务试点
	宁东增量配电业务试点
第三批	石嘴山高新技术产业开发区增量配电业务试点
	中卫工业园区增量配电业务试点

---

① 《国家发展改革委办公厅 国家能源局综合司关于取消部分地区增量配电业务改革试点的通知》（发改办体改〔2019〕948号）。

截至 2019 年 6 月，宁夏唯一获得增量配电项目电力业务许可证（供电类）的是固原经济技术开发区增量配电业务试点的投资主体固原市新合配售电有限公司（见专栏 4-5）。根据 2019 年 3 月国家发展改革委办公厅和国家能源局综合司发布的第二期试点项目进展情况通报，宁夏宁东能源化工基地增量配电业务试点尚未确定业主；宁夏银川经济技术开发区增量配电业务试点、宁夏固原经济技术开发区增量配电业务试点、宁夏吴忠市宁夏太阳镁业增量配电业务试点已完成前置程序但仍未开工。

专栏 4-5

固原经济技术开发区增量配电业务试点概述

固原市新合配售电有限公司是宁夏第一个以公开招标方式确定的包括民营资本在内的混合所有制增量配电网投资主体，于 2018 年 12 月 6 日成立，由国网宁夏电力有限公司、固原经济技术开发区投资发展有限责任公司和宁夏金昱元化工集团有限公司（民营企业）共同出资设立的混合所有制企业。项目试点位于固原经济技术开发区新材料产业园，总面积约 7 平方千米，试点区域电网电压等级为 110 千伏及以下。在取得许可证后，新合配售电有限公司将按照试点区域配电网规划，结合用电负荷预测，计划建设 1 座 110 千伏变电站，主变容量 2×63 兆伏安；2 条 110 千伏线路，长度 27 千米；4 条 35 千伏线路，长度 8 千米；新建 10 千伏线路 24 千米。

---

3. 新疆

在国家 4 批改革试点中，新疆共有 23 个增量配电业务改革试点项目纳入国家试点范围，其中新疆增量配电业务改革试点项目有 9 个，新疆生产建设兵团增量配电业务改革试点项目有 14 个，具体项目名称如表 4-20 和表 4-21 所示。2019 年 1 月 11 日，克拉玛依龙达家宁配售电有限公司龙达 110 千伏变电站与国网奎屯百口泉 220 千伏变电站正式并网，该公司成为新疆首家拥有独立自主的供电运营权和配售电权的配售电公司。2019 年 6 月 21 日，新疆维吾尔自治区发展改革委批复吐鲁番市鄯善石材工业园区增量配电业务试点配电区域划分方案，该试点项目成为自治区第一个完成配电区域划分的增量配电业务试点项目，对新疆增量配电改革试点工作有重要的推动作用。

表 4-20　新疆增量配电业务改革试点项目数量汇总

批次	项目名称
第二批	和丰工业园区增量配电业务试点
	霍尔果斯市南部工业园区增量配电业务试点
第三批	三道岭工业园区增量配电业务试点（已取消）
	三塘湖工业园区增量配电业务试点
	伊吾工业园区（扩区范围）增量配电业务试点
	吐鲁番市鄯善石材工业园区增量配电业务试点
	克拉玛依市乌尔禾区增量配电业务试点
	河北巴州生态园配电工程与园区增量配电业务试点（已取消）
第四批	西北油田电网增量配电业务试点

表 4-21　新疆生产建设兵团增量配电业务改革试点项目数量汇总

批次	项目名称
第一批	十三师配电网增量配电业务试点
第二批	第八师石河子市增量配电业务试点
	第七师增量配电业务试点
	第五师双河市增量配电业务试点
第三批	第四师可克达拉市增量配电业务试点
	第九师增量配电业务试点
第四批	第一师增量配电业务试点
	第六师五家渠增量配电业务试点
	第三师图木舒克市增量配电业务试点
	第十师网增量配电业务试点
	第十二师准东园区及 222 团增量配电业务试点
	第二师双丰工业园增量配电业务试点
	第二师三十六团增量配电业务试点
	第十四师昆玉市网增量配电业务试点

　　根据 2019 年 3 月国家发展改革委办公厅和国家能源局综合司发布的第二期试点项目进展情况通报，第一批试点项目新疆生产建设兵团第十三师增量配电业务试点增量项目已建成投产，是全国 5 个建成投产的增量项目之一。2019 年 9 月，国家发展改革委办公厅和国家能源局综合司发布的取消部分试点项目通知中，包括两家新疆的试点项目，分别是三道岭工业园区增量配电业务试点和河北巴州生态园配电工程与园区增量配电业务试点。

四、规范运行电力交易机构

（一）循序渐进地组建交易机构

　　"9 号文"及其配套文件《关于电力交易机构组建和规范运行的实施意见》提出通过

组建相对独立的交易机构，形成规范运行的交易平台。根据这一精神，国网西北各省（区）的电力公司相应地提出了各自组建电力交易中心的方案，在省级政府和有关部门的协助下先后完成了方案审批和工商注册工作，于2016年上半年相继挂牌成立。随后，各省（区）电力市场管理委员会也相继成立，具体时间表如表4-22所示。

表4-22 西北地区电力交易机构组建重要事件时间表

时间	事件
2016年3月25日	新疆电力交易中心有限公司正式挂牌成立
2016年4月6日	青海电力交易中心有限公司正式挂牌成立
2016年4月8日	宁夏电力交易中心有限公司正式挂牌成立
2016年5月6日	甘肃电力交易中心有限公司正式挂牌成立
2016年5月12日	陕西电力交易中心有限公司正式挂牌成立
2016年11月	甘肃省电力市场管理委员会成立
2016年12月	陕西省电力市场管理委员会成立
2017年3月	作为甘肃电网公司内设部门的交易中心正式撤销，甘肃电力交易机构实现独立运作
2017年6月	新疆电力市场管理委员会成立
2017年9月	青海省电力市场管理委员会成立
2018年1月	宁夏电力市场管理委员会成立

（二）加快推进电力交易机构规范化建设

2018年8月，国家发展改革委、国家能源局印发《国家发展改革委 国家能源局关于推进电力交易机构规范化建设的通知》（发改经体〔2018〕1246号），规定电力交易机构股东应来自各类交易主体，非电网企业资本股比应不低于20%，鼓励按照非电网企业资本占股50%左右完善股权结构，要求各省相关部门制定股份制改造实施方案上报国家发展改革委、国家能源局备案，于2018年12月底前完成各电力交易机构股份制改造工作。西北各省（区）于2018年确定了股份制改造方案，但股份制改造工作尚未进入实质性改造阶段，各电力交易中心仍是国网在各省分公司的独资企业。

各省（区）电力交易中心股份改造具体情况如下：

1. 陕西

2018年，根据陕西省发展改革委编制的《陕西省电力交易中心股份有限公司组建方案》，电力交易中心由13家股东组成，其中包括国网陕西公司（占股67%）、陕西地电公司（占股13%）以及5家发电企业、3家大用户以及3家售电企业。截至2019年11月，陕西电力交易中心有限公司仍是由国网陕西省电力公司全资控股的公司，认缴出资额为6700万元。

2. 甘肃

甘肃未公布股份制改造的具体方案。截至 2019 年 11 月，甘肃电力交易中心有限公司仍是国网甘肃省电力公司全资控股的公司，认缴出资额约为 12145 万元；最初的注册资本是 3000 万元，2018 年 10 月 30 日增资为 1.2 亿元，2019 年 10 月又增资了 1.21%。

3. 青海

在青海的股份制改造方案中，电力交易中心由 8 家股东组成，包括国网青海电力公司（占股 70%）、黄河上游水电开发公司（占股 9%）以及 3 家可再生能源发电企业、1 家火电企业和 2 家电力用户参股。截至 2019 年 11 月，青海电力交易中心有限公司是国网青海省电力公司全资控股的公司，认缴出资额为 7000 万元。

4. 宁夏

2018 年 11 月，根据《国家发展改革委 国家能源局关于推进电力交易机构规范化建设的通知》（发改经体〔2018〕1246 号）的要求，经宁夏回族自治区政府同意，宁夏回族自治区发展改革委公布了《宁夏电力交易中心有限公司非电网股东招募公告》，拟对宁夏电力交易中心有限公司进行股份制改造。此次股份制改造拟将宁夏电力交易中心有限公司注册资本增资至 1 亿元整，其中国网宁夏电力有限公司占股 70%，其他 30% 的股份通过公开招募的方式选择非电网股东，截至目前具体名单尚未明确。

5. 新疆

2019 年 1 月，新疆维吾尔自治区工业和信息化厅编制印发《新疆电力交易中心机构股份制改造方案》，将原国网新疆电力有限公司独资改造成为国网新疆电力有限公司、兵团、发电企业、电力用户、售电公司等市场主体投资组成的新疆电力交易中心有限公司。其中国网新疆电力有限公司持股 78%，兵团（由兵团确定发电企业和电力用户各 1 家）占股 16%，发电企业 3 家持股 3%〔国电新疆电力有限公司、华电新疆发电有限公司和新疆新能源（集团）有限责任公司各占股 1%〕，电力用户 2 家持股 2%〔新疆中泰（集团）有限责任公司及众和股份公司各占股 1%〕，新疆中油电能售电有限公司持股 1%。

五、大力推进电力市场建设

（一）西北电力市场情况概述

2018 年，西北区域总装机容量合计约 2.7 亿千瓦，占全国总装机容量约 14.2%，其中新疆总装机容量最大（8978 万千瓦）、青海总装机容量最小（2800 万千瓦）。与 2015 年相比，西北区域总装机容量持续增长，3 年增加了 33.54%，年均增长 10.12%。其中，陕西和宁夏增速较快，年均增速分别达到 17.11% 和 14.31%；从同比增长情况看，2015 年、2016 年增长速度较快，2017 年之后有所放缓（见表 4-23）。

表 4-23　西北区域 2015~2018 年总装机容量情况

指标 地区	2015 年		2016 年		2017 年		2018 年	
	总装机 容量 （万千瓦）	同比 增长率 （%）	总装机 容量 （万千瓦）	同比 增长率 （%）	总装机 容量 （万千瓦）	同比 增长率 （%）	总装机 容量 （万千瓦）	同比 增长率 （%）
陕西	3389	18.2	3740	10.4	4192	12.1	5443	10.3
甘肃	4643	10.8	4825	3.9	4995	3.5	5113	2.4
青海	2074	13.4	2345	13.1	2543	8.4	2800	10.1
宁夏	3157	30.2	3675	16.4	4188	14.0	4715	12.6
新疆	6992	28.0	8109	16.0	8679	7.0	8978	3.44
合计	20255	20.8	22694	12.0	24597	8.4	27049	10.0

资料来源：西北各省（区）总装机容量数据来自中国电力企业联合会历年《电力工业统计资料汇编》。

随着装机容量的不断增长，西北区域全年累计发电量不断攀升，从 2015 年的 7065 亿千瓦时增至 2018 年的 9091 亿千瓦时，增加了近三成，相应地，西北全区域发电量占全国发电总量的比例稳中略升，从 2015 年的 12.2% 增长至 2018 年的 12.8%。从分省域发电结构看，新疆发电量一直位居西北区域首位，占西北区域总发电量的 36% 左右，约占全国总发电量的 4.5%；陕西、甘肃、宁夏三省（区）发电量各占西北区域发电量的 22.4%、16.8% 和 16.6%，分别占全国发电量的 2.8%、2.1% 和 2.1%；发电量最少的青海，占西北区域发电量的比例约为 8.0%，占全国发电量的 1% 左右。

观察发电量历年增长速度变动情况可以看出，西北区域全年累计发电量的同比增长率稳中有升，2018 年全区域同比增长率 11.1%，比同年全国发电量的同比增长率高出 3.4 个百分点。从表 4-24 可以看出，2015~2018 年，西北五省（区）总发电量增加 28.66%，年均递增 8.76%。分省（区）看，新疆、陕西两省（区）发电量保持稳定增长态势，年均增速分别为 9.8% 和 4.6%；其他三省（区）年度发电量有所波动，同比有增有减，但总体发电量仍保持了增长趋势，发电量从 2017 年开始扭转负增长局面，同比增长率连续两年攀升，其中因为受到新增清洁能源装机量增幅的较大带动，青海发电量的增幅最快，2018 年其同比增长率高达 29.4%。

表 4-24　2015~2018 年西北区域发电量情况

指标 地区	2015 年		2016 年		2017 年		2018 年	
	发电量 （亿千瓦时）	同比增长率 （%）	发电量 （亿千瓦时）	同比增长率 （%）	发电量 （亿千瓦时）	同比增长率 （%）	发电量 （亿千瓦时）	同比增长率 （%）
陕西	1623	0.1	1757	8.3	1814	3.2	1856	2.3
甘肃	1242	0.1	1214	-2.3	1349	11.1	1531	13.5
青海	566	-2.4	553	-2.3	627	13.4	811	29.4
宁夏	1155	-0.2	1144	-1.0	1381	20.7	1610	16.6

指标 地区	2015 年		2016 年		2017 年		2018 年	
	发电量 （亿千瓦时）	同比增长率 （%）	发电量 （亿千瓦时）	同比增长率 （%）	发电量 （亿千瓦时）	同比增长率 （%）	发电量 （亿千瓦时）	同比增长率 （%）
新疆	2479	18.6	2719	9.7	3011	10.7	3283	9.0
合计	7065	5.6	7387	4.6	8182	10.8	9091	11.1

资料来源：国家统计局。

西北区域发电企业较多，除五大发电集团在五省（区）的分公司外，还有五省（区）电力投资公司、地方发电公司等所属的统调发电企业及统调独立发电企业以及新疆生产建设兵团、石油、水利系统所属发电企业。

根据西北能源监管局统计，截至 2018 年，西北区域发电企业中，华能、大唐、华电、国电、国家电投五家集团公司在西北区域的发电公司资产总额达 3340.31 亿元，其中国家电投的资产总额最高（1275.17 亿元），五大集团资产总额约占西北区域所有发电企业资产总额的 40%。2018 年西北区域发电企业资产总额和占比如表 4-25 所示。

表 4-25　2018 年西北区域发电企业资产总额和占比

指标	华能	大唐	华电	国电	国家电投	其他	合计
资产总额（亿元）	347.19	648.54	528.64	540.77	1275.17	4879.95	8220.26
占比（%）	4.22	7.89	6.43	6.58	15.51	59.36	100

资料来源：2018 年度西北区域发电企业财务经营情况报告。

如表 4-26 所示，西北区域全社会用电量总体呈持续上升态势，但稳定性略有不足。从总量看，全区域社会用电量整体由 2015 年的 6017 亿千瓦时上升到 2018 年的 6825 亿千瓦时，3 年增加了 13.43%；但从年际变化看，并没有保持持续增长态势，稳定性有所不足，在经历了 2015~2017 年连续增长后，2018 年略有小幅下降，比 2017 年减低了 0.6%。分省（区）看，陕西和宁夏两个省（区）保持了持续增长势头，特别是陕西，3 年用电量增长 30.44%，年均递增 9.26%；其余三个省（区）年际变化有增有降，并不稳定。从全国层面看，历年西北区域用电量占全国全社会用电总量的比重较为稳定，在 10.6% 上下浮动。

表 4-26　2015~2018 年西北区域用电量情况

指标 地区	2015 年		2016 年		2017 年		2018 年	
	用电量 （亿千瓦时）	同比增长率 （%）	用电量 （亿千瓦时）	同比增长率 （%）	用电量 （亿千瓦时）	同比增长率 （%）	用电量 （亿千瓦时）	同比增长率 （%）
陕西	1222	-0.3	1357	11.1	1495	10.2	1594	6.6

指标 \ 地区	2015 年		2016 年		2017 年		2018 年	
	用电量（亿千瓦时）	同比增长率（%）	用电量（亿千瓦时）	同比增长率（%）	用电量（亿千瓦时）	同比增长率（%）	用电量（亿千瓦时）	同比增长率（%）
甘肃	1099	0.4%	1065	−3.1%	1164	9.3%	1290	10.8
青海	658	−9.0	638	−3.0	687	7.7	738	7.4
宁夏	878	3.4	887	1.0	978	10.3	1065	8.9
新疆	2160	13.7	2316	7.2	2543	9.8	2138	−15.9
合计	6017	3.9	6263	4.1	6867	9.6	6825	−0.6

资料来源：2015~2017 年全国全社会用电量数据来自中国电力企业联合会历年《电力工业统计资料汇编》；2018 年全社会用电量数据来自中国电力企业联合会《2018 年全国电力工业统计快报》。

在区域各省（区）中，新疆用电量最多，在全区域总用电量的占比一直保持在 1/3 左右，占到全国用电量的 3% 左右；陕西用电规模仅次于新疆，且占比增加最快，从 2015 年的 20.3% 上升到 2018 年的 23.4%，增加了 3 个百分点，约占全国用电量规模的 2.3% 左右（见表 4-27）。

表 4-27 2015~2018 年西北电网最大用电负荷情况

指标 \ 年份	2015	2016	2017	2018
最大用电负荷（万千瓦）	7343	7653	8148	8827
同比增长率（%）	2.75	4.78	6.37	8.33

资料来源：中国电力企业联合会历年《电力工业统计资料汇编》。

2015 年以来，西北电网的最大用电负荷不仅总量逐年上涨，并且增速也逐年加快。全网最大用电负荷从 2015 年的 7343 万千瓦增长到 2018 年的 8827 万千瓦，增长了 20.21%，年均增幅 6.33%。从历年变动幅度看，同比增长率逐年提高，从 2015 年的 2.75% 增长到 2018 年的 8.33%。

按照 "9 号文" 及其配套文件《关于推进电力市场建设的实施意见》等相关政策文件要求，西北地区推进电力市场建设工作主要集中在中长期交易市场建设、现货市场建设和电力辅助市场建设三个方面。

（二）发展完善中长期交易市场建设

2016 年 12 月，国家发展改革委和国家能源局联合出台的《电力中长期交易基本规则（暂行）》规定，电力交易机构负责组织各类交易、拟定相应电力交易实施细则、编制交易计划并且负责市场信息的管理和发布，同时要求国家能源局各派出机构会同地方政府电力管理等部门根据《电力中长期交易基本规则（暂行）》抓紧制订或修订各地交易规则。2016 年西北各省（区）电力交易中心陆续挂牌成立以来，电力中长期交易在各省电力主管部门的指导下，按照国家相关政策文件的要求，由电力交易中心组织开展，中长期合同市场建设稳步推进，省内、跨省和发电权交易有序开展。

各省（区）中长期交易规则的编制工作在国家能源局西北区域派出机构的牵头下均于2017年初启动。《青海省电力中长期交易规则（暂行）》、《甘肃省电力中长期交易规则（暂行）》、《新疆电力中长期交易实施细则（试行）》已分别于2017年5月、2018年3月和2018年5月印发，陕西和宁夏的规则制定工作仍在进行中，重要政策文件汇总如表4-28所示。

表4-28 西北地区电力中长期交易市场建设重要政策文件汇总

时间	政策文件
2013年9月	《甘肃省电力用户与发电企业直接交易试点实施细则》（甘发改商价〔2013〕1695号）
2014年11月	《甘肃省电力用户与发电企业直接交易细则（暂行）》（甘发改商价〔2014〕1394号）
2014年11月	《新疆电力用户与发电企业直接交易试点实施方案（试行）》（新政发〔2014〕78号）
2016年1月	《青海省电力用户与发电企业直接交易试点方案》及《青海省电力用户与发电企业直接交易实施细则》
2016年3月	《新疆电力用户与发电企业直接交易实施细则（修订稿）》（新监能市场〔2016〕36号）
2017年3月和2018年12月	《陕西省电力中长期交易基本规则（暂行）》两次公开征求意见
2017年3月	《宁夏电力中长期交易规则（暂行）》征求意见稿发布
2017年5月	《青海省电力中长期交易规则（暂行）》（西北能监市场〔2017〕21号）
2017年10月	《关于印发〈新疆电力用户与发电企业直接交易实施细则（修订稿）〉补充条款的通知》（新监能市场〔2017〕146号）
2018年3月	《甘肃省电力中长期交易规则（暂行）》（甘监能市场〔2018〕57号）
2018年5月	《新疆电力中长期交易实施细则（试行）》（新监能市场〔2018〕69号）

各省（区）中长期交易规则制定过程具体如下：

陕西：2017年，根据国家发展改革委、国家能源局制定的《电力中长期交易基本规则（暂行）》，西北能源监管局、陕西省发展改革委编制了《陕西省电力中长期交易基本规则（暂行）》初稿，并分别于2017年3月、2018年12月、2019年12月三次征集省内市场主体的意见和建议。

甘肃：2013年9月，根据《甘肃省电力用户与发电企业直接交易试点方案》（甘政发〔2013〕87号）要求，省发展改革委会同省工信委、省环保厅、甘肃电监办、省能源局研究制定了《甘肃省电力用户与发电企业直接交易试点实施细则》（甘发改商价〔2013〕1695号），提出对符合条件的电力用户的增量用电量开展年度直接交易试点工作。2014年11月，甘肃省发展改革委会同省工信委、省环保厅、甘肃能源监管办、省能源局对《甘肃省电力用户与发电企业直接交易试点实施细则》进行了修改完善，出台了《甘肃省电力用户与发电企业直接交易细则（暂行）》（甘发改商价〔2014〕1394号）并组织开展2015年直购电工作。2016年起，甘肃省发展改革委会每年下发年度电力用户与发电企业直接交易实施细则，组织开展电力直接交易工作。

2018年3月，按照国家发展改革委、国家能源局《电力中长期交易基本规则（暂行）》确定的原则，甘肃能源监管办组织会同省发展改革委、省工信委联合制定印发了《甘肃省电力中长期交易规则（暂行）》（甘监能市场〔2018〕57号），对甘肃省电力中长期交易在市场准入、交易品种、价格机制、交易组织、安全校核、偏差处理、辅助服务、计量结算、信息披露等环节进行了全流程规范。

青海：2016年1月，青海出台《青海省电力用户与发电企业直接交易试点方案》及《青海省电力用户与发电企业直接交易实施细则》，根据相关要求，青海电力交易中心组织开展季度和月度直接交易。2017年5月，西北能源监管局、青海省发展改革委、青海省经信息委、青海省能源局联合印发《青海省电力中长期交易规则（暂行）》（西北能监市场〔2017〕21号）。

宁夏：2017年初，《宁夏电力中长期交易规则（暂行）》制定工作启动，由西北能源监管局和宁夏自治区经信委共同起草，于2017年3月发布了征求意见稿。宁夏开展的中长期交易均按照自治区经信委下发的征求意见稿和年度电力直接交易方案进行组织。2019年5月，规则修订工作启动，主要考虑将用户准入制度改为负面清单制，进一步明确"基准电价+浮动机制"等方面内容，同年12月再次发布征求意见稿。

新疆：新疆按照国家发展改革委、国家能源局印发的《电力中长期交易基本规则（暂行）》文件，制定电力用户与发电企业直接交易相关文件，如《关于印发新疆电力用户与发电企业直接交易试点实施方案（试行）的通知》、《关于印发新疆电力用户与发电企业直接交易实施细则（修订稿）的通知》及《关于印发〈新疆电力用户与发电企业直接交易实施细则（修订稿）〉补充条款的通知》，确定交易规模、交易模式和交易结算等具体细节。2016年7月，新疆出台了《关于扩大新能源消纳促进新能源持续健康发展的实施意见》（以下简称《意见》），鼓励可再生能源企业与大用户直接交易。2017年2月，新疆维吾尔自治区能监办牵头组织自治区发改委、经信委，兵团发改委、工信委等政府相关部门和新疆电力交易中心、电力调度控制中心，对制定《新疆区域电力中长期交易规则（细则）》进行专题研究，2018年5月31日，国家能源局新疆监管办公室印发《新疆电力中长期交易实施细则（试行）》，规定建立以中长期交易和现货交易结合的统一市场化电量平衡机制。

依据各省（区）制定的电力中长期交易规则及国家相关政策文件，西北各省（区）有序开展电力中长期交易，具体交易情况如下：

陕西：陕西电力中长期交易主要包括省内电力直接交易、跨省跨区交易和发电权交易。2016年，以自主协商模式陕西省组织开展了省内发电企业和电力用户的电力直接交易，参与的发电企业19家，电力用户242户，成交电量196.13亿千瓦时，约占全省全社会用电量的16.7%，全年直接交易电价平均每度电下浮0.036元，为参与用户降低购电费用7.17亿元。2016年全年，陕西跨省跨区交易总成交电量63.54亿千瓦时，发电权交易成交电量14.097亿千瓦时。2017年，陕西以集中竞价和自主协商两种形式开展了电力直接交易。全省参与直接交易的发电企业21家，售电公司26家（注册44家），参与交易的大、中小用户共718户（其中直接参与交易的大用户334户、售电公司代理的大用户及中小用户384户）。成交电量324.5亿千瓦时，同比增长65.46%，平均直接交易价格333.2元/兆瓦时，平均电价每度电下浮0.030元，释放改革红利9.8亿元。其中售电公司参与了下半年双边协商交易以及第四季度集中竞价直接交易，成交电量66.24亿千瓦时，平均交易价格343.3元/兆瓦时。此外，2017年，陕西还与四川、江西、湖北、重庆等地开展了跨省跨区交易，总成交电量105.44亿千瓦时。2017年，陕西发电权交易电量14.097亿千瓦时，清洁能源替代自备电厂交易电量4.02亿千瓦时。

2018年，陕西省发展改革委组织开展了5次省内电力直接交易，分别为上半年组织的1次自主协商交易和1次集中竞价交易，以及下半年组织的2次自主协商交易和1次集中竞价交易。2018年全年陕西电力用户直接交易电量404亿千瓦时，同比增长47%，占用电量比例达到31%，度电平均降幅0.038元，释放改革红利15.35亿元。全年开展发电权交易35.78亿千瓦时。

2019年2月，陕西省发展改革委发布《陕西省2019年上半年电力直接交易实施方案》，上半年计划交易电量规模250亿千瓦时，其中自主协商直接交易规模175亿千瓦时，全省不设区域限制，集中竞价直接交易规模75亿千瓦时，一次性组织完成。此外，该方案明确2019年陕西省电力直接交易具体时间安排和交易流程由陕西电力交易中心有限公司组织，陕西省发展改革委不再发布具体交易信息和交易规则。按照陕西省发展改革委的工作安排，陕西电力交易中心组织开展了2019年上半年两次自主协商直接交易和一次集中竞价交易。

2019年4月，陕西电力交易中心发布《陕西电力交易中心有限公司关于开展2019年上半年陕西省电力用户、售电公司与发电企业自主协商直接交易的公告》，按照陕西省发展改革委的要求，对市场主体、交易规模、交易方式、交易程序等方面进行了调整和完善，对签约注意事项和违约责任等进行了说明和规定，详细内容如专栏4-6所示。

专栏 4-6

《陕西电力交易中心有限公司关于开展 2019 年上半年陕西省电力用户、售电公司与发电企业自主协商直接交易的公告》主要内容概述

在市场主体方面，该公告主要对电力用户和代理方的分类和要求进行了完善。电力用户分类由原来的有色行业、非有色行业（年用电量 1000 万千瓦时及以上）和中小企业三大类，调整为电力大用户和电力中小用户两大类。电力大用户是指在电网企业独立开户、独立计量，不受电压等级限制，年用电量 500 万千瓦时及以上的工商业用户。大用户可直接参与交易或选择一家售电公司代理参与。同时，大用户中新增了全电量参与用户和非全电量用户的细分。有色、钢铁、建材、煤炭 4 个重点行业用户为全电量参与用户，其申报的年用电量的 70% 参与自主协商交易，剩余电量按照规定参与集中竞价交易。4 个重点行业外的其余用户为非全电量用户。

电力中小用户是指年用电量在 300 万～500 万千瓦时之间的工商业用户。电力中小用户只可选择一家售电公司代理参与交易。售电公司代理的电力大用户和中小用户统称为"零售用户"。通过此次审核的电力中小用户共计 240 家。市场主体相关规定中对代理方售电公司的要求，除原有的在交易中心注册并公示无异议外，新增了需已经递交履约保函的要求。

在交易规模方面，除规定总交易电量外，该公告中还对市场主体参与交易电量提出了具体的要求。全电量大用户按其申报的年用电量的 70% 参与此次交易。非全电量大用户和中小用户按照校核电量参与交易。此外，对发电企业参与交易的签约电量设置了上限，上限为照各自装机容量占比对应的签约电量上浮 30%[①]。

在交易方式方面，售电公司与零售用户代理关系的确认、各市场主体的交易操作等均在交易平台完成，交易中心不再收取纸质协议（合同）。在交易程序方面，电力交易中心对交易步骤和交易时间进行了明确的规定，并制定了各类市场主体的交易平台操作手册，为交易者提供操作指南和帮助。在电力用户和售电公司、发电企业完成交易签约后，交易中心对无约束交易结果进行合规校核，校核完成后将交易结果通过交易平台推送至国网陕西省电力公司调度控制中心，调度中心对发电企业电量进行安全校核，然后将校核结果返回交易中心。交易中心将调度中心校核过的有约束交易结果报陕西省发展改革委和西北能源监管局备案后，对外发布最终出清交易结果。

---

① 发电企业参与交易签约电量上限=（本企业装机容量/参与交易总装机容量）×交易总电量 × 130%（130% 为调整系数）。2015 年 3 月 15 日（中发〔2015〕9 号文颁布日）后核准的火电机组调整系数为 200%。

陕西 2019 年上半年电力用户、售电公司与发电企业自主协商直接交易于 2019 年 4 月 26 日结束[①]。此次交易最终成交售电公司 59 家，电力用户 922 家，其中大用户 716 家，中小用户 206 家。成交大用户中，直接与发电企业签约的有 6 家，成交电量约 1.57 亿千瓦时，被售电公司代理签约的有 710 家，成交电量约 144.13 亿千瓦时。成交的中小用户全部被售电公司代理签约，成交电量约 2.23 亿千瓦时。在此次自主协商交易中，全电量参与交易的四大行业（钢铁、建材、煤炭、有色）大用户平均成交价格在 332.03~334.17 元/兆瓦时，非全电量交易的大用户（非四大行业）平均成交价格约为 332.55 元/兆瓦时。中小用户平均成交价格约为 333.59 元/兆瓦时。

陕西 2019 年上半年电力用户、售电公司与发电企业集中竞价直接交易最终成交发电企业 25 家，电力用户 3 家，售电公司 45 家，成交电量 67.13 亿千瓦时，成交价格 350.3 元/兆瓦时，其中电力用户成交电量 0.6 亿千瓦时，售电公司成交电量 66.53 亿千瓦时，发电企业申报电量全部成交。根据交易规则，相关市场成员之间的交易合同由交易平台自动生成，不需要另行签订。

2019 年 10 月，陕西电力交易中心有限公司组织开展的 2019 年下半年陕西省电力用户、售电公司与发电企业集中竞价直接交易，最终成交电量 58 亿千瓦时，最终成交发电企业 25 家，电力用户 3 家，售电公司 50 家，成交电量约 58 亿千瓦时，成交价格 351.5 元/兆瓦时，其中电力用户成交电量约 0.38 亿千瓦时，售电公司成交电量约 57.62 亿千瓦时。

甘肃：甘肃电力中长期交易以省内大用户直购电和中长期外送为主，交易规模逐年扩大，常规火电无基数参与市场交易，新能源、水电、热电等各类发电均先后纳入电力中长期交易范围进行试点，用户侧参与市场交易范围也逐年扩大。2014~2017 年，开展大用户直购电共计 849.8 亿千瓦时，2015~2017 年，发电权置换共计 59 亿千瓦时[②]。2018 年，甘肃省中长期市场交易电量 716.83 亿千瓦时。其中，省内直购电交易 347.21 亿千瓦时，火电与新能源打捆外送电量 280.65 亿千瓦时，新能源外送占比 40.35%，政府协议购省外电量 5 亿千瓦时。发电权置换交易 83.97 亿千瓦时，其中新能源代替自备电厂发电权交易电量 33.36 亿千瓦时[③]。

青海：青海电力中长期交易以省内电力直接交易为主，围绕促进新能源消纳和优化电力资源配置展开。2016 年根据相关要求，青海电力交易中心组织开展季度和月度直接交易。为支持电力直接交易的开展，缓解电解铝等用电量大的行业生产经营面临的困难，青海省财政于 2016 年 3 月安排下达直购电配套资金 4 亿元，用于对参与直接交易的电力用户按照 0.01~0.02 元/千瓦时标准以互助资金形式给予电价补贴（卢海，2016）。2016 年，全省共组织 182 家发电企业参与了 16 批次电力直接交易，交易电量 117 亿千瓦时，降低

---

① 交易结果数据来自陕西省电力交易中心相关交易成交结果公告。
② 《甘肃电力现货市场设计方案（征求意见稿）》。
③ 甘肃能源监管办报告。

用户用电成本 3.6 亿元（马新，2017）。

2017 年，青海电力直接交易主要以年度交易、月度和季度新能源补充交易，以及月度外送交易的形式开展。其中，年度直接交易包括：年度电解铝用户与发电企业双边直接交易，省内硅铁、铬铁、电石、多（单）晶硅、钢铁、锌冶炼企业与新能源发电企业集中撮合直接交易，以及海西地区电力用户与新能源发电企业集中撮合直接交易。月度外送交易为省内光伏外送陕西挂牌交易。2017 年全年，电力用户直接电量 223.69 亿千瓦时，通过电力市场化交易节约工商企业用能成本 18.52 亿元，跨省跨区交易 22.01 亿千瓦时。

2018 年，青海电力直接交易形式与 2017 年相比有所调整。年度电解铝用户与发电企业双边直接交易调整为半年度（5~12 月）直接交易，并且增加了电解铝用户与新能源发电企业的月度集中撮合交易，与新能源发电企业的年度交易均改为月度集中撮合交易。外送交易除了月度光伏外送陕西挂牌交易外，同年 7 月和 8 月还增加了黄河水电外送陕西、宁夏挂牌交易。2018 年，青海电力用户直接交易电量总计 186 亿千瓦时，占用电量比例 27.66%，度电平均降幅 0.04 元，释放改革红利 7.44 亿元。此外，2018 年，青海首次开展了发电权交易，光伏外送陕西挂牌交易，交易形式包括火电企业和水电企业月度发电权替代交易、自备电厂和新能源发电企业发电权替代交易，总交易电量 38.81 亿千瓦时。

宁夏：2017 年宁夏电力交易中心组织的电力中长期交易主要包括跨省跨区交易、省内大用户直接交易、合同转让交易、电能替代交易和发电权转让交易。其中，跨省跨区交易成交电量 446.23 亿千瓦时，大用户直接交易成交电量 290.99 亿千瓦，合同转让交易成交电量 75.04 亿千瓦时，电能替代成交电量 13.89 亿千瓦时，发电权交易成交电量 10.25 亿千瓦时。

2018 年，宁夏发电侧累计完成区内大用户直接交易电量 310.60 亿千瓦时，同比增长 13.24%，平均降幅 7.66 元/千千瓦时，累计让利金额 2.38 亿元；完成电能替代交易电量（含跨区跨省电能替代）6.23 亿千瓦时，平均降幅 61.62 元/千千瓦时，累计让利金额 0.38 亿元。其中火电企业累计完成直接交易电量 247.24 亿千瓦时，平均降幅 3.18 元/千千瓦时，累计让利金额 0.79 亿元；新能源企业累计完成直接交易电量（火电转让）63.36 亿千瓦时，平均降幅 25.15 元/千千瓦时，累计让利金额 1.59 亿元。宁夏电力交易中心通过电力市场交易平台共组织 25 次发电权交易，成交电量 18.97 亿千瓦时；组织 197 次合同转让交易，成交电量 107.23 亿千瓦时。宁夏电网跨区跨省累计交易电量 587.51 亿千瓦时，同比增长 31.66%；完成跨区富余可再生能源现货交易 1044 笔，累计送出电量 5.14 亿千瓦时。

新疆：2017 年，新疆电力中长期交易主要包括半年度直接交易和月度外送交易。半年度直接交易创新性地采用新能源和火电打捆交易的方法，以双边协商和集中竞价相结合的方式开展。双边协商交易中，火电企业可自行选择新能源企业打捆交易，新能源打捆比例为 20%。集中竞价交易中,火电企业的新能源打捆比例为 10%。此外,2017 年新疆电力交易中心还开展了新能源与自备电厂调峰替代交易自备电厂侧合同电量转让交易、发电合同电量转让交易、新增电量双边交易等交易。

2018 年,新疆电力中长期交易主要包括半年度直接交易和月度直接交易。半年度直接交易方式与 2017 年类似,采用与新能源打捆交易的方法,以双边交易和集中竞价的形式开展。月度交易以集中竞价的形式开展,不打捆新能源。此外,2018 年新疆电力交易中心还开展了新能源发电企业与燃煤自备电厂调峰替代交易、公用火电企业合同电量转让交易等电力交易。2018 年全年,新疆市场化交易电量 465.2 亿千瓦时,约占疆内售电量的41%,同比增长 8 个百分点。其中,大用户直接交易成交电量 292 亿千瓦时,发电权替代交易 87.8 亿千瓦时。

(三)探索现货市场建设

1. 甘肃电力现货市场

西北电力现货市场建设仍处于试点探索阶段,只有甘肃列入了现货市场建设试点。2017 年 8 月 28 日,国家发展改革委办公厅、国家能源局综合司联合下发的《关于开展电力现货市场建设试点工作的通知》(发改办能源〔2017〕1453 号),将甘肃列为全国第一批 8 个电力现货市场建设试点地区之一。2018 年 12 月 27 日,甘肃电力现货市场正式开始试运行。甘肃省现货市场试点采用的交易模式为全电量竞争模式,价格机制为边际电价,交易标的为电能量和调峰辅助服务。甘肃现货市场建设重要政策文件汇总如表 4-29 所示,甘肃省电力现货市场建设情况如专栏 4-7 所示。

表 4-29　甘肃省现货市场建设重要政策文件汇总

时间	政策文件
2017 年 2 月	《国家能源局关于开展跨区域省间可再生能源增量现货交易试点工作的复函》(国能监管〔2017〕49 号)
2017 年 5 月	《甘肃电网新能源跨省区增量现货交易实施细则》
2017 年 8 月	《国家发展改革委办公厅 国家能源局综合司关于开展电力现货市场建设试点工作的通知》(发改办能源〔2017〕1453 号)
2017 年 11 月	《甘肃省工业和信息化委员会关于启动电力现货市场建设试点工作的通知》(甘工信发〔2017〕593 号)
2019 年 5 月	《甘肃省电力现货市场建设方案》征求意见稿发布

专栏 4-7

甘肃省电力现货市场建设情况概述

甘肃是西北五省（区）中唯一列入现货市场建设试点的省份。2017 年初，依据《国家能源局关于开展跨区域省间可再生能源增量现货交易试点工作的复函》（国能监管〔2017〕49 号），甘肃试点开展了富余新能源跨省区现货市场交易。甘肃省能源监管办组织甘肃电力公司共同研究制定了《甘肃电网新能源跨省区增量现货交易实施细则》，并于 2017 年 5 月正式印发。2017 年 8 月，国网甘肃省电力公司组织新能源富集地区的风电场、光伏电站、电力客户参与日前和实时电力市场竞价交易，甘肃省内新能源发电场站全部接入现货交易系统，交易电量 32.71 亿千瓦时，占全国交易量的 46.1%。

2017 年 8 月 28 日，国家发展改革委办公厅、国家能源局综合司联合下发了《关于开展电力现货市场建设试点工作的通知》（发改办能源〔2017〕1453 号），将甘肃列为全国第一批 8 个电力现货市场建设试点地区之一。甘肃省工信厅是推进现货市场建设试点工作的牵头负责单位。

2017 年 11 月，《甘肃省工业和信息化委员会关于启动电力现货市场建设试点工作的通知》（甘工信发〔2017〕593 号）下发，明确甘肃现货市场建设分两个阶段。第一阶段是自文件下发至 2020 年底，主要目标是实现 2019 年电力现货市场运行，同时建立与电力现货市场相适应的电力中长期交易市场，实现市场化电力电量平衡机制平稳起步与安全运行，初步建立符合实际、运行有效的电力市场体系。第二阶段自 2021 年起，主要目标是建立主体多元、交易品种齐全、功能完善的电力市场，形成竞争充分、开放有序、高效运行、健康发展的电力市场体系；逐步探索开展容量市场、电力期货和衍生品等交易；实现省内外电力市场开放融合。

2018 年 5 月，甘肃省工信委会同甘肃能源监管办、国网甘肃省电力公司组织专家对《甘肃省电力现货市场建设方案》进行评审，征求意见稿于 2019 年 5 月公开发布。方案中明确甘肃现货市场交易包括日前现货市场交易和实时现货市场交易。日前现货交易中，调度机构以全网购电成本最小化为目标，以次日负荷预测为边界条件，形成次日机组启停计划、发电计划曲线与分时、分区电价。日前现货市场以 15 分钟为时间间隔，出清次日 96 点的市场边际电价。市场初期，实施分区电价机制，每个家区内的电厂按照每 15 分钟平均分区边际电价结算。在实时市场中，火电企业沿用日前市场申报信息，水电和新能源场站在实时市场申报超短期发电预测，调度机构以 15 分钟为间隔滚动出清未来 15 分钟至 2 小时的价格和出力。

2018 年 11 月 8 日，《国家能源局综合司关于健全完善电力现货市场建设试点工作机制的通知》（国能综通法改〔2018〕164 号）发布，要求试点地区原则上应于 2019 年 6 月底前开展现货试点模拟试运行；加快推进试点工作，加快研究编制现货市场建设试点方案，抓紧研究起草市场运营规则，尽快开展技术支持系统建设相关工作。2018 年 12 月 27 日，甘肃电力现货市场正式开始试运行，2019 年 9 月底完成连续 7 天结算试运行。试运行期间现货市场运行平稳，市场结果合理，电网运行安全。

2. 西北区域电力现货市场建设思路

2019 年 7 月，国家发展改革委、国家能源局印发《关于深化电力现货市场建设试点工作的意见》（发改办能源规〔2019〕828 号），就现货市场试点中出现的重点共性问题提出指导性意见，在电力市场建设方案设计方面，明确强调要有利于区域电力市场建设。基于西北区域经济能源互补的特点、新能源消纳的需要以及电力市场化改革的要求，建设西北区域电力现货市场具有可操作性和必要性，也是西北能源监管局等相关部门积极探索和推进的重点工作之一。

西北五省（区）资源禀赋各异，经济结构和能源分布之间、用电需求和发电装机之间、用电负荷季节特性和一次能源供应自然特性之间存在比较强的互补空间，各省（区）对实现区域资源优化配置、省间电量交换、促进新能源消纳的需求较为强烈。通过建设区域现货市场，能够实现区域内的集中化、安全约束经济调度和储备共享优化，降低发输电成本，保障系统灵活调节资源的充裕性，挖掘区域内各省（区）新能源消纳潜力。

虽然新能源跨省优化的空间和效益十分巨大，但在省为实体的现行体制下缺乏省间利益平衡机制，省间协调难度较大。在区域现货市场中，各类机组可以通过市场而非行政手段实现优胜劣汰，并通过参与不同市场、提供不同服务获得成本补偿和合理收益，提升供给侧效率和质量，通过市场机制准确反映市场供求趋势，激励用户侧参与市场互动，充分释放市场红利。同时，相比各省市场，区域市场更有利于克服市场力，特别在西北各省（区）发电资产整合划转的形势下，省级市场将面对绝对市场力，难以有序开展市场竞争，而从整个区域来看各发电集团所占份额相对均衡，具备公平公正开展竞争的基础。

此外，从西北电网物理架构来看，西北 750 千伏主网架已经成型，跨省联络线输送能力较强，有着"团结治网"的优良传统，多年的统一调度、统一运行，具备开展区域市场的条件。长期以来，西北地区开展跨区域电力交易、区域内跨省交易、区域内省间互济交换、省内大用户直接交易等多种交易，为西北区域内包括发电企业、电网企业、售电公司和用户在内的市场主体参与更多电量竞争、更多交易品种交易的区域市场提供了经验和帮助。

基于西北区域特点和市场建设情况，西北能源监管局研究提出区域现货市场建设初步路线图（见表4-30），分两个阶段开展区域现货市场建设：第一阶段建立"中长期物理合同+部分电量竞价"的分散式区域电力现货市场；第二阶段建立以中长期金融合同（差价合约）为基础、全电量集中竞价的集中式区域电力现货市场。

表4-30　西北区域电力现货市场建设路线图

	第一阶段	第二阶段
市场模式	分散式	集中式
市场主体	发电企业、电网企业、售电公司	发电企业、电网企业、售电公司、符合条件的工商大用户
现货市场		由日前、日内、实时市场组成
	部分电量竞价	全电量竞价
中长期交易市场	物理合约	金融合约 开展金融输电权、电力期货和衍生品等交易
辅助服务市场	调峰辅助服务市场	完善辅助服务交易品种，开展调峰、调频、黑启动、有偿无功补偿等辅助服务
新能源交易机制	参与现货市场竞争，考虑配额制等激励保障机制	
电价机制	发电侧分区电价，售电侧统一电价	
出清方式	电能量市场、辅助服务市场联合优化、集中竞价，边际统一出清	

2019年8月，为推进西北区域电力市场建设，西北能源监管局在西安组织召开了"西北电力现货市场建设工作研讨会"，以"贯彻能源安全新战略、汇聚行业发展新思路，以促进新能源消纳为导向推进西北电力现货市场建设"为主题，探讨了现货市场交易品种、价格机制、出清模式以及调度模式等理论与实践，听取各方对于西北区域电力现货市场建设的思路和建议。

（四）建立健全辅助服务市场建设

按照国家能源局工作安排，辅助服务市场建设主要由能源监管派出机构负责组织实施，西北能源监管局负责组织西北区域、陕西、青海和宁夏的辅助服务市场建设，甘肃能源监管办和新疆能源监管办分别负责甘肃和新疆的辅助服务市场建设。西北电力辅助服务市场建设，通过模拟运行（试运行）—正式运行的模式，初步建立了市场基本规则体系，电力辅助服务市场化机制正在逐步形成。2019年12月，随着陕西电力辅助服务市场建设试点工作进入试运行阶段，西北五省（区）加区域"5+1"的辅助服务市场体系实现了全覆盖，形成了以各具特色的省内市场为基础（例如青海共享储能和水电参与市场，宁夏启动用户侧响应和自备机组调峰等调用）、以跨省交易为优化和补充的市场体系；在促进区域电力系统安全稳定运行、促进可再生能源消纳、提升系统调峰调频能力和设备利用效率、推动新技术和新设备发展等方面成效已经显现。西北地区辅助服务市场建设重要事件如表 4-31 所示。

表 4-31　西北地区辅助服务市场建设重要事件时间表

时间	事件
2017 年 9 月	《新疆电力辅助服务市场运营规则（试行）》印发
2017 年 12 月	国家能源局复函同意启动甘肃、宁夏电力辅助服务市场试点工作
2018 年 1 月	《甘肃省电力辅助服务市场运营规则（试行）》印发
2018 年 3 月	《宁夏电力辅助服务市场运营规则（试行）》印发
2018 年 5 月	宁夏电力辅助服务市场进入试运行
2018 年 4 月	甘肃电力辅助服务市场正式运行
2018 年 7 月	新疆电力辅助服务市场投入试运营
2018 年 7 月	西北区域电力辅助服务市场建设工作启动
2018 年 8 月	青海电力辅助服务市场建设工作启动
2018 年 11 月	宁夏电力辅助服务市场转入正式运行
2018 年 11 月	西北区域省间调峰辅助服务市场进入试运行
2019 年 6 月	《青海电力辅助服务市场运营规则（试行）》印发，青海电力辅助服务市场进入试运行阶段
2019 年 9 月	《宁夏电网自备机组参与宁夏电力辅助服务市场的补充规定（试行）》印发
2019 年 12 月	《陕西电力辅助服务市场运营规则（试行）》印发，陕西电力辅助服务市场进入试运行阶段
2019 年 12 月	《西北区域省间调峰辅助服务市场运营规则》修订并重新印发

下面是西北区域电力辅助服务市场以及西北各省（区）的电力市场建设具体情况：

1. 西北区域

区域电力辅助服务市场建设工作于 2018 年 7 月启动。在工作方案中，西北区域辅助服务市场建设工作共分三个阶段：第一阶段（2018 年底前），实现分中心直调厂跨省调峰，包括组成西北跨省调峰辅助服务市场建设工作小组，研究印发《西北跨省调峰辅助服务市场试点运营规则》，完成技术支持系统建设，市场进入试运行，第一阶段的交易品种包括有偿调峰、启停调峰和虚拟储能①三种，同时探索用户侧参与市场机制。第二阶段（2020 年底前），实现分中心、省调直调厂跨省调峰，包括将各省调直调厂纳入市场，研究推进区域统一出清的调频、备用辅助服务等市场。第三阶段（2020 年及以后），实现区域统一实施、多品种交易的辅助服务市场。包括在调峰、调频、备用的基础上，继续完善调压、黑启动等辅助服务交易品种，根据电力现货市场等进展情况，实现与现货和区域市

---

① 虚拟储能是指将拥有自备机组的企业作为虚拟储能服务提供商进行储存电量的调峰服务。

场的有序衔接、平稳过渡。

从有利于工作起步和稳妥推进的角度考虑，西北跨省调峰市场按照"先省内、后省间"的原则，作为各省辅助服务市场的重要补充，发电企业通过参与省间有偿调峰交易进一步发挥全网资源优化配置的优势、通过市场机制在更大范围促进新能源消纳。2018年11月底，西北区域省间调峰辅助服务市场进入试运行。2019年12月，《西北区域省间调峰辅助服务市场运营规则》修订并重新印发，引入用户侧和直流配套电源参与辅助服务市场。同月，西北省间调峰辅助服务市场转入正式运行。

西北电力辅助服务市场建设工作已初见成效。从主体来看，西北是全国参与主体最广泛的电力辅助服务市场，火电、水电、新能源、自备机组、电储能和电力用户全面参与。从品种来看，已经开展了有偿调峰、启停调峰、共享电储能、虚拟储能、用户侧响应五类交易，下一步还将逐步引入备用、调频等交易。从效果来看：一是增加了系统调峰能力，合计增加调峰容量约500万千瓦，有力保障了系统安全稳定运行；二是促进了新能源消纳和节能减排，2019年累计增发新能源电量约64.65亿千瓦时（其中区域省间调峰市场增发40.47亿千瓦时，是交易电量最大、促进新能源消纳成效最为明显的市场），降低新能源弃电率约5个百分点，缓解了新能源弃电压力；三是健全了电力市场机制，提高了市场主体的博弈能力，完善了发电企业盈利模式，市场补偿费用合计19.26亿元（其中区域市场5.2亿元），通过市场机制有效缓解了有贡献企业的经营压力。

从区域省间调峰市场运行特点来看，区域市场的内生需求强劲，相比华北、东北、华东等其他区域市场，交易电量规模最大，同时在优先省内市场的原则下交易电量也超过了同期五省市场之和。区域市场结果符合电网运行规律和经济规律，在24小时时段内，61%的交易电量发生在午段（9:00~16:00）时间，与电网运行特点相吻合，同时低价水电调峰资源最先出清，火电企业不断调整报价策略，体现了市场发现价格的作用。区域市场的运行有效降低了新能源企业的增发成本，省间市场的度电增发成本为0.125元/千瓦时，远低于各省内市场，通过最小的成本实现了最大规模的新能源消纳。

2. 陕西

2019年4月，西北能源监管局在西安启动了陕西电力辅助服务市场建设工作，通过了陕西电力辅助服务市场建设方案，成立了包括陕西省发展改革委、西北分部、陕西电力公司和陕西地方电力集团公司以及在陕相关发电企业共同参与的工作协调推进小组。工作协调推进小组于8~11月多次就市场运营规则进行座谈研究，形成了《陕西电力辅助服务市场运营规则（征求意见稿）》，面向全省征求意见。2019年12月《陕西电力辅助服务市场运营规则（试行）》印发，主要内容节选如专栏4-8所示。12月20日，陕西电力辅助服务市场试运行启动会召开，陕西电力辅助服务市场进入试运行阶段，预计于2020年内进入正式运行。

专栏 4-8

《陕西电力辅助服务市场运营规则（试行）》节选

陕西电力辅助市场服务由市场运营机构和市场主体组成，市场运营机构为陕西省电力调度控制中心和陕西电力交易中心有限公司；市场主体主要涵盖发电企业、电力用户或独立的辅助服务供应商等。陕西电力辅助服务市场主要分为基本（义务）调峰服务和有偿调峰服务，而有偿调峰服务包含深度调峰交易、调停备用交易、可调节负荷交易和电储能交易。

（1）深度调峰交易。陕西深度调峰交易采取阶梯式报价方式和价格机制，发电企业分两档浮动报价，具体报价如表 4-32 所示。

表 4-32　陕西省深度调峰交易报价

报价档位	火电厂负荷率（%）	报价下限（元/千瓦时）	报价上限（元/千瓦时）
第一档	40<负荷率<50	0	0.4
第二档	负荷率≤40	0.4	1

（2）调停备用交易。陕西调停备用交易包含火电停备和火电应急启停交易两种模式。火电企业按照机组额容量对应的应急启停调峰服务报价区间浮动报价，各级别机组具体报价如表 4-33 所示。

表 4-33　陕西省机组额定容量对应的应急启停调峰服务报价

机组额定容量级别（万千瓦）	启停容量费用报价上限（万元/次）
10	50
20	80
30	110
60	200
100	300

陕西应急启停交易根据各级别机组市场出清价格按台次结算，市场出清价格是当日实际调用到的最后一台应急启停的同容量级别机组的报价。

（3）可调节负荷交易。可调节负荷在市场初期暂定义为随时可调用的，能够在弃风、弃光时段用电，为电网提供调峰服务的用电负荷项目。后期根据市场发展程度，逐步过渡为在负荷高峰时段或紧急状况下，根据系统调峰需求，通过削减用电负荷或调节用电等方式提供的电网调峰辅助服务。参与本交易的可调节负荷用户最大用电电力须达到 1 万千瓦及以上，持续时间 4 小时以上，且能够将实时用电信息上传至电力调度机构，并接受电力调度机构的调度指挥。可调节负荷用户可与风电、光伏企业协商开展双边交易。

（4）电能储备交易。这是蓄电设施通过在负荷低谷或弃风、弃光时段储存电力，在需要时段释放电力，从而提供调峰服务的交易。鼓励发电企业、售电企业、电力用户、独立辅助服务提供商等投资建设电储能设施，其充电功率一般在 1 万千瓦及以上、持续充电时间 4 小时以上。电储能设施须在电力调度机构能够监控、记录其实时充放电状态的前提下参与辅助服务市场，如果在负荷高峰时段充电，在负荷低谷或风电、光伏弃电时段放电情况下是得不到补偿的。用户侧电储能设施可与风电、光伏企业协商开展双边交易。双边交易双方需向辅助服务平台提交包含交易时段、15 分钟用电电力曲线、交易价格等内容的交易意向，由电力调度机构进行安全校核后确认。市场初期，原则上双边交易价格的上限、下限分别为 0.2 元/千瓦时、0.1 元/千瓦时。

3. 甘肃

2017 年 12 月 29 日，国家能源局复函同意启动甘肃电力辅助服务市场试点工作；2018 年 1 月，甘肃省能源监管办印发《甘肃省电力辅助服务市场运营规则（试行）》，内容与陕西省规则基本一致；2018 年 4 月 1 日，甘肃电力辅助服务市场正式运行。

甘肃电力辅助服务市场的运行使得甘肃新能源企业既增加了发电出力，减少了弃风弃光损失，又给予了火电机组合理的补偿，实现了新能源与火电企业的互利共赢，辅助服务市场化成效显著。截至 2018 年底，全网参与实时深度调峰交易电厂 13 家，申报机组 29 台，装机总容量 1115 万千瓦，占公网火电装机总容量 66%；参与实时应急启停交易电厂 10 家 18 机，容量 627 万，占公网火电装机总容量 38.6%；参与调停备用交易电厂 1 家，申报机组 2 机，容量 132 万，占公网火电装机总容量 8.4%。全年累计贡献调峰电量 40304 万千瓦时，火电机组收益 16522 万元。其中：实时深调电量 26171 万千瓦时，深调收益 14082 万元，深调启动 336 次，其中分区深调 190 次，全网深调 146 次；火电调停备用一次，调停备用收益 79.2 万；应急启停 19 次，应急启停贡献电量 14133 万千瓦时，收益 2361 万元[①]。

---

① 《甘肃能源监管办关于 2018 年下半年电力辅助服务工作情况的报告》。

4. 青海

相比较宁夏和西北区域跨省电力辅助服务市场，青海电力辅助服务市场建设工作的创新点和突破点是在市场规则设计中（见专栏4-9），除了开展有偿深度调峰、机组停备外，结合新技术发展，网侧共享电储能将参与市场交易。交易模式分为双边交易、市场竞价交易，此外在电网需要调峰资源的情况下调度机构可以按照电网调用储能调峰价格调用储能设施参与青海电网调峰。2019年4月下旬，西北能源监管局和青海省能源局、青海省电力公司以及相关发电企业开展了共享储能参与调峰辅助服务交易试点工作，验证了共享储能市场机制、调度控制技术以及参与调峰辅助服务市场的可行性。自2019年6月试运行以来，青海辅助服务市场开展了火电、水电、电储能交易，促进了全省新能源电量消纳和"绿电15日"（见专栏4-10）的成功实施。在总结经验、完善规则的基础上青海电力辅助服务市场预计于2020年上半年转入正式运行。

专栏4-9

《青海电力辅助服务市场运营规则（试行）》节选

青海电力辅助服务市场主要包括深度调峰、调停备用和储能调峰服务等。

（1）实时深度调峰交易。火电深度调峰交易采用火电企业单边"阶梯式"报价方式和价格机制，发电企业在不同时期分两档浮动报价，具体报价如表4-34所示。

表4-34　青海省火电深度调峰交易报价

报价档位	火电厂负荷率（%）	报价下限 （元/千瓦时）	报价上限 （元/千瓦时）
第一档	40<负荷率<50	0	0.3
第二档	负荷率≤40	0.3	0.8

（2）调停备用交易。火电企业按照机组额定容量对应的应急启停调峰服务报价区间浮动报价，各级别的机组的报价如表4-35所示。

表 4-35　青海省机组额定容量对应的应急启停调峰服务报价

机组额定容量级别（万千瓦）	报价上限（万元/次）
13.5	60
30	110
35	120
66	200

（3）储能调峰交易。青海储能调峰服务市场化交易可分为双边协定和市场竞价交易两种模式。双边协定交易模式主要适合于年度和月度中长期辅助服务交易，而市场竞价交易模式主要适合于短期辅助服务交易。如果双边协商交易或者竞价交易后储能设施仍有剩余充电能力，在电网需要调峰资源的情况下调度机构可以按照电网调用储能调峰价格（暂定 0.7 元/千瓦时）调用储能设施参与青海电网调峰。对于该部分储能电力空间，由电力调度机构根据系统运行情况有限消纳风电、太阳能发电。

专栏 4-10

青海"绿电 15 日"

自 2019 年 6 月 9 日 0 时至 23 日 24 时，青海开展了"绿电 15 日"活动，即连续 15 日 360 小时全清洁能源供电。在"绿电 15 日"期间，国家电网公司调度中心、西北网调、青海省调三级联动，北京、青海两级电力交易公司协调运作，青海省内清洁能源累计供电量 28.39 亿千瓦时，其中水电、光伏、风电、火电发电量分别为 29.23 亿千瓦时、6.43 亿千瓦时、3.41 亿千瓦时、0.71 亿千瓦时。新能源发电量占全部用电量的 34.7%，实现了高占比发电；火电发电占比仅为 1.8%，全部以市场化手段送出省外。清洁能源除满足省内供电外，外送华东、华北、华中及西北地区山东、河南、陕西、上海 8 个省（市、自治区），外送电量 10.68 亿千瓦时。

鲁能海西 100 兆瓦时储能电站是"绿电 15 日"期间唯一一座参与共享储能市场化交易的电站，"绿电 15 日"期间共计放电 50.12 万千瓦时，有效发挥了对电网调频调峰、平衡输出、缓解新能源发电出力波动等作用。

资料来源：《青海日报》、《人民日报》。

5. 宁夏

2017 年，为促进新能源消纳、以市场化方式挖掘深度调峰等辅助服务能力，西北能源监管局组织开展了宁夏电力辅助服务市场建设试点工作，制定了《宁夏电力辅助服务市场建设方案》。2017 年 12 月，国家能源局正式发文批准了宁夏试点工作。2018 年 3 月，西北能源监管局、自治区经信委联合印发《宁夏电力辅助服务市场运营规则（试行）》。2018 年 5 月，宁夏电力辅助服务市场正式试运行，2018 年 11 月 30 日，市场转入正式运行。2019 年 9 月，西北能源监管局会同自治区发展改革委印发了《宁夏电网自备机组参与宁夏电力辅助服务市场的补充规定（试行）》，在公用机组的基础上引入了自备机组参与交易，进一步发掘系统调峰潜力，进一步深化了市场机制、扩大了参与主体范围。

宁夏电力辅助服务市场运行以来，通过电力辅助服务市场建设取得了显著的经济和社会效益，主要体现在三个方面。一是提升了调峰能力，火电机组调峰能力较建立市场前增加约 140 万千瓦，增加深度调峰电量 1.82 亿千瓦时，降低新能源弃电率约 0.6 个百分点，新能源最大电力达到 1002 万千瓦，再创新高。火电企业获得调峰补偿费用 8235 万元，三座电厂补偿费用过千万。二是促进了节能减排，市场机制对火电机组进行灵活性改造提供了合理补偿，为消纳新能源电量腾出了市场空间，通过增发新能源电量节约燃煤 6.37 万吨，减少二氧化碳排放 15.86 万吨。三是完善了市场体系，电力辅助服务市场具有"实时电力"特性，是对电力中长期交易的有益补充，并为未来电力现货市场的建设奠定基础。

6. 新疆

2017 年 7 月，国家能源局新疆监管办发布了关于征求《新疆电力辅助服务市场运营规则（征求意见稿）》，规则从参与的主体、交易品种和类型、市场组织和竞价、交易结果执行、计量和结算信息披露、市场监管和干预六个方面进行了阐述。两个月后，新疆能监办正式发布《新疆电力辅助服务市场运营规则（试行）》。根据运营规则，新疆有偿调峰服务暂包含实时深度调峰交易、调停备用交易、可中断负荷交易、电储能交易。跨省调峰服务暂不开展，维持现有省间交易机制，待市场条件成熟后逐步实施。新疆实时深度调峰交易报价与其他省份不同，在不同时期有不同报价，如专栏 4-11 所示。

专栏 4-11

《新疆电力辅助服务市场运营规则（试行）》节选
实时深度调峰交易

深度调峰交易采取阶梯式报价方式和价格机制，发电企业在不同时期分两档浮动报价，具体分档报价如表 4-36 所示。

表 4-36　新疆深度调峰交易报价

时期	报价档位	公用火电厂类型	火电厂负荷率（%）	报价下限（元/千瓦时）	报价上限（元/千瓦时）
非供暖期	第一档	纯凝火电机组	40<负荷率<50	0	0.22
		热电机组	40<负荷率<45		
	第二档	全部火电机组	负荷率≤40	0.22	0.5
供暖期	第一档	纯凝火电机组	40<负荷率<45	0	0.22
		热电机组	40<负荷率<50		
	第二档	全部火电机组	负荷率≤40	0.22	0.5

新疆实时深度调峰交易一般在根据火电厂最小运行方式、电网调峰缺口、辅助服务补偿资金等情况，每个季度进行调整，同时电力市场发生较大变化时也可以适时进行调整。

2019 年 11 月，国家能源局综合司通报了 2019 年上半年电力辅助服务有关情况。从电力辅助服务补偿总费用来看，西北区域电力辅助服务补偿费用占上网电费总额比重与全国其他区域相比最高，为 3.27%。从电力辅助服务补偿费用的结构上看，西北区域调频和调压补偿费用占比明显高于全国平均水平，调频、调峰、备用、调压补偿费用分别占总补偿费用的 30.87%、25.29%、29.74%、13.99%。详细情况如表 4-37 所示。

表4-37 2019年上半年西北区域电力辅助服务补偿基本情况统计表

地区		发电企业数量（家）	装机容量（万千瓦）	总补偿费用（万元）	补偿费用占比（%）						总补偿费用占上网电费比重（%）
					调频	调峰	备用	调压	其他	
西北区域	陕西	175	3692	60169	36.82	8.69	43.73	10.47	0.29	3.13
	甘肃	329	4195	43192	26.22	55.50	8.24	10.04	0.00	2.10
	青海	300	2819	17717	25.52	14.42	24.69	35.37	0.00	2.53
	宁夏	255	3901	54353	36.10	20.84	28.53	14.51	0.02	4.25
	新疆	521	5277	66588	25.66	27.20	33.37	13.61	0.16	4.63
	合计	1580	19883	242019	30.87	25.29	29.74	13.99	0.12	3.27
全国合计		4566	137035	1303085	20.73	38.44	36.38	4.23	0.22	1.47

资料来源：《国家能源局综合司关于2019年上半年电力辅助服务有关情况的通报》。

六、有序放开发用电计划

（一）通过政策逐步推动放开发用电计划

2015 年 11 月，"9 号文"的配套文件之一《关于有序放开发用电计划的实施意见》（发改经体〔2015〕2752 号）出台，就优先发购电制度、电力电量平衡工作、电力直接交易等方面进行了说明。该实施意见指出，有序放开发用电计划的总体思路是：通过建立优先购电制度保障无议价能力的用户用电，通过建立优先发电制度保障清洁能源发电、调节性电源发电优先上网，通过直接交易、电力市场等市场化交易方式，逐步放开其他的发用电计划。在保证电力供需平衡、保障社会秩序的前提下，实现电力电量平衡从以计划手段为主平稳过渡到以市场手段为主，并促进节能减排。

2017 年 3 月，《国家发展改革委 国家能源局关于有序放开发用电计划的通知》（发改运行〔2017〕294 号）下发，明确逐年减少既有燃煤发电企业计划电量，要求新核准发电机组积极参与市场交易，同时有序放开跨省跨区送受电计划。同月，优先发电、优先购电计划纳入年度基础产业、新兴产业和部分重点领域发展计划并印发下达。2017 年 9 月，《国务院关于取消一批行政许可事项的决定》（国发〔2017〕46 号）出台，取消了由国家发展改革委负责审批的"跨省发电、供电计划和省级发电、供电计划备案核准"行政许可事项。

2018 年 7 月，国家发展改革委、国家能源局联合印发了《关于积极推进电力市场化交易进一步完善交易机制的通知》（发改运行〔2018〕1027 号），试点在市场化程度较高的煤炭、钢铁、有色、建材 4 个重点行业全面放开电力用户发用电计划，并同步出台了《全面放开部分重点行业电力用户发用电计划实施方案》。

2019 年 1 月，《国家发展改革委 国家能源局关于规范优先发电优先购电计划管理的通知》（发改运行〔2019〕144 号）下发，要求各地充分认识建立完善优先发电、优先购电制度的重要意义；严格界定适用范围，科学编制优先发电、优先购电计划；有效完善政策体系，切实执行优先发电、优先购电计划；细化工作程序，规范管理优先发电、优先购电计划；明确保障措施，加强事中事后监管。关于优先发电、优先购电计划的制定程序（见专栏 4-12）。各省（市、自治区）的优先发购电计划由省级政府主管部门负责编制并上报国家发展改革委，跨省跨区的优先发购电计划由国网和南网公司提出预案并上报，国家发展改革委将上报的计划协调完善后，纳入年度基础产业、新兴产业和部分重点领域发展计划并下发。

专栏 4-12

《国家发展改革委 国家能源局
关于规范优先发电优先购电计划管理的通知》节选

四、细化工作程序，规范管理优先发电、优先购电计划

（十）各省（区、市）政府主管部门要会同有关部门、电力企业，根据国家关于优先发电、优先购电保障的有关要求，结合本地区电力生产和消费实际，编制本地区下一年度优先发电、优先购电计划，每年10月底前上报国家发展改革委。国家电网公司、南方电网公司受国家发展改革委委托，要征求跨省跨区送受电各方意见，提出本经营区域下一年度跨省跨区优先发电计划预案，每年10月底前上报国家发展改革委。

（十一）国家发展改革委组织就优先发电、优先购电计划征求各方意见，根据工作需要对送受电双方不能达成一致的跨省跨区优先发电计划进行协调，并将完善后的优先发电、优先购电计划纳入年度基础产业、新兴产业和部分重点领域发展计划，下发各省（区、市）政府主管部门和相关电力企业。

（十二）优先发电、优先购电计划在执行过程中，可根据实际情况进行调整。调整流程与编制时一致，并可适当简化程序，缩短时间，提高效率。

2019年6月，《国家发展改革委关于全面放开经营性电力用户发用电计划的通知》（发改运行〔2019〕1105号）出台，要求经营性电力用户的发用电计划原则上全部放开。除居民、农业、重要公用事业和公益性服务等行业电力用户以及电力生产供应所必需的厂用电和线损之外，其他电力用户均属于经营性电力用户。经营性电力用户全面放开参与市场化交易主要形式可以包括直接参与、由售电公司代理参与、其他各地根据实际情况研究明确的市场化方式等。通知同时要求积极支持中小用户由售电公司代理参加市场化交易。

西北各省（区）按照国家相关文件的要求，与全国同步，逐步有序地放开发用电计划，相关政策文件如表4-38所示。

表4-38 西北有序放开发用点计划相关政策文件汇总

时间	政策文件
2015年11月	《关于有序放开发用电计划的实施意见》（发改经体〔2015〕2752号）
2017年3月	《国家发展改革委 国家能源局关于有序放开发用电计划的通知》（发改运行〔2017〕294号）

时间	政策文件
2018 年 7 月	《国家发展改革委、国家能源局关于积极推进电力市场化交易进一步完善交易机制的通知》（发改运行〔2018〕1027 号），附《全面放开部分重点行业电力用户发用电计划实施方案》
2019 年 1 月	《国家发展改革委 国家能源局关于规范优先发电优先购电计划管理的通知》（发改运行〔2019〕144 号）
2019 年 1 月	《青海省工业和信息化厅关于开展 2019 年电力直接交易有关事项的通知》（青工信电〔2019〕20 号）
2019 年 2 月	《陕西省 2019 年上半年电力直接交易实施方案》（陕发改运行〔2019〕180 号）
2019 年 3 月	《甘肃省 2019 年电力用户与发电企业直接交易实施细则》（甘发改价管〔2019〕188 号）
2019 年 6 月	《国家发展改革委关于全面放开经营性电力用户发用电计划的通知》（发改运行〔2019〕1105 号）
2019 年 8 月	新疆发展改革委发布《关于规范燃煤自备电厂参与新疆电力市场化交易的通知》
2019 年 9 月	《陕西省发展改革委关于做好全面放开陕西省经营性用户参与电力直接交易的通知》（陕发改运行〔2019〕1131 号）
2019 年 10 月	新疆发展改革委印发《全面放开经营性电力用户参与电力市场化交易的通知》

（二）省级层面放开发用电计划实践

2016 年，各省（区）出台的电力体制改革综合试点方案中均将发用电计划改革列为电力体制改革的任务之一。各省（区）发用电计划主管部门每年制定的电力交易实施方案中，市场化交易电量逐步增大，对市场主体的准入限制逐步放宽，将越来越多的发电企业和电力用户纳入市场化交易中。

1. 陕西

随着电力直接交易的深入开展，陕西准入主体范围的逐步放宽，发用电计划有序放开，交易规模逐步扩大。2016 年，陕西省发展改革委发布的上半年电力直接交易准入原则主要有：符合《产业结构调整指导目录》等国家产业政策，并且环保排放达标，产品单位能耗低于全国同行业平均水平的企业；优先安排 2015 年用电量在 3000 万千瓦时及以上，且在电网企业独立开户，单独计量，用电电压等级 110 千伏及以上的工商业企业和 10 千伏以上高新技术企业；公益性用户及部分产业支持、地市政府推荐企业用户将给予支持等。

2016 年全年，陕西电力直接交易计划规模为 200 亿千瓦时；2017 年，直接交易规模增长至约 270 亿千瓦时；2018 年，直接交易规模扩大至约 320 亿千瓦时；2019 年，电力直接交易计划规模大幅增长至 500 亿千瓦时，约占陕西 2018 年全社会总用电量的 31.4%。

2019 年，《陕西省 2019 年上半年电力直接交易实施方案》中对市场主体的准入规则进一步放宽，可参与交易的电量规模也进一步扩大。具体要求为：对于用电企业，在电网企业独立开户、单独计量，执行大工业和一般工商业电价的电力用户可参与电力交易。具体来说，年用电量 500 万千瓦时及以上的电力用户可直接参与交易，年用电量在 300~500 万千瓦时的电力用户可选择一家售电公司代理参与。有色、钢铁、建材、煤炭 4 个重点行业用户年用电量达到 500 万千瓦时以上的，按其申报年用电量的 70% 参与自主协商交易，30% 参与集中竞价交易的方式全电量参与。年用电量在 300~500 万千瓦时的，全电量参与自主协商直接交易。同时按照国家电力体制改革有关文件规定，一产用电，三产中的重要公用事业、公益性服务行业用电以及居民生活用电优先购电。因此，重要公用事业、公益性服务包括党政军机关、学校、医院、公共交通、金融、通信、邮政、供水、供气等涉及社会活动基本需求，或提供公共产品和服务的部门和单位暂不进入电力市场交易。

对于发电企业，准入条件是投运且获得电力业务许可证的单机容量 30 万千瓦及以上且符合国家环保排放标准的发电企业（综合利用煤矸石电厂可放宽至 20 万千瓦），并在陕西电力交易中心有限公司完成注册的发电企业均具备市场准入资格。在陕西电力交易中心有限公司注册并完成公示无异议的且已递交履约保函的售电公司，可代理电力用户向发电企业购电。

2019 年 9 月，陕西 2020 年全面放开经营性电力用户发用电计划的工作正式启动。陕西经营性电力用户，即执行销售电价为大工业电价或一般工商业电价的电力用户，且在经济运行行业用电分类中除"农、林、牧、渔业"或"公共服务及管理组织"外的电力用户，可选择参与电力直接交易，不再受电压等级、用电量及行业限制，均可向陕西电力交易中心申请注册。参与 2020 年直接交易的经营性电力用户、售电公司和发电企业，未注册的需在交易平台集中注册时间内注册，完成注册的电力用户和售电公司均可参与 2020 年度直接交易。

2. 甘肃

自新一轮电力体制改革以来，从电力交易规模来看，甘肃市场化交易电量快速增长。2016 年，甘肃电力直接交易的计划规模为 200 亿千瓦时，2017 年增长至 280 亿千瓦时，2018 年的直接交易总规模约 320 亿千瓦时。

从市场准入条件来看（见专栏 4-13），与陕西相比，甘肃对电力用户的交易准入仍有较多的限制，只有特定行业和特定骨干或新区企业可以参与市场交易，具体包括符合政策的电解铝企业；省政府已确定的战略性新兴产业骨干企业；兰州新区、刘川工业园区符合产业、环保政策规定的大工业生产用电量；国务院和省政府有关政策已明确的金川集团股份有限公司、白银有色集团股份有限公司、铁路牵引变用电、甘肃刘化（集团）有限责任公司、高纯工业硅行业、金昌氯碱化工循环经济产业链项目等。

专栏 4-13

《甘肃省 2019 年电力用户与发电企业直接交易实施细则》节选

第二章 准入条件

第五条 参与交易企业必须符合国家产业、环保政策规定，属省发展改革委、省工信厅、省市场监管局 2019 年执行差别电价名单的淘汰类、限制类企业或产能，暂不纳入直接交易范围。

第六条 电力用户条件

（一）符合政策的电解铝企业；

（二）省政府已确定的战略性新兴产业骨干企业；

（三）兰州新区、刘川工业园区符合产业、环保政策规定的大工业生产用电量；

（四）国务院和省政府有关政策已明确的金川集团股份有限公司、白银有色集团股份有限公司、铁路牵引变用电、甘肃刘化（集团）有限责任公司、高纯工业硅行业、金昌氯碱化工循环经济产业链项目；

（五）铁合金、电石、碳化硅行业按照扶大、扶优、扶强原则，于 2019 年 3 月底前提出具体意见并组织实施。

（六）在全年电力电量平衡基础上，上述行业企业用电量超过上年同期的电量。

第七条 发电企业条件

（一）省内除自备电厂以外的火电企业；

（二）省内装机容量 1.5 万千瓦及以上水电企业；

（三）省内新能源发电企业（不含扶贫项目）。

第八条 符合条件的售电公司

甘肃发电企业的准入条件与陕西相比较宽松，只有对水电装机容量有最低 1.5 万千瓦的限制，火电和新能源没有类似陕西的单机容量不低于 30 万千瓦的限制要求。2019 年，甘肃电力直接交易还首次将售电公司纳入准入范围，允许售电公司代理符合条件的电力用户参与市场交易。

3. 青海

从电力交易规模来看，2016 年，青海省内市场化交易电量 117 亿千瓦时，2017 年，交易电量大幅增长至 224 亿千瓦时。2018 年，青海开展电力用户直接交易电量为 186 亿千瓦时，与往年相比有明显下降，主要原因是电解铝等工业产品价格较 2017 年有所回升，青海省政府缩减了交易规模。2018 年，直接交易电量占青海省用电量的 27.66%。

从市场准入条件来看，青海电力直接交易准入条件有所放宽。2016年，只有通过省经信委会同省发展改革委、西北能监局、省能源局审定的电力用户和发电企业直接交易准入市场成员，才可参与交易。2019年，《青海省工业和信息化厅关于开展2019年电力直接交易有关事项的通知》（青工信电〔2019〕20号）对2019年电力直接交易的准入范围进行了规定。单机容量3万千瓦及以上水电（龙羊峡电厂除外）、单机容量13.5万千瓦及以上火电企业，集中并网太阳能、风能企业（扶贫、光热发电、特许经营权项目除外，光伏发电应用领跑者基地项目保障性利用小时数以内上网电量除外）均被纳入准入发电企业范围。

准入电力用户在2018年已纳入准入范围的电解铝、铁合金、电视、晶体硅、钢铁、锌冶炼行业及海西地区企业、中国铁路青藏公司牵引用电基础上，增加有色行业铜、镁冶炼企业。同时，结合柴达木循环经济试验区开展可再生能源就近消纳综合试点，海西、海南地区新投产负荷可参与交易。在电力交易机构完成注册的售电公司可代理除电解铝以外用户参与交易。

4. 宁夏

自新一轮电力体制改革以来，从电力交易规模来看，宁夏市场化交易电量快速增长。2016年宁夏的市场化交易电量约为605亿千瓦时，2017年市场化交易电量增至820.71亿千瓦时，2018年市场化交易电量规模约为962亿千瓦时。2018年12月17日，宁夏回族自治区工业和信息化厅印发《自治区工业和信息化厅关于组织开展2019年电力直接交易的通知》，按照有序推进、逐步放开的要求，依据交易规则，基数以外的电量需求全部进入市场。

与甘肃相比，宁夏的电力用户准入条件较为宽松。《自治区经济和信息化委员会关于申报2018年电力直接交易企业的通知》（宁经信电力发〔2017〕348号）中对宁夏电力直接交易准入条件进行了规定。其中用户准入条件为：优先用电电压等级在110千伏及以上的大型用户，根据年度交易电量总规模扩大到一定规模以上的35千伏用户，高新技术企业电压等级可放宽至10千伏及以上；符合《产业结构调整指导目录》（2011年本，2013年修正）等产业政策和节能环保要求的企业；未被国家或自治区列入产业淘汰类的企业；环保排放达标，能耗不高于自治区限定标准；无长期拖欠电费，无恶意违反交易规则等不良信用记录；开展电力需求侧管理工作，安装在线监测系统并运行良好；依法取得售电资质自觉遵守自治区电力直接交易规则的售电公司，可参与直接交易。

发电企业的准入条件为：符合国家或自治区基本建设审批程序；未被国家和自治区列入淘汰计划的公用机组；排放符合国家标准，能耗不高于全国同类型机组指标；单机容量20万千瓦及以上的公用火电机组；按规定承担国家设立的政府性基金，以及产业政策相符合的政策性交叉补贴，公平承担发电企业社会责任的自备电厂可以参与交易。

5. 新疆

随着电力体制改革持续推进，新疆市场化交易电量逐年攀升。2016年，新疆市场化交易电量约为202亿千瓦时，2017年，市场化交易电量达到294亿千瓦时，2018年，市场化交易电量增长至465.2亿千瓦时。

从准入条件看，新疆逐渐放开电力市场化交易限制。新疆电力直接交易发电企业的准入条件依据的是2018年5月出台的《新疆电力中长期交易实施细则（试行）》。其中对发电企业的准入规定是：依法取得核准和备案文件及电力业务许可证（发电类）；符合国家产业政策，环保设施正常投运且达到环保标准要求；并网自备电厂在公平承担社会责任，承担国家依法合规设立的政府性基金及附加，以及与产业政策相符合的政策性交叉补贴、支付系统备用费后，可作为合格的发电侧市场主体参与市场化交易；符合条件的局域电网、增量配电区域及趸售县（团场）等电网范围内的发电企业，可以独立参与交易；新疆区域内外送配套电源所属的发电企业，暂不参与新疆区域内组织的电力交易；保留在电网企业内部且没有核定上网电价的发电企业不参与跨省跨区交易；关停机组在关停之日至国家规定的期限内，可直接在电力交易机构注册，仅参与优先发电电量合同转让交易。

新疆电力交易中心发布的公告对电力用户和售电公司准入条件进行了说明。准入电力用户包括：电压等级在10千伏及以上，南疆四地州（阿克苏、喀什、和田、克州）年用电量300万千瓦时及以上，其他地州年用电量500万千瓦时及以上的工业用户；电压等级在10千伏及以上，煤炭、钢铁、有色、建材、石油及化工、硅基新材料行业及政府主管部门认定的云计算企业电力用户不受用电量限制，全电量参与交易。关于售电公司，公告中明确，按要求完成注册、公示、备案流程的售电公司可参与2019年度直接交易。售电公司之间不开展售电业务。单个售电公司2019年的年度直接交易规模不超过15亿千瓦时。

2019年8月，新疆维吾尔自治区发展改革委放开满足合格市场主体条件的自备电厂参与电力市场化交易限制，允许其以自发自用以外电量参与电力市场化交易。2019年10月，新疆维吾尔自治区发展改革委印发通知，明确了除居民、农业、重要公用事业和公益性服务等行业电力用户以及电力生产供应所必需的厂用电和线损之外，其他电力用户均属于经营性电力用户。年用电量在500万千瓦时及以上（南疆地区为300万千瓦时及以上）且接入电压等级在10千伏及以上的经营性电力用户为大用户，可直接申请参与电力市场化交易；其他用户为中小用户，可通过售电公司代理后参与电力市场化交易。

七、存在的主要问题

当前西北电力市场化改革主要存在五个主要问题：一是输配电价改革不到位；二是交易机构独立不彻底；三是省间壁垒仍然比较突出；四是中长期交易机制有待完善；五是现货市场建设推进比较缓慢。

（一）输配电价改革不到位

西北区域内输配电价改革不到位主要体现在两个方面：一是输配电价核定压力较大且难以执行到位。西北地区多个省份电网建设投资大、成本高，价格核定压力较大。例如，青海地广人稀，经济发展较为落后，电力用户经济承受能力较低，而按照输电网成本核定出的输配电价较高，无法完全按照核定的价格执行。如何通过对电网企业输配电成本进行更加精细化的管控、更加科学合理的核定、更加严格的监审等方式，降低输配电价的成本，从而减轻电力用户的经济压力有待进一步的探索和研究。二是交叉补贴问题依然存在。西北地区本轮输配电价改革中并未妥善解决电价交叉补贴的问题，销售电价体系中仍存在三方面的价差补贴问题，具体为不同电压等级电力用户之间、同一电压等级不同电力用户之间和省内不同地区电力用户之间的供电成本交叉补贴（张粒子，2016）。这些交叉补贴造成对电力用户间的不公平，高成本的用户可享受低电价，而低成本的用户支付了高电价，同时还产生了大量的经济损失（叶泽等，2017）。随着电力市场的逐步完善和市场化交易的大规模开展，交叉补贴的问题将日益突出，电价改革中需大力推进交叉补贴改革。

（二）交易机构独立不彻底

一方面，从股权结构来分析。例如，陕西电力交易中心股东总共13家，而国网陕西省电力公司占股67%，陕西地方电力集团公司占股13%，其余20%的股份由5家发电企业、3家大用户和3家售电公司参股；宁夏电力交易中心的股权结构是国网宁夏电力公司占股70%，30%由其他市场主体参股，具体的股东仍未完全确定。电力交易中心的大股东还是国网省级电力公司，股份制改造还没有进入到实质性阶段。另一方面，组织结构没有实现真正独立。人员独立、人事任免权独立是交易机构独立的核心内容。西北五省（区）的电力交易中心仍是下属于国网各省级电网公司的机构，在人事的任免等方面仍受到各个省级电力公司方面的影响，没有实现真正的独立。《国家发展改革委 国家能源局关于推进电力交易机构规范化建设的通知》（发改经体〔2018〕1246号）文件中要求各电力交易中心股份制改造工作于2018年底完成，而实际上西北地区五省（区）的电力交易中心的股份制改造还没有完全完成，电力交易中心独立还要继续推进。

（三）省间壁垒仍然比较突出

虽然电力市场化交易逐步放开，跨省的电力优化配置需求逐年增长，但由于"省为实体"的电力管理模式、技术制约、电价区域差异等多重因素，省间交易还是存在诸多阻碍。西北区域电力和能源行业的管理与全国情况一致，还是以省为实体，电力运行和电力交易以省为单位开展，省内资源配置基本没有阻碍，但是省间壁垒较为突出，这样的管理和运行体制不利于形成在区域范围内优化配置资源的局面。西北在运直流通道的运营情况可以从一定程度上反映省间壁垒的存在及其带来的问题：在效率方面，西北地区9条跨区直流设计容量合计5471万千瓦，最大功率为2600万千瓦，仅为设计容量的47.5%；在效益方面，据测算，收回全部跨区直流工程的投资需要的输送电量规模达到约2780亿千瓦时，而2018年西北跨区直流交易电量1530亿千瓦时，满足率仅为55.0%，省间电力交易规模还需大幅提升（刘瑞丰等，2019）。

（四）中长期交易机制有待完善

由于放开发电计划和售电市场，其引发的自主市场行为比统购统销模式下的发用电行为更加难以捕捉和预测，中长期负荷对交易价格的弹性响应存在不灵敏，长期负荷预测的准确性存在较大的差异，继而影响中长期交易行为。当前西北跨区跨省中长期交易主要以年度交易为主，月度或月内短期交易为补充，但未有效反映电力市场供需平衡关系，减小清洁能源间歇性、波动性对电力电量平衡造成的影响。如《〈新疆电力中长期交易实施细则（试行）〉推进工作报告》提到的中长期交易偏差处理、结算税率、技术支持系统支撑能力等问题，这些问题对现阶段中长期交易的实施都存在一定影响。

（五）现货市场建设推进比较缓慢

西北现货市场建设工作还处于研究、探索阶段，只有甘肃进行了试点建设。现货市场的作用可以分为三个层面，在经济层面，电力现货市场可以最大限度地还原电能的商品属性，反映电能的实时价格，从而促进电力行业的健康发展；在改革层面，构建有效竞争的电力现货市场体系，能够形成由市场决定能源价格的机制，转变政府对能源的管理方式，推动能源体制改革；在电力系统层面，电力现货市场建设对电力市场的开放、竞争、有序运行起到了基础性的支撑作用，是协调市场交易与系统安全的关键所在。在电力体制改革与能源战略转型的背景下，为进一步促进西北地区资源优化配置和新能源电量消纳，以市场化方式优化能源结构，在西北区域推进电力现货市场建设十分必要。

但是，对于区域现货市场各方面技术支持的研究有所滞后，新能源机组出力预测、市场模型与应用数据管理、现货市场一体化支撑平台、电力市场仿真模拟推演等技术有待进一步提高，在一定程度上会影响区域现货市场建设的进程。此外，针对区域现货市场建设，国家层面对推进区域电力市场建设的指导还不明确，尚未出台推进区域电力市场建设的政策文件，市场建设推进的主体和相关责任也未明确，市场建设的模式和推进路线有待进一步研究。这些问题都影响了西北电力现货市场建设的推进。

第二节　煤炭市场化改革进展及存在的问题

煤炭产能分布较好，加之国家煤炭开发战略西移，西北产煤区在全国的重要作用和战略地位越来越凸显，因此，区域煤炭市场同时肩负着煤炭去产能和保障煤炭供应的双重重任，以此为前提的煤炭市场化改革任务十分艰巨。在市场化改革进程中，西北五省（区）以"放管服"为着力点，通过搭建集约、安全、高效、绿色的现代煤炭工业体系，在突出以大型煤炭基地、大型骨干企业集团、大型现代化煤矿主导地位的同时完善多元市场主体，提高生产效率和企业效益，进而推进煤炭价格的市场化运作模式，最终实现煤炭的供给侧结构性改革这一根本目标。

一、完善多元市场主体

改革开放初期，为缓解煤炭供应紧张的局面，在办煤体制上，国家取消了不允许群众集资办矿和私人办矿的限制，继而积极发展地方国营煤矿和小煤矿，中小煤矿得以蓬勃发展。但给煤炭资源粗放式开采也带来了一系列环境、经济和安全方面的问题。为了在全国范围内整顿煤炭行业的混乱，国家出台《国务院关于关闭非法和布局不合理煤矿有关问题的通知》（国发〔1998〕43号），煤炭行业进入了一轮较为严格的整顿期。这一时期西北地区与全国同步，各省（区）政府也相继出台了包括关停非法或布局不合理的小煤矿、限制低水平矿山企业参与煤炭资源开发等一系列整顿措施，通过清理、整顿，提高煤炭行业的整体水平，促进了煤炭工业健康发展。

此后，国家又在《煤炭工业发展"十三五"规划》中提出要加快煤炭开发战略西移步伐，支持陕西、新疆等重点地区煤矿企业强强联合，组建跨地区、跨行业、跨所有制的特大型煤矿企业集团，推动煤炭生产要素在全国范围内的优化配置。国家对煤炭的总体布局为西北进一步完善市场化提供了有力的支持和保障，西北地区各省（区）积极抓住这一利好的机会，通过兼并重组、入股买断、关闭等方式对煤炭市场进行较为深入的整合，改变以往的大中小矿业并举、单一煤炭产业、单一煤炭产品为主的生产结构和模式，逐步向以大型特大型矿井为主、中小型矿井为辅、煤炭资源与伴生资源综合开发、煤电路和煤焦化多元产业开发多结构和综合模式转变，推陈出新培育出了一批具有国际竞争力的大型煤炭基地及现代化煤炭企业集团，产业附加值和开发效益不断提升。

（一）陕西

1982年12月，陕西发现了位于榆林神木府谷地区的神府煤田，使陕西探明煤炭储量增加了4.5倍，不仅确立了陕西的煤炭资源大省地位，同时也掀起了一轮陕西小煤矿蓬勃发展的局面。次年，陕西小煤矿生产原煤总量达400多万吨，占当年全省煤炭产量的23%；随后1984年3月陕西省人民政府出台政策提出要积极扶持和发展小煤矿，通过成立"陕西省地方煤矿开发服务公司"来统一管理地方国营煤矿和小煤矿的生产、计划、改造、安全等工作，随着一系列加快发展小煤矿政策的落实，陕西煤炭生产迎来了一轮快速增长期。但同时伴生的小煤矿生产效率低下、资源浪费严重、生产安全和环境污染问题却也不断凸显，逐渐演化成为影响陕西的煤炭行业管理和整体的发展水平提升的主要制约。

1999年，陕西在《国务院关于关闭非法和布局不合理煤矿有关问题的通知》（国发〔1998〕43号）精神和关井压产工作要求指导下，关闭各类矿井1066处，压产1484万吨；2000年继续关闭非法布局的小煤矿430处，煤炭产量比1999年压缩了555万吨，煤炭库存降为212万吨。通过关停一系列非法和布局不合理小煤矿，使得陕西煤炭工业主体由以往的大、中、小矿业并举、单一煤炭产业、单一煤炭产品为主的生产结构和模式发生了根本转变，大型特大型矿井成为煤炭生产主体，煤炭资源与伴生资源综合开发以及煤电路、煤焦化多元产业开发建设很大程度上提升了产业附加值，行业效益增加。

随着国家对煤矿安全生产、淘汰小煤矿的工作要求进一步加强，2014 年，陕西又针对 9 类煤矿进行关停和整顿，并确定关闭截止时间及目标，奖励退出及兼并重组完成良好的煤矿。整改关停的煤矿包括：榆林淘汰 30 万吨/年以下矿井；延安、铜川、渭南、咸阳淘汰 15 万吨/年以下矿井；汉中、商洛淘汰 9 万吨/年以下矿井；安康 2013～2015 年关闭 15 处高瓦斯矿井，石煤矿不再增加新的矿点。通过一系列整改，截至 2018 年底，陕西实有煤矿 438 处，其中，生产矿井 275 处，核定产能 48152 万吨/年；建设矿井 163 处以及石煤矿 46 处，合计生产能力 67271 万吨/年[①]。

陕西的主要中央企业下属煤炭公司有陕西榆林神华能源有限责任公司和中煤陕西榆林能源化工有限公司。主要的地方煤炭企业包括陕西煤业化工集团有限责任公司、陕西榆林能源集团有限公司、彬县煤炭有限责任公司等。

（二）甘肃

20 世纪 80 年代初期至 90 年代中期，随着改革开放的实施特别是 90 年代市场经济体制不断完善，甘肃省煤炭产业进入了一轮较快的发展期，先后开发了窑街、靖远和华亭煤矿，为甘肃的煤炭产业发展奠定了基础。1984 年，全省煤炭产量首次突破了 1000 万吨（李睿，2013）。同样，伴随煤炭产业迅猛发展，产业集中度低、产品质量差、生产事故率高、环境污染严重等问题也不断发酵。

随着国家政策方针调整，按照现代企业制度的要求，按照市场取向和规模经济的原则，通过兼并、联合、参股等方式，甘肃对煤炭行业进行了大范围的产权制度改革，一方面限制、淘汰落后生产能力，完善退出机制，另一方面培育大型公司和企业集团，形成以靖远、窑街、华亭矿区以及河西四大主要煤炭产地大企业的骨干支撑企业，逐步建立了以国有和大中型企业集团为核心的市场主体。截至 2018 年底，甘肃共有建设煤矿（含资源整合、新建、改扩建、技术改造）13 处，生产煤矿 41 处，合计生产能力 7052 万吨/年。现有的地方煤炭生产企业主要有三家：一是华亭煤业集团有限责任公司（华能集团公司、甘肃省国资委和平凉市国资委持股比例 49：41：10）；二是靖远煤业集团有限责任公司（甘肃省政府国资委监管的国有独资企业）；三是窑街煤电集团有限公司（由甘肃省人民政府、中国信达资产管理公司、中国华融资产管理公司共同出资组建）。

（三）青海

20 世纪 80 年代前，青海在"全民办矿，以煤保钢"；"大中小并举，两条腿走路"的政策方针指导下，各州县乡镇实行"小土群"[②] 生产模式，1978 年全省年产 165.36 万吨原煤。20 世纪 80 年代乡镇煤矿开始兴起，到 1992 年全省乡镇企业煤炭总产量达 60.78 万

---

① 陕西煤矿安全监察局官网全省煤矿概况。
② "小土群"指"土法"建起来的炼铁、炼钢、炼焦、开采煤矿、铁矿的小型生产设备群体。

吨，占当年煤炭总产量的 21.55%（严琼，1994）。随后，1998 年按照国务院关于关闭非法煤矿通知要求，青海陆续关闭取缔无采矿许可证、无煤炭生产许可证的"双无"矿井，以及在国有煤矿矿区范围内开办的各类小型煤矿；2001 年进一步按照国家关闭整顿小煤矿的工作部署，又针对"四证"（采矿许可证、煤炭生产许可证、营业执照、矿长资格证书）不全及高灰高硫（灰分超过 40%、含硫超过 3%）的矿井、复采矿井和年产量不足 1 万吨的矿井进行全面整顿。截至 2010 年底，查明有资源储量的产地按矿区划分有 66 处，其中大型矿区 3 处（江仓矿区、聚乎更矿区、鱼卡矿区），中型 1 处（弧山矿区），小型及以下规模的 62 处[①]。2018 年，青海原煤产量达 773.38 万吨，同比增长 3.8%[②]，共有建设煤矿 12 处，生产煤矿 14 处，合计生产能力 1995 万吨/年。青海主要的地方煤炭企业包括青海省能源发展（集团）有限责任公司和青海省西海煤炭开发有限责任公司两家企业及其旗下煤矿 9 家，合计生产能力 1120 万吨/年。

（四）宁夏

20 世纪 80 年代初改革开放伊始，宁夏贯彻执行中央提出的"大、中、小煤矿一起搞，国家、集体、个人一起上"、"放开、搞活、管好"的方针，一方面抓地方国营骨干矿井的建设，另一方面在统一规划的基础上，在有条件的地方鼓励个人、社会资本和企事业单位集资办矿，带动了地方煤矿快速发展。截至 1985 年，全区 19 个市县中 15 个市县共兴办煤矿 109 个，其中自治区区属煤矿 4 个（含基建井 1 座），地方国营县属矿 10 个，农垦（农场）煤矿 5 个，部队煤矿 9 个，县办大集体煤矿 4 个，乡镇煤矿 52 个，劳动服务公司办煤矿 19 个，其他煤矿 6 个，核定生产能力 168 万吨/年。[③]

1996 年，国家"九五"规划之初，囿于小煤矿低水平重复建设、煤炭工业结构不合理、全国煤炭市场总量过剩、煤炭下游企业不景气等多种因素影响，宁夏煤炭企业陷入了困境。为解决问题摆脱困境，依据国家关闭非法煤矿和整顿小煤矿等政策要求，全区对证件不齐的小煤矿进行大规模关停整顿。2002 年底，按照国家煤矿资产合并重组的工作要求，亘元、太西、灵州三大煤业集团和原宁煤集团公司深度重组成立了宁夏煤业集团有限责任公司，随后于 2006 年又通过增资扩股方式组建了神华宁夏煤业集团有限责任公司（神华集团和宁夏政府占股比例为 51：49）。神华宁夏煤业集团生产及在建矿井 14 对，洗煤单位 1 家，煤炭生产能力 6500 万吨/年；另有宁夏王洼煤业有限公司、宁夏宝丰能源集团股份有限公司等其他几个主要煤矿企业。截至 2018 年底，宁夏共有建设煤矿（含资源整合、新建、改扩建、技术改造）22 处，生产煤矿 23 处，合计生产能力 12842 万吨/年。

（五）新疆

20 世纪 80 年代中后期，新疆煤矿的开采出现了中央、地方、乡镇、个体共同发展的

---

① 青海省煤炭资源勘查专项规划。

② 国家统计局。

③ 宁夏回族自治区煤炭工业厅.当代宁夏煤炭工业［M］.银川：宁夏人民出版社，1988：107-108.

格局，煤炭企业的数量猛增，尤其是 1989 年开始，新疆将 3 万吨/年以下的煤矿开办审批权由省下放地州后，小煤矿增长较快。"八五"规划期间地方煤矿煤炭产量始终占全疆年总产量的 80%以上，乡镇煤矿以每年百万吨净增速度递增，年产量占全疆总产量的 45%左右，发展迅猛（徐清叙，2013）。至 1999 年底，新疆共有各类煤矿 1163 个，年生产能力 3551 万吨左右，国有重点及地方国有煤矿 242 个，乡镇集体及个体煤矿 921 个，其中有 779 个是 6 万吨以下的矿井（郑军，2001）。乡镇煤矿在缓解当时煤炭供应紧张的局面起到了一定的作用，但很多问题也随之产生，规模越来越小，同时办证、建矿、安全和销售等方面也相继出现不少矛盾和问题，严重制约了乡镇煤矿本身的健康发展，同时也影响了国有重点煤矿的健康发展。

响应国务院调整煤炭市场产业结构、关井压产的政策，1998 年，新疆开始关闭非法和布局不合理矿井；2002 年，实施煤炭资源整合，将年产规模 9 万吨以下的煤矿全部淘汰，通过兼并、重组等方式引进大企业大集团整合煤炭资源；2007 年，再次对回采率达不到要求、严重破坏资源的小煤矿进行整合关停，同时再次升级煤炭企业准入门槛，禁止新建年产 30 万吨以下的煤矿，新建和改扩建煤矿的回采率必须达到 65%以上[1]。截至 2008 年，全区煤矿总数由 1998 年的 1798 家减少为 377 家，10 年关闭小煤矿 1400 余个；自此年生产规模 3 万吨以下的小煤矿已基本全部关闭，资源回采率由 30%提高到 60%以上。与此同时，神华、兖矿、鲁能等 60 多家国内大企业纷纷涌入，使新疆国有重点煤矿采煤机械化程度达到 90.57%，煤矿安全程度大大提高[2]。"十一五"期间，新疆再次进行煤矿资源整合及矿井升级改造，各类生产矿井数由 2005 年的 456 处减少到 2011 年底的 352 处，平均单井设计年产能力由 2005 年的 6.5 万吨提高到 2011 年的 14 万吨，矿井个数大幅减少但单井规模不断提升，生产效率和效益得到了大幅提升[3]。

截至 2018 年底，新疆全区（含新疆生产建设兵团）共有建设煤矿（含资源整合、新建、改扩建、技术改造）10 处，生产煤矿 94 处，合计生产能力 19444 万吨/年。主要的中央企业下属煤炭公司包括国投哈密能源开发有限责任公司、神华新疆能源有限责任公司；主要的地方煤炭企业是新汶矿业集团（伊犁）能源开发有限责任公司。

二、深入煤炭价格市场化改革

西北陕西、甘肃、青海和宁夏四省（区）煤炭价格市场化改革与全国情况基本一致，分别以 1994 年和 2002 年为两个分水岭，相继经历了政府定价、双轨运行和完全市场化三个阶段。1994 年，随着全国统一计划价取消，之前执行的全国统一计划价格时代宣告结束，但电煤价格仍然执行国家统一政府指导价。直至 2002 年国家停止发布电煤指导价，通过组织煤炭企业和重点电力企业签订的重点煤炭合同确定价格，重点合同外价格随行就

---

① 新疆整合煤炭业年产 30 万吨以下煤矿不许再建［N］. 中华工商时报，2007-01-31.
② 中央政府门户网站。
③ 新疆维吾尔自治区工业和信息化厅。

市，则意味着煤炭价格完全进入市场化阶段。2013 年，随着国务院取消重点电煤合同和电煤价格双轨制，由煤炭企业与电力企业自主协商确定价格，鼓励双方签订中长期合同，煤炭价格市场化运作进一步深化。

政府定价和双规运行阶段基本都是依照国家层面制定的相关方针和政策实施，西北各省（区）只负责落实本省（区）电价方案，而省级煤炭运销公司承接煤炭联合销售任务。待步入煤炭价格市场化阶段，省（区）级政府对煤炭价格市场化的管理权限相应增加，重点围绕构建政府宏观调控有度、市场主体自由交易的现代化煤炭交易体系开展工作，通过建立现代化煤炭交易体系，促进市场在调节或调控煤炭流通中更好地发挥作用。同时通过发挥中长期煤炭价格协商功能，进一步强化健全了价格调控机制，维护煤炭市场价格秩序。

值得一提的是新疆因其特殊情况，煤炭价格管理体制与西北其他省（区）有所不同，煤炭价格长期实行政府干预，价格管理机制并未与全国接轨，这里将其在后文中单独列出予以说明。

（一）陕、甘、青、宁四省（区）

1994 年以前，陕西、甘肃、青海、宁夏四省（区）煤炭价格和全国其他地区一样，实行政府定价，价格由原煤炭工业部和国家物价局制定。1994 年，国家宣布取消全国统一的煤炭计划价格后，按照国家煤炭价格政策，各省放开对电煤以外煤炭销售价格。以陕西为例，由省物价局对煤炭生产企业实行全省煤炭坑口统一定价，销售企业省内实行合理利润的顺价销售；出省煤炭实行放价销售，由营销企业根据市场情况自行定价。同时对省内发电用煤的价格按同质同价、优质优价的原则，执行政府指导价。

2002 年，国家取消电煤统一指导价以后，四省（区）价格管理部门和煤炭行业主管部门按照国家政策要求，对重点煤炭合同的煤炭价格进行管理，同时合同外煤炭继续实行市场定价。例如，2009 年 12 月，陕西省发展和改革委员会发布《关于做好 2009 年国有重点煤矿供应省内电煤结算和 2010 年省内电煤供应工作的通知》（陕发改运行〔2009〕1924号），其中就国有重点煤矿所供电煤价格、省属煤业化工集团的电煤价格做了规定，并依照优先保证省内电煤供应的原则，敦促煤电双方尽快签订长期购销合同；煤炭价格继续实行市场定价，由煤电双方按照省政府确定的适度低于出省煤炭价格的原则协商确定。

2012 年，在国家取消重点电煤合同和电煤价格双轨制之后，四省（区）煤炭价格先后走向完全市场化，省级政府对煤炭价格的管理集中在鼓励企业签订价格机制合理的中长期合同。例如，《陕西省发展改革委关于做好 2019 年煤炭中长期合同签订工作的通知》（陕发改运行函〔2018〕1943 号）中明确，鼓励煤电双方参照"基准价+浮动价"定价机制，支持更多企业签订 2 年及以上量价齐全的中长期合同，协商确定中长期合同价格，季度、月度长协以及外购煤长协定价机制。宁夏回族自治区发展改革委就下水煤中长期合同如何定价给出了明确的规定，即供需双方应继续参照上年度的办法协商确定定价机制，基准价由双方根据市场供需情况协商确定，对协商不能达成一致意见的，仍按不高于上年度水平执行。

同时，根据煤炭和整体经济形势，各省（区）对电煤价格进行监测并实行价格临时干预。例如，2005 年 3 月甘肃省物价局发布了《甘肃省物价局关于转发国家发展改革委关于对部分煤炭价格实行临时干预措施的通知》（甘价商〔2005〕60 号）要求注意煤炭价格与化肥价格之间的联动关系，要求化肥生产用煤企业按照国家发展改革委文件进行价格结算工作，稳定了甘肃化肥生产成本和价格。2008 年，四省（区）物价局均按照国家政策要求，对电煤价格相应进行临时干预。例如，宁夏回族自治区物价局发布《宁夏回族自治区物价局关于对全区电煤实行价格干预措施的通知》（宁价商发〔2008〕22 号），要求煤炭生产企业供发电用煤出矿价（车板价）均以 2008 年 6 月 19 日实际结算价格 172 元/吨为最高限价；当日没有交易的，以此前最近一次实际结算价格作为最高限价。煤炭供需双方已签订合同并明确交易质量、数量和价格的，必须按照合同约定，保质保量供应电煤，禁止将重点合同煤转为市场煤销售。

（二）新疆

新疆煤炭价格是全国煤价最低的地区。考虑到对用煤单位成本的影响，在政府定价时期，自治区政府将新疆煤炭价格保持在低位，吨煤售价曾一度低于吨煤成本。以乌鲁木齐矿务局为例，1987 年吨煤成本达到 27.2 元，而售价却只有 25 元多，全局当年因此亏损1000 万元。1988 年电厂需要部分超计划煤，按国家规计划外超产煤可加价 50%，自治区只加价了 30%；沿海地区煤价达 80~100 元/吨，焦炭高达 100 多元，新疆的焦炭每吨只有30 多元（汤烫，1988）。

1993 年前后，国家放开煤炭价格管制，变指令性价格为市场指导性价格，产需双方协商定价，以市场调节为主。但是，由于新疆地理位置偏远，内部煤炭消费有限，而外送需要较高的运费，如果煤价较高，再加上运费将失去市场竞争力。随着疆内火电和煤化工业的发展，为形成低煤价区，促进和支持煤炭下游产业的发展以及新疆整体的经济发展，新疆维吾尔自治区政府认为需将煤炭价格控制在合理范围内。此外，由于新疆整体经济发展较为落后，居民和用煤企业对煤价上涨的承受能力较弱（邹维和张萍，2010）。因此，与全国大部分地区放开煤炭价格管制不同，新疆自治区政府综合多种因素考虑，仍然长期执行煤炭价格"临时干预措施"，对发电和供热用煤出矿价格设置最高限价，抑制煤炭价格大幅上涨。

2001 年，新疆维吾尔自治区出台政策开始对煤炭实施临时限价干预措施。2006 年 4月，一度取消了煤炭价格临时限价干预措施，煤炭价格出现了较大幅度反弹。为保持煤价稳定，自治区政府随后对全疆煤炭市场实施临时限价干预措施，要求原则上执行 1997 年新疆维吾尔自治区物价局制定的煤炭出厂及销售价格。2008 年，实行新的临时价格干预措施对发电和供热用煤出矿价格设置了最高限价（南疆及哈密最高不得高于 110 元/吨，其他地区最高不得高于 120 元/吨)；2009 年重申煤炭价格干预措施，继续实行 2008 年出台的价格政策；2009 年、2011 年、2017 年又三次重申了煤炭价格干预措施，继续执行 2008 年制定的发电和供热用煤最高出矿价格限制，至今新疆煤炭价格干预措施仍在执行，煤炭价格机制仍未完全与全国接轨。

具体的价格政策调整过程如下：

从 2001 年 6 月开始，为落实国家整顿乡镇煤矿的政策，新疆 731 处乡镇煤矿全部停产整顿。4 个月后，全疆只有 288 处小煤矿通过验收合格，小煤矿整顿验收工作进展迟缓，煤炭市场供求关系失衡，煤炭缺口太大，导致新疆煤炭价格持续上涨，每吨无烟煤由 2000 年的 170 元涨到 2001 年的 280 元，普通居民和供暖企业都面临用不起煤甚至买不到煤的问题。为保证市场煤炭的正常供应和社会生活的稳定，11 月，政府发布《新疆维吾尔自治区计委关于对自治区煤炭价格实行临时限价干预措施的通知》(新计电〔2001〕31 号)，对煤炭价格实施临时限价干预措施，要求全疆煤炭生产、经营企业从 2001 年 11 月 12 日起必须将煤炭的出厂及销售价格调回到 1997 年新疆维吾尔自治区物价局《关于调整煤炭价格及有关问题的通知》(新价重字〔1997〕13 号) 所规定的价格水平上来，不得突破。

2006 年 4 月，新疆一度取消了煤炭价格临时限价干预措施，煤炭价格出现了较大幅度反弹。为保证供暖季节煤炭市场的稳定，从 2006 年 8 月 15 日至次年 4 月 15 日，新疆对全疆煤炭市场实施临时限价干预措施。要求各地已签订供煤合同的，要严格执行合同约定价格。未签订合同的，国有重点煤矿煤炭出矿价格保持 2006 年元月的水平；乌鲁木齐、昌吉、石河子地区中小煤矿原煤价格以 95 元/吨为基础，上浮不得超过 10%，发电、供热和其他工业用沫煤出矿价格最高不得突破 84 元/吨，块煤出矿价格最高不得突破 146 元/吨。其他地区中小煤矿原煤出矿价格以 90 元/吨为基础。2007 年 8 月，新疆维吾尔自治区发展改革委发布《新疆维吾尔自治区发展和改革委员会关于进一步做好煤炭价格管理工作的通知》，规定 "电煤、热煤原则上执行 1997 年价格"。

2008 年，为保持煤炭价格相对稳定，确保经济社会协调发展，新疆实施煤炭临时价格干预措施。新疆维吾尔自治区发展改革委颁发了《关于煤炭价格管理有关问题的通知》(新发展改革能价〔2008〕162 号) 和《关于煤炭临时价格干预措施有关事宜的通知》(新发改能价〔2008〕1452 号)，要求不分国有煤矿和地方煤矿，5000 大卡/千克的发电和供热用煤出矿价格不超过 100 元/吨 (含税价格，下同)，发热量每增加或减少 100 大卡/千克，出矿价相应提高或降低 3 元/吨；但发电和供热用煤出矿价格南疆及哈密最高不得高于 110 元/吨，其他地区最高不得高于 120 元/吨。

2009 年，为保证煤炭市场正常供应和煤炭价格稳定，新疆煤炭价格继续实施价格干预措施，新疆维吾尔自治区发展改革委颁发了《关于重申煤炭价格干预措施的通知》(新发改能价〔2009〕202 号) 和《关于调整徐矿新疆天山矿业公司俄霍布拉克煤矿煤炭限价的通知》(新发改能价〔2009〕1138 号)，要求电煤、热煤不分国有煤矿和地方煤矿，北疆地区和徐矿新疆天山矿业公司俄霍布拉克煤矿出矿价最高不超过 120 元/吨，南疆其他地区和哈密地区煤矿出矿价最高不超过 110 元/吨，具体热值计价办法继续按有关文件执行。

2011 年，新疆维吾尔自治区发展改革委印发了《关于重申煤炭价格干预措施的通知》（新发改能价〔2011〕179 号），再次重申了继续实行煤炭价格干预措施，继续顺延执行《关于重申煤炭价格干预措施的通知》（新发改能价〔2009〕202 号）和《关于调整徐矿新疆天山矿业公司俄霍布拉克煤矿煤炭限价的通知》（新发改能价〔2009〕1138 号）做出的自治区煤炭价格干预措施。

2017 年 10 月，新疆维吾尔自治区发展改革委印发了《自治区发展改革委关于重申煤炭价格干预措施的通知》（新发改能价〔2017〕1203 号），重申继续实施煤炭价格干预措施，继续顺延执行自治区发展改革委《关于重申煤炭价格干预措施的通知》（新发改能价〔2011〕179 号），即电煤、热煤不分国有煤矿和地方煤矿，北疆地区和徐矿新疆天山矿业公司俄霍布拉克煤矿出矿价最高不超过 120 元/吨，南疆其他地区和哈密地区煤矿出矿价最高不超过 110 元/吨，具体热值计价办法继续按《关于煤炭临时价格干预措施有关事宜的通知》（新发改能价〔2008〕1452 号）执行。

三、强化煤炭领域"放管服"改革

"放管服"改革初期，西北各省（区）政府基本围绕煤炭项目的行政审批下放和审批权限承接开展工作。2013 年 12 月，国务院公布的《政府核准的投资项目目录（2013 年本）》对煤矿的核准要求进行了调整，国家规划矿区内新增年生产能力 120 万吨以下的煤炭开放项目的核准权限由国务院投资主管部门下放到省级政府，并新增规定禁止新建的煤与瓦斯突出、高瓦斯和中小型煤炭开放项目核准。2014 年在 2013 年的规定基础上增加了新增年生产能力 500 万吨及以上项目需报国务院备案的规定。随后，在 2016 年又进一步明确一般煤炭开发项目的核准权归属省级政府，明确"国家规定禁止建设或列入淘汰退出范围的项目不得核准"的范畴。西北各省（区）根据国家政策变动相应地对省级行政核准目录进行调整，陕西、甘肃、青海和宁夏省（区）政府在 2017 年先后发布了各自的投资项目目录，基于国家规定，规范了煤炭项目核准的要求。新疆的目录文件在国家目录文件要求基础上，禁止核准要求中增加了"除喀什地区、克州、和田地区及个别边远缺煤地区外，年生产能力 45 万吨以下改扩建和 60 万吨以下新建项目不得核准"的规定。

随着"放管服"改革的不断深入，西北各省（区）结合自身实际情况，不断适应改革发展的新形势和要求，出台相关政策法规，在规范行政权力运行、提高行政审批效率、创新监管、改进服务等方面不断完善，政府职能从最初的单纯减少审批程序逐步向政府放权以及监管和服务并重的方向转变。

（一）陕西

2015 年 7 月，陕西发布《陕西省人民政府关于印发推进简政放权放管结合转变政府职能工作方案的通知》（陕政发〔2015〕32 号），明确要深入推进行政审批、投资审批、职业资格管理、收费管理和商事制度等方面的改革，推进监管方式创新，优化政府服务。根据国务院取消下放行政审批事项和简政放权、放管结合、职能转变等要求，对地方性法规、规章和规范性文件进行清理。

1. 简政放权方面

重点通过简化审批事项，提高项目审批、管理等工作效率。共取消了 146 项中央指定地方实施审批事项，取消下放省级审批事项 14 项，省级行政许可项目由 2015 年的 386 项减少至 2016 年的 379 项。其中删除或修改设定依据的煤炭领域项目共计 5 项，内容涵盖了煤炭项目审批、卫生资质认定、职业病危害预评价和防护设施以及从业资格认定等领域（见表 4-39）。2017 年，进而又在 2016 年的基础上进一步减少至 343 项，删除或修改设定依据的涉及煤炭行业矿权转让、项目安全设施审查和机构资质认定、卫生技术以及开工许可等领域项目共计 7 项（见表 4-40）。

表 4-39　2016 年陕西省人民政府省级部门行政许可项目调整（煤炭领域）

项目名称	实施部门	调整方式
国家规划矿区之外的煤炭开发项目核准	省发展改革委	删除
煤矿职业卫生技术服务机构（乙级）资质认定	省煤矿安监局	项目更改，依据更改
煤矿建设项目职业病危害预评价报告审核	省煤矿安监局	删除
煤矿职业病防护设施设计审查与竣工验收	省煤矿安监局	删除
煤矿企业特种作业人员资格认定	省煤矿安监局	项目更改

表 4-40　2017 年陕西省人民政府省级部门行政许可项目调整（煤炭领域）

项目名称	实施部门	调整方式
探矿权、采矿权转让许可	省国土资源厅	删除
煤矿建设项目安全设施设计审查	省煤矿安监局	修改设定依据
煤矿安全评价、检测检验机构（乙级）资质认定	省煤矿安监局	修改设定依据
煤矿职业卫生技术服务机构（乙级）资质认定	省煤矿安监局	修改设定依据
煤矿企业安全生产许可证核发	省煤矿安监局	修改制定依据
煤矿企业开办审批及开工审查	省煤矿安监局	删除煤矿企业审批审查
煤矿企业瓦斯等级鉴定及安全应急预案审批	省煤矿安监局	删除

2. 强化监管方面

进一步规范管理职责，明确责任，强化监督，落实工作。2017 年，根据《国务院安委会关于开展全国安全生产大检查的通知》（安委明电〔2017〕3 号）、《陕西省安委会关于开展全省安全生产大检查的通知》（陕安委〔2017〕13 号）等要求，各相关部门在各自监管范围内对应相应工作职责对监管要求进行了调整和规范。其中包括四个方面：一是省煤管局会同陕西煤监局制定下发《关于开展煤矿安全生产大检查的通知》（陕煤局发〔2017〕33 号），针对煤矿企业和监管部门两个层面分别进行 9 项和 5 项检查内容，全面开展煤矿安全生产大检查。二是按照"放管服"改革要求，陕西煤矿安全监察局对《陕西省煤矿企业安全生产许可证颁发管理实施细则》（陕煤安局发〔2016〕195 号）进行了修订，涉及煤炭领域改扩建过程中的手续办理、原有的材料申报和安全生产许可证受理和颁发等诸多方面内容，调整以往不合理的政府职能，集中精力强化监管，有效地帮助煤炭企业高效运营和安全生产（见专栏 4-14）。

专栏 4-14

《陕西省煤矿企业安全生产许可证颁发管理实施细则》修订内容节选

（1）新增总则第四条，改建、扩建矿井在建设期间保留原生产系统继续组织煤炭生产的，依照本细则办理安全生产许可证延期、变更手续。

（2）对原有需要提供的申请领取安全生产许可证提供资料进行具体说明及相关规定，并制定评价结论表。

（3）在网上申报的基础上提供现场申报，陕西煤矿安全监察局政务大厅负责安全生产许可证的受理和颁发工作。

（4）放宽在安全生产许可证有效期届满时，可以申请直接办理延期手续的条件。

（5）政务大厅出具《煤矿企业安全生产许可证申请不予受理决定书》后，告知申请人享有的申请行政复议、提起行政诉讼的权利。

（6）安全生产许可证在办理延期手续期间过期的，煤矿必须立即停止生产活动。

（7）局政务大厅每年应在省局政府网站上向社会公布一次取得安全生产许可证的煤矿企业情况；对注销安全生产许可证的煤矿企业情况也应及时在省局政府网站或其他媒体上公告。

三是陕西煤矿安全监察局明确监察工作重点和责任分工，重点在防范遏制重特大事故、强化责任担当、严格规范执法等方面加强管理和监督，并对事故死亡人数、百万吨死亡率和较大以上事故总量三个指标提出更具体的要求。四是陕西省市场监督管理局在总结《全国重点工业产品质量监督目录（2018 年版）》实施经验基础上，于 2018 年和 2019 年连续发布《全省重点工业产品质量安全监管目录》，通过重点抽查质量问题较多、群众反映强烈、监督抽查合格率低、涉及重大质量安全或国家有关政策文件要求进行监管的产品，使监管落到实处。

3. 改善服务方面

一是通过政府转变职能，为煤炭行业提供更为契合实际的帮助，要求省、市、县各级建立领导包抓重大项目、重点企业工作机制，及时帮助解决项目推进中遇到的困难和问题；要求项目牵头部门做好跟踪落实服务工作，由工业和信息化部门牵头制定有针对性扶持措施帮助生产下降、对稳增长影响较大的重点企业。其中能源行业成为政府改善服务的重点对象，2018 年和 2019 年公布的陕西省重点建设项目名单中，涉及煤炭领域的产业转型、民生保障及一体化建设等十余项项目。二是通过财政税收和银行信贷政策，帮助煤炭行业的转型和辅助。2017 年 1 月，陕西省政府推进供给侧结构性改革去杠杆行动计划，通过信贷政策调整，一方面支持煤炭领域的优质企业，另一方面扶持煤炭行业有市场、有竞争力但产能过剩、暂遇困难的优质骨干企业。同年 11 月，省政府出台《关于支持实体经济发展若干财税措施的意见》（陕政办发〔2017〕102 号），从财税政策着手，提供多渠道融资和科技创新激励，鼓励煤炭行业完成供给侧改革。2019 年 5 月，人民银行西安分行、招商银行与陕煤集团基于上海票据交易所"票付通"产品打造的西北首个互联网平台"票付通"项目在陕西煤炭交易中心上线，通过票据支付的形式，实现"一手交货、一手交票"，缓解企业融资难题，加速煤炭等大宗商品交易周转，助推西安打造具有全国影响力的大宗商品交易市场。

（二）甘肃

2015 年，在国务院全国推进简政放权，放管结合职能转变工作电视电话会议的推进动下，甘肃省政府发布 2015 年推进简政放权放管结合转变政府职能的工作方案，要求转变政府职能，在重要领域和关键环节继续取得突破性进展。随后的 2016 年，甘肃省政府再次就推进简政放权放管结合优化服务改革工作要点进行通知，持续简政放权工作，深化行政审批制度改革、投资审批改革，通过加强监管创新，探索审慎监管模式，促进传统高耗能行业健康发展。2019 年，省政府进而又发布《2019 年甘肃省深化"放管服"改革实施方案》，推进加快制定政务实现清单和推进政务服务标准化改革，减税降费、加强创新事中事后监管以及建设全省一体化在线政务服务平台等。

1. 简政放权方面

一是逐步下放审批权限。《甘肃省人民政府关于发布政府核准的投资项目目录（2015 年本）的通知》（甘政发〔2014〕122 号）中下放了煤炭行业审批权，规定国家规划矿区内新增年生产能力 120 万吨以下煤炭开发项目和其余一般煤炭开发项目由省政府投资主管部门核准。在《甘肃省人民政府关于发布〈甘肃省政府核准的投资项目目录（2017 年本）〉的通知》中，进一步规定煤炭行业国家规划矿区内新增年生产能力 120 万吨及以上煤炭开发项目报国务院行业管理部门核准，其余煤炭开发项目和一般煤炭开发项目由省政府能源主管部门核准，再次推进了煤炭投资审批权力下放。二是不断简化、清理规章制度。2016 年，全省各级对政府规章和行政规范性文件进行深度改革和清理，涉及煤炭行业

1 项；2018 年，为进一步推进简政放权、放管结合、优化服务改革，加快转变政府职能，甘肃省再次清理过期政府文件 709 件，其中涉及煤炭行业 5 项。清理失效文件的具体名录如表 4-41 所示。

表 4-41 2015 年后甘肃省人民政府宣布失效的省政府文件（煤炭领域）

名称	文号
甘肃省人民政府办公厅关于印发甘肃省 2005~2015 年煤炭资源勘查规划的通知	甘政办发〔2007〕6 号
甘肃省人民政府关于批转省煤炭局《小煤矿管理试行办法实施细则》的通知	甘政发〔1979〕11 号
甘肃省人民政府批转省煤炭局关于地县煤矿安全职责范围的报告的通知	甘政发〔1982〕378 号
甘肃省人民政府关于清理整顿乡镇煤矿的决定	甘政发〔1987〕109 号
甘肃省人民政府贯彻国务院《批转国家经委国家计委关于立即整顿国营煤矿井田内各种小井的意见的通知》的通知	甘政发〔1988〕60 号
甘肃省人民政府关于进一步加强乡镇煤矿安全管理的通知	甘政发〔1992〕237 号

2. 强化监管方面

2015 年下发的《甘肃省人民政府办公厅关于印发贯彻落实国务院办公厅创新投资管理方式建立协同监管机制若干意见工作方案的通知》（甘政办发〔2015〕71 号）要求，创新监管方式，提高监管技术水平，加快建设投资项目在线审批监管平台，建立监管联动机制，责任细分到各市州政府、区管委会及政府相关部门。一是重点关注价格监管。甘肃省发展改革委牵头相关职能部门多次开展价格监管工作，通过制定价格监测制度、发布煤炭价格监测报告、开展煤炭价格巡查等方式，随时监测煤炭市场价格变动，保证煤炭价格的平稳。二是紧抓不放安全监管。甘肃省安全生产监督管理局按照"全覆盖、零容忍、严执法、重实效"的总要求，坚持问题导向，不断开展全省煤矿检查、排查，强化煤矿安全生产监管监察执法，保持"打非治违"高压态势，深化煤矿安全专项整治。三是不断创新监管方式方法。2017 年，甘肃省安全生产监督管理局提出"体检"式煤矿企业安全检查制度，进一步推进分类分级监管监察，提高监管监察执法工作的针对性和实效性，更有效地防范遏制了煤矿重特大事故，促进甘肃煤矿安全生产状况持续稳定好转。同时，在检查过程中加入"自查自改"创新模式，要求煤矿企业将自检自改制度化、常态化，严格按照整改措施、责任、资金、时限和预案"五落实"的要求抓好整改，编制隐患自查自改报告。

3. 改善服务方面

一是减低税费切实为企业减负。2014 年，甘肃省地方税务局逐步在全省推进煤炭资源税费改革，全面清理涉煤收费基金，将煤炭矿产资源补偿费费率降为零，停止征收煤炭价格调节基金，取消煤炭可持续发展基金、原生矿产品生态补偿费、煤炭资源地方经济发展费等费用，清理省以下政府违规设立的涉煤收费基金。同时基于生态环保和资源合理开采、节约集约利用的政策导向，对衰竭期煤矿开采的煤炭和充填开采置换出来的煤炭资源税予以减征等优惠政策。二是改善生产经营环境，增强企业内生动力。2016 年，《甘肃省人民政府关于推进供给侧结构性改革降低实体经济企业成本的实施意见》（甘政发〔2016〕70号），专门针对煤炭行业落实煤电价格联动机制，降低企业用能用地成本；通过化解煤炭行业过剩产能、有序推进财税创新，进而推动煤炭资源市场化改革。三是优化政府服务，提高办事效率。2016年，甘肃省煤矿安全监察局研发了煤矿安全生产许可证网上办理系统，完善了煤矿安全生产许可证网上办理工作，提高办理效率和煤矿安全许可信息化水平。

（三）青海

从2013年提出把简政放权作为改革的"先手棋"，到2015年强调"简政放权、放管结合、优化服务同时推进"，再到2017年强调"始终抓住'放管服'改革这一牛鼻子，积极推进这一'牵一发动全身'的改革"，青海相继颁发了《青海省人民政府决定取消和调整的行政审批等事项目录》（省政府令〔2014〕第104号）、《青海省人民政府关于深入实施投资"审批破冰"工程的意见》（青政〔2019〕63号）、《青海省人民政府办公厅关于成立省政府推进政府职能转变和"放管服"改革协调小组的通知》（青政办〔2019〕10号）等相关文件，在加快推进政府职能转变，统筹推进重要领域、关键环节"放管服"改革，尤其是煤炭领域"放管服"改革不断推进。

1. 简政放权方面

通过简化行政审批手续，激发煤炭市场活力。2013~2015年青海省人民政府相继发布政府令，取消和调整审批项目，涉及煤炭行业共取消行政审批项目2项，取消或调整工商登记前置审批8项（见表4-42）。全省连续取消、减少和调整煤炭领域行政审批事项，落实简政放权政策，在一定程度上激发了煤炭行业市场活力。

2. 加强监管方面

一是在财政方面通过规范行政审批行为，积极推动煤炭领域"双随机一公开"监管方式全覆盖，促进煤炭行业财政资金管理。二是通过增强执法意识，强化目标导向，提升执法能力和水平。2018年，青海省应急管理厅发布通知，一方面要求各级煤矿安全监管部门充分认识煤矿安全监管执法工作的重要意义，推动煤矿安全监管执法规范化、制度化；另一方面要求积极推进分类监管、分级监管，推进执法创新，开展煤矿安全监管精准执法，从根本上提升监管执法的质量和效果。同时，在严格审批备案程序，坚持按执法计划开展监管执法，使监管更加规范化。三是青海省煤矿安全检查局对地方安全监管部门进行督察，针对煤矿企业安全生产开展全面细致自查自纠，对高风险煤矿实行"体检"式排查，严密防控重大安全风险。四是逐步推进煤炭领域综合执法改革，建立健全跨部门、跨区域执法协作机制，建立重大隐患、蓄意违法违规生产企业和失信企业"黑名单"制度，严惩违法违规行为，惩戒严重失信企业。

表 4-42　青海省关于煤炭行业取消和调整的行政审批项目目录

取消的行政审批项目

实施机关	项目名称	清理依据及理由	调整方式
省发展改革委	煤矿初步设计审查	设定依据《煤矿生产许可证管理条例》已废止	取消
省经信委	煤矿矿长资格证书核发	《中华人民共和国煤炭法》（2013年修订），已取消相关规定	取消

取消的工商登记前置审批事项

实施机关	项目名称	清理依据及理由	调整方式
省经信委	木里焦煤开发企业煤炭生产许可证	《青海省人民政府决定取消和调整的行政审批等事项目录》第 7 项（省政府令第 101 号）	取消
	木里焦煤开发企业煤炭经营许可证	《青海省人民政府决定取消和调整的行政审批等事项目录》第 8 项（省政府令第 101 号）	取消
	木里矿区勘查开发企业股权转让	青海省人民政府办公厅转发《省国资委等四部门木里矿区企业整合重组方案的通知》（青政办〔2011〕306 号）	待木里煤田整合完成后取消
省卫计生委	水处理材料中的无烟煤、焦炭、二氧化钛、聚丙烯、聚氯乙烯、碘树脂、电解槽、电极产品卫生许可	《国务院关于第六批取消和调整行政审批项目的决定》第 55 项（国发〔2012〕52 号）	取消
省经信委	木里焦煤开发企业煤炭生产许可证	《青海省人民政府决定取消和调整的行政审批等事项目录》第 7 项（省政府令第 101 号）	
	木里焦煤开发企业煤炭经营许可证	《青海省人民政府决定取消和调整的行政审批等事项目录》第 8 项（省政府令第 101 号）	取消。待木里煤田整合工作完成后实施
	木里矿区勘查开发企业股权转让	《青海省人民政府办公厅转发〔省国资委等四部门门木里矿区企业整合重组方案的通知〕》（青政办〔2011〕306 号）	
省国土资源厅	煤炭开采审批	《矿产资源开采登记管理办法》第 3 条（国务院令第 241 号）《国务院办公厅关于进一步做好关闭整顿小煤矿和煤矿安全生产工作的通知》（国办发〔2001〕68 号）《国土资源部关于规范矿产资源勘查采矿许可证审批权限有关问题的通知》（国土资发〔2005〕200 号）	改为后置审批

3. 改善服务方面

致力于打造全省一体化在线政务服务平台，不断协调推进行政审批标准化、审批服务便民化，提高政府服务质量和效率。同时积极在煤炭领域推动"互联网+"政务服务，建成煤炭领域互通共享网上服务平台。加快政务云平台建设，推行"互联网+政府服务"，推动实体服务大厅向网上延伸，由集中审批向集成服务转变。

（四）宁夏

与全国和西北其他省（区）同步，宁夏回族自治区政府各部门根据"简政放权、强化监管、优化服务"改革（简称"放管服"改革）的决策部署和政策要求，针对煤炭领域出台了一系列政策和要求。

1. 简政放权方面

一是取消和下放煤炭领域生产审批事项，简化投资审批流程。坚持精简规范原则，对煤炭生产项目预审决策、用地许可、施工许可、竣工验收各个阶段的行政审批、评估评审事项进行清理调整，探索建设项目行政审批"多规合一"的有效实现形式。二是坚持便民利企原则转变政府职能。通过破解煤炭生产项目审批难、周期长、成本高等突出问题，最大限度释放改革红利。三是坚持效率优先原则，建设项目审批服务方式，充分运用现代网络技术，相关部门协同联动，优化煤炭市场审批流程，减少审批环节，压缩审批时限，提高审批效率。

2. 强化监管方面

逐步完善综合监管体系，制定部门监管责任清单，明确监管主体，细化职责分工，建立登记注册、行政审批、行业主管相互衔接的监管机制。2019年颁布的《宁夏自治区政府关于进一步推进企业安全生产标准化建设工作的实施意见》（宁政办规发〔2019〕7号），提出简化煤炭生产许可程序，减少检查频次，避免"一刀切"式执法等措施，重点针对煤矿企业的监管措施进行规范。同时，强调强化信用监管，把企业安全生产标准化等级作为安全生产诚信等级，将企业安全生产标准化创建纳入分类分级监管中。

3. 优化服务方面

全面实行"多证合一、一照一码"登记模式，为煤炭生产企业形成便利化服务机制，提高政府公共部门服务能力。通过合理调整、优化机构和人员配置，配足配强窗口人员队伍，提高窗口服务能力，为煤炭生产企业营造便利环境。

（五）新疆

1. 简政放权方面

一是不断推进投资项目审批权限改革。2015年，新疆维吾尔自治区政府发布《新疆维吾尔自治区人民政府关于发布政府核准的投资项目目录（2015年本）的通知》（新政发〔2015〕45号），按国家规定标准，规划矿区内的120万吨以下煤炭开发项目和非国家规划矿区内（博尔塔拉蒙古自治州、克孜勒苏柯尔克孜自治州、喀什地区、和田地区）煤炭开发项目由自治区人民政府投资主管部门核准。在 2015 年投资项目目录基础上，2017 年进一步细化和规范审核范围，进一步下放了煤炭投资审批权限。二是简化审批流程。2016 年 5 月，新疆修订实施了《自治区实施〈中华人民共和国煤炭法〉办法》，取消煤炭生产许可证和煤炭经营资格许可证，简化行政审批事项和过程，为煤炭生产和经营市场化进一步松绑。2018 年，新疆维吾尔自治区人民政府印发实施的《自治区关于深化能源领域基础设施投融资体制改革的指导意见》，进一步取消或简化部分审批程序，充分发挥市场在能源资源配置中的决定性作用和更好发挥政府引导作用，进一步深入推进简政放权、放管结合、优化服务改革。

2. 加强监管方面

一是对煤炭市场经营秩序和稳定供应进行监管。2016 年，新疆新修订的《自治区实施〈中华人民共和国煤炭法〉办法》的第 25 条规定，在工商行政管理机关办理登记注册的煤炭经营企业，应于 30 个工作日内向所在地的同级人民政府煤炭行业管理部门进行告知性备案。在国家工商行政管理总局登记注册的企业，向自治区人民政府煤炭行业管理部门进行告知性备案。二是严格随机抽查，规范事中事后监管。在煤矿超能力生产专项监察中采用"双随机一公开"监管方式，即在监管过程中随机抽取检查对象，随机选派执法人员，排查情况及查处结果及时向社会公开，切实加强煤矿超能力生产专项事中事后监管。三是严格项目验收监管。2019 年 1 月，新疆维吾尔自治区发展改革委发布《关于做好煤矿建设项目联合试运转和项目验收监管工作的通知》，规定煤矿建设项目竣工验收不合格的，项目建设单位应当按照竣工验收委员会提出的处理意见进行整改，整改合格后方可通过竣工验收。煤矿建设项目未经竣工验收或者竣工验收不合格的，不得投入生产，加强了煤矿建设项目竣工验收现场监管。

3. 优化服务方面

通过政策引导和支持，建立健全煤炭交易市场体系，指导建立煤炭电子交易平台，降低交易成本，维护公平竞争的市场环境。一是规范行政审批中介服务，不断提高中介服务管理科学化、规范化水平和为民服务水平。对"固定资产投资项目节能评估文件编制"中介服务事项进行了清理规范。二是优化营商环境。2019 年 9 月，根据《国务院办公厅关于印发全国深化"放管服"改革优化营商环境电视电话会议重点任务分工方案的通知》（国办发〔2019〕39 号）和《国务院办公厅关于促进平台经济规范健康发展的指导意见》（国办发〔2019〕38 号），新疆维吾尔自治区政府印发了《新疆维吾尔自治区人民政府办公厅关于印发自治区进一步深化"放管服"改革优化营商环境重点任务分工实施方案的通知》（新政办发〔2019〕100 号），推动简政放权向纵深发展，进一步释放活力。

四、推进煤炭供给侧结构性改革

2015 年 11 月 10 日，在中央财经领导小组第 11 次会议上，习近平总书记首次提出

"供给侧结构性改革"的概念。我国煤炭产业在经历了较长时间的供不应求之后，受经济周期、环境压力和产品供求结构失衡等因素的影响，进入了供过于求的阶段。为维护煤炭产业供需平衡，提高煤炭产出质量，适应发展规律，促进经济平稳运行发展。2016年2月1日，国务院印发了《关于煤炭行业化解过剩产能实现脱困发展的意见》，拉开了我国煤炭工业供给侧结构性改革的序幕。

习近平总书记在中央财经领导小组第15次会议上强调，去产能是深化供给侧结构性改革的重要任务，只有在重点产业去掉过剩产能，才能恢复正常市场供求关系，为提高经济发展质量打下基础。西北五省（区）逐年发布化解过剩产能政策落实情况，截止到2018年，甘肃、新疆均已超前完成"十三五"去产能任务，其他省份去产能任务均已超过60%，五省（区）具体产能退出情况如表4-43所示。

表4-43　西北五省（区）煤炭领域化解过剩产能政策落实情况

单位：万吨

年份	退出煤炭产能				
	陕西	甘肃	青海	宁夏	新疆
2016	2934	409	9	107	274
2017	96	240	132	593	1163
2018	596	538	69	45	462
合计	3626	1187	210	745	1899
2016~2020年目标	4706	1000	276	1119	—

资料来源：各省政府、发展改革委网站公开文件。新疆"十三五"期间去产能目标未公开。

西北五省（区）围绕煤炭领域供给侧结构性改革，以去产能为契机，积极调整产业结构和优化布局，着力加强科技创新，从老矿区转型发展、完善煤炭深加工产业链、煤矿安全生产标准化建设、下岗职工安置等多方面开展工作。

（一）陕西

1. 政策推动

陕西去产能工作起步较早，在2016年之前就出台了多项政策文件推动化解煤炭过剩产能，主要政策文件及其内容如表4-44所示。

表4-44　2016年前陕西省去产能政策汇总

时间	政策名称及发文机构	主要内容
2006年10月	《陕西省人民政府关于加快推进产能过剩行业结构调整的实施意见》（陕政发〔2006〕46号）	限制单井井型低于30万吨/年规模的煤矿项目。关闭布局不合理、浪费资源、不具备安全生产条件的小煤矿和单井井型低于3万吨/年规模的矿井 淘汰达不到产业政策规定规模和安全标准的小煤矿

时间	政策名称及发文机构	主要内容
2012 年 9 月	《陕西省人民政府关于"十二五"期间深入开展煤矿整顿关闭资源整合和淘汰落后产能工作的通知》（陕政发〔2012〕42 号）	"十二五"期间，全省淘汰落后产能矿井 200 处以上，其中：榆林淘汰 30 万吨/年以下矿井；延安、铜川、渭南、咸阳淘汰 15 万吨/年以下矿井；汉中、商洛淘汰 9 万吨/年以下矿井；安康关闭高瓦斯矿井，石煤矿不再增加新的矿点，采construction一处关闭一处 至"十二五"末，全省煤矿主要指标基本达到全国领先水平，其中：煤矿数量控制在 500 处左右，单井平均产能达到 120 万吨/年以上；采煤机械化程度达到 90%以上，煤矿安全形势实现根本好转
2014 年 2 月	《陕西省人民政府关于化解产能严重过剩矛盾的实施意见》（陕政发〔2014〕9 号）	关于煤炭行业，要求煤炭、煤矿数量控制在 500 处左右，榆林、关中及延安、陕南分别淘汰 30 万吨/年、15 万吨/年、9 万吨/年以下煤矿

2016 年以来，按照国家发展改革委确定的任务和时间节点要求，陕西省政府通过政策推动进一步有序地推进陕西煤炭去产能相关工作，主要涉及三个方面：

（1）层级分包，落实责任。首先，陕西省政府与有关市（县）政府、陕西煤业化工集团签订《钢铁煤炭行业化解过剩产能目标责任书》，并研究制订了各地市县、企业化解过剩产能，实现脱困发展的配套政策和实施方案。其次，市级政府再分别与所属钢铁煤炭企业所在县政府和市工信委签订《化解过剩产能实现脱困发展目标责任书》。最后，由煤炭企业依托自身产业和优势，通过延伸企业产业链、多元化发展等方式增加就业岗位，实现职工再就业；同时积极做好宣传引导工作，广泛深入宣传化解钢铁煤炭过剩产能的重要意义和经验做法，加强政策解读，形成良好的舆论环境。为发挥财政资金的导向作用，推动煤炭去产能任务的顺利开展。

（2）对供给侧结构性改革煤炭企业降低成本方面予以政策支持、信贷支持和补贴补助。一方面，2016 年 9 月，根据《陕西省人民政府关于印发供给侧结构性改革降成本行动计划的通知》（陕政发〔2016〕38 号），煤炭行业化解过剩产能过程中涉及企业欠缴的养老保险费可与征收机构签订还款协议或申请缓缴；落实化解钢铁煤炭行业过剩产能困难企业失业保险稳岗补贴政策，将补贴额度按不超过该企业及其职工上年度实际缴纳失业保险费总额的 80%发放。另一方面，通过发布《陕西省人民政府关于印发推进供给侧结构性改革去杠杆行动计划的通知》（陕政发〔2017〕1 号），降低煤炭行业贷款总量，通过建立"名单制"信贷管理体系，切实防范和化解煤炭领域信贷风险；积极推动去杠杆进程，积极开展市场化债转股业务。同时，2018 年 2 月，陕西修订了《陕西省钢铁、煤炭行业化解过剩产能专项奖补资金管理实施细则》，将中央专项奖补资金划分为基础和梯级两部分，基础奖补用于职工安置和基础化解任务完成量，梯级奖补用于超额完成任务量。上述多项政策和补贴支持一定程度上缓解了制约企业转型升级的资金压力。

（3）针对供给侧结构性改革实施取长补短、扬长避短措施。2016 年下发的《陕西省人民政府关于印发供给侧结构性改革补短板行动计划的通知》（陕政发〔2016〕41号）中，明确提出要加快中煤榆横煤炭深加工基地、陕西未来榆林煤间接液化一期后续等重大转化项目建设，培育能源化工全产业链，打造一流的高端能源化工基地，加强资源开采沉陷区综合治理。《陕西省"十三五"工业经济发展规划》中提出严格控制煤炭行业新增产能，通过煤炭资源整合、推进煤矿企业兼并重组等多种方式，淘汰落后产能。到2020年，将全省煤炭产量控制在7亿吨左右，2018年陕西省原煤产量共计62324.5万吨，满足去产能要求。

2. 改革成效

陕西通过签订化解过剩产能目标责任书，严格控制新增产能及奖补去产能企业等多种方式，去产能任务取得了明显的成效。

（1）化解过程产能成效显著。2016~2019年，陕西逐年发布煤炭行业化解过剩产能引导退出煤矿名单的通知和完成情况的公告，每年去产能情况如表4-45所示。截至2019年底，陕西已完成退出煤炭产能3904万吨，关闭煤矿97处，占2016~2020年全省煤炭化解过剩产能总任务的83%。

表4-45　陕西省煤炭领域化解过剩产能政策落实情况

年份	退出煤炭产能（万吨）	关闭煤矿数（处）
2016	2934	62
2017	96	5
2018	596	21
2019	278	9
合计	3904	97
2016~2020年目标	4706	—

（2）老矿区转型升级工作稳步开展。通过鼓励煤炭企业摒弃传统煤炭资源的单一开采模式，积极发展拓宽煤炭深加工路径，不断提高精细化工在能源产业中的比重，努力构建现代化的煤炭化工体系。一方面，按照低碳环保的理念发展煤炭产业链，促进陕西建成具有世界一流水平的现代化工业园区，着力提高煤炭资源的就地转化率；另一方面，积极关注去产能后续问题，解决资产处置、人员安置、金融风险、转型升级等核心问题，完善和调整"去产能"方案及配套措施。截至2017年12月末，陕西煤炭行业贷款较年初减少147.7亿元，煤炭行业资产负债率总体趋于下行，开采和洗选业资产负债率46.5%，同比降低5.3个百分点。

（二）甘肃

1. 政策推动

2016年2月起，为贯彻落实党中央、国务院关于推进结构性改革、抓好去产能任务的决策部署，甘肃先后制定了《甘肃省煤炭行业化解过剩产能实现脱困发展实施方案》等相关政策文件，从政策、制度上保障和促进了煤炭去产能工作的实施。同时，甘肃省政府还在相关"十三五"工业转规划中，提出通过严控煤炭新增产能，加快淘汰落后产能和不符合产业政策的产能，有序退出过剩产能。将化解过剩产能与结构调整、转型升级相结合，加快转变煤炭产业发展方式，优化调整产业结构。计划利用3~5年时间，煤炭行业逐步退出1000万吨产能。通过去产能相关实施方案和行动计划，一方面着力构建现代煤化工产业，另一方面对传统煤炭产业进行升级改造，提出煤炭行业去产能、谋发展的具体路径。相关具体政策文件名称及出台时间如表4-46所示。

表4-46 甘肃省煤炭行业去产能相关政策汇总

时间	政策文件
2016年9月	《甘肃省化解钢铁煤炭行业过剩产能财政专项奖补资金管理细则》（甘财经一〔2016〕160号）
2016年10月	《甘肃省煤炭行业化解过剩产能实现脱困发展实施方案》（甘发改能源〔2016〕731号）
2016年11月	《甘肃省"十三五"工业转型升级规划》
2017年9月	《甘肃省"十三五"能源发展规划》
2018年6月	《甘肃省先进制造产业发展专项行动计划》
2018年7月	《关于印发甘肃省2018年煤炭行业化解过剩产能实现脱困发展实施方案的通知》（甘煤化解办函〔2018〕32号）

2. 改革成效

甘肃通过多举措化解煤炭行业产能过剩问题，取得了良好的效果，有效推动了煤炭行业供给侧结构性改革。2016年，全省共关闭煤矿46处、压减产能409万吨；2017年，以化解过剩产能为重点目标，全省关闭退出煤矿10处，退出产能240万吨，国企在供给侧结构性改革中起到了引领作用，绝大部分退出产能由国企退出。其中，靖远煤电股份公司红会第四煤矿、窑街煤电集团山丹县长山子煤矿公司、开拓矿业有限责任公司和九条岭煤业公司水磨沟井各退出产能60万吨、63万吨、45万吨和9万吨。2018年将祁连山自然保护区内煤矿通过扣除式和关闭退出两种方式全部出清，按计划关闭煤矿28处、产能538万吨全部关闭退出到位。截至2018年底，甘肃已累计关闭煤矿84处，淘汰落后产能1187万吨，煤矿数量大幅减少，产业集中度逐步提升，大型现代化煤矿逐步成为甘肃省煤炭生产供应的主体。

（三）青海

1. 政策推动

青海为积极推进煤炭领域供给侧结构性改革，完成国家规定的去产能、去库存、去杠杆、降成本、补短板五大任务，适度减少煤矿数量，使煤炭行业的过剩产能得到有效化解、市场供需基本平衡、产业结构得到优化、转型升级取得实质性进展。按照国务院相关文件精神，青海相继制定出台了《青海省人民政府办公厅关于贯彻落实国务院办公厅促进煤炭行业平稳运行意见的实施意见》（青政办〔2014〕40号，专栏4-15）、《青海省国有出资企业处置"僵尸企业"指导意见》、《青海省钢铁煤炭行业化解产能过剩企业职工分流安置专项奖补资金管理办法》（青财建字〔2016〕1429号）、《关于切实做好2017年钢铁煤炭行业化解过剩产能工作的意见》、《2017年度青海省钢铁煤炭行业化解过剩产能企业职工安置专项奖补资金申报指南》、《大通煤矿120万吨产能退出工作方案》等政策、法规和措施，专门成立青海钢铁煤炭行业化解过剩产能工作领导小组，按照国家相关部署，系统规划、统筹协调推动全省化解钢铁煤炭行业过剩产能工作，从调整煤炭产业结构着手，科学调控煤炭总量，抑制煤矿超能力生产；淘汰不具备安全保障能力和落后产能的小煤矿，减轻煤炭企业税费负担。进一步加强企业内部管理，提高煤炭企业生产经营水平；调动各方面力量，为煤炭企业营造良好发展环境。

专栏4-15

《青海省人民政府办公厅关于贯彻落实国务院办公厅促进煤炭行业平稳运行意见的实施意见》节选
科学调控煤炭总量

1. 控制增量。停止核准海西、海北国家规划矿区内新建30万吨/年以下煤矿、煤与瓦斯突出矿井。新建煤矿必须严格履行基本建设程序，严厉查处未批先建、批小建大等违法违规行为。现有灾害严重的矿井，原则上不再扩大生产能力；2015年底前，重新核定上述矿井的生产能力，核减不具备安全保障条件的生产能力。（省发展改革委、省经委、省安监局负责）

2. 优化存量。立足青海实际，从完善安全生产管理入手，逐步淘汰9万吨/年及以下煤矿，重点关闭不具备安全生产条件和煤与瓦斯突出等灾害隐患严重的煤矿。关闭发生较大及以上责任事故的9万吨/年及以下煤矿，关闭超层越界不退回和资源枯竭的煤矿，关闭拒不执行停产整顿指令仍然组织生产的煤矿。（各产煤州市政府、省安监局、省经委负责）

3. 抑制超能力生产。煤炭企业必须严格按照核准的煤矿建设规模和生产能力组织生产。建立煤矿产能登记及公告制度，明确责任主体，制定具体考核和惩处措施，加大处罚力度，定期公布处罚结果。（省经委、省安监局，各产煤州市政府负责）

> 4. 加快结构调整。有效整合资源，鼓励煤炭企业兼并重组，以大型企业为主体，在大型煤炭基地内有序建设大型现代化煤矿，促进煤炭集约化生产。（省经委、省国资委、省国土资源厅负责）

2. 改革成效

"十三五"时期以来，青海转型发展步伐进一步加快，"三去一降"取得进展，发展质量效益得到提升，产业结构更趋合理。2015 年，青海主要淘汰青海西海煤电有限责任公司祁连一矿和青海海西州大柴旦老高泉北露天煤矿的落后产能 12 万吨；2016 年，完成 9 万吨煤炭去产能任务，分流安置产能过剩企业职工 2219 人；2017 年，提前完成 132 万吨煤炭年度压减任务，妥善安置分流转岗人员 1088 人；2018 年，青海按照国家关于做好 2018 年钢铁煤炭行业化解过剩产能实现脱困发展工作要求，加快推动青海钢铁煤炭过剩产能的全面退出，虽然西宁特钢 8 号和 9 号电炉环保、能耗、质量、安全、设备、技术等各方面指标均已达到或优于国家规定标准，但是 8 号和 9 号电炉依然被封存。同时完成了 2018 年度西宁特钢 50 万吨产能退出后续工作，妥善安置分流煤炭企业职工。2019 年，预计关闭退出海西州青海金洋煤业有限公司东柴旦煤矿（30 万吨/年）和海西蒙西联投资有限公司红山沟煤矿（30 万吨/年）2 处煤矿，合计退出煤炭产能 60 万吨。

（四）宁夏

1. 政策推动

宁夏认真落实《国务院关于煤炭行业化解过剩产能实现脱困发展的意见》（国发〔2016〕7 号）、《关于做好钢铁煤炭行业化解过剩产能实现脱困发展实施工作的通知》（发改电〔2016〕339 号）等政策精神，2016 年，制定了《钢铁和煤炭行业化解过剩产能实现脱困发展的实施方案》、《全区煤矿关闭退出工作实施方案》（宁政办发〔2016〕123 号）等一系列政策、法规、方案和措施（见表 4-47），对煤炭行业供给侧结构性调整提供全面保障。在产能核定方面，制定《全区煤矿关闭退出工作实施方案》，明确去产能目标：在 2016 年底前关闭退出煤矿 8 处，产能 107 万吨/年；2018 年底前再关闭退出煤矿 1 处，产能 15 万吨/年。同时，下达了依法注销或吊销关闭煤矿证照、现场处置安排、建立关闭档案、检查验收和督查等一些列配套措施，确保供给侧结构性改革保质保量完成。在资金保障方面，通过制定《钢铁和煤炭行业化解过剩产能实现脱困发展的实施方案》，明确 122 万吨产能化解任务，并相应出台了包括金融支持、职工安置等配套政策和方案。在去库存方面，搭建名优产品产销对接平台，推动煤、电、铝、化等行业重点企业建立销售联动、价格会商机制。在补短板方面，不断调整和优化工业结构，促进技术创新和"两化融合"，扶持非公经济和小微企业加快发展。全区 38 个重点工业项目上半年完成投资 72 亿元。实施 50 个重点技术改造项目，推动煤炭等传统行业提质增效，转型升级。

表 4-47 宁夏自治区煤炭行业去产能相关政策梳理

时间	政策文件
2016 年	《钢铁和煤炭行业化解过剩产能实现脱困发展的实施方案》
	《全区煤矿关闭退出工作实施方案》
	《吴忠市煤矿关闭退出工作实施方案》
2017 年	《宁夏回族自治区 2017 年煤炭行业化解过剩产能实施方案》
2018 年	《宁夏回族自治区 2018 年煤炭行业化解过剩产能实施方案》

2. 改革成效

根据政策支持和多方努力,宁夏供给侧结构性改革取得了良好的进展。2016 年,宁夏共关闭退出煤矿 8 处,产能 107 万吨/年。2017 年,宁夏回族自治区政府制定《宁夏回族自治区 2017 年煤炭行业化解过剩产能实施方案》,关闭了 24 家不合格煤矿企业,共退出产能 593 万吨。同时,通过落实煤矿关闭的责任主体,严格按照煤矿关闭标准和要求,建立煤矿关闭责任制,加强对关闭煤矿的监管,以确保关闭到位不反弹。2018 年,宁夏持续深化供给侧结构性改革,不断加快产业转型升级步伐,创新能力持续提升,发展质量稳步提升,经济发展活力进一步增强,落实《关于做好 2018 年重点领域化解过剩产能工作的通知》(发改运行〔2018〕554 号)等文件,全面巩固煤炭、电解铝等行业化解过剩产能工作成果,建立防范"地条钢"死灰复燃、煤电淘汰落后产能长效机制,完成 7 处煤矿兼并重组。

(五)新疆

1. 政策推进

党的十八大以来,新疆在煤炭领域先后制定出台了《关于新疆自治区煤炭行业化解过剩产能的实施方案》、《关于新疆自治区 2016 年度煤炭行业化解过剩产能的实施方案》、《自治区化解钢铁煤炭行业过剩产能职工安置工作实施方案》、《新疆维吾尔自治区工业企业结构调整专项奖补资金管理细则》等一系列相关政策文件(见表 4-48),从政策、法规、制度多层面保障和促进供给侧结构性改革的顺利进行。一是明确关停目标;二是建立煤矿关停验收制度,明确了验收标准、验收程序等,规范指导去产能验收工作;三是明确奖励和处罚制度,督促各地各部门按质按期完成目标任务;四是妥善解决涉及职工安置确保煤炭行业去过剩产能工作的平稳推进。

表 4-48 新疆煤炭行业去产能相关政策梳理

时间	政策文件
2016 年	《关于新疆自治区煤炭行业化解过剩产能的实施方案》
	《关于新疆自治区 2016 年度煤炭行业化解过剩产能的实施方案》
	《自治区化解钢铁煤炭行业过剩产能职工安置工作实施方案》
	《新疆维吾尔自治区工业企业结构调整专项奖补资金管理细则》
	《自治区煤炭行业化解过剩产能验收办法（暂行）》
	《自治区化解煤炭过剩产能考核办法的通知》
	《新疆生产建设兵团化解煤炭过剩产能实施方案》
	《兵团钢铁、煤炭行业化解过剩产能专项奖补资金管理实施细则》
	《兵团化解钢铁、煤炭行业过剩产能企业职工安置工作实施方案》
	《兵团煤炭行业化解过剩产能实现脱困发展引导退出煤矿关闭工作实施办法》
2017 年	《自治区淘汰退出 30 万吨/年以下小煤矿工作方案》
	《新疆 2017 年度煤炭行业化解过剩产能实施方案》
2018 年	《自治区 2018 年度煤炭行业化解过剩产能实施方案》
2019 年	《自治区 2019 年度煤炭行业化解过剩产能实施方案》

2. 改革成效

新疆通过综合施策，煤炭供给侧结构性改革取得显著成效，主要表现在以下三个方面。一是煤炭去产能效果显著。2016 年，提前超额完成年度煤炭去产能任务，全区计划关闭煤矿 17 个，合计压减煤炭产能 238 万吨；实际关闭煤矿 21 个，合计压减煤炭产能 274 万吨[1]。新疆生产建设兵团煤炭计划退出煤矿 11 家，合计压减产能 232 万吨，实际退出煤矿 13 家，合计压减产能 250 万吨。2017 年面对经济下行压力，全区共完成淘汰关闭、引导退出煤矿 114 处，完成煤炭去产能任务 1163 万吨/年，超额完成年度目标任务。2018 年，全面完成关闭、引导退出煤矿 22 处、462 万吨/年煤炭去产能任务，超额超前完成"十三五"目标任务，结构性去产能、系统性优产能持续推进，供给侧结构性改革向纵深推进。二是结构调整成效显著。大型现代化煤矿逐渐成为新疆煤炭生产供应的主体，截至 2017 年底，通过淘汰落后产能，新疆持证煤矿平均单井规模从 33 万吨/年提高到 57 万吨/年以上，4 个地区和企业集团年产量达到千万吨以上，煤炭产业结构优化成效显著。煤炭去产能全面实施完成后，大中型煤矿比例将提高至 80%以上。三是煤矿生产安全显著提高。通过淘汰煤炭落后产能、清理违法违规建设项目等行动，新疆煤炭行业安全生产水平也进一步提升。2014 年事故 21 起、死亡 39 人、百万吨死亡率 0.29[2]；2017 年新疆煤炭百万吨死亡率下降为 0.06，低于全国平均水平（李强，2018）；2018 年新疆的煤矿安全生产形势进一步好转，百万吨死亡率降至 0.05 以下，全年未发生较大事故[3]。

---

[1] 去产能数据整合自新疆发展改革委网站、中国经济网、《新疆经济报》、国际煤炭网。

[2] 煤炭信息研究院网。

[3] 国际能源网。

五、存在的主要问题

（一）矿权制度有待完善

煤炭矿权制度主要存在两方面的问题，一是煤炭和其他资源矿业权重叠问题，二是矿业权流转制度不完善。矿业权包括探矿权和采矿权。前者是指在依法取得的勘查许可证规定的范围内，勘查矿产资源的权利；后者是指在依法取得采矿许可证规定的范围内，开采矿产资源和获得所开采矿产品的权利。位于陕、甘、宁等省区的鄂尔多斯盆地是矿业权重叠问题严重的典型区域。在现行的矿权管理制度下面，由于盆地内煤炭与煤层气、石油、天然气的共存关系，煤炭和油气矿业权存在较大面积的重叠，盆地内矿权纠纷问题严重，影响了资源的有效开发，同时在开采作业中也存在安全隐患[①]。关于矿业权重叠的相关法律法规不健全也是导致这一问题产生的主要因素之一，我国现行《矿产资源法》中缺少关于矿权重叠的规定。矿业权流转制度不完善是另一引发矿权纠纷的问题，尤其是近几年煤炭企业整合重组的过程中，出现了公权过度干预、国企和私企主体地位不平等、转让合同无效、同一矿权多次转让等问题[②]。由于政府的过度干预和相关法律法规的不完善，合理有序的矿业权市场也尚未建立起来。

（二）市场集中度有待提高

虽然随着供给侧结构性改革的推进和新能源的快速发展，西北地区的煤炭消费比重逐年降低，但西北产煤区在全国的重要作用和战略地位越来越凸显，而且煤炭在一定时期内仍在能源结构中占有较大比例。因此，煤炭清洁高效利用是西北区域煤炭业发展的主要目标，而进一步提升煤炭行业集中度是达成这一目标的重要举措。将煤炭相关资本向优势企业集中，提高煤炭行业集中度有助于资源的合理配置，更好地发挥规模经济的优势。CR4和CR8，即行业内最大的4家和8家企业的产出占总产出的百分比，是反映行业市场集中度的重要指标。根据2014年9月国家安全生产监督管理总局公布的《煤炭生产能力公告》的数据整理可得，陕西CR4为14.1%，CR8为16.9%；新疆CR4为24.9%，CR8为39.6%；青海CR4为53.2%，CR8为77.8%；宁夏CR4为45%，CR8为64.6%；甘肃CR4为28.7%，CR8为45.8%（鄢晓非和魏晓平，2016）。美国经济学家迈克尔·波特认为，统一市场中同一产品的4家最大生产企业的市场占有率在40%以上时，才能避免过度竞争，形成有效竞争的格局，而西北地区陕西、新疆和甘肃煤炭行业的集中度与这一标准相比仍有较大差距。世界其他煤炭生产大国的煤炭企业大多为大型集团公司，规模大、实力强、市场份额大。德国、俄罗斯、印度、南非最大的煤炭企业德国硬煤、俄罗斯煤炭、

---

①　刘飞，刘慧，刘银山．鄂尔多斯盆地矿权问题及解决机制探析［J］．地下水，2019（3）：100-103.

②　田海．煤炭企业兼并整合中采矿权转让立法问题研究——以陕西省为例［J］．生产力研究，2013，000（002）：89-91.

印度煤炭和南非萨索尔在国内的市场集中度分别高达 100%、96%、89% 和 33%（吴吟，2001）。与世界水平相比，西北煤炭行业市场集中度还有很大的提升空间。

（三）简政放权不够到位

在国家简政放权的大环境下，煤炭行业审批管理应进一步放开。通过"放管服"改革，各省（市、自治区）取消了煤炭经营资格审查、矿山救护队资质认定、煤矿矿长资格证等多项行政许可和审批权限，煤炭开采审批等由前置审批改为后置。但简政放权在同步性、系统性等方面仍有待进一步加强。对于不同部门共同负责审批的项目，在取消或下放审批权时缺乏沟通或硬件设施跟进缓慢，易导致审批未能同步进行。以银川为例，行政审批服务局虽然从体制上打破了部门界限，但由于多数部门仍使用国家部委或区级行政主管单位统一建设的审批专网，导致审批服务事项涉及多套软件系统，阻碍了一站式审批的进行，煤炭企业投资建设项目审批依旧困难。此外，企业项目审批负担重的问题仍然存在，如划定矿区范围、土地复垦、水土保持、节能、文物保护、地质环境、社会稳定、军事设施等诸多审批仍需在项目开工前完成。

除此之外，对于煤炭领域简政放权的落实情况缺乏监管机制，导致"放小不放大、放虚不放实、上放下不放"等问题的出现。政府应该监管中发现的问题作为导向，深入推进政府职能转变，创新监督管理机制，不断完善事中事后监管制度措施，提高简政放权的系统性和协调性，加强对地方政府承接工作的指导和监督，确保"放管服"改革各项要求全面落实到位。

（四）市场准入退出机制有待完善

对于资源浪费严重、产能严重落后的小微煤矿的退出机制亟待完善。一是淘汰落后产能补偿机制有待完善。西北地区仍然存在部分的小微煤矿，"十四五"期间应继续淘汰小微煤矿，对退出市场的小微煤矿的补偿机制应进一步完善，促使小微煤矿有序退出。二是国有煤矿退出援助政策有待完善。西北地区主要的煤矿还是以国有为主，有的是央企在地方的煤炭企业，有的是地方的煤炭企业。国有企业中也存在因资源枯竭、扭亏无望而亟待退出的煤矿。以陕西省为例，2010 年，铜川矿务局、澄合矿务局设计能力分别仅有 150 万吨/年和 60 万吨/年，已逐渐衰老报废，同时以当地环境技术条件不适宜建造新井。这些煤矿用人多、包袱重、职工安置难、矿区稳定压力大，从而应该进一步完善这部分国有煤炭企业退出的机制。此外，部分大型国有煤炭企业按照地方政府要求，投入巨额资金，整合大量地方煤矿。这批煤矿资源条件差、竞争能力弱、稳定压力大，或者无法正常技改和投入生产，或者长期亏损并扭亏无望，成为企业发展的沉重负担，部分产能面临退出，对退出产能应该制定相关的政策，促使部分产能尽快退出。同时，应实行更加科学合理的煤炭行业市场准入制度，建设高产高效集约化矿井，逐步取代小煤矿，减少煤炭资源浪费。

第三节　油气市场化改革进展及存在的问题

西北油气市场化改革起步晚于电力和煤炭，在改革过程中仍处于初期的探索阶段。由于油气产业发展历史沿袭及其生产和输运特征，在勘探开发、油气管网和销售等环节有其产业自身的特征，生产环节中国石油和中国石化等大型国企仍占据绝大部分市场份额，油气管网开放程度不高，终端市场化程度较低。党的十八大以来，西北地区价格主管部门按照国家成品油价格改革和天然气价格改革措施和要求，对西北成品油价格形成机制和天然气价格机制进行了调整。成品油价格能够更及时地反映国际油价的变化；天然气价格管理由出厂环节调整为门站环节，居民用气价格逐步与非居民用气价格并轨。

一、逐步推进多元市场主体的形成

改革开放后，西北各省（区）在油气管理部门的指导下，大力开展油气资源的开发与利用，经过 40 多年的发展变化，油气市场的市场格局经历了从政企合一、垄断经营到政企分开、重组改制，再到市场化、多元化的探索等多个发展阶段。西北各省（区）在油气勘探开发、管道运输、炼油环节和销售环节的主体，除陕西还有延长石油集团外，主要是中国石油集团和中国石化集团在西北区域的各个分公司。由于各省发展各有不同，下面分省逐一介绍西北油气市场主体的形成和发育过程。

（一）陕西

1970~1993 年，陕西地区油气资源开发主体较为稳定，以石油部所属的长庆油田勘探局和延安市所属的延长油矿两主体构成，延长油矿规模较小，1950~1979 年的近 30 年陕西原油产量仅为 44.7 吨（慎达，2009）。改革开放以来，陕西市场主体大致经历了两个阶段发展：一是打破两大市场主体，逐步建立多元市场阶段；二是多元市场主体瓦解，重新回到中石油、延长石油两大市场主体阶段。

1. 打破两大市场主体模式，逐步建立多元市场主体

为加快陕西油气行业发展，促进陕西油气资源开发，推进市场化进程。1986 年，石油工业部于延安召开陕西石油开发座谈会，会议决定将"延安地区石油资源开发利用委托延长油矿管理局统一管理，生产经营可由地方承包，使地方受益"，据此，延安、榆林先后成立了 14 个县区石油钻采公司。县级石油公司成为陕西油气行业新主体，长庆、延长两大市场主体格局被打破。

1994 年 4 月，中国石油天然气总公司与陕西省政府签订了《关于开发陕北石油资源的协议》确定从长庆油田和延长油矿划出 1080 平方公里，以委托、联合等方式交由延安、

榆林有关县区组织开发，将靖边以南的 3500 平方公里定为长庆油田和地方的联合勘探开发区。部分县区钻采企业借鉴"联合打井，区块委托，油井承包"的做法，采取招商引资，出让井位的方式，引进联营单位参与石油开发。这一方式标志着民间资本可以联营单位形式正式参与油气勘探开采。陕西油气行业上游多元市场主体初具雏形，主体类型包括三类：一是具有油气开采资质条件的长庆石油勘探局和延长油矿管理局；二是地方各县成立的钻采公司；三是通过招商引资进入陕北地区从事石油开采活动的联营单位。

同年 9 月，陕西省人民政府办公厅印发省经贸委、工商行政管理局针对全省整顿成品油市场实施意见和《陕西省成品油市场管理暂行规定》，为了适应原油、成品油流通体制改革的要求，理顺成品油市场的销售渠道，规范经营行为，减少流通环节，保护消费者利益，建立和维护成品油流通市场的正常秩序，对全省范围内所有从事成品油经营业务的批发企业、加油站和零售网点以及有成品油进口经营权的外贸企业进行规范化整治，规范了陕西油气行业中下游市场主体。1998 年，延长油矿管理局、延炼实业集团公司和榆林炼油厂合并，组建为陕西省政府直属的国有独资企业陕西延长石油工业集团公司。

在相关政策推动下，陕西油气行业不断产生众多新的主体。截至 2000 年底，全省共引进个体私人投资者 1039 家，打油井 4473 口；形成原油生产能力 100 万吨，占地方原油产能的 1/6[①]。一方面，多元市场主体相互竞争，有力地推动了陕西油气行业发展；另一方面，由于引进的联营单位数量多、规模小，绝大多数联营单位未从事过石油开采，缺乏技术，加之这些企业片面追求经济利益，管理工作滞后，导致开发秩序混乱的问题不断凸显。主要表现在：急功近利，短期行为严重，掠夺式开采，造成了资源的浪费；投入不足，污染严重，造成了环境恶化和生态破坏；部分投资者倒贩原油，偷逃税费，土炼油屡禁不绝。部分中小主体自身存在的问题及其与国有大型炼油企业过度竞争，干扰和破坏了正常的原油、成品油生产流通秩序，多元化市场的弊端越来越严重。

2. 多元市场主体瓦解，重构中石油、延长石油两大主体

1997 年 1 月，国家修订了《矿产资源法》，废止了原石油工业部发布的《石油及天然气勘查、开采登记管理暂行办法》中"持有石油、天然气许可证的企业，可以划一部分采区工作承包给其他单位"的规定。陕西地方多元主体的状况与国家法规政策出现背离，调整在所难免，但仍存在大量石油开采联营单位和土炼油场点。针对这一问题，1999 年 12 月，国家经贸委、国土资源部联合印发《关于陕北地区石油开采秩序情况调查的报告》（国经贸石化发〔1999〕1239 号），要求坚决停止和纠正允许投资商参与石油开采活动的做法，正在进行的非法开采活动也必须立即停止，凡侵权开采、侵权占区块和油井的单位和个人，要责令立即退出，并将侵权侵占的油井、区块无偿交还矿业权人；清理并撤销与《矿产资源法》和国务院有关法规相抵触的地方法规和文件；对各县钻采公司的联营单位，进行全面清理，并根据联营单位的不同情况采取划转、收购、兼并、资产入股等多种形式进入陕西省延长石油工业集团，实行统一管理。为贯彻落实国家相关政策，1999～2003

---

① 秦实言. 陕北地区石油开采秩序清理整顿情况介绍 [R]. 2005.

年，陕西省政府出台一系列政策措施整顿和规范石油市场秩序，主要政策文件汇总如表4-49所示。

表4-49 陕西省整顿石油市场秩序政策文件汇总

时间	政策文件
1999 年 6 月	《陕西省人民政府关于印发清理整顿小炼油厂和规范原油成品油流通秩序实施意见的通知》（陕政发〔1999〕31 号）
1999 年 7 月	《陕西省人民政府关于坚决取缔土炼油场点的通告》（陕政发〔1999〕38 号）
2000 年 11 月	《陕西省人民政府关于立即停止招商引资从事石油开采和坚决打击取缔土炼油场点的紧急通知》
2000 年 11 月	《榆林市政府关于坚决禁止非法开采石油资源的公告》
2001 年 12 月	《陕西省人民政府办公厅转发省经贸委等部门关于进一步整顿和规范全省成品油市场秩序的实施意见的通知》（陕政办发〔2001〕125 号）
2003 年 1 月	《陕西省人民政府关于采取果断措施彻底收回联营单位油井收益权的紧急通知》（陕政发〔2003〕3 号）

一系列文件出台，针对清理整顿小炼油厂、规范流通秩序等方面做了大量工作。一是取缔了各类土法炼油设施和场点，并对违法制造、加工土炼油设备、提供土炼油技术及非法供应原油的单位和个人严肃查处；二是取缔全部土炼油场点相关设施；三是立即停止招商引资从事石油开采和坚决打击取缔土炼油场点；四是对未取得批准、存在严重掺杂使假等问题的油气行业中下游市场主体进行进一步规范整顿；五是彻底收回联营单位油井收益权，并对联营单位所打油井收益权的收回情况进行全面检查。经过一系列工作推动，截至 2003 年底，陕西共取缔和摧毁土炼油场点 2600 多处，1039 家联营单位的 4570 口油井全部补偿收购，支付补偿金 19.92 亿元。其中榆林收回原联营单位油井2405 口，支付补偿资金 13 亿元；延安市收回原联营单位油井 2165 口，支付补偿金6.92 亿元[①]。

2005 年，陕西省人民政府批复同意设立陕西省天然气股份有限公司，自此，形成了陕西天然气行业重要的一个主体。2005 年 9 月，陕西延长石油集团有限责任公司成立，延安、榆林 14 个县区钻采公司完成整体移交。至此陕西油气行业主体重回长庆、延长双主体格局。但由于陕西遗留政策及政策执行中产生的一系列问题，陕西油气行业由多主体向双主体的市场化改革中发生了大量民营企业保护私有财产的行政诉讼案件，市场化改革过程较为曲折。

2008 年 3 月，中国石油天然气集团公司决定对长庆石油勘探局进行分化重组，将其钻

---

① 秦实言. 陕北地区石油开采秩序清理整顿情况介绍［R］. 2005.

井工程业务相关机构与四川石油管理局相应部分的业务进行了整合，组建中国石油川庆钻探工程公司，其余大部分划归中国石油长庆油田分公司，对外仅保留长庆石油勘探局法人资格。为解决陕西油气企业利益纷争问题，2012 年，成立了陕西延安石油天然气有限公司，中国石油天然气公司和延长石油集团有限公司分别持股51%和49%，初衷是借助建立合资公司来解决油气企业利益纷争历史问题，但目前显示的情况并不理想。2019 年 9 月，延长石油与陕西省国资委及陕西燃气集团签署增资扩股协议，延长石油以资产置入方式向陕西燃气集团进行增资扩股。此次增资扩股完成后，延长石油将持有陕西燃气集团52.45%的股份，成为陕西燃气集团的控股股东。陕西延长石油发展历程概述如专栏 4-16所示。

专栏 4-16

陕西延长石油发展历程

1905 年，晚清政府宣布创办了延长石油官厂，并于 1907 年打成中国陆上第一口油井。从此，陕西延长石油工业开始初步发展阶段。1934 年，陕北油矿勘探处成立，在陕北地区共打井 7 口，个别油井日产油达 1.5 吨。1986 年陕北油矿勘探处改革后更名为延长油矿管理局，其归属主体经历了由石油部、陕西，最后至延安的过程。1970~1993 年，陕西地区油气资源开发主要为石油部（今中国石油天然气集团公司）所属的长庆石油勘探局和延长油矿共同开发。此时延长油矿规模较小。

1998 年，随着市场化改革推进，延长油矿管理局、延炼实业集团公司和榆林炼油厂合并，组建为陕西省政府直属的国有独资企业陕西延长石油工业集团公司。延长石油的成立标志着我国"第四桶油"的出现，延长石油也是唯一隶属于省级政府的拥有石油和天然气勘探开发资质的企业。

1994~2005 年，随着私营资本联营模式由产生至瓦解，延长石油工业集团公司根据"国经贸石化发〔1999〕1239 号文件"指示，根据联营单位的不同情况采取划转、收购、兼并、资产入股等多种形式将其纳入陕西省延长石油工业集团。2005年 9 月，陕西省政府在延安召开陕西延长石油集团有限责任公司组建大会，陕西延长石油集团有限责任公司成立，延安、榆林 14 个县区钻采公司完成整体移交。延长石油工业集团正式重组为陕西延长石油集团有限责任公司。

2006 年，陕西兴化集团有限责任公司、陕西省石油化工建设公司国有资产部分划入陕西延长石油（集团）有限责任公司。2012 年，延长石油集团与中国石油天然气公司共同出资成立了陕西延安石油天然气有限公司。延长石油作为我国油气资源上游主要市场主体之一，对国家油气行业市场化发展起着重要作用。2018 年，延长石油加工原油 1316 万吨，生产成品油 1010 万吨，航煤、LNG 产量同比分别增长 58.29% 和 17.27%，生产天然气 34 亿立方米，同比增长 30.98%。

2019 年 9 月，通过增资扩股协议。延长石油以资产置入方式向陕西燃气集团进行增资扩股，将持有陕西燃气集团 52.45% 的股份，成为陕西燃气集团的控股股东。

虽然陕西油气市场化改革进程经历了很多波折，但整体趋势仍然向好发展。2018 年，陕西石化行业工业总产值 7312.82 亿元，其中石油和天然气开采及加工业产值 3579.21 亿元，同比增长 24.6%；化工行业完成产值 3733.61 亿元，同比增长 18%。全年实现主营业务收入 4767.7 亿元，同比增长 19.11%[1]。全年原油产量为 3519.5 万吨，同比增长 0.84%。天然气产量为 444.5 亿立方米。同比增长 5.98%[2]。

（二）甘肃

1957 年 10 月，我国在玉门开发建设了第一个石油工业基地。20 世纪 60 年代，在大力开发玉门油田的基础上勘探开采了长庆油田，甘肃省油气资源的勘探和开发进入了一个重要阶段。1978 年 3 月，五届全国人大一次会议决定设立石油工业部。在石油工业部的指导下，甘肃油气行业得到进一步的发展。在 2006 年已经在甘肃西部酒西盆地和东部陇东地区发现 20 个油田，年产原油 275 万吨，成为我国十分重要的油气生产基地之一（刘化清等，2006）。

1. "一体两翼"格局的形成

甘肃石油行业主要布局在兰州、玉门和庆阳 3 个点，在地域分布上呈现"一体两翼"的发展格局（即以大兰州为主体，河西、陇东为两翼），兰州地区规模、技术装备、效率及区位优势较为明显，玉门、庆阳相对规模较小，区位条件较差。已基本形成包括石油勘探与开发等完善的石油工业体系。

改革开放以来，甘肃油气产业在甘肃石油管理局的指导下进入了快速发展时期。甘肃在开发建设三大油田的基础上，先后成立了中国石油兰州石化分公司、中国石油玉门油田分公司、中国石油长庆油田分公司等大型石油企业（三大油气公司概况见表 4-50），成为甘肃油气领域的市场主体。1999 年起，甘肃三大石油公司相继进行重组改制。从 1999 年

---

[1]　中国石油新闻中心。

[2]　国家统计局。

开始原兰州炼油化工总厂和兰州化学工业公司按照中国石油的总体部署，先后进行重组整合，主营业务合并组建为中国石油兰州石化分公司，是我国西部地区最大的炼油化工企业。

1999 年，随着资源枯竭，玉门油田的原油产量下跌到了历史最低谷，基于玉门油田的发展困境，2000 年，中国石油对玉门油田公司进行重组改制，以地质勘探为重点，使其转变成为一个集勘探开发、炼油化工、科研设计上下游为一体的综合性石油企业，重建改制帮助玉门油田重新走上了正轨。同年 7 月，长庆油田也启动了企业重组改制，将其分为中国石油天然气股份有限公司长庆油田分公司（长庆油田的业务主体）、中国石油天然气股份有限公司长庆石化分公司（原长庆油田咸阳助剂厂）（上市部分）、长庆石油勘探局（未上市部分，但人数占原长庆油田的多半）3 家企业；原长庆油田测井业务部分整合为中国石油集团测井有限公司长庆事业部；原长庆油田物探业务部分整合为中国石油集团东方地球物理勘探有限公司长庆研究院，至 2000 年 1 月 1 日起长庆油田公司正式独立运行。

随着"一体两翼"格局带动，截至 2009 年，甘肃拥有规模以上石油工业企业 255 户，资产总计超 700 亿元，重点企业有中石油兰州石化分公司、玉门油田分公司、长庆油田分公司、庆阳炼油化工有限责任公司、甘肃银光聚银化工有限责任公司等。石化工业增加值的 70% 来自兰州石化、玉门油田、长庆油田等 9 家央企。地方化工企业中除刘化、金化、亚盛和永新集团几家省属企业较大外，其余都是中小企业，数量虽多但效益较差（惠树鹏和蔺全录，2010）。

甘肃石油和天然气开采业、石油加工在全国具有一定的竞争力和比较优势。甘肃石化工业的产能在西部居首位，总产值约占全国的 4%，位列全国第 9 位，中石油兰州石化具备千万吨级炼油产能，是区域内最大的炼化一体化企业。油气开采业生产能力居全国第 13 位，在西部仅低于新疆、陕西和四川（惠树鹏和蔺全录，2010）。油气行业的不断开发为相关产业发展带来了新的机遇。

表 4-50　甘肃三大油气公司

公司名称	隶属单位	成立时间	主要业务
兰州石化公司	中国石油天然气集团公司	1958 年	兰州石化公司集炼油、化工和化肥生产为一体，是中国西部地区最大的石化企业。公司拥有原油一次加工能力 1050 万吨/年生产能力。并具备相配套的二次加工能力，能生产汽油、柴油、煤油、润滑油、催化剂、合成橡胶等 400 余种石化产品，是我国生产石化产品品种比较齐全的企业之一
玉门油田公司	中国石油天然气集团公司	2000 年	玉门油田是中国第一个天然石油基地，是一个集勘探开发、炼油化工、科研设计上下游为一体的综合性石油企业，重组改制以来，玉门油田分公司以地质勘探为重点，在酒泉盆地取得了重大突破，原油产量稳步上升
长庆油田公司	中国石油天然气集团公司	1970 年	主营业务是在鄂尔多斯盆地及外围盆地进行石油天然气及共生、伴生资源和非油气资源的勘查、勘探、开发生产、油气集输和储运、油气产品销售等

2. 油气市场其他主体的发展

在炼化环节，中国石油兰州石化公司，中国石油庆阳石化公司，玉门炼油厂为甘肃主要炼油企业。另外，中石油在甘肃的兰州炼油厂、玉门炼油厂和庆阳石化炼油厂3座炼厂，年生产能力达到1600万吨（刘化清等，2006）。

在管输环节，甘肃跨省过境长输管道共有十二条，分别是原油管道鄯兰线、兰成线、石兰线，成品油管道乌兰线、兰郑长、兰成渝，天然气管道西气东输一、二、三线、涩宁兰、兰银线、中贵线，由7家长输管网设施运营企业负责管道日常运行维护。甘肃省境内共有7家油气管网运营企业，均为中石油各油气管道运营企业下属的分公司，接受中国石油天然气集团公司统一的调度管理（见表4-51）。

表4-51　甘肃省油气管网运营企业名单（2018年）

序号	企业名称	隶属集团
1	中石油西部管道甘肃输油气分公司	中国石油天然气集团
2	中石油西部管道酒泉输油气分公司	中国石油天然气集团
3	中石油西部管道兰州输气分公司	中国石油天然气集团
4	中石油西南管道公司兰州输油气分公司	中国石油天然气集团
5	中石油西南管道公司天水输油气分公司	中国石油天然气集团
6	中石油管道公司长庆输油气分公司	中国石油天然气集团
7	中石油西气东输管道公司甘陕管理处	中国石油天然气集团

资料来源：甘肃能源监管办．甘肃省油气管网设施公平开放信息公开和信息报送专项督查报告［R］．2018．

在石油天然气销售领域，甘肃的成品油销售企业主要有中国石油西北销售分公司、中国石油天然气股份有限公司甘肃销售公司、中国石化销售有限公司甘肃石油分公司、中国石油长庆油田分公司。甘肃现有成品油批发企业72家，其中，中国石油集团公司所属企业67家，中国石化集团公司所属企业3家，其他社会经营单位2家。

根据《甘肃省"十三五"成品油分销体系发展规划》，在"十三五"期间，甘肃共规划建设加油站927座，其中，城镇新建368座，迁建172座，改造96座；高等级公路服务区新建211座，防渗漏扩容及改造80座。预计到"十三五"末，全省加油站总量为1953座，平均单站年销量达到3200吨。

（三）青海

1978年，全国人大会议决定成立石油工业部，青海油气产业在石油工业部与青海石油管理局联合指导下，进入了规范化发展新时期。20世纪后期，随着青海地区国家"七五"计划建设项目的顺利实施，"三个翻番"目标指导下的油田"二次创业"充分落实，青海石油管理局形成了石油产、运、炼、销一条龙，上下游一体化的经营格局，截至1998年，新增探明石油天然气地质储量 14769 万吨；新增控制石油天然气地质储量 9024 万吨；新增预测石油天然气地质储量 16000 万吨。新建原油产量 108 万吨，原油产量每年以 10% 的速度递增。累计实现销售收入 90 多亿元，上缴税费 9.8 亿元[①]。

1. 油气市场主体初步发展

20 世纪末 21 世纪初，由于国际市场油价持续下跌，青海油气产业面临较大的市场压力，进而暴露出许多体制问题。在企业结构方面，"小而全"的结构体系，虽然满足了全产业链发展的需要，但粗放化、低效等问题导致了大量的资源浪费。在企业管理机制方面，由于合理有效的激励机制、约束机制匮乏，导致员工工作积极性、工作效率普遍较低，进而导致严重的职工富余问题，企业职工薪资压力较高。青海石油管理局尝试进行改革，如加大投资、成本和资金控制力度等。但在防止突破规模、盲目投资、成本失控、资金流失或体外循环、国有资产流失等方面的工作难度仍然较大。

2. 多元市场主体的初步形成

1999 年，随着三大石油公司相继完成股份制改造，青海油田管理局为破除体质弊病，于 21 世纪初实施多次市场化重组改制（见表 4-52）。至 2005 年，青海油田管理局油气产业主要重组为中国石油天然气股份青海油田分公司、青海石油管理局、中国石油东方物探公司青海分公司、中国石油测井有限公司青海事业部、青海省石油销售公司等。至 2008 年，青海油田管理局钻井、井下作业公司重组划入西部钻探工程有限公司。青海油田管理局重组改制后，青海省油气产出快速增长，油气工程技术服务和生产服务工作得到明显提高。2000 年至 2004 年青海油田累计生产原油 1062 万吨，生产天然气 54.49 万立方米，加工原油 328.46 万吨，分别为前 50 年总量的 35.76%、74.5%、27.9%，累计实现生产经营和销售收入 385.59 亿元[②]。

2016 年，国家能源局发布《关于在能源领域积极推广政府和社会资本合作模式的通知》（国能法改〔2016〕96 号）提出，通过运用政府和社会资本合作模式，改革创新能源领域公共服务供给机制，拓宽融资渠道，充分调动社会资本参与能源领域项目建设的积极性。2017 年中共中央国务院印发《关于深化石油天然气体制改革的若干意见》，该意见强调，深化石油天然气体制改革要坚持市场化方向，鼓励社会资本参与储备设施投资运营。青海省发展改革委转发并解读以上文件通知，进一步促进了青海省油气产业主体多元化进程。2018 年青海省原油产量达 233 万吨，同比降低 2.24%，天然气产量达 64 亿立方米，与上年同期相同[③]。

---

① 青海石油管理局简介 [J]. 青海政报, 1999 (11): 46.
② 青海油田重要历史事件 [N]. 新华网, 2005.
③ 青海省能源局. 青海能源发展报告 2018 [R]. 2019.

表 4-52 21 世纪初青海油田管理局重组改制结果

重组前公司名称	重组后公司名称
青海石油管理局	青海石油管理局
	中国石油天然气集团股份公司青海油田分公司
	中国石油东方物探公司青海分公司
	中国石油测井有限公司青海事业部
	中国石油工程设计有限责任公司青海分公司
	青海石油销售公司
	青海省教育厅油田基础教育中心
	西部钻探工程有限公司

至 2018 年，青海省油气资源勘探开发主体形成了以青海石油管理局和中国石油天然气股份有限公司青海油田分公司为主，青海虎头崖油气勘探开发有限公司、青海国融红杉石油能源有限公司、青海驰九油页岩开发有限公司等其他主体为辅的多元格局。油气管道运输方面，境内天然气长输管道由中石油西部管道和青海油田建设运营，中国石油青海油田在青海省境内有原油输送管道 1 条；油气销售方面，青海成品油销售企业主要由中国石油青海销售公司和中石化销售有限公司青海石油分公司组成，成品油销售量分别约占青海省总量的 70%和 20%，剩余部分由各中小型民营企业如青海贝正实业有限公司等负责。青海天然气供应全部来自中国石油，气源主要为青海油田并由中国石油西部负责销售。

（四）宁夏

宁夏是我国能源矿产资源富有的省份之一，油气资源虽然与西北其他省份相比较少，但灵盐地区、银川盆地、卫宁盆地、六盘山盆地等区域存在较为丰富的石油、天然气储量。社会经济发展初期，宁夏能源矿产资源开发利用比较落后，油气开采和石化工业规模小，总产值落后于全国平均水平。但是随着改革开放和西部大开发战略的实施，宁夏油气行业，尤其是石化工业快速发展，成为宁夏经济的支柱产业之一（齐拓野和米文宝，2006）。

1. 石化工业成为经济支柱产业

改革开放初期，宁夏油气资源开发主体是中国石油长庆油田分公司，其前身是长庆石油勘探局。1999 年，企业进行改制重组，长庆石油勘探局分为中国石油天然气股份有限公司长庆油田分公司（长庆油田的业务主体）、中国石油天然气股份有限公司长庆石化分公司（原长庆油田咸阳助剂厂）、长庆石油勘探局三家企业，其中长庆石油采油三厂负责宁夏自治区的石油勘探和开采。2000 年，长庆油田公司正式独立运行。

"九五"（1995~2000 年）期间，随着西部大开发战略的实施，宁夏大力发展石化工业。全国著名石化民营企业宁夏宝塔石化也在此期间成立。到 21 世纪初，宁夏全区建成石化企业 140 家，石化产业总产值超过百亿元，成为宁夏经济建设的第一大支柱产业。中石油宁夏大元炼油化工公司、中石油宁夏分公司进入中国化工 500 强（杨习理和张萍，2004）。

2015 年 2 月，国家发展改革委出台《关于进口原油使用管理有关问题的通知》（发改运行〔2015〕253 号），提出放开民营企业原油进口权和使用权，地炼以获"双权"为契机迅速崛起（见表 4-53）。宁夏宝塔石化集团成为其中获得原油进口权限的民营企业之一，获准使用进口原油 616 万吨/年。截至 2017 年底，宝塔石化年加工能力达到 1500 万吨/年，排名全国前列。另外，中油宁夏炼化公司也拥有一定的石油炼制能力，拥有 500 万吨/年炼油项目。

表 4-53　宁夏自治区主要大型炼油企业

企业名称	所在地	企业简介
宝塔石化集团	宁夏银川	宁夏重点扶持的 50 家龙头骨干企业，跻身全国化工企业 500 强第 53 位，全国民营企业 500 强第 252 位。2017 年，年加工能力为 1500 万吨/年
中油宁夏炼化公司	宁夏银川	集石油炼制与化肥生产为一体的综合性石油化工企业。主要产品有汽油、柴油、聚丙烯、液化气等。拥有 500 万吨/年炼油项目，销售收入过百亿元
宁鲁石化公司	宁夏吴忠	集石油炼制与化肥生产为一体的综合性石油化工企业。主要产品有液化气、丙烯、汽油、柴油、MTBE、二甲醚、溶剂油、渣油、蜡油等。是宁夏企业 100 强和自治区重点培育产值达 50 亿元的企业之一

资料来源：各公司官方网站。

2. 油气市场其他主体的发展

在管输环节，宁夏干线管道全部由中石油建设运营，中国石油长庆油田途经宁夏的原油管道 4 条。中石油管道有限责任公司西气东输分公司也有途经宁夏的天然气管道。宁夏共有 4 家油气管网运营企业（见表 4-54），3 家为中石油各油气管道运营企业下属的分公司，接受中国石油天然气集团公司统一的调度管理，其余 1 家为宁夏哈纳斯天然气管道有限公司，归国有企业管理。

表 4-54　宁夏自治区油气管网运营企业名单（2019 年）

序号	企业名称	隶属集团
1	中石油管道分公司长庆输油气分公司	中国石油天然气集团
2	中石油西气东输管道分公司银川管理处	中国石油天然气集团
3	中石油长庆油田分公司第三输油处	中国石油天然气集团
4	宁夏哈纳斯天然气管道有限公司	宁夏哈纳斯管道集团

在销售环节，宁夏成品油销售企业主要包括中国石油宁夏销售公司和中石化销售有限公司宁夏石油分公司，成品油销售量大约分别占宁夏全区的 75% 和 25%。宁夏天然气资源供应全部来自中石油系统，气源包括长庆油田、青海油田、塔里木油田、中亚管道气等资

源，由中石油西部销售统一销售，2017 年，天然气供应量25.47 亿立方米。

（五）新疆

新疆是西北油气资源最为丰富的地区，中华人民共和国成立后尤其是改革开放后，油气勘探开发和石化工业迅速发展。改革开放初期，新疆的石油企业以新疆石油管理局为主体。新疆石油管理局的前身是 1950 年成立的中苏石油股份公司，1955 年交我国独资经营，改称新疆石油公司。1956 年 7 月改称新疆石油管理局，先后隶属国家燃料工业部、石油工业部、中国石油天然气总公司。

1. 中石油、中石化为主体

20 世纪 90 年代，中国的工业化进程加快，对能源的需求不断上升，新疆作为国家能源开发接替区域的战略地位日益凸显，中央加大了对新疆石油开发的支持力度，先后在新疆建立了新疆油田、吐哈油田、塔里木油田、塔河油田四大公司，负责新疆石油的开采和提炼，其中，新疆油田、吐哈油田和塔里木油田 3 家公司隶属于中国石油天然气集团公司，塔河油田公司隶属于中国石油化工股份有限公司。

1998 年 9 月，中国石油天然气集团公司成立后，新疆石油管理局成为集团公司的下属企业，受集团公司和新疆维吾尔自治区的双重领导。次年新疆石油管理局重组，将油气生产、炼油化工、产品销售等主要业务分离出去，分别成立了中国石油新疆油田分公司、独山子石化分公司、克拉玛依石化分公司、独山子润滑油厂和克拉玛依润滑油厂，归属中国石油天然气股份有限公司整体上市，未上市部分沿用新疆石油管理局称谓，成为一个以石油工程技术服务为主的地区综合服务企业。新疆四大油气公司基本情况总览如表 4-55 所示。

表 4-55　新疆四大油气公司基本情况总览

公司名称	隶属单位	成立时间	主要业务
塔里木油田公司	中国石油天然气集团公司	1989 年	集油气勘探开发、炼油化工等为一体
新疆油田公司	中国石油天然气集团公司	1999 年	主要从事准噶尔盆地及其外围盆地油气资源的勘探开发、集输、销售等业务
吐哈油田公司	中国石油天然气集团公司	1999 年	以油田核心业务为主
西北分公司	中国石油化工集团公司	2002 年	主要从事油气田勘探开发与油气销售业务

2000 年 3 月，西北石油地质局随中国新星石油公司整体并入中国石化集团公司，翌年 4 月，西北石油局完成了油气分公司体制改革，分设为中国石化新星西北石油局、中国石化新星西北分公司两家单位，并于 2003 年 6 月与新星石油公司脱离，更名为中国石化集团西北石油局、中国石油化工股份有限公司，直属于中国石化集团公司和中国石化股份公司，主要从事油气田勘探开发与油气销售业务，是中国石化集团公司上游油田企业之一。

中国石油天然气集团公司（中石油）及其专业技术服务公司和中国石油化工集团公司

（中石化）西北石油分公司成为新疆地区油气资源勘探、开发、储运、加工、销售的主体。中石油、中石化在新疆的分公司名录如表4-56所示。

表4-56　中石油、中石化在新疆的分公司名录

企业名称	业务类型	分公司
中国石油天然气集团公司	油气田公司	新疆油田公司
		吐哈油田公司
		塔里木油田公司
	炼化企业	乌鲁木齐石化公司
		独山子石化公司
		克拉玛依石化分公司
		西北销售分公司
		乌鲁木齐石化总厂
		独山子石油化工总厂
	销售企业	西北销售公司
		新疆销售公司
	管道储运企业	西气东输管道（销售）公司
		西部管道公司
		中亚天然气管道公司
	工程技术服务企业	西部钻探工程公司
		东方地球物理勘探公司下属企业
中国石油化工集团公司	勘探和销售	西北石油局、西北分公司

2. 其他主体辅助油气市场发展

新疆油气市场除以中石油中石化为主导外，还有一些其他市场主体。在勘探开采环节，2018年1月自然资源部推进新疆油气勘查开采改革试点，新疆首次以挂牌方式出让5个石油天然气勘查区块的探矿权，最终成交3块。其中，申能股份有限公司以14.9亿元竞得柯坪南区块，面积为2566.13平方千米；新疆能源（集团）石油天然气有限责任公司以3.8亿元竞得温宿西区块，面积为1383.79平方千米；中曼石油天然气集团股份有限公司以约8.7亿元竞得温宿区块，面积为1086.26平方千米。申能股份有限公司和中曼石油天然气集团股份有限公司均是在上海注册的上市公司，前者主要从事能源相关项目的开发和投资，后者主要从事油气开采专业及辅助性活动。新疆能源（集团）石油天然气有限责任公司是注册于新疆乌鲁木齐市经济技术开发区的国有独资企业，主要从事油气的开采以及原油、成品油、石油制品等的销售业务。

此外，新疆本地还有新疆广汇能源股份有限公司和新疆准东石油技术股份有限公司等从事油气开采和技术支持的非国有企业。新疆广汇能源股份有限公司是新疆广汇实业投资集团旗下的大型能源上市公司，集上游油气勘探生产，中游能源运输和物流中转，下游销售于一体，且在哈萨克斯坦拥有油气区块，是第一个在国外拥有油气资源的民营企业。新疆准东石油技术股份有限公司是中石油新疆油田公司改制分离组建的企业，也是中国陆上石油改制企业中首家上市公司，主要为石油天然气勘探开发提供技术服务，同时也有油气田化工产品及成品油零售的资质。

在炼化环节，除中石油、中石化外，新疆还有新疆美克化工股份有限公司、新疆现代特油科技股份有限公司、美汇特石化、超源化工、天山环保库车石化等众多石化企业。在销售环节，除上述具有油气销售资质的大型油气企业外，还包括主要从事油气及石化产品销售的公司，如新疆中化宝塔石油销售有限公司、新疆新恒发石油销售有限公司、新疆天佑石化有限公司和新疆伊鑫德石油销售有限公司等。

二、不断调整理顺石油价格体制机制

石油价格的改革在国家发展改革委及其他价格主管部门部署下在全国层面统一推进，西北各省（区）价格主管部门和石油企业负责执行国家发布的石油价格调整及改革政策的具体落实实施。根据国家石油价格改革的部署，西北石油价格改革也相应地先后经历了计划向市场过渡的双轨制阶段、国际接轨的政府指导阶段和成品油价格机制的完善阶段等三个时期。1998 年，按照《原油、成品油价格改革方案》（计电〔1998〕52 号），西北区域石油价格由政府统一定价调整为与国际市场价格接轨。此后，2006 年实施石油价格综合配套改革，2008 年实施成品油价格和税费改革，妥善处理各方面利益关系，基本理顺了成品油价格与市场的关系。

2013 年以来，西北地区石油价格改革多集中在成品油价格形成机制的调整方面。按照国家发展改革委下发《国家发展改革委关于进一步完善成品油价格形成机制的通知》（发改价格〔2013〕624 号），要求西北各省（区）价格主管部门按照新的机制将成品油价格调整周期缩短至 10 个工作日，定期制定省（区）内不同油品汽油、柴油的最高零售价和最高批发价。2016 年西北各省（区）价格主管部门按照《国家发展改革委关于进一步完善成品油价格形成机制有关问题的通知》（发改价格〔2016〕64 号）要求及《石油价格管理办法》，出台了一系列对应的政策法规（见表 4-57），对省内成品油价格形成机制进行调整，并在官方网站定期公布价格调整信息，同时强调各成品油经营企业要组织好成品油调运，确保市场稳定供应，严格执行国家价格政策。

表 4-57　西北各省（区）石油价格改革相关政策文件汇总

时间	政策文件
1998 年	《陕西省物价局关于原油成品油厂、销价格的函》
2001 年	《青海省发展计划委员会关于转发〈国家计委关于完善石油价格接轨办法及调整成品油价格的通知〉的通知》

时间	政策文件
2002 年	《陕西省地方税务局转发〈国家税务总局关于中国石油天然气集团和中国石油化工集团使用的"成品油配置计划表"有关印花税问题的通知〉的通知》（陕地税发〔2002〕107 号）
2006 年	《宁夏回族自治区物价局关于印发〈宁夏公路运输行业运输价格与成品油价格联动机制方案〉的通知》（宁价费发〔2006〕98 号）
	《新疆维吾尔自治区发展和改革委员会转发国家发展改革委关于调整成品油价格及有关问题的通知》（新发改能价〔2006〕307 号）
2008 年	《陕西省人民政府关于成品油价格和税费改革的实施意见》（陕政发〔2008〕69 号）
	《新疆维吾尔自治区人民政府关于贯彻落实国家成品油电力价格调整工作确保社会稳定的通知》（新政发〔2008〕47 号）
2013 年	《陕西省物价局转发国家发展改革委关于进一步完善成品油价格形成机制的通知》（陕价商发〔2013〕59 号）
	《青海省发展改革委员会转发国家发展改革委关于进一步完善成品油价格形成机制的通知》（青发改价格〔2013〕498 号）
	《新疆维吾尔自治区发展改革委转发国家发展改革委关于油品质量升级价格政策有关意见的通知》（新发改能价〔2013〕3810 号）
2016 年	《陕西省物价局关于调整成品油价格的通知》
	《甘肃省发展改革委转发国家发展改革委关于降低国内成品油价格简化调价操作方式等有关事项的通知》（甘发改电〔2016〕3 号）
	《新疆维吾尔自治区发展改革委转发国家发展改革委关于进一步完善成品油价格形成机制有关问题的通知》（新发改能价〔2016〕263 号）

注：由于价格主管部门机构调整，部分省份原物价局官方网站无法访问等原因，所列政策文件仅为目前可公开获取的文件。

因各省（区）石油价格改革情况大致相同，专栏 4-17 中仅以陕西省为例就其改革历程和措施进行详细梳理。

专栏 4-17

陕西省石油价格改革历程

1998 年 6 月，按照国家计委出台的改革方案，陕西出台了相应的政策，对于下面两方面的内容做了相应的规定：一是汽油、柴油的出厂价、批发价、批零差率由石油、石化两大集团公司自主制定；二是集团公司所属炼厂标准品的平均中准价，非标准品出厂价按国家发展计划委员会确定的品质比率计算确定。

同时其他价格管理部门也根据需求适时调整相关政策，帮助石油企业调整或稳定价格，维护市场秩序。例如，2002 年，为支持石油企业价格改革，陕西省地方税务局在国家税务总局统一要求下，对中国石油天然气集团和中国石油化工集团及其子公司之间互供石油、石油制品所使用的"计划表"免收印花税；2007 年，为进一步保证成品油市场价格的稳定，维护市场秩序，陕西省物价局对中央驻陕以及省上成品油生产、经营企业开展成品油专项检查，并对成品油价格实行每日一报。

2008 年，陕西省政府出台成品油价格和税费改革政策，从成品油税费改革、完善成品油价格形成机制、完善成品油价格调控配套措施三个方面提出相应改革要求。2013 年，按照国家发展改革委发布的改革要求，陕西省物价局进一步完善成品油价格形成机制，成品油价格体系更灵活，适应市场化程度增强。一是按不同产品规定了相应价格确定标准；二是制定了随市场波动调整的价格规则；三是将陕西汽柴油零售价格划分为两个价区，以及不同地区相应油品价格参照标准。国家发展改革委制定西安市场汽、柴油最高零售价格，其他地区由陕西省物价局制定。成品油零售企业可在不超过汽、柴油最高零售价格的前提下，自主制定具体零售价格。

2016 年 5 月，陕西省物价局发布通知，进一步增强了对价格公开、价格制定及其监管的要求。在价格公开方面，要求汽油具体零售价格由石油、石化集团公司及社会成品油零售企业根据市场供求情况，在零售中准价基础上，上下 8% 的幅度内安排并向社会公布。在价格制定方面，一是统一了全省汽、柴油吨与升折算标准，汽油折算系数为 0.75，柴油折算系数为 0.85。二是更为详细地规定了一些价格制定标准。如对中石油、中石化供应系统外社会成品油零售企业的汽、柴油批发价仍实行差率管理。在执行配送制的地区，按照本价区实际零售价格倒扣批零差率制定，批零差率不得小于 4.5%；未执行配送制的地区，按照本价区实际零售价格倒扣批零差率和短途运杂费制定，批零差率不得小于 4.5%，短途运杂费按实际发生额由双方协商确定。在监管方面，要求中石油、中石化陕西销售分公司和省延长石油集团公司要将调整后的汽、柴油出厂价、批发价和零售价，报省物价局备案。

根据国家成品油价格形成机制和国家发展改革委对成品油价格的调整，西北各省（区）发展改革委网站公布的最新（2019 年 11 月 18 日调整后）成品油最高零售价格如表 4-58 所示。

表 4-58 西北五省（区）汽、柴油最高零售价格表

（2019 年 11 月 18 日调整后）

汽油（国ⅥA 标准）						
地区	价区	价格类型	单位	89 号	92 号	95 号
陕西	中北部价区	最高零售价	元/吨	8365	8867	9369
			元/升	6.27	6.65	7.03
	陕南价区		元/吨	8465	8973	9481
			元/升	6.35	6.73	7.11
甘肃	—	最高批发价	元/吨	8065	8567	9069
	—	最高零售价	元/吨	8365	8867	9369
			元/升	6.24	6.65	7.11
青海	一价区	最高零售价	元/吨	8345	—	—
			元/升	6.3	6.71	7.2
	二价区		元/吨	8455	—	—
			元/升	6.38	6.8	7.29
	三价区		元/吨	8585	—	—
			元/升	6.48	6.9	7.4
宁夏	—	最高零售价	元/吨	8385	8888	9391
			元/升	6.29	6.67	7.04
新疆	—	最高批发价	元/吨	7860	8332	8803
		最高零售价	元/吨	8160	8650	9139

柴油（国Ⅵ标准）							
地区	价区	价格类型	单位	0 号	−10 号	−20 号	−35 号
陕西	西安市区	最高零售价	元/吨	7405	7849	8220	8516
			元/升	6.29	6.67	6.99	7.24
	其他价区		元/吨	7605	8061	8442	8746
			元/升	6.46	6.85	7.18	7.43
甘肃	—	最高批发价	元/吨	7115	7560	7931	8227
	—	最高零售价	元/吨	7415	7860	8231	8527
			元/升	6.29	6.69	7.04	7.26

续表

柴油（国Ⅵ标准）							
地区	价区	价格类型	单位	0 号	−10 号	−20 号	−35 号
青海	一价区	最高零售价	元/吨	7440	—	—	—
			元/升	6.32	6.7	7.02	7.27
	二价区		元/吨	7550	—	—	—
			元/升	6.42	6.8	7.12	7.38
	三价区		元/吨	7680	—	—	—
			元/升	6.53	6.92	7.25	7.51
宁夏	—	最高零售价	元/吨	7395	7839	8208	8504
			元/升	6.29	6.66	6.98	7.23
新疆	—	最高批发价	元/吨	6990	6850	7409	7759
		最高零售价	元/吨	7290	7144	7727	8092

注：宁夏对+5#柴油（98%）和+10#柴油（96%）的最高零售价格进行了规定；新疆对+5#柴油（98%）的最高批发价和零售价进行了规定。

从表4-58可以看出，西北各省（区）均结合自身实际对汽油和柴油的各级油品设定了最高零售价，甘肃和新疆还对最高批发价进行了规定。陕西和青海在省内设置了不同的价区，价区间有约0.1元/升的油价差。在石油价格改革期间，陕西于2013年将陕西省汽柴油零售价格划分为两个价区；青海于2010年将原来的4个价区重新划分为3个价区，于2016年将格尔木市辖唐古拉山镇地区成品油销售价区由一价区调整为三价区。

经过一系列石油价格的改革，西北地区石油价格形成机制更加合理，与国际市场价格接轨且缩短价格调整周期后，油价在维持相对稳定的基础上更能灵活反映国际油价的变化情况。

三、大力推动天然气价格体制改革

2013年以来，关于调整和理顺天然气价格，国家发展改革委出台了一系列改革措施文件，主要文件如表4-59所示。

表4-59　2013年以来国家天然气价格改革和调整重要文件

时间	文件名称
2013 年	《国家发展改革委关于调整天然气价格的通知》（发改价格〔2013〕1246 号）
2014 年	《国家发展改革委关于建立健全居民生活用气阶梯价格制度的指导意见》（发改价格〔2014〕467 号） 《国家发展改革委关于调整非居民用存量天然气价格的通知》（发改价格〔2014〕1835 号）

续表

时间	文件名称
2015 年	《国家发展改革委关于理顺非居民用天然气价格的通知》（发改价格〔2015〕351 号） 《国家发展改革委关于降低非居民用天然气门站价格并进一步推进价格市场化改革的通知》（发改价格〔2015〕2688 号）
2016 年	《国家发展改革委关于印发〈天然气管道运输价格管理办法（试行）〉和〈天然气管道运输定价成本监审办法（试行）〉的通知》（发改价格规〔2016〕2142 号）
2017 年	《国家发展改革委关于降低非居民用天然气基准门站价格的通知》（发改价格规〔2017〕1582 号）
2018 年	《国家发展改革委关于理顺居民用气门站价格的通知》（发改价格规〔2018〕794 号）

（一）理顺天然气门站和管输价格

2013 年，依据《国家发展改革委关于调整天然气价格的通知》（发改价格〔2013〕1246 号），西北各省（区）天然气价格管理由出厂环节调整为门站环节，门站价格实行最高上限价格管理，运输和销售两票制改为销售一票制，区分存量气和增量气。居民用气价格不作调整。（居民用气包括居民生活用气、学校教学和学生生活用气、养老福利机构用气等，不包括集中供热用气。）2013 年价格调整后西北各省（区）非居民用气最高门站价格如表 4-60 所示。

表 4-60 西北各省（区）天然气门站价格改革调整情况

单位：元/千立方米（含增值税）

项目 地区	2013 年价格调整后 最高门站价格		2015 年价格调整后 基准门站价格	2018 年价格调整后 基准门站价格
	存量气	增量气	非居民用气	居民用气
陕西	1600	2480	1340	1230
甘肃	1690	2570	1430	1320
青海	1530	2410	1270	1160
宁夏	1770	2650	1510	1400
新疆	1410	2290	1150	1040

2014 年，《国家发展改革委关于建立健全居民生活用气阶梯价格制度的指导意见》（发改价格〔2014〕467 号）对价格进行了一系列规范要求。在居民基本生活用气需求方面实行相对较低价格，对超出基本生活用气需求的部分适当提高价格，以反映天然气资源稀缺程度。2014 年，依据《国家发展改革委关于调整非居民用存量天然气价格的通知》（发改价格〔2014〕1835 号），西北省（区）非居民用存量气最高门站价格提高了 400

元/千立方米，居民用气门站价格不作调整，LNG、页岩气、煤层气等价格由市场决定。2015 年，依据《国家发展改革委关于理顺非居民用天然气价格的通知》（发改价格〔2015〕351 号），存量增量进一步并轨，增量气最高门站价格每千立方米降低 440 元，存量气最高门站价格提高了 40 元/千立方米，试点放开了直供用户门站价格。随后，依据《国家发展改革委关于降低非居民用天然气门站价格并进一步推进价格市场化改革的通知》（发改价格〔2015〕2688 号），非居民用气最高门站价格降低了 700 元/千立方米，由最高门站价格管理改为基准门站价格管理，基准门站价格最高可上浮 20%。2015 年价格调整后西北各省（区）非居民用气最高门站价格如表 4-60 所示。

2016 年，为加强和完善天然气管道运输价格管理，规范定价成本监审行为，国家发展改革委正式出台了《天然气管道运输价格管理办法（试行）》和《天然气管道运输定价成本监审办法（试行）》，提出管输销售分离、准许成本加合理收益、税后全投资收益率 8% 等原则核定管道运输价格，进一步规范和完善了天然气的运输价格机制、加强了价格监管，国内天然气管道运输价格监管向精细化、制度化迈出实质性的步伐。随后，西北各省（区）发展改革委相继出台了城镇管道燃气配气价格管理和成本监审相关办法条例，规范了燃气配气的价格，并为天然气管道运输价格的管理和成本监审提供了法律制度依据。

自 2017 年起，根据天然气管道定价成本监审结果下调管道运输价格，结合天然气增值税税率调整情况，降低非居民用天然气基准门站价格和居民用气门站价格。《国家发展改革委关于降低非居民用天然气基准门站价格的通知》和《国家发展改革委关于理顺居民用气门站价格的通知》，要求尽快落实降价措施，推进天然气公开透明交易，保障天然气市场平稳运行，进一步完善天然气价格形成机制。

2018 年，《国家发展改革委关于理顺居民用气门站价格的通知》（发改价格规〔2018〕794 号）将居民用气由最高门站价格管理改为基准门站价格管理，价格水平按非居民用气基准门站价格水平（增值税税率 10%）安排，居民和非居民门站价格实现并轨。供需双方可以基准门站价格为基础，在上浮 20%、下浮不限的范围内协商确定具体门站价格，实现与非居民用气价格机制衔接。方案实施时门站价格暂不上浮，实施一年后允许上浮。对于居民与非居民用气门站价差较大的，最大调整幅度原则上不超过 350 元/千立方米，剩余价差一年后适时理顺。2018 年价格调整后西北各省（区）居民用气基准门站价格如表 4-60 所示。

2013~2018 年，通过一系列天然气价格改革，西北各省（区）天然气价格管理由出厂环节调整为门站环节，门站环节非居民用气价格和居民用气价格由最高上限价格管理逐步过渡为基准门站价格管理，且居民用气价格逐步与非居民用气价格并轨。相应地，西北各省（区）价格主管部门按照国家天然气价格改革相关要求，也适时调整了天然气基准门站价格和销售价格，出台了天然气价格管理的法律法规，各省（区）天然气价格改革政策文件汇总如表 4-61 所示。

表 4-61　西北各省（区）天然气价格改革政策文件汇总

时间	政策文件
2013 年	《青海省发展和改革委员会关于调整非居民用天然气价格的通知》（青发改价格〔2013〕1408 号）
	《新疆维吾尔自治区发展改革委转发国家发展改革委调整天然气价格的通知》（新发改能价〔2013〕2286 号）
2014 年	《甘肃省发展改革委关于贯彻落实国家发展改革委〈关于建立健全居民生活用气阶梯价格制度的指导意见〉的通知》（甘发改电〔2014〕7 号）
2015 年	《陕西省物价局关于理顺我省天然气价格的通知》（陕价商发〔2015〕63 号）
	《甘肃省发展改革委关于转发〈国家发展改革委关于降低非居民用天然气门站价格并进一步推进价格市场化改革的通知〉的通知》（甘发改电〔2015〕51 号）
	《青海省发展和改革委员会转发国家发展改革委关于理顺非居民用天然气价格的通知》（青发改价格〔2015〕192 号）
	《青海省发展和改革委员会转发国家发展改革委关于降低非居民用天然气门站价格并进一步推进价格市场化改革的通知》（青发改价格〔2015〕940 号）
	《宁夏回族自治区物价局关于全区居民用气实行阶梯价格制度的通知》（宁价商发〔2015〕75 号）
2017 年	《甘肃省发展改革委员会关于贯彻落实降低非居民用天然气价格有关问题的通知》（甘发改电〔2017〕114 号）
2018 年	《陕西省物价局关于我省天然气价格有关问题的通知》（陕价商发〔2018〕54 号）
	《青海省发展和改革委员会转发国家发展改革委关于理顺居民用气门站价格的通知》（青发改价格〔2018〕401 号）
	《青海省城镇天然气输配定价成本监审技术规范》（青发改监测〔2018〕253 号）
	《青海省管道燃气配气价格监管办法》
	《宁夏回族自治区城镇管道燃气配气价格管理办法》和《宁夏回族自治区城镇管道燃气配气定价成本监审办法》
	《新疆维吾尔自治区管道燃气配气价格管理暂行办法》（新发改能价〔2018〕593 号）
	《新疆维吾尔自治区管道燃气配气定价成本监审暂行办法》（新发改成本〔2018〕598 号）
	《甘肃省城镇管道燃气配气价格管理办法》（甘发改价管〔2018〕1017 号）
2019 年	《陕西省天然气管道运输和配气价格管理办法（试行）》（陕发改价格〔2019〕1527 号）

（二）天然气销售价格调整过程

天然气销售价格主要是由所在城市物价局根据国家政策及各省政府政策制定，西北各省（区）的具体天然气销售价格调整情况，以各省（区）的省会城市为例。

1. 陕西西安

西安市物价主管部门于 2015 年 6 月和 2019 年 3 月进行了两次天然气销售价格的调整。2015 年 6 月的调整情况是：将集中采暖（自备锅炉采暖）用气、非居民用气销售价格每立方米上调 0.79 元；车用压缩天然气（CNG）销售价格由 3.55 元/立方米调整为最高销售价格 4.34 元/立方米，允许燃气企业根据经营情况适当下浮；新型车用液化天然气

（LNG）销售价格实行市场调节，由经营者自主定价。居民用气价格不作调整，调整后价格情况如表 4-62 所示。

表 4-62 2015 年西安市区天然气销售价格水平表

单位：元/立方米

分类	价格
居民用气	1.98
集中采暖	2.77
非居民用气	3.09
车用压缩天然气（CNG）	最高 4.34
新型车用液化天然气（LNG）	自主定价

注：《陕西省物价局关于理顺我省天然气价格的通知》（陕价商发〔2015〕63 号）、《西安市物价局关于理顺天然气价格的通知》（市物发〔2015〕71 号）。

2019 年 3 月，再次进行城市天然气的综合配气价格调整、门站价格上调和省内管输价格下调等，西安市城市天然气居民用气销售价格共计每立方米上调 0.086 元，非居民用气销售价格每立方米下调 0.05 元。调整后西安市各类天然气具体销售价格如表 4-63 所示。

表 4-63 2019 年西安市天然气销售价格表

单位：元/立方米

分类		价格
居民用气销售价格	第一阶	2.07
	第二阶	2.48
	第三阶	3.11
执行居民用气价的非居民用户		2.09
非居民用气销售价格		2.25

注：第一阶：非独立采暖户年用气量 0~480 立方米，独立采暖户年用气量 0~2000 立方米；第二阶：非独立采暖户年用气量 480~660 立方米，独立采暖户年用气量 2000~3000 立方米；第三阶：非独立采暖户年用气量 660 立方米以上，独立采暖户年用气量 3000 立方米以上。

资料来源：《陕西省物价局关于我省天然气价格有关问题的通知》（陕价商发〔2018〕54 号）。

此外，西安市发展改革委还提出建立天然气上下游价格联动机制和季节性差价制度，天然气上下游价格联动适用于城市门站价格（含管道天然气上游门站价格、省内管道运输价格等）调整引起的购气成本变动。季节性差价适用于各燃气企业为弥补冬季高峰期用气量缺口，在市场上采购中石油、中石化等管道气、交易所摘牌的管道气及 LNG 等引起的购气成本变动。

2. 甘肃兰州

2013 年 7 月，根据《甘肃省发展和改革委员会关于调整兰州市非居民天然气销售价格的

· 215 ·

批复》（甘发改商价〔2013〕1255 号），兰州调整后各类天然气具体销售价格如表 4-64 所示。

表 4-64　2013 年 7 月调整后兰州市非居民天然气销售价格

单位：元/立方米

分类		价格
商业用气	存量气	2.57
	增量气	3.56
工业用气	存量气（月用气量 60 万立方米以下）	1.99
	存量气（月用气量 60 万立方米以上）	1.8
	存量气（特大工业用户）	1.75
	增量气（月用气量 60 万立方米以下）	2.87
	增量气（月用气量 60 万立方米以上）	2.68
	增量气（特大工业用户）	2.63
集中供暖用气（不含商用）		2.12
供气企业供加气站用气		2.35
加气站对外销售		3.10

注：特大工业用户特指兰州蓝天浮法玻璃股份有限公司。

2013 年 10 月至 2014 年底，兰州市根据门站价格的变化多次上调供热价格。其中，2013 年 10 月上调非居民天然气供热价格[①]。2014 年 9 月，上调集中供暖用气和各类存量气价格，集中供暖天然气销售价格上调 0.18 元/立方米。CNG 汽车用气价格，上游供气企业供加气站用气销售价格上调 0.46 元/立方米。商业用气存量气销售价格、工业用气销售价格上调 0.41 元/立方米。2014 年 10 月，再次上调城市居民天然气集中供热价格，居民天然气集中供热价格由 4.20 元/月/平方米上调整为 5.00 元/月/平方米。

自 2015 年以来，随着天然气价格的逐步理顺，兰州市天然气价格多为向下调整，且存量气与增量气实现并轨。2015 年 3 月，兰州市非居民用天然气存量气、增量气价格并轨，并轨后兰州市非居民用天然气门站价格为 2.13 元/立方米。集中供热天然气销售价格下调 0.13 元/立方米，上游供气企业供加气站用气、CNG 加气站终端销售价格上调 0.04 元/立方米。在非居民用天然气存量气、增量气价格并轨的基础上，根据 2014 年全年工业、商业分类用气总量，按照加权平均的方法，将工业分类用气价格与商业用气价格合并为一般工商业用气价格和特大工业用气价格。2015 年 11 月，各类非居民天然气销售价格下调 0.70 元/立方米，调整后各类天然气具体销售价格如表 4-65 所示。

---

①　第二类：办公、教学、医院由 5.60 元/月/平方米上涨为 7.80 元/月/平方米；第三类：宾馆、饭店、招待所由 6.60 元/月/平方米上涨到 9.20 元/月/平方米；第四类：商业营业性用房、厂房、礼堂由 7.70 元/月/平方米上涨到 10.70 元/月/平方米。

表 4-65　2015 年 11 月调整后兰州市非居民天然气销售价格

单位：元/立方米

分类	价格
一般工商业用气	1.99
特大工业用气（年用气量 1 亿立方米以上）	1.50
集中供暖用气（不含商用）	1.75
供气企业供加气站用气	2.15
加气站对外销售	2.90

2017 年 9 月，兰州市人民政府进一步将非居民用天然气销售价格、各类非居民用天然气销售价格下调 0.11 元/立方米。2018 年 5 月，在国家发展改革委理顺居民用气门站价格政策的框架下，结合兰州用气及价格实际情况，兰州价格管理部门决定这一轮对兰州市居民用气价格不作调整。

3. 青海西宁

为疏导因上游提价而形成的价格矛盾，2015 年西宁上调了两次天然气销售价格。2015 年 3 月，西宁市发展改革委调整西宁非居民用天然气销售价格，集中供暖锅炉用气价格每立方米上调 0.30 元，居民集中供暖锅炉用气价格由每立方米 1.30 元上调至 1.60 元，行政事业等单位集中供暖锅炉用气价格由每立方米 1.48 元上调至 1.78 元，其他非居民天然气销售价格每立方米上调 0.40 元。2015 年 9 月，西宁居民天然气集中供暖价格由每月每平方米 4.90 元上调为每月每平方米 5.77 元，非居民天然气集中供暖价格继续实行政府指导价管理，其集中供暖价格在居民供暖价格每月每平方米 5.77 元的基础上，允许上浮 25%~30%。

2016 年 1 月和 2017 年 9 月，西宁天然气集中供暖价格每立方米分别下调 0.29 元和 0.10 元。2018 年，居民用天然气价格每立方米上调 0.13 元，非居民用天然气价格每立方米上调 0.20 元。经过一系列价格调整后，2018 年 11 月起执行的西宁各类天然气销售价格如表 4-66 所示。

表 4-66　2018 年 11 月起执行的西宁市各类天然气销售价格

单位：元/立方米

天然气类别		销售价格
居民用气	炊事用气	1.61
	家庭壁挂锅炉采暖用气	1.43
	炊事+家庭壁挂锅炉采暖用气	1.47

续表

天然气类别		销售价格
非居民用气	居民集中供暖用气	1.41
	行政事业等单位集中供暖用气	1.59
	工业用气	1.91
	商业用气	2.28
	公交 CNG 站用气	1.84
	社会 CNG 站用气	1.93
	社会车辆（含出租车）加气	3.20

4. 宁夏银川

在居民用气与非居民用气并轨之前，银川天然气销售价格受冬季非居民用气门站价格浮动影响，每年于用气冬季高峰期上浮非居民用气销售价格，上浮期结束后执行原销售价格。2017 年 9 月，由于国家降低天然气基准门站价格，银川将各类非居民用气销售价格每立方米下调 0.11 元，具体价格如表 4-67 所示。

表 4-67　2017 年 9 月价格调整后银川市非居民用气销售价格

单位：元/立方米

分类	价格
工商业用气及其他用气	1.95
集中供暖用气	1.80
车用管道供应的天然气批发价格	1.86
车用管道供应的天然气零售价格	2.77（±5%）

2018 年 6 月，银川将居民用气和非居民用气门站价格并轨。银川原居民用气价格第一档、第二档和第三档气价分别为 1.63 元/立方米、1.96 元/立方米和 2.45 元/立方米。此次价格调整，在居民用气销售价格在原价格水平基础上，各档气价都上调 0.18 元/立方米（宁东居民各档气价上调 0.08 元/立方米），低保户生活用气价格不作调整。

5. 新疆乌鲁木齐

2013 年 7 月，乌鲁木齐按照新疆维吾尔自治区发展改革委文件要求，分存量气、增量气调整非居民用天然气销售价格。2015 年，国家降低非居民用天然气门站价格后，乌鲁木齐城市商业用气、车用气、工业用气销售价格下降 0.7 元/立方米。2017 年 9 月，乌鲁木齐再次将工商业用天然气、车用气销售价格每立方米下调 0.12 元，城市公交车、农村道路客运天然气销售价格和居民用天然气均未作调整，调整后价格如表 4-68 所示。

表 4-68　2017 年 9 月价格调整后乌鲁木齐市天然气销售价格

单位：元/立方米

分类	价格
居民用气	1.37
工商业用气	2.27
车用气	2.94
城市公交车、农村道路客运用气	2.08

四、存在的主要问题

（一）勘探开采开放程度不够

与全国整体情况一致，西北区域油气在勘测与开发方面存在着区域和行业高度垄断、勘探开发力度不足、市场活力不足等问题。根据国务院 1996 年全国人民代表大会修订的《中华人民共和国矿产资源法》和 1998 年颁布的《矿产资源勘查区块登记管理办法》、《矿产资源开采登记管理办法》，中国的矿产资源属于国家所有，国家对矿产资源的勘查、开发实行许可证制度，国家实行采矿权有偿取得制度。从事石油勘查与开采的公司必须符合国家规定的资质条件，并需经国务院批准。只有中国石油天然气集团有限公司、中国石油化工集团有限公司、中国海洋石油集团有限公司和延长石油集团有限责任公司具备油气资源勘探开采资质。我国实行"申请在先"的矿权出让方式，由于持有成本低，"占而不采"的现象严重，企业独占区域指标却既不投入也不开采，也不给予其他拥有资金和动力的国有企业和民营企业勘探和开发的机会。高度垄断的油气上游勘测开发环节制约了西北区域油气供给能力提升。2014 年我国"三桶油"获得的陆上矿区面积占陆上含油气沉积盆地面积的 90% 以上，2013 年原油和天然气产量约占国内总产量的 93.4% 和 99.1%（严绪朝等，2014）。从数据上可以明显看出，以行政权力设置的市场准入壁垒在一定程度上阻碍了竞争机制的作用，限制了我国中小规模油气资源合理开发利用。

（二）管道公平开放不足

管网运输作为油气行业必不可少的中游环节，随着能源市场化改革和政府社会资本合作项目逐步推进，竞争企业对管网公平开放的需求问题也日益凸显。

绝大部分油气管网由三大油气公司及省级管网公司垄断经营。其中，中石油占据主导地位。涉及管运的油气行业竞争性企业只有两种方式实现经营。一是接入管网企业网络系统；二是执行建设新投资管网以开展相关业务。鉴于资金压力及成本收益问题，接入现有管网系统是竞争性企业的最佳选择。因此，为维护垄断地位和垄断利润，处于优势地位且拥有管网经营权的企业具备充分的能力和动机，对接入管网的竞争性企业采取遏制或提升接入成本等行为，进而严重阻碍油气行业市场化改革进程。

以西北地区为例，虽然 2014 年，国家发展改革委《天然气基础设施建设与运行管理办法》、国家能源局《油气管网设施公平开放监管办法（试行）》相继颁布，明确规定天然气管网等基础设施应向第三方公平开放。但根据西北能源监管局的监管报告，辖区内只有中国石油西部管道公司和陕西燃气集团有限公司存在管网开放情况。2018 年，中国石油西部管道公司通过乌鄯线为新疆美汇特石化有限公司代输原油 31.33 万吨；陕西燃气集团所属陕西省天然气股份有限公司通过靖西线和咸宝线，为中国石油天然气股份有限公司长庆石化分公司代输天然气 0.77 亿立方米。其他企业的管网设施主要用于内部输送或销售，均未向第三方开放。

同时，西北能源监管局的监管报告显示，统购统销经营模式、特许经营权限制和地方保护性政策等阻碍了油气管网公平开放。例如，由于冬季供气缺口大，西安秦华天然气公司自寻气源，并已与中石油达成意向，从西气东输二线干线管道自建支线直接接入本企业的西安配网，增加供气量，但因特许经营权限制，无实质性进展。

（三）终端市场化程度不高

对于终端市场，西北地区下游行业由中石油、中石化化占据主导地位。相关数据显示，2006 年，全国成品油批发企业约 2500 家，其中中石油、中石化全资和控股的批发企业占总数的 67%（林威，2009）。根据中国商业联合会石油流通委员会的统计，2006 年底，全国民营石油批发企业约 660 家，民营加油站约 4.5 万座；到 2008 年，关门、倒闭的石油民营批发企业高达六成以上，倒闭的民营加油站约有三成[①]。2015 年，中石油、中石化全资、控股及特许的加油站市场份额约占全国的 50%，零售市场份额约占全国的 80%，民营企业成品油零售市场份额只有 10% 左右（严绪朝等，2014）。民营企业受限于制度、规模、政策等因素未能形成具备竞争性的油气市场主体。以城市燃气特许经营权为例，西北地区由于城市燃气供给权需要政府特许经营授权，地方燃气主管部门直接授予各地燃气垄断公司特许经营权，进而使竞争市场 LNG 点供天然气进入市场受阻。

（四）价格机制有待完善

虽然油气价格形成机制已经历多轮改革，但是成品油和天然气销售价格并未实质脱离政府定价或政府指导价框架，未能及时灵敏反映市场变化，进而影响市场供求关系。同时，油气管输环节定价机制有待进一步完善。在现行的天然气管输价格定价机制下，单条管线个别定价，并且管定定价成本不透明，造成各管输线路管输价格差异较大，更由于管输环节多，层层收取管输费，推高了最终用户的用气成本，天然气替代常规能源的经济效益和社会效益未能完全体现，市场发展受到一定影响。

此外，目前的天然气价格形成机制未对储气设施存储的天然气实行单独定价，存储的天然气在使用时被当作普通天然气，进入天然气管网供给用户，由于缺乏相应的经济补偿

---

① 武汉 1/3 民营加油站 柴油荒下酝酿改行［N］．长江商报，2010-11-15．

机制，天然气生产、管输、销售企业均缺乏建设储气设施的积极性和主动性。例如，杨凌LNG项目的功能是解决陕西冬季高峰用气和事故状态的应急供给，其购进的原料气执行非居民气价2.04元/立方米，加储气成本后为2.8元/立方米左右，调峰销售时执行的城市居民用气价格1.98元/立方米，形成严重的价格倒挂。

第五章　西北能源监管实践及存在的问题

在西北能源监管体系构架中，履行监管职责的部门主要是国家能源局西北区域派出机构和地方能源管理相关部门，对电力、煤炭和油气3个领域进行监管。其中，电力监管工作主要包括对电力产业政策落实、电力安全、电力市场和电力价格4个方面的监管；煤炭监管工作主要针对煤炭产业的政策落实、安全生产和市场3个方面进行监管；油气监管工作包括对油气产业的政策落实、管网公平开放和价格3方面进行监管。近年来，随着国家不断完善能源监管的体系、架构、制度，西北能源监管体系建设和监管实践也随之推进，监管手段不断加强，监管措施愈发完善，监管效果也进一步凸显出来。但是，不可否认的是，尽管监管从无到有取得了巨大的进步，相对于能源行业日益变化的外部环境、市场需求以及内在发展制约，监管的体制机制以及监管手段、措施、能力仍滞后于行业发展需求。因此，总结西北能源监管实践中的经验、问题，不仅能够促进和推动区域能源行业更加健康、有序地发展，也有助于国家更加完善能源监管体系架构并制定更具体和有针对性的法律、法规、政策。

第一节　能源监管体系构架

西北能源监管体系主要由国家能源局派出机构和地方能源管理相关部门共同组成。西北能源监管体系结构如图5-1所示。

从监管单位构成看，西北能源监管体系主要由国家能源局派出机构和地方政府相应职能部门两大部分组成。其中，国家能源局派驻西北区域的派出机构包括西北能源监管局、甘肃能源监管办和新疆能源监管办三个单位；地方政府承担与能源监管相关职能的部门则涉及各省（区）的发展改革委和下属的各省（区）能源局。

除国家能源局派出机构和各省（区）发展改革委（能源局）对能源行业行使主要监管责任外，另有相应的政府部门对能源行业进行行业监管职责。例如省级商务厅、省级工业和信息化厅、地方市场监督管理局等政府部门对能源行业实施包括市场运行和市场秩序在内的市场监管职责，国家煤矿安全监察局派出机构、省级应急管理厅管理的安全生产监管部门、省级工业和信息化厅等部门对能源行业行使安全监管；生态环境厅以及生态环境部下设的西北核与辐射安全监督站对涉及能源行业的环境问题进行监管。

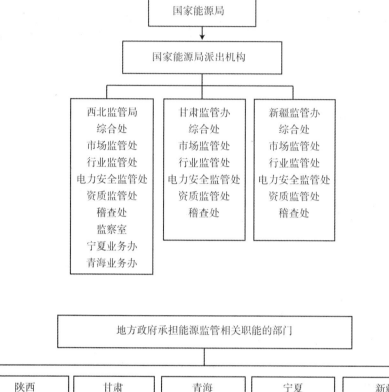

图 5-1　西北能源监管体系结构

一、国家能源局西北区域派出机构

国家能源局在西北区域共设立了 3 个派出机构，分别是西北能源监管局（辖区为陕西、青海和宁夏）、甘肃能源监管办和新疆能源监管办，各派出机构按照各自区域划分和职责范围分管下辖区域的能源行业的监督管理工作。

监管机构的前身是原国家电监会的派出机构，最初为西北电监局、甘肃电监办和新疆电监办。2013 年，根据国务院机构改革和职能转变方案，国家电监会和国家能源局进行撤并，组建新的国家能源局，包括西北电监局、甘肃电监办和新疆电监办在内的 18 个原国家电监会派出机构，整建制划归国家能源局垂直管理，并将电力监管扩展为能源监管，自此产生了西北能源监管局、甘肃能源监管办和新疆能源监管办。

西北能源监管局共设置综合处、市场监管处、行业监管处、电力安全监管处、资质管理处、稽查处、监察室、宁夏业务办和青海业务办9个处室。甘肃监管办和新疆监管办各处室的结构设置和主要职责与西北能监局的基本一致。

二、地方能源管理相关部门

与国家能源局派出机构并行，各省（区）发展改革委对省（区）内的能源行业行使相关的监管责任，相关的职责主要包括两个部分：一是按规定权限负责审核、审批、核准煤炭、电力、石油、天然气等能源固定资产投资项目；二是负责对成品油价、电价等能源价格进行调整和监管。通常，省级发展改革委中承担相关职责的内设机构主要是固定资产投资处和价格处。另有省级能源局也归口省级发展改革委管理，其监管范畴主要是监管商业石油储量、参与能源建设工程质量监督等方面。在同行职责的基础上，各省（区）根据自身资源禀赋丰富程度不同，也在机构设置方面有所增减，如陕西省能源局设立了煤炭处、安全和市场监管处，负责煤炭行业监管、能源市场秩序、油气公平开放监管等工作。

此外，各省（区）地方政府有关部门也根据其与能源行业的关系相应地履行部分能源监管职责。例如，省级发展改革委负责省（区）内能源投资项目核准、能源价格管理等工作，商务厅负责成品油经营审批工作；价格监督检查与反不正当竞争局负责对能源价格的监管，工业和信息化厅负责经济运行监测和工业安全生产监管，还有一些监管部门设置于地方能源管理机构内，如陕西省能源局内设的安全和市场监管处，负责全省能源市场秩序监管和安全生产管理，西北各省级应急管理厅内设的煤矿安全监管处，负责全省煤矿生产安全综合监管。此外，由国家煤矿安全监察局垂直管理的地方煤矿安全监察局相应负责煤矿安全监管工作。

第二节　电力监管实践

如前所述，西北地区电力资源相对充裕，行业发展较好，相应的监管体系较为完备，监管实践经验也较为丰富。基于电力行业发展和重点工作需要，西北区域电力监管主要涉及产业政策落实、电力安全、电力市场和电力价格四个方面。

一、产业政策落实监管

相关电力产业的政策主要包括国家电力发展中长期规划、电力发展政策和战略等方面。西北区域电力产业政策落实监管工作主要包括监管落实电力发展"十三五"规划、监管可再生能源发展和消纳，以及监管涉及防范化解煤电产能过剩风险的政策落实。

（一）落实电力发展中长期规划

2016 年发布的《电力发展"十三五"规划（2016~2020 年）》是近 5 年电力产业发展的指导性文件，规划内容涵盖水电、核电、煤电、气电、风电以及太阳能发电等各类电源和输配电网。2018 年，《国家能源局综合司关于开展"十三五"电力规划中期评估及滚动调整的通知》（国能综通电力〔2018〕12 号）、《国家能源局关于进一步完善"十三五"电网主网架规划工作的通知》（国能发电力〔2018〕54 号）等文件下发，要求各派出能源监管机构对"十三五"规划落实情况进行中期评估。西北区域各派出机构会同省级能源主管部门，跟踪工作进展，掌握目标任务完成情况，编制并发布规划实施情况监管报告，提出滚动调整的建议。

按照《电力规划管理办法》（国能电力〔2016〕139 号）、《省级能源发展规划管理办法》（电能规划〔2016〕46 号）、《"十三五"能源规划实施评估工作方案》（国能发规划〔2017〕72 号）、《国家能源局综合司关于开展"十三五"电力规划中期评估及滚动调整的通知》（国能综通电力〔2018〕12 号）等有关文件要求，2018 年 4 月，由西北能源监管局主导，甘肃和新疆能源监管办、西北电力设计院、国网西北分部等多家单位参与，共同启动了西北区域电力发展"十三五"规划中期实施情况监管工作。其中，西北能源监管局负责陕、青、宁三省（区）会议座谈、收集资料等调研工作，了解陕、青、宁三省（区）电力"十三五"规划落实情况，甘肃和新疆能源监管办负责组织各自辖区内的调研工作；陕西、甘肃、宁夏、青海、新疆发展改革委（能源局），新疆生产建设兵团发展改革委（能源局）提供规划初评材料和各省（区）电力相关"十三五"发展规划报告、各电网企业配合座谈、调研、提供电网发展规划报告和年度电网运行方式报告，西北派出能源监管机构将评估工作结果形成工作报告。

通过中期评估，一些规划执行中存在的问题被发现，问题主要集中在以下五个方面：一是用电增速与规划预期存在差异；二是跨区电力外送工作推进较为缓慢；三是新能源消纳任务十分艰巨；四是建设环境严重影响电网项目施工进度；五是"三州三区"及偏远地区电网建设资金来源不足。部分具体问题的阐述如专栏 5-1 所示。针对存在的相应问题，派出能源监管机构提出了一系列调整规划的意见和建议：一是适当调整西北区域全社会用电量水平；二是合理安排自用煤电及新能源建设规模；三是加快提升西北已建成特高压直流输电通道外送能力；四是积极推进直流外送输电通道建设及前期工作；五是加快推进南疆煤改电工程和西北主网架建设；六是加大对"老、少、边、穷"地区电力发展政策的扶持力度。

专栏 5-1

《西北区域"十三五"电力规划中期实施情况监管报告》节选
西北区域电力"十三五"规划实施面临的主要问题（部分）

建设环境严重影响电网项目施工进度

项目前期、工程前期、施工期外部协调工作难度大、周期长等问题成为影响规划电网工程顺利实施的关键因素。中心城区电网项目外部边界条件变化快，受土地、规划、环保等因素制约，选址选线协议办理困难，重要项目投产时间一再推后。陕西 750 千伏西安东开关站、西安北送出线路、330 千伏城南、中心等输变电工程由于站址、路径问题影响工程进展，宁夏 330 千伏塞上、盐州-宋堡工程因规划用地问题等增加了项目前期工作周期。电网项目建设缓慢，影响到电网供电能力和供电可靠性。

"三区三州"及偏远地区电网建设资金来源不足

青海玉树地区网架结构薄弱，电网覆盖不足，110 千伏、35 千伏、10 千伏电网大部分仍为单线供电，尚有约 10.5 万人采用光伏供电，海西地区也有类似情况，仍有 64 个牧业行政村采用光伏供电，农牧区电网升级改造任务仍然非常艰巨。

"十三五"期间青海 110 千伏及以下农村电网建设改造投资预计需 165.9 亿元，2016 年，青海省农网改造升级中央预算内资金拨付 6.5 亿元，2017 年仅为 3 亿元，农网升级改造资金来源不足的矛盾非常突出。

甘肃藏区和临夏州电网升级改造工作同样面临资金来源不足问题。陕西精准脱贫、移民搬迁等电力投资缺口较大。新疆电力建设项目特别是南疆输配电网升级改造工作仍需加大投入。

在针对西北全区域"十三五"电力规划中期评估的基础上，按照《国家能源局关于进一步完善"十三五"电网主网架规划工作的通知》（国能发电力〔2018〕54 号）的总体部署和要求，西北区域各派出能源监管机构还开展了"十三五"电网主网架规划实施情况的监管工作。通过开展监管，一是掌握了辖区内现有电网主网架项目的基本实施情况，包括"十三五"电网主网架项目的核准、开工、建设进度等；二是强化事中事后监管，密切跟踪辖区内"十三五"电网主网架项目的进展，适时展开现场检查，更好地起到了监督对工作的促进作用；三是通过对"十三五"电网主网架项目监管，及时发现并找出问题，一方面可以预防重大问题的发生，另一方面也能将出现的重大事项及时上报国家能源局，有助于对相应问题的及时处理和补救。通过各能源监管机构采用信息报送、调研座谈、实地检查等方式不断在辖区内开展电网主网架规划工作的监管，及时发现了煤电项目投产时间影响送出线路工程进度、阻工现象导致部分工程推进缓慢、电网规划建设与地方规划不匹配、生态环境约束与电网基础设施建设未能协调推进等多方面问题，有针对性地提出了强化规划的意见和建议，并对规划的后续推进起到了引领和约束作用，充分发挥项目实施和管理各方面的积极性，也在电力建设与环境保护并重两方面尽量提供平衡点（见专栏5-2）。

专栏5-2

《关于陕、宁、青三省（区）"十三五"电网主网架规划实施情况的报告》节选

监管意见

1. 强化规划的引领和约束作用。一是经济社会发展规划和电网规划在制定和实施过程中应统筹考虑，一体化协调推进；二是应根据电源项目变化情况及时调整配套送出线路规划建设时序；三是电网企业要把项目建设作为支持地方经济发展的重要举措，严格按照规划加大力度推进，力争"十三五"期间全部完成；四是按照"谁核准，谁监管"、"谁主管，谁负责"的原则，压实主体责任，对推进不力的责任主体启动问责机制。

2. 发挥各方面积极性，共同推进电网主网架重点项目建设。一是建议因地制宜，统筹考虑电网建设中的征地、拆迁、补偿问题，并结合当地经济社会发展情况适当提高补偿标准；二是建议地方政府将"十三五"电网主网架项目纳入年度重点项目，为项目建设创造有利条件；三是电网企业也要与地方政府加强沟通协作，成立电网建设联合工作组，形成联动机制，共同解决工程建设中存在的问题，保障工程顺利建成投运。

3. 坚持电力建设与环境保护并重的原则，努力实现平衡、绿色发展。建议国家对涉及基本农田、林地、保护区的电力基础设施建设给予政策支持，明确电力建设项目准入范围和条件，为电网项目依法合规开展建设工作提供依据。同时，建议继续简化林评、用地等审批流程。

（二）落实可再生能源产业政策

由于西北拥有丰富的风电资源和充足的光照环境，新能源行业发展迅速，促进新能源

发展是西北区域电力产业政策的重点之一。《国家能源局关于推进光伏发电"领跑者"计划实施和 2017 年领跑基地建设有关要求的通知》（国能发新能〔2017〕54 号）对光伏发电"领跑者"计划的实施做出了具体安排，并对监测评价和监管提出了具体要求，要求各基地所在地省级发展改革委（能源局）会同派出能源监管机构组织技术管理支撑机构认真做好基地项目技术方案论证、主设备采购、施工安装、调试运行、验收及后评估全过程的监督，确保各项目主要光伏产品达到相应先进技术产品指标要求。

随后，《国家能源局关于印发光伏发电领跑基地名单及落实有关要求的通知》（国能发新能〔2017〕76 号）公布了 2017 年全国 10 个应用领跑基地和 3 个技术领跑基地，其中位于西北区域的就有陕西渭南、青海格尔木、青海德令哈 3 个应用领跑基地和陕西铜川 1 个技术领跑基地。2018 年底至 2019 年初，随着西北区域光伏发电领跑基地建设进入收尾阶段，按照国家能源局监管工作要求，西北能源监管局会同陕西渭南、青海格尔木、德令哈领跑基地所在省级发展改革委，开展了基地建设情况监管调研工作，与属地市（州）能源主管部门、项目投资企业、电网企业座谈交流、对项目优选、合规建设、并网消纳、电价执行、营商环境等内容展开调研，一方面了解基地建设情况，另一方面协调解决问题，监督基地建设进度的推动与质量效益提升[①]。

2010 年以来，由于国家对新能源建设的大力支持，新能源装机增长迅速，达到了近 30 倍增速，而西北电网最大用电负荷和用电量的增速均不到 3 倍，甘肃、新疆、宁夏的新能源装机容量超过了本省（区）最大用电负荷，导致用电空间难以匹配消纳需求。此外，受制于河鱼断面、海西和陕北送出等断面稳定水平限制，集中接入的新能源发电送出问题也较为突出。鉴于此，2016 年，国家能源局下发了《国家能源局关于做好"三北"地区可再生能源消纳工作的通知》（国能监管〔2016〕39 号），要求国家能源局派出机构做好可再生能源直接交易工作、提高辅助服务补偿力度、建立自备电厂电量置换机制、加强对热电联产机组调峰性能监管等工作，以促进"三北"地区可再生能源的消纳。2018 年，国家发展改革委、国家能源局进一步制定出台了《清洁能源消纳行动计划（2018~2020年）》（发改能源规〔2018〕1575 号），次年 5 月，国家能源局又下发了《清洁能源消纳重点专项监管工作方案》（国能综通监管〔2019〕38 号），一方面凸显了对新能源消纳工作的重视，另一方面也给西北能源监管部门提出了工作要求。

据此，按照国家政策文件的工作要求，针对制约西北区域新能源发展存在的用电空间"装不下"、输电通道"送不完"、安全运行"裕度低"、网源结构"不协调"四个关键问题，西北能源监管局在宁夏、陕西、青海通过监督和管理推动实施了一系列解决方案，如启动热电联产机组发电调峰能力的核定工作，开展新能源并网接入专项监管，新能源发展运营及保障性收购监管（见专栏 5-3）等。新疆能源监管办结合新疆实际情况，针对新能源消纳进行系统调研，于 2016 年 5 月制定了《新疆区域新能源发电企业与燃煤自备电厂调峰替代交易实施细则（暂行）》，以减少弃风弃光，拓展新能源消纳空间；并对新疆电

---

① 西北能源监管启动光伏领跑基地建设情况监管调研［EB/OL］. 西北能源监管局网站，2018-12-13.

网、配电网建设"十三五"规划提出修订意见，要求电网建设部门加快电网建设进度，以化解消纳难题。甘肃能源监管办则从外畅通内升级着手，一方面通过扩大跨省跨区外送电交易、挖掘调峰辅助服务市场潜力，另一方面规范自备电厂与新能源电量置换等市场化手段，双管齐下降低甘肃新能源弃电。

专栏 5-3

《2017 年陕西、宁夏、青海三省（区）新能源并网接入专项监管报告》节选

新能源并网接入存在问题（部分）

信息报送、信息公开不符合监管要求

陕西电力公司、青海电力公司未按照要求向能源监管机构报备接入电网相关工作制度、新建电源项目接入电网书面答复意见及新能源项目并网情况。

宁夏电力公司、陕西地方电力集团公司未按照要求通过门户网站公开新建电源接入电网工作制度。

电源、电网规划建设不匹配

1. 电网建设滞后，部分区域受网架约束影响送出。陕北—关中二通道建设严重滞后，送出断面出现频繁超限，影响了陕北新能源送出；宁夏宁东地区受川水断面输送能力制约，在新能源大发期间，限制部分新能源出力；青海新能源项目主要集中在海西、海南地区，受海西、宁月送出断面频繁超限影响，弃风弃光情况严重。

2. 电源规划建设不合理，局部地区新能源装机容量过大。特别是在电价调整截止期前存在大范围抢装现象，造成电源配套送出工程难以在建设时序上进行妥善安排，接入系统工程不能及时建设。例如，陕北地区风电及光伏发电总装机容量为593 万千瓦，占到全省新能源装机总量的 89.2%，由于陕北地区就地消纳能力不足，加之 2016 年 6 月 30 日光伏项目集中并网之后，致使弃风弃光率大幅上升。

落实全额保障性收购政策不到位

2016 年 5 月，国家发展改革委、国家能源局为了有效缓解弃风弃光问题，核定并公布了风电、光伏发电保障性收购年利用小时数以及相关结算和监管要求。在专项监管中发现，宁、青两地落实全额保障性收购政策不到位，新能源利用小时数与国家能源局核定小时数有一定偏差。

（三）落实防范化解煤电产能过剩风险政策

依据《关于促进我国煤电有序发展的通知》（发改能源〔2016〕565号）、《关于进一步规范电力项目开工建设秩序的通知》（发改能源〔2016〕1698号）、《关于推进供给侧结构性改革 防范化解煤电产能过剩风险的意见》（发改能源〔2017〕1404号）等相关要求，西北各省（区）发展改革委电力主管部门和派出能源监管机构，通过落实监管，提升区域内防范化解煤电产能过剩风险的能力。

按照国家能源局关于梳理和报送防范和化解煤电产能过剩风险工作有关情况的相关要求，2017年上半年，各能源局派出机构对辖区内未核先建、批建不符、开工手续不全的煤电项目建设情况进行了全面的梳理和排查，相继形成监管报告上报国家能源局。据此，同年9月，国家能源局印发了2017年分省煤电停建和缓建项目名单①，要求停建和缓建列入名单的煤电项目。其中，涉及西北区域的停建煤电项目共6项，其中陕西、甘肃和新疆各2项；缓建项目共14项，包括宁夏7项，甘肃1项，青海、新疆和新疆生产建设兵团各2项。

西北各省（区）发展改革委电力主管部门依据名单负责向违规煤电项目和缓建项目所在的地方政府传达要求，并督促落实其停建和缓建工作。国家能源局的各派出机构则根据国家有关要求，对所管辖区域相应的停缓建煤电项目落实情况予以现场监管调研，并形成调研监管报告。通过监管调研，发现了部分项目存在诸如未纳入规划、开工支持性文件不齐全、未制订停缓建计划等问题，据此也相应地提出了建立部门协同监管机制、形成监管合力，强化监管实效，利用新技术检测施工进度，发挥社会监督作用等整改建议，有效地督促了停建和缓建工作的落实。

二、电力安全监管

为了预防和减少电力生产建设事故，保障电力系统安全稳定运行和电力可靠供应，电力安全监管是西北能源监管中的重要工作之一。依据《电力安全生产监督管理办法》规定，国家能源局及其派出机构对电力企业的电力运行安全（不包括核安全）、电力建设施工安全、电力工程质量安全、电力应急、水电站大坝运行安全和电力可靠性工作等方面实施监督管理。同时，各省发展改革委电力主管部门、应急管理厅和工业和信息化厅承担相应的安全监管职责，负责各自辖区内对口的电力安全监管业务。

（一）实施常规电力安全监管

依据《电力安全生产监督管理办法》、《中共中央国务院关于推进安全生产领域改革发展的意见》、《国家发展改革委国家能源局关于推进电力安全生产领域改革发展的实施意见》（发改能源规〔2017〕1986号），国家能源局《电力安全生产行动计划（2018~2020

---

① 《国家能源局关于印发2017年分省煤电停建和缓建项目名单的通知》（发改能源〔2017〕1727号）。

年）》等文件，西北地区常规电力安全监管工作的主要内容包括迎峰度夏（冬）电力运行安全、并网电厂涉网安全、电力建设工程施工安全及质量安全、电力监控系统安全防护以及防汛等五个重点监管工作。每年在用电高峰期、汛期和国家重大节日到来前，国家能源局会相应下发迎峰度夏（冬）、防汛抗旱、春节、"两会"、中秋、国庆安全督查工作通知，要求派出机构会同地方有关能源管理部门开展年度例行安全检查等一系列安全监管工作，以监督电力生产安全、稳定地运行。

（二）完善电力安全制度规范

根据电力安全生产要求，完善区域和地方电力安全制度规范是电力安全监管的另一项主要工作内容。2018年西北能源监管局相继出台《西北区域电力企业安全生产红橙黄预警制度》、《西北区域电力企业安全生产主要负责人年度履职情况报告制度》、《西北区域电力安全专家委员会管理办法》3项规范电力企业安全生产管理行为的制度，研究制定了监管系统首个《陕宁青三省（区）电力安全监管标准化规范》，为指导全区域电力生产安全工作奠定了制度和规范基础。依据上述相关制度，西北能源监管局还制定了3项针对辖区内电力企业的管理规定和办法①。2018年，新疆能源监管办结合新疆实际也制定了《新疆自治区电力建设工程安全管理备案实施细则》，要求建设单位在施工前规定时间内向新疆能源监管办申请备案，并对备案的内容、程序和管理等进行了规定和说明，进一步规范了电力减少工程安全管理条例。

（三）开展系列专项监管行动

除常规化的监管工作，电力安全监管还有一项较为重要的监管工作，即适时开展针对项目或突发情况的专项监管行动。例如，2017年，新疆维吾尔自治区能源监管办开展了电力建设工程安全专项督查工作，对乌鲁木齐开发区220千伏变电站工程进行电力建设工程安全督查、国网能源伊犁煤电有限公司2×350兆瓦热电联产工程3家在建电力工程进行现场督查，监督确保重大电力建设工程的安全施工；为解决新能源及常规水火电厂涉网安全管理水平和涉网设备性能对甘电力系统的影响，2018年，甘肃省能源监管办在甘肃电力调度控制中心协助下，开展了针对并网电厂涉网安全的专项检查，同时甘肃省电科院作为技术监督部门参与现场检查，对机组调速系统级一次调频重要参数、机组涉网保护、电厂电力监控系统安全防护等内容进行检查校验；2018年，西北能源监管局勘查并指导了玛尔挡水电工程项目防洪度汛工作，督办了拉西瓦水电站二级重大隐患。

此外，在开展系列专项监管行动的同时，西北派出能源监管机构通过"安全生产月"、"安全生产年"、"安全生产万里行"、电力安全监管知识竞赛等活动，开展安全培训教育活动，通过加强安全培训提高西北地区电力行业全员安全素质基础。

---

① 国家能源局西北监管局组织召开西北（陕宁青）电力安全宣贯培训会议［EB/OL］. 西北能源监管局网站，2018-12-25.

三、电力市场监管

电力市场的监管工作以保障电力市场的公平竞争、维护市场秩序、提高供电质量为目标，在加强电力业务许可管理、规范电力调度交易和市场秩序以及提升供电服务质量三个方面进行监管。同时，为适应当前电力市场化改革需求，电力市场监管工作还包括了制定电力中长期交易规则并据此对执行情况进行监督。

（一）加强电力业务许可管理

依据国家相应的条例和规定[①]，国家能源局派出机构负责辖区内电力业务许可证的颁发和管理工作。其中，电力业务许可证分为发电、输电、供电 3 个类别，有效期限为 20 年；承装（修、试）电力设施许可证也分为承装、承修、承试 3 个类别，同时根据可从事承装（修、试）电力设施电压等级的不同进一步分为 1~5 级 5 个级别，有效期为 6 年。在"放管服"改革的背景下，西北区域各派出能源监管机构依据国家能源局工作部署[②]，不断推进许可办理的标准化建设，对许可证办理环节进行优化设计，提升和完善许可平台的功能，简化办事程序，规范审批流程，实现许可证办理"一次不用跑"或"最多跑一次"的目标。

自开始颁发许可证至 2019 年 6 月，西北能源监管局在陕、宁、青三省（区）累计发放发电、供电和输电三类电力业务许可证共 1356 张，其中发电、供电和输电类分别为 1158 张、194 张和 4 张；发放增量配电企业供电类电力业务许可证 6 张；承装（修、试）电力设施许可证合计 1665 张。新疆能源监管办发放本区域电力业务许可证共计 813 张，其中包括发电、供电和输电许可证 674 张、138 张和 1 张；承装（修、试）电力设施许可证 424 张。甘肃能源监管办发放区域电力业务许可证共 722 张，其中发电、供电和输电类各 619 张、102 张和 1 张；增量配电企业供电类电力业务许可证 2 张；承装（修、试）电力设施许可证 365 张。

除有序、高效完成发放电力业务许可证的工作，按照国家能源局的工作安排，西北能源监管机构还针对电力业务许可制度的执行情况进行专项监管。依据《国家能源局 2016 年市场监管工作要点》（国能综监管〔2016〕202 号）、《国家能源局关于印发 2016 年燃煤发电项目执行电力业务许可制度情况等两项专项监管工作方案的通知》（国能资质〔2016〕259 号）等相关部署，2016 年 9~11 月，西北区域派出能源监管机构在辖区内开展了燃煤发电项目执行电力业务许可制度情况的专项监管工作。通过专项监管发现了部分发电企业存在未申请业务许可就并网发电、部分发电项目存在核准手续不全（未核准、核准手续不齐全）不规范等问题。针对所发现的问题，2016 年底至 2017 年中期间，西北区

---

① 包括《电力监管条例》、《电力业务许可证管理规定》、《电力业务许可证（发电类）监督管理办法（试行）》、《电力业务许可证（输电类、供电类）监督管理办法（试行）》、《承装（修、试）电力设施许可证管理办法》等。

② 《国家能源局关于推行电力业务许可办理"最多跑一次"的实施意见》（国能发资质〔2018〕66 号）。

域的各派出能源监管机构按国家相关文件精神①，针对无证经营行为、超期服役机组注销许可或延续运行情况、新建发电机组并网许可证办理情况等内容展开了检查排查监管工作。据新疆维吾尔自治区能源监管办检查结果显示，截至 2017 年 6 月 25 日，新疆区域内总装机容量 8459.8 万千瓦，其中装机容量合计 2938.7 万千瓦的 258 个项目未取得发电业务许可证或许可证正在办理过程中②，此次检查暴露出了许可证制度执行不到位的问题，促进了相关工作的改进和电力市场秩序的维护。

（二）规范电力调度交易和市场秩序

电力公开、公平、公正（"三公"）调度是电力市场中反垄断环节的重要监管内容之一。派出能源监管机构遵循原国家电监会（现整合并入国家能源局）建立的厂网界面"五项制度"（购售电合同和并网调度协议备案制度、厂网联席会议制度、监管约谈约访制度、信息报送与披露制度、监管报告制度），定期组织召开厂网联席会议，协调解决厂网界面问题，建立调度交易监管专家库和调度交易专题检查机制，强化调度交易监管工作，监督电力"三公"调度的执行情况。电力调度交易和市场秩序的监管工作主要针对电力调度、电力市场交易和电量电费结算等方面的规范。

在规范电力调度方面，派出能源监管机构重点针对年度发电计划执行情况、并网调度协议签订和执行情况以及信息披露情况等方面开展检查。

在规范电力交易方面，监管的主要目标是针对电能交易协议和购售电合同签订情况、市场机制运行情况、交易规则执行情况等内容。

在规范电量电费结算方面，监管主要针对厂网电费结算是否及时、足额，补贴是否到位等问题进行检查。

按照国家能源局市场监管工作要点、市场监管重点问题以及工作计划③等相关要求，各派出机构每年开展电力调度交易与市场秩序专项监管工作。据西北能源监管局、甘肃能源监管办 2018 年度专项监管报告显示，国网西北分部，国网陕西、宁夏、青海、甘肃电力公司及陕西省地方电力（集团）有限公司榆林电力分公司电力调度交易和市场秩序总体规范有序、情况良好，但是部分存在年度发电计划执行偏差较大、并网调度协议未按规定签订和报备、购售电合同签订不规范、未按照市场化原则组织交易、电费结算滞后等问题（见专栏 5-4）。

---

① 《国家能源局关于加强发电企业许可监督管理有关事项的通知》（国能资质〔2016〕351 号）。

② 新疆能源监管办网站。

③ 例如，《国家能源局 2017 年市场监管工作要点》、《国家能源局 2017 年市场监管重点问题监管工作计划》。

专栏 5-4

《2017 年西北、陕西、宁夏、青海、陕西地电榆林公司 电力调度交易与市场秩序专项监管报告》节选

存在的问题（概要）

（一）电力调度方面

1. 年度发电计划执行偏差较大。

2. 电网平均旋转备用率偏高。

3. 并网调度协议签订、执行、管理不规范。

4. 新能源消纳问题突出，管理工作有待加强。

5. 信息披露存在信息错误、不完整、资料不全等现象。

6. 调度日志记录不规范。

7. 自备电厂运营管理亟待加强。

（二）市场交易方面

1. 电能交易协议、购售电合同等组织、管理不规范。

2. 未按照市场化原则组织交易。

（三）电量电费结算方面

1. 存在漏报调试期差额资金的问题。

2. 电费结算存在滞后现象。

3. 电厂购电费中承兑汇票占比有失公允。

4. 个别火电企业上网电费结算不到位现象。

5. 存在部分可再生能源接网工程补助资金未发放情况。

（四）"两个细则"执行方面

1. 陕西存在违规免考核的问题。

2. 陕西地电榆林分公司执行《榆林电网并网调度管理考核实施细则》不规范。

（三）提升供电服务质量

对提升供电服务质量的监管，西北派出能源监管机构主要采取了两方面的举措。

1. 普及 12398 能源热线并及时处理解决投诉举报事件

2018 年，对电网企业、石油燃气企业开展了 12398 能源监管热线标识普及和宣传工作落实情况专项监管。西北能源监管局 2018 年度能源热线情况报告中显示，国家能源局 12398 能源监管热线中涉及陕西、宁夏、青海三省（区）的投诉举报事项主要集中在电力行业，占全部投诉举报事项的 91.97%①。投诉反映的主要问题涉及供电服务不足、收费行为不规范、电力安全存在隐患、光伏项目并网结算不顺畅等大的方面。基于上述问题，2019 年，西北能源监管局开展了 12398 热线投诉举报共性问题重点专项监管，通过监管调研，发现仍然存在供电服务水平不能满足群众需求、光伏政策宣传落实不到位等问题，据此，根据各地实际情况，提出了加大配电网建设改造力度、提高对 12398 热线民生通道重要性的认识等监管建议。

新疆维吾尔自治区能源监管办自 2017 年起每年开展能源监管热线宣传活动。为保证系统业务不间断，投诉举报业务能按时限处理，新疆维吾尔自治区能源监管办编制了《12398 热线标准化作业指导书》。根据新疆维吾尔自治区能源监管办 2018 年度 12398 投诉举报处理情况通报的汇总，能源监管热线受理的投诉均与供电服务有关，主要集中在供电所服务行为不规范和电能质量两个方面，其中电能质量问题又集中在频繁停电、用户端低电压、停电抢修效率低下等问题上。

2019 年 5 月，国家能源局下发《12398 热线投诉举报共性问题重点专项监管工作方案》（国能综通监管〔2019〕38 号），要求各派出能源监管机构对 2017 年 1 月以来，通过 12398 热线（包括邮件、信件和传真）反映的辖区内各类投诉举报事项，进行梳理，建立共性问题台账，督促有关电力企业及时纠正整改过程中存在的问题。甘肃省能源监管办针对能源热线投诉举报普遍的共性的低电压频繁停电问题，展开专项监管，要求供电企业在全省开展拉网式排查，组织技术分析，统筹治理低电压频繁停电问题。

2. 优化用电营商环境

依据国家能源局每年下发的供电监管工作通知、能源局综合司关于推动优化营商环境政策落实实施方案、用户"获得电力"优质服务情况重点综合监管工作等要求②，各派出能源监管机构研究制订了相应的监管行动计划并组织了实施。通过对小微企业办电项目进行访问或跟踪调查、对电网企业开展现场监管等措施，派出能源监管机构发现影响制约市场主体、人民群众办电效率、用电体验和公平权益等方面制约了用电营商环境，据此责令相关主管部门限期整改。针对用户在受电工程市场存在的"三指定"（供电企业对用户受电工程指定设计单位、施工单位和设备材料供应单位）的不良现象，能源监管机构对用户反映的涉嫌"三指定"用户工程进行问题通报和跟踪监管。此外，为掌握农村地区供电服务情况，监管机构开展对农村地区年供电可靠率和农村居民用户受电端电压合格率的"两

---

① 西北能源监管局．国家能源局西北监管局 2018 年度 12398 能源监管热线投诉举报处理情况通报［EB/OL］．西北能源监管局网站，2019-02-13.

② 《国家能源局综合司关于印发进一步推动优化营商环境政策落实实施方案的通知》（国能综通法改〔2019〕9号）、《用户"获得电力"优质服务情况重点综合监管工作方案》（国能发监管〔2018〕41 号）等文件。

率"定点监测。2018 年，西北能源监管局制定三省（区）农村地区年"两率"新标准，选取群众反映频繁停电、低电压等供电质量问题较为突出的典型区域，设置供电可靠性监测线路和电压监测点，极大地保障了区域供电可靠性和服务质量。

（四）电力中长期交易规则制定和落实监管

2016 年底，国家发展改革委、国家能源局要求各派出机构会同地方政府电力管理等部门按照《电力中长期交易基本规则（暂行）》中明确要求，国家能源局派出机构和地方政府电力管理部门根据职能依法履行省（区、市）电力中长期交易监管职责，需要抓紧制订或修订各地交易规则，报国家发展改革委、国家能源局备案。

2017 年，西北能源监管局会同陕西、宁夏、青海三省（区）政府主管部门和电力企业研究制定了所辖三省（区）的电力中长期交易规则。其中，《青海省电力中长期交易规则（暂行）》由西北能源监管局会同青海省发展改革委、经信委、能源局共同起草，经过多次完善并征求意见，于 2017 年 5 月由 4 部门联合印发，其中明确规定由西北能源监管局和省政府电力管理部门根据职能依法履行电力中长期交易的监管职责。《陕西省电力中长期交易基本规则（暂行）》由陕西省发改委和西北能源监管局起草，《宁夏电力中长期交易规则（暂行）》由西北能源监管局和宁夏回族自治区经信委共同起草，已经过公开征求意见和多轮修改，但截至 2019 年底尚未正式发布。

甘肃省能源监管办联合甘肃省发展改革委、甘肃省工信委，于 2018 年 3 月印发了《甘肃省电力中长期交易规则（暂行）》，明确规定了甘肃省能源监管办和甘肃省级电力管理部门根据职能依法履行对甘肃电力市场的监管职责。新疆维吾尔自治区能源监管办联合新疆维吾尔自治区发展改革委、经信委、能源局、生产建设兵团发展改革委和经信委于 2018 年 5 月印发了《新疆电力中长期交易实施细则（试行）》，细则中规定新疆维吾尔自治区能源监管办会同地方电力管理部门履行市场监管职责。西北各省（区）制定的电力中长期交易规则中对电力中长期交易市场成员、市场准入与退出、交易品种、周期和方式、价格机制、交易组织、安全校核与交易执行、合同电量偏差处理、辅助服务、计量和结算等各方面内容进行了详细的说明和规定。

各省（区）电力中长期交易规则出台后，国家能源局西北区域各派出机构对交易规则执行情况展开了调查和监管。据西北能源监管局工作报告显示，2018 年，大部分省（区）直接交易与优先发电等电力中长期交易的实际执行情况与各自的电力中长期交易规则相应要求仍有不小的差距，市场机制还有待优化。

四、电力价格监管

垄断环节监管价格改革是能源行业"管住中间"的核心内容，也是"放开两头"的前提条件之一。在电力行业输配电环节属于自然垄断环节，因此对辖区内电网输配电价的监管是电力价格监管的主要工作内容。电力价格监管可分为常规监管和事项性监管两类。

国家能源局派出机构每年对辖区内电网企业价格和成本信息的收集和发布属于常规制度化电价监管范畴；而事项性的电价监管主要包括三个方面：一是地方发展改革委价格主管部门按照国家发展改革委的通知要求对省（区）内的电价进行调整和监管；二是国家能源局派出机构对电价调整政策落实情况的调查；三是输配电价和成本专项监管和涉及电价的综合电力监管工作。随着电力体制改革的深入推进，输配电定价和监审的相关文件陆续出台，相关的监管工作越来越进入常态化管理阶段，正逐步走向制度化和规范化。

（一）输配电定价成本监审和价格核定

输配电定价成本监审和价格核定是目前电价事项性监管的重要工作。2015 年 11 月，国家发展改革委、国家能源局联合发布的"9 号文"及其 6 个电力体制改革配套文件中，输配电价相关的配套文件《关于推进输配电价改革的实施意见》将西北地区的宁夏列入第一批输配电价改革试点范围。随后，陕西及甘肃、青海和新疆三省（区）分别于 2016 年 3 月和 6 月分两次纳入输配电价改革的试点范围。根据试点要求，西北区域各省（区）相继制定并公布实施了核定的输配电价。在输配电价的核定过程中，地方物价局成本监审部门和国家能源局的派出机构联合展开了输配电价成本的监审工作。

2016 年 12 月，国家发展改革委印发《省级电网输配电价定价办法（试行）》（发改价格〔2016〕2711 号）。该办法规定了核定省级电网输配电价的原则、准许收入的计算方法、输配电价的计算方法、输配电价的调整机制等相关内容。其中较为重要的具体事项有以下三个方面：一是省级电网输配电价实行事前核定准则，即在每一监管周期开始前予以核定；二是暂定一个监管周期为 3 年；三是电网企业应对各电压等级的资产、费用、供输售电量、负荷、用户报装容量、线变损率等实行单独计量、合理归集，并按要求报送政府价格主管部门。2019 年 5 月，国家发展改革委和国家能源局进而又出台了《输配电定价成本监审办法》（发改价格规〔2019〕897 号），具体规定了输配电定价成本监审原则、定价成本构成、定价成本核定、经营者义务等更为全面的内容，这一办法还要求电网企业须定期向政府价格主管部门上报输配电业务成本和收入，并积极配合成本监审工作，提供所有要求的财务报告、会计凭证、账簿、科目汇总表等相关文件资料和电子原始数据。

按照国家发展改革委、能源局工作安排，西北各省（区）价格主管部门牵头、国家能源局派出机构参与，分别于 2016 年和 2019 年针对国网西北分部、国网陕西、甘肃、青海、宁夏、新疆电力公司进行了两轮输配电成本实地监审和价格核定工作，对不应计入定价成本的费用进行了核减，为输配电价改革和降低销售电价奠定了基础。

（二）电力价格调整政策的落实情况监管

除核定和监审输配电价格和成本，对用电价格调整政策的落实情况的监管是另一项重要的事项性监管工作。这一工作主要由各省级层面的发展改革委负责，国家能源局西北区域各派出机构负责政策落实情况的监督、调查和汇报。

为落实煤电价格联动机制相关规定，2015 年 12 月，国家发展改革委向各省（市、自治区）发展改革委、物价局、电力公司下发《关于降低燃煤发电上网电价及一般工商业用电价格的通知》（发改价格〔2015〕3105 号），要求自 2016 年 1 月 1 日起，下调各省（区）燃煤发电上网电价及一般工商业用电价格。随后，国家能源局向派出机构下发了《关于跟踪了解电价调整政策落实情况的通知》，要求派出机构就政策落实情况进行总结和上报。西北能源监管局于 2016 年 4 月向国家能源局提交了《陕宁青三省（区）电价调整政策落实情况报告》，报告显示三省（区）电网企业、发电企业在积极落实电价调整政策，严格依照文件规定电价调整标准和时间执行，电价执行情况和效果方面都做出了较好的努力。但是，不容忽视的问题仍然存在，火电企业利润下降，经营形势严峻、环保成本攀升等问题是当期掣肘煤电企业发展的主要因素。

2018 年 3 月，国家发展改革委下发《关于降低一般工商业电价有关事项的通知》（发改价格〔2018〕500 号），决定分两批实施降价，落实一般工商业电价平均下降 10% 的目标要求，第一批自 2018 年 4 月 1 日起执行，要求地方价格主管部门按照通知规定，提出降低一般工商业电价具体方案，经同级人民政府同意并报发展改革委（价格司）备案后实施。2019 年 5 月，国家发展改革委下发《关于降低一般工商业电价的通知》（发改价格〔2019〕842 号），就采取第二批措施降低一般工商业电价有关事项通知，第二批降价于 7 月 1 日正式实施。西北区域各省（区）发展改革委价格主管部门按照通知要求，出台了地方的一般工商业电价降价政策，根据具体情况，相继落实了下调一般工商业电价的工作。

（三）电力企业价格和成本信息监测与披露

为保证电力价格及其相应信息的透明度，保障电力市场的公平和公开，除对价格核定和调整落实进行监管，对电力价格监管的另一项重要工作在于对电力企业价格和成本的信息监测与披露。根据《电力企业信息报送规定》（电监会 13 号令）、《输配电成本信息报送暂行办法》（电监价财〔2012〕58 号），国家能源局派出机构要求辖区内电网企业每年填报《电网企业购售电价格情况表》、《电网价格成本信息表》等表格，报送详细的价格与成本信息，完成年度《电网价格与成本情况报告》并报送经审计的年度财务会计报告。

自 2016 年以来，西北能源监管局每年都组织召开三省（区）电力企业年度价格与财务监管工作座谈会，编写并发布年度《西北区域电价水平简析》、《西北区域电网企业财务经营情况分析》、《发电企业财务经营情况分析》。甘肃省能源监管办和新疆维吾尔自治区能源监管办分别负责辖区内的电网企业、发电企业价格与成本信息收集和上报工作。

第三节　煤炭监管实践

鉴于煤炭在西北地区的分布特征、煤炭行业特征、发展趋势及其生产安全方面的需求，对煤炭行业的监管主要涉及产业政策落实、安全生产和市场监管三个主要方面。

一、产业政策落实监管

西北区域针对煤炭产业政策落实的监管主要涉及对去产能政策落实情况的监管。

如前文所述，2016 年 2 月国务院下发《国务院关于煤炭行业化解过剩产能实现脱困发展的意见》，煤炭行业相关主管部门针对化解过剩产能的目标根据《意见》精神，出台了一系列的相关措施。相关文件信息如表 5-1 所示。

表 5-1　国家煤炭去产能相关政策文件汇总

政策文件名称	发文部门
《关于进一步规范和改善煤炭生产经营秩序的通知》（发改运行〔2016〕593 号）	国家发展和改革委员会、人力资源和社会保障部、国家能源局、国家煤矿安全监察局 4 部委
《关于实施减量置换严控煤炭新增产能有关事项的通知》（发改能源〔2016〕1602 号）	国家发展和改革委员会、国家能源局、国家煤矿安全监察局 3 部委
《关于坚决遏制钢铁煤炭违规新增产能打击"地条钢"规范建设生产经营秩序的通知》（发改运行〔2016〕2547 号）	国家发展和改革委员会、工业和信息化部、国家质量监督检验检疫总局、国家能源局、国家煤矿安全监察局 5 部委
《关于做好 2017 年钢铁煤炭行业化解过剩产能实现脱困发展工作的意见》（发改运行〔2017〕691 号）	国家发展改革委、工业和信息化部、财政部、人力资源社会保障部、国土资源部、环境保护部、住房城乡建设部、交通运输部、商务部、中国人民银行、国务院国资委、海关总署、税务总局、工商总局、质检总局、安全监管总局、国家统计局、国家知识产权局、银监会、证监会、保监会、国家能源局、国家煤矿安监局 23 部委
《关于进一步推进煤炭企业兼并重组转型升级的意见》（发改运行〔2017〕2118 号）	国家发展改革委、财政部、人力资源社会保障部、国土资源部、环境保护部、中国人民银行、国务院国资委、质检总局、安全监管总局、银监会、国家能源局、国家煤矿安监局 12 部委
《关于做好 2018 年重点领域化解过剩产能工作的通知》（发改运行〔2018〕554 号）	国家发展改革委、工业和信息化部、国家能源局、财政部、人力资源社会保障部、国务院国资委 6 部委
《关于做好 2019 年重点领域化解过剩产能工作的通知》（发改运行〔2019〕785 号）	国家发展改革委、工业和信息化部、国家能源局 3 部委

2016 年以来，西北各省（区）发展改革委每年在国家总体要求框架下根据各自去产能进度和总体目标，在制定其年度煤炭行业化解过剩产能实施方案，确定具体的年度去产能目标任务及其分工、进度安排以及工作要求的基础上，明确规定相应的政策落实监督检查内容和责任主体，为各省（区）的实施方案落实到位提供了制度保障。以新疆为例，其《自治区 2019 年度煤炭行业化解过剩产能实施方案》中要求全面开展巩固化解煤炭过剩产能成果专项督查抽查，对 2016～2018 年去产能实施"回头看"，通过建立健全举报机制，鼓励社会对产能退出情况进行监督，严防已退出的产能"死灰复燃"，并确保财政和审计

检查发现的各类问题整改到位。

在监管的同时，西北区域能源监管各派出机构针对煤炭行业去产能保供应的情况也会开展专项监管工作，依据各煤炭企业的核定产能，通过汇总和分析报送的煤炭产量、销量、销售价格、目前存量、销售收入、利润总额等生产经营情况，总结企业的去产能情况和特征，制定相应的冬季保障供应计划方案，并就煤炭供需形势、煤炭价格进行预测和分析，依此找出生产经营及去产能保供应方面存在的问题，并提出具体的意见建议。此外，能源监管派出机构还参加了辖区内有关煤矿落实276工作日制度情况及未批先建煤矿停建停产情况的现场督查工作，促进煤炭行业化解过剩产能任务的完成。

二、安全生产监管

对西北煤炭安全生产的监管主要由国家煤矿安全监察局在西北区域各省（区）的派出机构负责实施，即陕西煤矿安全监察局、甘肃煤矿安全监察局、青海煤矿安全监察局、宁夏煤矿安全监察局和新疆煤矿安全监察局5个省级监察局分别负责各自省（区）内的煤矿安全生产监管。

陕西煤矿安全监察局内设包括政策法规处、科技装备处、安全监察一处、二处、执法监督处、人事培训处在内的11个处室，下设榆林监察分局、铜川监察分局渭、南监察分局、咸阳监察分局4个分局，还有统计中心、救援指挥中心、机关服务中心、安全技术中心等四个直属事业单位。甘肃煤矿安全监察局机构设置与陕西省类似，下设兰州监察分局和陇东监察分局。青海煤矿安全监察局内设综合处、安全监察处和事故调查处。宁夏煤矿安全监察局机构设置与陕西省相似，下设银北、银南监察分局。新疆煤矿安全监察局机构设置与陕西省相似，下设北疆、南疆、东疆监察分局。

综合来看，各省（区）煤矿安全监察局的职责类似，都包括以下六个主要职责：一是对煤矿建设项目的安全核准和煤矿安全生产许可证的颁发管理；二是组织煤矿建设工程安全设施的设计审查和现场核查；三是对煤矿安全实施重点监察、专项监察和定期监察，对煤矿违法违规行为做出现场处理和行政处罚；四是指导和协调煤矿事故应急救援，组织煤矿事故的调查处理；五是检查指导地方煤矿安全监管工作；六是指导煤矿安全生产科研和科技成果推广工作。其中，涉及生产安全监管的主要包括煤矿安全生产许可证管理、专项安全生产监管和组织煤矿事故调查三方面的工作内容。

此外，还有各省（区）的应急管理厅和工业信息化厅两个部门相关处室也对煤炭安全监督行使一定的管理职能。除新疆外，其余4个省级层面的应急管理厅设置了煤矿安全监督管理处，相应地承担各省辖区内的煤矿安全生产监管责任，但管理职权和范围略有区别，如陕西、青海和宁夏三省（区）应急管理厅的煤矿安全监督管理处承担各自省份的煤矿安全生产相应监管责任，甘肃省应急管理厅矿山安全监督管理处虽然只对"非煤矿山"负责，但同时"承担全省煤矿安全生产综合监督管理职责"。与其他省份不同，新疆维吾尔自治区应急管理厅职能设置中明确将煤矿安全监管工作排除在其管理职能权限之外。陕西省和甘肃省工业信息化厅下设的安全生产处也相应负责与煤矿安全生产监管相关的业务。同时，陕西省能源局安全和市场监管处也参与煤炭安全生产管理。

（一）煤矿安全生产许可证的颁发管理

依据《煤矿企业安全生产许可证实施办法》，煤矿安全生产许可证是煤矿企业从事生产活动前必须取得的证件，由省（区）煤矿安全监察局负责颁发和管理，在颁发许可证时，监管机构对煤矿企业进行包括安全生产规章制度和各工种操作规程、安全生产费用、管理机构、管理人员、安全设施、设备、工艺等在内的安全生产条件进行核查。安全生产许可证主要分为延期类、变更类和新办类；延期和新办类又可细分为企业证和矿井证，变更类根据变更内容的不同也细分为 5 小类。随着政府现代化治理、优化营商环境等工作的推进，许可证手续的办理效率明显提升，以新办矿井安全生产许可证为例，宁夏该项业务已实现全程网办，申请人可以通过网络提交和补正相关申请信息和材料，做出审批决定后，通过电子送达或快递代办送达证书结果。

（二）专项安全生产监管

专项安全监管是煤矿安全监管的主要形式之一，在国家煤矿安监局下发专项安全生产监管工作通知后，省级煤矿安监局负责组织开展重点监察、专项监察和定期监察，并检查指导地方煤矿安全监管工作。高风险煤矿安全"体检"工作是典型的专项监管行动。按照《国务院安委会办公室关于对高风险煤矿开展安全"体检"的通知》（安委办〔2018〕26号）要求，国家煤矿安监局制定了《高风险煤矿安全"体检"指导意见》，要求从 2018年 12 月至 2019 年 6 月底结束，省级煤矿安监局牵头负责，对正常生产建设的煤与瓦斯突出、冲击地压、高瓦斯、水文地质类型复杂和极复杂、采深超千米、单班下井人数多 6 类高风险矿井逐一开展安全"体检"。按照国家安监局指导意见的要求，西北各省（区）制定了相应的工作方案，例如宁夏煤矿安全监察局、宁夏回族自治区应急管理厅下发了关于印发《宁夏高风险煤矿安全"体检"工作方案》的通知（宁煤安发〔2018〕148 号）。各省（区）煤矿安监局确定安全"体检"矿井名单，于 6 月底前完成对所确定煤矿的重点监察。省级煤矿安全监管部门组织辖区 6 类高风险矿井开展自建自改，督促煤矿整改隐患；对安全"体检"重点监察查出的重大隐患实行挂牌督办，确保逐项整改到位。其他的专项安全监管有"两会"期间煤矿安全监察执法工作，春节期间煤矿停产放假情况监管等。

（三）组织煤矿事故调查

对煤矿事故展开调查是煤矿安全监管的重要工作之一。2018 年，陕西全省煤矿累计发生事故 17 起，死亡 21 人；宁夏煤矿累计发生事故 7 起，死亡 9 人；甘肃煤矿累计发生事故 5 起，死亡 5 人①。针对每起煤矿事故，省（区）煤矿安全局展开事故调查，完成并公布调查报告。报告中一般包括事故发生单位概况、事故发生经过和事故救援情况、事故现场情况、事故造成的人员伤亡和直接经济损失、事故发生的类别、性质、事故原因、对有关责任人员和单位的处理意见、事故防范措施及建议等内容。

三、市场准入及秩序监管

各省（区）发展改革委（能源局）、国家能源局派出机构以及地方市场监督管理局等相关机构是履行煤炭市场监管职责的主要部门。西北地区煤炭市场监管主要包括煤矿建设项目核准和建设秩序监管、煤炭经营监管和散煤质量管控以及煤炭中长期合同履行监管三大部分。各省（区）发展改革委（能源局）承担项目核准和中长期合同监管的主要责任，煤炭经营和散煤质量监管主要由市场监管部门负责，而能源局派出机构的职责是对国家能源局各项政策落实情况开展监管。

（一）煤矿建设项目投资核准和建设秩序监管

根据《政府核准投资项目目录（2016 年本）》，国家规划矿区内新增年生产能力 120 万吨以下的煤炭开发项目和一般煤炭开发项目由各省级政府核准。对应西北区域具体情况，由陕西省能源局、甘肃省发展改革委煤炭石油处、青海省能源局、宁夏回族自治区发展改革委能源行业管理处、新疆维吾尔自治区能源局分别负责各自省（区）内新增年生产能力 120 万吨以下的煤炭开发项目核准。国家规划矿区内新增年生产能力 120 万吨及以上的煤炭开发项目由国务院行业管理部门核准。2019 年 3 月甘肃灵台矿区邵寨煤矿项目（120 万吨/年）获国家能源局批复，是继 2018 年 3 月甘肃甜水堡二号井项目获批之后，通过甘肃减量置换方式争取核准的第二个大型现代化矿井。此外，2019 年 1~7 月，青海鱼卡矿区鱼卡二号井、陕西澄合矿区山阳煤矿、宁夏红墩子矿区红四煤矿、新疆准东五彩湾矿区二号露天矿一期工程等 11 个位于西北区域的煤矿建设项目通过了国家能源局核准。陕西永陇矿区麟游区园子沟煤矿、陕西榆横矿区北区巴拉素煤矿、陕西榆神矿区郭家滩煤矿、新疆三塘湖矿区石头梅一号露天煤矿一期工程、新疆准东五彩湾矿区一号矿井一期工程 5 个位于西北区域的煤矿建设项目通过国家发展改革委予以核准。

由于煤矿行业未批先建问题十分突出，对煤矿建设秩序开展专项监管是煤炭市场秩序监管的重要工作之一。2014 年 11~12 月，国家能源局在西北五省（区）针对重点产煤省（区）组织开展了煤矿建设秩序专项监管，出具的专项监管报告中显示，分别在现场检查了陕西和新疆的 6 个和 12 个煤矿，陕西的全都是未批先建，新疆有 10 个未批先建。专项检查就煤矿建设秩序问题比较突出的情况，提出了相应整改意见，其中加强煤矿建设项目的过程监管十分重要。2016 年 8 月中旬，按照《国家能源局综合司关于开展未批先建煤矿停产停建情况检查工作的通知》（国能综煤炭〔2016〕488 号）的要求，西北能源监管

---

① 在官网公告中，未查到新疆和青海的事故信息统计数据。

局会同陕西省能源局、陕西省煤炭生产安全监督管理局、宁夏回族自治区发展改革委，在陕西、宁夏两省（区）开展了未批先建煤矿停产停建情况现场检查工作，对列入西北能源监管局监管辖区内的9个受检煤矿进行了检查。检查结果显示，大多数煤矿企业能够按照国家要求停产停建，接受检查的9个煤矿中有7个处于停产停建状态，但还是有2个煤矿存在维护性推采和维护性施工的情况。2019年11月，西北能源监管局对国家能源局2019年核准批复的陕西、宁夏、青海三省（区）6家煤矿建设情况组织开展了调研，调研中发现了一些涉及管理方面的问题，如部分支持性文件办理较慢，影响煤矿正常建设进程。针对发现的问题，提出了简政放权、优化审批流程、统筹协作等对策建议。

（二）煤炭经营监管和散煤质量管控

为落实大气污染防治工作的要求，西北地区各省（区）开展了对煤炭经营秩序监管和煤质管控工作。2017年，甘肃省工业和信息化厅召开全省煤炭经营监管工作推进会，督促各市州按时建成市州所在地的煤炭经营市场，规范煤炭经营秩序，了解各市州煤炭经营监管实施方案、市场体系建设及煤炭经营企业备案情况。2017年以来，甘肃地市市场监督管理局工作人员开展季度性的煤炭抽检工作，对流通领域、供热站煤炭质量进行监督抽查，重点抽检煤炭产品的灰分、发热量、全硫等指标，有效地控制了市场流通中的煤炭质量。2019年陕西市场监督管理局制定了散煤治理工作方案，要求各地市规范散煤生产和销售秩序，加大散煤质量抽检力度，定期对煤炭生产加工企业、经营销售网点散煤质量进行抽检，取缔了抽检不合格的销售网点和配送点。

（三）煤炭中长期合同履行监管

2016年11月，国家发展改革委、国务院国资委印发《关于加强市场监管和公共服务保障煤炭中长期合同履行的意见》（发改运行〔2016〕2502号），明确提出了推进煤炭中长期合同签订和履行的六条具体措施，涵盖了遵循市场经济规律、完善价格形成机制、落实企业主体责任、加强行业信用建设、强化激励保障和加强考核评价等方面。随后每年，国家发展改革委办公厅都会就督促煤炭中长期合同签订履行工作下发通知进行安排部署，一方面强调煤炭中长期合同的重要作用，另一方面提出推进煤炭中长期合同履行的工作要点。按照国家发展改革委的工作要求，西北区域各省（区）发展改革委再进一步制定辖区内的年度煤炭中长期合同签订安排。例如，陕西省发展改革委在2018年12月初下发《关于做好2019年煤炭中长期合同签订工作的通知》（陕发改运行函〔2018〕1943号），要求省内煤炭企业、发电企业要在12月底之前完成供需衔接工作，并在陕西煤炭交易中心有限公司网上交易平台上录入合同。

为掌握辖区内中长期销售合同签订与履行、煤电联营计划方案与实施等情况，西北能源监管局在2018~2019年度选取陕、宁、青三省（区）具有代表性的8家煤炭企业、10家煤电企业作为样本，针对煤炭市场运行情况和监管组织开展了专门的调研。调研结果显示，样本企业合同量占自有资源量比例相对较低，其中只有神华宁煤 1 家企业的中长期合同签订量占自有资源比例达到 98%，剩余企业均未达到国家发展改革委要求的自有资源量占比 75% 的标准，其中陕西煤化工、神华榆林和彬县煤炭 3 家企业分别只有 30.75%、20% 和 17.50%；相比长期合同签订量占自有资源量的比例，合同兑现率履行情况较好，只有榆林神华 1 家企业的履行率不足 70%，其他企业均达到 100%。

第四节　油气监管实践

西北五省（区）石油、天然气储量丰富，网管设施门类齐全，外送外输特征突出，在国内油气行业中具有举足轻重的地位。近年来，开发和建设力度加大，市场化改革开始重点推进，相应的监管需求也逐步增大。但是，相较于电力和煤炭行业，西北油气行业的监管工作起步较晚，相应的监管体系尚待进一步完善。西北油气监管实践主要涉及对油气产业政策落实的监管、对油气管网公平开放的监管以及对油气价格的监管 3 个方面。

一、产业政策落实监管

（一）石油、天然气中长期规划执行情况监管

2016 年 12 月 24 日，国家发展改革委印发了《石油发展"十三五"规划》和《天然气发展"十三五"规划》，对国家石油和天然气"十三五"时期的发展确定了目标和方向。随后 2017 年 5 月进一步出台的《中长期油气管网规划》（发改基础〔2017〕965 号）作为我国油气管网中长期空间布局的规划，对 2016~2025 年进行了为期 10 年的规划，并对到 2030 年的远期进行了展望，成为当前推进油气管网建设的重要依据。2019 年 2 月，国家能源局印发《石油天然气规划管理办法（2019 年修订）》（国能发油气〔2019〕11 号），进一步强化了油气行业的规划管理，通过健全科学合理的规划编制机制，旨在充分发挥规划的引导和约束作用，完善规划动态调整机制。

依据《石油天然气规划管理办法》，国家能源局派出机构和地方能源主管部门承担了相应的监管职责。其中，国家能源局派出机构承担了对规划指标落实、重大项目建设的保障情况及进度跟踪监测 3 方面主要责任。同时，还需编制并发布全国石油天然气规划在本地区实施情况中期和五年期监管报告，以此作为规划编制和滚动调整的参考依据。地方各级能源主管部门则承担跟踪分析本行政区规划实施情况的任务。各省（区、市）发展改革委、能源局根据全国石油天然气规划中期评估和调整要求，开展本地区油气规划发展目标、重点任务、重大项目实施情况的中期评估，并按具体情况提出规划项目调整的具体意见。

2019 年初，西北能源监管局组织编写的《陕西、宁夏、青海三省（区）油气规划实施中期评估监管研究》报告显示，三省（区）油气规划部分指标与规划目标都有存在较大差距的问题。其中，陕西油气"十三五"发展规划中，天然气产量（含长庆省外产量）和在陕天然气产量、在陕原油产量与规划目标有较大的差距；宁夏制定的能源发展"十三五"规划实施中，石油生产总量目标与规划差距较大；青海制定的省级能源发展规划实施中，石油天然气消费比重能够较好地完成目标，天然气气化率提前两年完成预定目标，但是，探明石油储量和原油产量的年均增长率均不能达到省规划目标，探明天然气储量和天然气产量年均的增长率也均未达到省规划目标和国家目标。通过监管发现的上述问题，为相应的规划后期调整提供了实践保障和依据。

（二）成品油质量升级落实情况监管

2015 年 5 月，国家发展改革委等 7 个部门联合印发《加快成品油质量升级工作方案》（发改能源〔2015〕974 号），提出了成品油质量提升不仅有利于改善环境、治理雾霾、促进绿色发展、增添民生福祉，更有利于扩大投资和消费、促进产业结构调整与升级，因此要将加快推进成品油质量升级作为一项重要的国家专项行动予以实施。2016 年初，国家发展改革委会同 10 个相关部门联合印发《关于进一步推进成品油质量升级及加强市场管理的通知》（发改能源〔2016〕349 号），要求各省（区）和有关企业严格按时限停售低标准油品、规范成品油流通管理、加强炼厂质量升级和生产监管、落实相关管理责任；同时要求国家能源局派出机构会同当地能源主管部门继续深入开展成品油质量升级专项监管，有效促进企业如期完成升级改造。各炼油企业需按季度向相关派出机构报送升级改造、成品油生产情况等信息。

按照《关于进一步推进成品油质量升级及加强市场管理的通知》（发改能源〔2016〕349 号）相关部署，西北区域各能源监管派出机构在辖区内开展成品油质量升级专项监管工作，通过建立成品油质量升级监管信息季报和年报制度，定期发布通报督促企业加快完成工作任务，前往炼化企业开展现场监管调研等手段，现场检查和信息控制两方面核检炼化企业成品油质量升级工作的完成情况。西北能源监管局专项监管报告显示，截至 2016 年底，辖区内主要炼化企业均已完成了炼油设备升级改造工作，主要成品油销售企业已完成油品置换工作，炼化企业、销售企业均顺利完成了成品油质量升级任务。但是，在油品质量升级过程中依然存在一些问题，如个别社会经营单位存在销售标号不规范或国家明令淘汰的油品现象，也有以假充真、以次充好的违规经营行为发生，据此，西北能源监管局通过专项监管有针对性地提出了要建立成品油市场秩序的长效机制以及加大营造公平竞争环境等对策建议。

西北各省（区）政府成品油管理相关部门在安排部署省（区）内成品油质量升级工作方案外，也开展和参与了与政策落实相关的监管工作。2017 年 6 月，陕西省发展改革委组织省商务厅、环保厅、公安厅、工商局、质监局以及中石油长庆石化公司、延长石油集团、中石油陕西销售分公司、中石化陕西销售分公司等多部门召开专题座谈会，向全国成品油质量升级监督检查调研组汇报了陕西省成品油质量升级情况，为国家相关部门制定更为适宜的政策提供帮助。

二、管网公平开放监管

在 2019 年 5 月发布的《油气管网设施公平开放监管办法》（发改能源规〔2019〕916号）出台之前，西北区域开展油气管网设施公平开放监管的主要依据是 2014 年颁布的《天然气基础设施建设与运营管理办法》、《油气管网设施公平开放监管办法（试行）》（国能监管〔2014〕84 号）以及国家能源局下发的一系列具体工作通知①。

2019 年新办法颁布之前，西北区域国家能源局各派出机构负责辖区内油气管网设施开放相关监管工作，协调解决辖区内相关问题。其中，西北能源监管局除负责辖区陕西、青海、宁夏的监管工作外，还负责区域内跨省开放的相关监管工作，其西北地区油气管网公平开放相应的监管内容包括两个主要方面：一是前期的油气管网设施规划、计划的落实和重大油气项目的实施；二是后期的油气管网设施公平开放，输送（储存、气化、液化和压缩）能力和效率、价格与成本核算，接入申请和受理，合同签订与执行，信息公开与报送等相关事宜。

2019 年的新办法在原有管理基础上进一步明确了监管的职责划分，具体划定城镇燃气设施公平开放由建设主管部门负责，国家能源局派出机构负责城镇燃气设施以外的油气管网设施公平开放监管工作；同时要求省级人民政府发展改革、能源、市场监管等有关部门依照职责负责本行政区域内油气管网设施公平开放相关工作。综合国家相关法规和西北监管实践，西北地区油气管网公平开放监管主要涉及信息公开及信息报送监管和油气购销和管输合同监管两项重点工作。

（一）信息公开和信息报送监管

根据 2019 年出台的油气管网设施公平开放监管办法规定，油气管网设施运营企业应当通过国家能源局或其派出机构指定的信息平台和本企业门户网站等途径，公开油气管网设施基础信息、剩余能力、服务条件、技术标准、价格标准、申请和受理流程、用户需提交的书面材料目录及保密要求等各种详细信息；油气管网设施运营企业应当按照监管要求定期向国家能源局或其派出机构报送油气管网设施相关情况，包括管网设施基本情况、运营情况、限（停）产检修计划及执行情况、输送（及储存、气化、装卸、转运）能力及开放情况、对申请用户出具答复意见情况、价格情况、存在严重违法违规或违约的用户情况等。

---

① 《国家能源局综合司关于做好油气监管相关信息报送工作的通知》（国能综监管〔2014〕701 号）、《国家能源局综合司关于做好油气管网设施开放相关信息公开工作的通知》（国能综监管〔2016〕540 号）、《国家能源局综合司关于开展油气管网设施公平开放信息公开和信息报送专项督查工作的通知》（国能综通监管〔2018〕65 号）等。

2014 年开始，依据《国家能源局综合司关于做好油气监管相关信息报送工作的通知》（国能综监管〔2014〕701 号）的要求，国家能源局西北区域派出机构建立了较为完备的信息报送制度，要求辖区内油气管网企业报送油气管网设施及其开放需求、油气生产成本、销售情况等基础信息。2018 年，西北区域各能源局派出机构根据国家能源局综合司开展的油气管网设施公平开放信息公开和信息报送督查工作和国家能源局专项督查启动会议要求，安排部署了油气企业自查以及监管局（办）现场督查两个层面的工作。各派出机构通过制定专项督产工作方案，召开专项督查工作座谈会，对主要油气管网企业进行现场检查等手段，对信息公开进行了全面的督察。甘肃能源监管办 2018 年专项监管报告显示，甘肃省内部各分油气管网运营企业的管线信息须由上级单位中石油公司总部统一在其门户网站上予以公开，但所公开的管线信息并没有详细划分管线跨省的基本情况；由于管输费用核算不在省内运营企业、无对外发布权限等原因，对于管输服务价格、下游用户等过境管线相关信息资料的提供尚有缺失。根据西北能源监管局的监管结论，2018 年，监管辖区内除中国石油西部管道公司和陕西燃气集团有限公司已经实现了管网开放，其他大多数企业的管网设施主要用于内部输送或销售，尚未向第三方开放。发现在实际监管中，监管所依据的效力偏低，同时监管措施不到位、监管手段欠缺、部分央企自觉接受监管意识不足等问题，导致监管效果不能凸显。

（二）油气购销和管输合同监管

2014 年，根据国家能源局《油气管网设施公平开放监管办法（试行）》第十四条要求，油气管网设施运营企业每年向派出能源监管机构报备所签订的与油气管网设施开放相关的购销或输送（储存、气化、液化和压缩等）服务合同。同年，国家能源局印发了《天然气购销合同（标准文本）》，要求各天然气供应企业、城市燃气集团、直供用户在境内开展天然气购销业务时，参照《标准文本》订立合同，国家能源局派出机构负责监管辖区内天然气购销合同签订及履行情况。

2017 年，为有效监管合同签订和履行，西北区域的各派出能源监管机构针对辖区内油气企业实行油气购销、输送服务合同备案制度，要求油气企业每年向监管机构报备合同签订情况。根据西北能源监管局的工作报告总结，合同备案中还存在几方面的问题：一是企业积极性不高，部分企业消极对待合同备案监管工作，备案率不足 10%；二是部分合同文本不规范、权责不对等；三是重要购销合同未签订，部分合同签订不及时，详细情况如专栏 5-5 所示。同样的问题在其他省（区）也或多或少地存在，如甘肃省能源监管办 2018 年油气管网公平开放专项监管工作中也发现存在天然气合同签订不足等问题。

专栏 5-5

《国家能源局西北监管局关于 2017 年陕宁青三省（区）天然气购销合同备案工作的报告》节选

一、基本情况

（一）天然气供应情况

陕西、宁夏、青海天然气供应以中国石油为主，陕西延长石油（集团）有限责任公司（以下简称延长石油）为辅。其中，宁夏、青海天然气由中国石油供应，并由中国石油天然气销售西部公司统一销售，陕西天然气由中国石油和延长石油供应，由中国石油天然气销售西部公司、延长石油以及陕西燃气集团有限公司（下辖陕西省天然气股份有限公司）销售。2017 年度，中国石油向陕西、宁夏、青海三省（区）供气 134.6 亿立方米。延长石油向陕西供气 25.75 亿立方米。

（二）合同备案情况

截至目前，中国石油天然气销售西部公司、延长石油、陕西燃气集团有限公司均已向我局备案。其中，中国石油天然气销售西部公司备案合同 9 份，备案率 7.89%，延长石油备案合同 5 份，备案率 100%，陕西燃气集团有限公司备案合同 55 份，备案率 60.44%。

（三）合同签订、履行情况

中国石油天然气销售西部公司在陕西、青海、宁夏三省（区）现有用户 115 家，2017 年签订购销合同 114 份，合同签约率 99.13%，合同气量 93.6 亿立方米，实际供气 134.6 亿立方米。延长石油现有用户 6 家，2017 年签订购销合同 5 份，合同签约率 83.33%，未明确具体供气量，实际供气量 5.78 亿立方米，此外延长石油内部自用气 19.97 亿立方米。陕西燃气集团有限公司现有用户 94 家，已签订合同数量 91 份，合同签约率 96.81%，未明确具体供气量，实际供气 59.89 亿立方米。

二、存在的问题

（一）部分企业消极对待合同备案监管工作

备案工作显示，部分企业对天然气合同备案工作重视程度不够，不按规定按时备案，或拒绝备案，对天然气购销合同监管有抵触情绪，严重影响了合同备案工作的顺利开展。如：中国石油天然气销售西部公司在收到合同备案通知后，以其在交易过程中不涉及油气管网设施运营业务为由，拒不备案，后经多方协调，仅向我局备案合同 9 份。

（二）合同文本存在权责不对等现象

天然气购销合同多由上游供气方提供，条款为格式条款，中国石油天然气销售西部公司、延长石油、陕西燃气集团有限公司均未采用或未完全参照《标准文本》与用户签订合同，从3家企业各自提供的合同文本来看，合同本身有免除销售者责任，加重消费者责任或者排除消费者主要权利，损害消费者合法权益的行为。

（三）重要购销合同未签订，部分合同签订不及时

部分重要购销合同在年度供气结束后仍未签订，容易引起法律纠纷，并在一定程度上影响天然气保障供应工作。例如，延长石油与陕西省天然气股份有限公司因用气比例未统一确认，存在分歧，未能签订天然气购销合同；中国石油天然气销售西部公司与陕西省天然气股份有限公司在天然气价格条款上存在争议，合同迄今尚未签订。此外，3家企业均存在合同签订不及时现象，出现了生效日至签订日的空白期。

（四）部分合同未按约定履行

存在未按合同约定条款供气、付款现象。例如，2017年度中国石油天然气销售西部公司与青海省用户签订合同气量36.2亿立方米，实际供气35.2亿立方米；西安市西蓝天然气股份有限公司长期拖欠陕西省天然气公司气款，因数额巨大，陕西省天然气股份有限公司已对其提请法律诉讼。

三、价格监管

（一）石油价格监管

根据国家发展改革委公布的国内成品油价格调整信息，西北各省（区）发展改革委价格管理部门制定辖区内各地市的成品油指导价格。根据国家发展改革委2016年制定的《石油价格管理办法》，成品油价格每10个工作日调整1次，由价格主管部门依法对成品油生产、批发和零售企业的价格活动进行检查，并依照法律法规规定对价格违法行为实施行政处罚。依据《国家能源局综合司关于做好油气监管相关信息报送工作的通知》（国能综监管〔2014〕701号），派出能源监管机构开展的油气管网设施公平开放信息公开和信息报送监管工作中，要求管网企业报送管输价格、运营成本、管网设施开放合同中的价格等价格相关信息，对油气管输环节的价格和成本进行监管。

（二）天然气价格监管

根据国家发展改革委2016年10月印发的《天然气管道运输价格管理办法（试行）》和《天然气管道运输定价成本监审办法（试行）》，西北各省（区）制订了辖区内的天然

气管输价格管理办法。2017年12月，陕西省原物价局制定印发了《陕西省天然气管道运输和配气价格管理办法（试行）》（发改价格〔2017〕1171号），规定省内天然气管道运输和配气价格实行政府定价；各级价格主管部门制定调整管输和配气价格前，应当开展成本监审；县级以上价格主管部门依法对管道运输企业、燃气企业的价格活动进行监督检查，并依照法律法规规定对价格违法行为进行查处。西北其他省（区）发展改革委也相继出台了本省（区）的输配气价格管理和成本监审办法，并展开了成本监审工作。此外，国家能源局派出机构开展的天然气购销合同监管工作中包括对价格执行情况的监管，发现天然气价格违反国家发展改革委政策时，现场要求相关企业立即整改。

第五节　能源监管存在的主要问题

通过全面系统地梳理西北能源监管实践可以看到，随着能源行业发展和市场化建设推进，近年来，西北能源监管体系越来越趋于完善，在电力、煤炭、油气等行业的监管各主管部门分工越来越清晰，措施也越发系统，监管对行业建设和生产、安全保障、维护市场公平、确保市场稳定等方面的作用越来越强。但是，随着能源行业不断发展，外部经济社会需求瞬息变化以及不断升级的生态环境的要求，西北区域能源监管方面存在的监管体系不健全、监管法律法规不配套、监管标准建设滞后、监管方式单一、监管能力不足等问题也越来越凸显出来。

一、监管体系不够健全

（一）对油气和煤炭的监管机构和制度不配套、不健全

从派出能源监管机构的部门设置和职能安排看，只有电力监管的部门设置和职责分工比较完善，监管队伍相对完备，针对电力各个主要环节的监管都有相应部门负责。相比较，对油气和煤炭的监管，无论是部门设置还是制度配套，都存在缺失。这在一定程度上与派出能源监管机构的历史沿袭演变有关，但鉴于能源监管局（办）职责范围，显然部门设置和制度建设严重滞后于其工作要求。以西北能源监管局为例，现有的9个职能处室，除综合处和监察室外的5个业务部门中就有市场监管处、电力安全监管处、资质管理处3个处室只负责与电力相关的监管工作，稽查处也主要负责与电力监管相关的行政执法工作。另外的青海业务办和宁夏业务办的职责也是负责辖区内电力安全监管、供电服务监管、电力业务许可证核发等，都是围绕电力监管展开的工作。

但是在油气和煤炭方面，除油气管网公平开放列入了行业监管处的职责范围内，没有明确的职责安排和部门设置，工作以临时事项性的形式开展，没有制度化的工作安排，相

关工作基本都由行业处 1 个部门负责。对于派出能源监管机构而言，石油监管基本没有明确的主题和监管内容，也缺少临时性的监管任务，导致石油企业对监管缺乏认同。除煤矿安监局负责煤矿安全相关监管工作外，没有其他专门负责油气和煤炭监管的机构或部门，因此，油气规划落实不到位、煤炭建设秩序较乱等问题与相关监管机构和制度缺失不无关系。

（二）监管职责划分不明晰、监管主体多且职责分散

由于监管职责划分不清，西北能源监管职责交叉重叠问题较为严重，而职责重叠易出现监管漏洞、责任推卸、监管效率低下等诸多问题。其中安全生产监管领域的职责重叠问题最突出。以陕西为例，陕西省煤矿安监局、陕西省应急厅煤矿安监处、陕西省工信厅安全生产处、陕西省能源局安全和市场监管处都承担煤矿安全生产监管的职责。西北五省（区）中，新疆煤矿生产安全监管职责划分相对而言最为清晰，由新疆维吾尔自治区煤矿安监局全权负责。新疆省级政府能源相关部门内没有再下设煤矿安全监管机构，应急管理厅下属"非煤矿山安全监督管理处"，职能设置中明确将煤矿安全监管排除在外。在市场监管、行业监管方面也存在国家能源局派出机构与地方政府相关部门监管职责交叉的问题。

能源监管涉及价格制定和监管、投资核准、市场准入管理、市场秩序监管、规划落实、安全生产等环节。西北区域，电力监管主体相对较少。价格监管、市场准入管理（电力业务许可证）、电力市场秩序监管、电力规划落实监管、电力安全生产监管都由国家能源局派出机构负责。电价调整、制定和监管、电力项目投资核准由省（区）发展改革委负责。地方发展改革委也有电力规划落实监管的职责。相比而言，油气和煤炭的监管主体较多，职责较分散。油气价格制定监管、投资核准由省发展改革委负责，油气规划落实监管由省发展改革委和能源局派出机构共同负责，油气生产安全监管由应急管理局安全生产管理部门负责。煤炭监管由煤矿安监局、发展改革委、自然资源、生态环境、水利、国家能源局派出机构、市场监督管理局、应急厅、工信厅等多个机构承担相应的生产安全监管、项目审批、市场监管等职责。多主体管理体系下，职责分散，业务管理部门繁多，目标难以协调统一。其中，价格监管和投资准入监管等应该由监管机构承担的经济性监管职能，仍然由政府能源管理相关部门承担，行政管制方式在能源监管中仍然屡见不鲜，与建立市场调节的主导地位不符。

二、监管法律法规及其标准建设滞后

在电力领域，自 1995 年《电力法》出台之后，没有进行过适应监管需要的全面修订。涉及电力监管相关的条例，《电力设施保护条例》发布于 1987 年，《电网调度管理条例》发布于 1993 年，《电力供应与使用条例》颁布于 1996 年，《电力监管条例》颁布于 2008 年，距今已过去 10 年以上，都需要与当前市场化改革以及监管机构职能变化相适应，进

行相应的修订和调整。

煤炭、油气等其他能源领域同样如此。自 1996 年出台了《煤炭法》、1997 年出台了《节约能源法》以及 2005 年出台的《可再生能源法》之后，煤炭行业监管法律法规没有进行进一步的修订和增改，这与现代能源监管和经济社会发展现状存在较多的不适应之处。迄今为止，我国还没有颁布关于石油、天然气行业的单行法。针对油气监管信息报送，在 2019 年 5 月发布的《油气管网设施公平开放监管办法》（发改能源规〔2019〕916号）出台之前，相关工作主要依据 2014 年国家能源局发布的《关于做好油气监管相关信息报送工作的通知》，而没有更具规范性和更强法律约束力的法规文件。

此外，在当前市场化改革的背景下，市场准入、市场秩序、价格监管等方面的监管标准也不完善。随着电力体制改革的不断深入推进，新的市场主体、新情况、新问题不断涌现，已有的监管法规已不能满足新的市场需求。例如，输配电价改革持续推进，但关于输配电价执行情况的监管职责、新的赢利模式下电网企业的监管、评价方式尚不明确；又如，随着售电侧改革不断推进，对于参与市场售电公司的监管内容、方式也没有明确，不利于电力市场规范运营及监管工作有序推进。油气方面，《油气管网设施公平开放监管办法》虽已出台，但缺少可操作性的配套细则和标准，相关文件立法还需要进一步推进。

三、监管方式有待改进

西北区域能源监管方式有待改进，存在的主要问题有：非现场监管手段缺失、投诉举报制度没有发挥应有作用、信用体系建设尚处于探索阶段以及信息披露应用不够广泛。

（一）非现场监管手段缺失

西北地区能源监管主要依靠现场检查、座谈调研等方式实施，非现场监管手段严重缺失，不符合现代能源监管的要求。现代能源监管需要大量的采集和分析技术数据，通过传统的监管方式难以有效地实现。由于缺乏非现场监管手段，能源监管部门违法违规案件线索来源匮乏，行政处罚及争议调解工作开展受限。除供电监管检查、12398 群众投诉举报反映两方面途径以外，基本没有违法违规案件线索来源，能源行政执法效能的发挥有所弱化。现行监管对于互联网、大数据等新技术的应用明显不足。

（二）投诉举报制度有待制度化、规范化

随着 12398 能源监管热线的推广，西北地区能源监管投诉举报制度已初步建立，但是没有发挥应有的作用。在美国，大部分市场违规行为都是通过相关主体的举报发现的。监管机构负责接收投诉举报，并以非正式的协调协商的方式与相关能源企业沟通，多数举报问题可通过协商解决。对于未能通过协商解决的，按照正式程序，监管机构内的行政法官对案件进行听证和裁决，最终投诉举报制度很好地发挥了监管能源企业行为的作用。但是由于目前我国法治社会不健全，虽然建立了投诉举报制度，但是维权效益无法充分发挥，

投诉举报后达到的监管效果较差。

（三）信用体系建设有待完善

近年来，国家重视信用体系建设工作，出台了一系列法规和政策文件，主要有《社会信用体系建设规划纲要（2014~2020 年）》、《能源行业信用体系建设实施意见（2016~2020 年）》、《能源行业市场主体信用信息归集和使用管理办法》、《国家发展改革委 国家能源局关于加强和规范涉电力领域失信联合惩戒对象名单管理工作的实施意见》（发改运行规〔2018〕233 号）、《国务院办公厅关于加快推进社会信用体系建设 构建以信用为基础的新型监管机制的指导意见》（国办发〔2019〕35 号）、《能源行业市场主体信用修复管理办法（试行）》等。但是，信用体系建设仍处于探索阶段，目前出台的多为指导意见，还没有推出关于具体领域的信用监管办法和实施细则，通过信用体系约束和监管能源企业行为的机制还没有形成。

（四）信息披露应用不够广泛

通过信息披露接受社会监督是重要的监管方式之一，但是西北区域能源监管存在信息披露应用不够广泛的问题。在《油气管网设施公平开放监管办法》（发改能源规〔2019〕916 号）出台之前，没有对主动公开油气管网设施基础能力信息、剩余能力信息和已用能力信息的法规要求。能源局派出机构在监管发现部分供电企业未按照《供电企业信息公开实施办法》执行信息公开，供电企业没有充分认识到供电信息公开工作的重要性和必要性，没有及时、准确、规范公开涉及用户利益的有关制度和技术标准、停限电有关信息、电价和收费标准等相关内容，未能保障电力用户的知情权、参与权和监督权。监管机构的监管结果和成效也应及时、准确、全面地在官方网站等平台上公开，主动社会监督。

四、监管能力亟待加强

在监管能力方面，西北区域主要面临监管能力较为薄弱和执法手段不足的问题，监管能力亟待加强。

（一）监管能力不足

西北区域能源监管派出机构人员配置不够，监管力量短缺。一是人员数量少，随着能源市场化改革的不断深入，存在事多人少、工作任务繁重的困难；二是在煤炭和油气方面缺少专业监管人才，急需充实力量，开展针对性强的监管工作；三是电力市场监管和建设工作涉及的专业领域很多，需要专业人员在深入了解当前技术、标准、规程等背景的基础上才能制定出合理、有效、规范的市场规则。

西北区域能源监管机构提升监管能力、开展监管工作的经费不足。政府购买专业技术服务、购置非现场监管信息设备、开展专项监管需要更多的经费支持。美国加州能源监管机构——加州公用事业监管委员会（CPUC），相比而言有较强大的监管力量和较充足的预算。CPUC 主要负责加州的电力，天然气、电讯、供水，铁路及客运公司监管，服务 1150 万电力用户、1070 万天然气用户，监管超过 200 个发电机组、16.6 万千米的输气管道。CPUC 共有 14 个部门，员工约 1300 人。其中与能源监管相关的部门主要有消费者保护和安全监管部门、能源部门、安全执法部门、法务部门和行政法官办公室，共计约 570 人。2018 年，CPUC 的总预算是 3.5 亿美元，其中包括能源、供水等在内的公共事业监管预算是 2 亿美元①。

（二）执法手段单一

实现有效监管的重要保障之一就是强有力的监管执法手段。西北区域能源监管执法手段以限期整改、通报批评、纳入黑名单为主，力度较弱，监管工作的权威性和有效性难以保障。这主要是因为监管依据中缺少对执法手段的明确规定，或者没有授予力度较强的执法权力。在美国，联邦能源监管委员会和各州公用事业监管委员会，除拥有市场准入的审批权和定价权外，还拥有强大的执法队伍和行政处罚权力。据 CPUC 2018 年度报告，2018 年 CPUC 执法人员对电力和天然气事故共计展开了 474 次调查，依据相关法律法规对违反法律法规的能源企业开出了合计 1590 万美元的罚单②。

---

①②　加州公共事业监管委员会．2018 年度报告［R］．2019．

第六章　深化西北能源市场化改革与完善能源监管的方向与思路

在国家能源市场化改革逐步深入的大背景下，西北能源市场化程度不断深化，能源供给保障不断增强，发展质量稳步提升，创新能力逐步迈上新台阶，新技术、新产业、新业态和新模式逐步涌现，西北区域能源市场化改革站在了能源转型发展的新起点。西北能源领域在继续坚持市场化改革方向的基础上，不断理顺能源价格体系，逐步还原能源商品属性，充分发挥区域市场配置资源的优势，各省（区）结合自身特点因地制宜，深入推进西北电力、煤炭和油气等能源领域改革，从破除体制机制障碍、构建统一公平的区域能源市场体系和省级能源市场体系着手，全力推进能源行业高质量发展。

西北能源监管工作紧扣能源高质量发展的目标、任务和要求，针对新问题、适应新形势，理顺监管体制，完善监管思路，创新监管方式，提高监管效能，用科学有效的监管进一步促进西北能源市场化改革，以保障能源安全形势平稳、提升能源服务整体质量、推进能源治理体系和能力现代化建设、促进地方经济社会发展为目标，不断推动西北能源行业高质量发展。

第一节　深化能源市场化改革的方向与思路

一、西北电力市场化改革的方向与思路

结合新一轮电力体制改革"管住中间、放开两头"总体思路，落实政府报告中电力领域改革重点任务，进一步加快推进西北电力市场建设。西北电力市场建设中，未来一段时间关键问题是要着眼于"处理好五个关系，明确两个重点，推动一个发展"。具体来说，"五个关系"包括电力中长期市场与现货市场的关系、区域市场与省级市场的关系、电能量市场与辅助服务市场的关系、新业态与传统业态的关系和交易机构与调度机构的关系5个方面；"两个重点"指的是电力市场建设的初期建设侧重点和中长期规划重点；"一个发展"即推动西北电力行业实现高质量发展。

（一）西北电力市场化改革的方向

西北电力市场化改革的总体方向是要尽快确立适合西北区域实际的电力市场模式，培育多元化市场主体，通过完善省级电力市场推动市场融合；结合发展需求，在西北区域内更大范围地优化配置资源，通过着力构建区域电力市场，降低电力成本，引导电力行业投资，实现电力市场的健康可持续发展。从改革路径看，西北电力市场化建设可分为初期目标和中长期目标。

改革的初期的目标主要有五个方面：一是从市场模式看，要基本形成适合西北区域的电力市场模式，建立相应的市场运营规则；二是从市场格局看，要基本形成发电侧、售电侧主体多元、充分竞争的市场格局；三是从交易机制看，要基本完成省级电力市场建设，完善电力中长期交易和现货交易机制；四是从完善市场看，要以辅助服务市场建设为突破口，形成源、网、荷、储等上下游各环节共同参与的市场机制；五是从区域整体化角度看，要进一步打破省际壁垒，扩大跨省跨区电力交易份额。

改革的中长期的目标在初期目标的基础上不断完善以下四个方面的内容：一是完全形成并不断优化电力市场模式，完善相关运营规则；二是完全形成多元市场主体充分竞争的市场格局；三是完善电力中长期交易和现货交易机制趋于成熟，各类电力交易高效、有序开展；四是促进各省电力市场高度融合，区域市场交易活跃开展。

（二）西北电力市场化改革的重点任务

围绕电力市场化初期和中长期改革目标，西北电力市场改革的重点聚焦以下 10 个方面。

1. 加快推进发用电计划改革进度

按照国家政策文件要求，综合考虑经济结构、电源结构、电价水平、送受电规模、市场基础等因素，结合西北地区实际情况，及时制定发用电计划改革政策并组织实施，确保全面放开经营性电力用户发用电计划等国家政策有效落实，进一步扩大电力市场化交易规模。同时进一步落实规范优先发电、优先购电管理有关要求，推进保障优先发电政策执行。

2. 不断深化输配电价改革

结合国家电价改革进程，积极推进西北各省（区）不同种类销售电价的交叉补贴改革，分步骤分阶段减少工商业内部交叉补贴，稳妥处理好大工业与居民、农业用户交叉补贴。根据电网各电压等级的资产、费用、电量、线损率等实际运行情况进一步细化核定分电压等级输配电价，因地制宜根据本省（区）销售电量结构和电价水平，研究提出妥善处理交叉补贴的一系列政策措施与机制。

3. 进一步规范中长期交易

丰富省（区）间中长期交易品种。在优化省域间优先发电权交易基础上，不断丰富跨区跨省中长期交易品种，广泛开展电力直接交易、合同交易等多种类型，完善跨区跨省交易组织流程，逐步形成一套品种完备、组织有序的跨区跨省中长期交易体系。建立促进可再生能源消纳的交易机制。将保障性小时数以外的可再生能源纳入省间市场框架，明确其作为市场主体参与市场交易的属性。建立可再生能源与常规发电企业的替代发电交易机制，可再生能源与储热、储能、电采暖、蓄冷等可中断负荷电力用户的直接交易机制，促进多方共赢，共同推动可再生能源消纳。

4. 深化并完善辅助服务市场机制

在西北区域电力辅助服务市场"5+1"格局的基础上，坚持因势利导、逐步完善、区省结合、全面深化的工作主基调，围绕保障电力系统安全稳定运行、促进新能源电量消纳、健全电力市场机制等目标，进一步丰富交易品种、扩大市场主体范围、激发市场内生活力、调动主体积极性，做好与电能量市场和现货市场的衔接协调，最终形成公平开放、有效竞争的电力辅助服务市场体系。

5. 加快推进现货市场建设

研究制定现货市场建设方案和运营规则，加快开发建设现货市场相关技术支持系统。配套制定包括市场模拟在内的市场试运行方案，提前发现问题，及时完善市场规则和技术支持系统。加强市场运行跟踪分析、监测和预警，持续完善规则和系统，保障现货市场平稳可持续运行。提前制定市场应急预案，防范潜在风险，科学有序处置突发情况，确保电力安全可靠供应。

6. 持续鼓励社会资本投资增量配电业务

国网西北各省（区）电力公司、地方电力（集团）公司以外的存量配电资产视同增量配电业务，按照实际覆盖范围划分配电区域。同时，社会资本投资增量配电网控股的，在取得供电业务许可后即拥有配电网运营权，在供电营业区内拥有与电网企业相同的权利，并切实履行保底供电责任等相同的责任和义务。

7. 推进交易中心股份制改造

按照《关于推进电力交易机构独立规范运营的实施意见》要求，进一步厘清交易机构、市场管理委员会和调度机构的职能定位，发挥市场管理委员会重大事项决策和表决作用，确保议事程序公开、透明、公平合理，切实保障市场主体的合法权益。按照"多元制衡"原则落实交易机构股份制改造任务，规范交易机构的人员、资产和财务管理，健全信息共享和安全保障机制，加强专业化监管体系建设，逐步建成主体规范、功能完备、品种齐全、高效协同、全国统一的电力交易组织体系。

8. 探索推动区域市场建设

以西北区域电力辅助服务市场为切入点，在实现跨省调峰交易的基础上，深化跨省跨区电能交易、新能源跨省区发电权交易等多种交易形式，根据需要逐步推进调频、备用等辅助服务市场，并在备用交易的基础上开展容量市场研究，着力促进西北区域现货市场建设工作试点，开展筹建西北区域电力交易中心的可行性研究，服务于区域电力市场建设运营工作。

9. 持续促进新能源电量消纳

继续完善辅助服务市场机制，通过价格信号、市场机制激发企业提供调峰等辅助服务的积极性。进一步发挥区域电网互济作用，扩大新能源跨省区交易规模和品种，强化电网掌控和调度管理水平。持续补强电网，完善相关新能源送出网架，保障西北直流满送和电网安全稳定运行。进一步探索机制，推动跨区、省间、省内多个市场创新发展，以继续推动消纳能力升级为突破点，以不断完善市场机制为落脚点，推动西北新能源高效、科学发展。

10. 大力推进西北电网电力电量外送

西北区域煤炭、油气、新能源等资源禀赋十分丰富，当前西北电网已有 9 条网对网外送通道建成并投入使用，合计容量 5471 万千瓦，2019 年，全网外送电量突破 1500 亿千瓦时，外送型特征十分明显。为落实国家西电东送战略，应进一步促进跨区输电通道、配套电源及区域内电网建设，强化外送型电力系统构架。积极争取电力外送计划、与能源需求省份签订中长期送电协议，进一步完善电力外送价格机制，分环节降低电力外送价格，形成合理价格水平，既能促进地方经济发展，同时又能充分利用好区域内的可再生能源资源，提高外送电量中可再生能源电量比重，通过清洁能源、"绿电"提高西北电力外送的竞争力。

（三）西北电力市场化改革保障措施

为促进西北电力市场化改革目标尽快尽好地实现，离不开各方保障措施的强力支撑。现阶段西北电力市场化改革的保障措施主要有以下五个方面。

1. 加快推进西北区域电力行业信用体系建设

信用是市场发展的基础，因此，电力行业信用体系建设将从搭建平台、增加覆盖面、规范行为等方面予以推动。一是在搭建平台方面，要逐步建立完善统一的信息平台，并将市场主体、从业人员信用记录纳入信息平台。二是从增加覆盖面看，通过引进第三方征信机构，要求参与自主交易的电力市场主体向政府引入的第三方征信机构备案方式，做到征信范围全覆盖。三是从规范行为方面看，通过建立健全守信激励和失信惩戒机制，加大对不履约、欠费、滥用市场力、不良交易行为、电网歧视、未按规定披露信息等失信行为的监管力度；建立企业不良行为记录制度、负面清单等管理制度，形成市场淘汰机制，必要时可实施限制交易或强制性退出。

2. 建立市场风险防范机制①。

在市场风险防控方面，对供需紧张、价格波动、滥用市场力、违反合同约定等多种风险提前制定合理全面的应对措施。在现货市场建设的初期，为保证价格波动不超过可承受

---

① "建立市场风险防范机制"、"建立健全电力市场信息披露机制"、"建立电力市场运营评估机制"部分参考文献：马莉. 电力体制改革：速度和力度怎么增加 [J]. 能源评论, 2019 (2): 50-53.

的区间，可采取设置价格上下限的方法。随着电力市场的成熟和改革的不断深入，为有效防范市场力，可尝试引入寡头测试等市场力影响测试。此外，可考虑为市场主体提供规避价格风险的金融工具，探索电力金融交易机制。

3. 建立健全电力市场信息披露机制

按照公正性、透明性、选择性、时效性等原则，要求市场主体对于不同交易类型进行信息披露。对相关信息做到应公开尽公开，重点公开内容包括优先发电、优先购电计划编制、实施等行政管理信息，电力行业市场主体及其相关人员的承诺书、行政许可、行政处罚等信息，各级政府主管部门监督检查信息、交易规则、交易公告、通道可用容量、相关市场成交信息等，引导市场主体主动、有效参与市场，体现市场的公开、公平和公正。建立并完善电力市场信息公开平台，并实时维护更新，方便相关人员查阅公开信息。

4. 建立电力市场运营评估机制

随着现货市场试点陆续进入试运行阶段，相应地建立现货第三方运营评估机制，从市场运行效率、市场活跃度、社会福利增加、清洁能源消纳等多个角度对电力现货市场运作情况进行全方位评估，及时总结试点经验，不断完善西北区域电力现货市场规则和细则。

5. 完善跟踪考核落实情况机制

围绕落实优先发电优先购电计划、规范电力市场运行和市场主体准入、建立完善信用监管体系、依规实施信息公开等重点工作，建立上下联动的地方和企业督查考核机制，采用年度考核、不定期检查、专题督查等方式，确保事中事后监管各项措施落实到位。

二、西北煤炭市场化改革的方向与思路

西北煤炭市场化改革要以新一轮煤炭体制改革为契机，客观研判区域内外煤炭需求与供给新形势，全面分析西北煤炭市场现状及发展特征，准确把握煤炭发展市场化改革方向，高质量完成煤炭市场化改革的重点任务，最终促使煤炭在结构优化调整中实现高质量发展。

（一）西北煤炭市场化改革的方向

西北煤炭市场化改革的总体方向是要构建市场机制有效、投资主体活跃、宏观调控有度、监管体系健全的煤炭体制机制，以加快推进煤炭短期市场建设为主要基调，积极谋划中长期市场建设，最终实现煤炭市场化改革全面推进。按照改革路径，可分为初期市场建设和中长期市场建设两个目标方向。

初期市场建设的主要目标集中在淘汰落后产能、提高煤炭装备水平、推进煤炭清洁利用等方面，聚焦不断优化煤炭产业结构上。

中长期市场建设的主要目标是在完善现货交易的基础上，探索发展以煤炭为主的能源期货交易。结合西北区域的煤炭产地、消费地、铁路交通枢纽，加快西北区域煤炭交易平台的建设，积极开展涉煤品种期货交易的交易场所研究，建立区域性煤炭期货市场，帮助

煤炭及其他衍生品种的现货和期货交易高效、有序开展。

（二）西北煤炭市场化改革的重点任务

依托国家煤炭行业发展规划，结合现阶段西北煤炭市场化改革方向，相应的重点任务主要着眼于优化煤炭产业结构、全面推进矿权制度改革以及做到放活与管好有机结合三个方面。

1. 优化煤炭产业结构

一是积极推动西北区域国有煤炭企业发展混合所有制经济，完善现代企业制度，提高国有资本配置和运行效率；二是鼓励大型煤炭企业兼并重组中小型企业，培育一批大型煤炭企业集团，通过兼并重组，进一步发挥资源、技术、装备、管理、资金优势，积极培育发展工艺先进、生产效率和资源利用率高、安全保障能力强、环境保护水平高、单位产品能源消耗低的先进产能，实现安全环保集约化开采；三是进一步出台政策，鼓励煤炭清洁利用项目投资，在研究分析国际、国内形势的情况下，放宽对汽油、柴油、航煤、润滑油、甲醇等经济发展必需、国家战略需要的各类煤化工产品的投资，不断推动煤炭清洁利用。

2. 全面推进矿权制度改革

加快矿业权出让制度改革，充分发挥市场配置资源决定性作用，进一步健全资源有偿使用制度。一是新设煤炭矿业权初次配置煤炭资源（即一级市场）时，要依法实行招标、拍卖、挂牌等方式，以拍卖方式为主；二是规范程序，严格准入门槛，做到信息公开、科学评估，实现资源收益最大和全民共享；三是研究制订对原无偿划拨老旧矿山企业的保有资源实行有偿使用的具体办法。

3. 做好放活与管好相结合

一是通过简政放权，进一步减少政府在煤炭行业流通领域、投资领域以及定价等方面的无效干预，使市场在资源配置过程中充分发挥决定性作用，保证生产要素的无障碍流动，保障不同市场主体平等获取生产要素的权力，推动要素配置依据市场规则、市场价格、市场竞争实现效益最大化和效率最优化的配置。二是不断健全监管体制机制建设，强化煤炭行业监管，通过监管避免市场失效的发生。及时梳理分析西北煤炭行业监管存在的空白和短板，厘清监管职责、加强互联互动、发挥能源派出监管机构一线监管作用，明确监管职责，树立监管权威。

（三）西北煤炭市场化改革的保障措施

为更好促进初期和中长期西北煤炭市场化改革，需要着力在加强煤炭信用体系建设、构建煤炭应急储备机制和成立西北煤炭交易中心三个方面进行统筹发展，以全面保障改革顺利实施。

1. 加强煤炭信用体系建设

可从加强部门间信息共享和建立煤炭企业信用档案两个方面入手。由于煤炭行业涉及管理部门较多，为提高信息采集的效率和保证信息的及时更新，可在相关部门间建立煤炭信用管理信息共享机制。在建立煤炭企业信用档案方面，每次检查和监管的情况和详细信息都应纳入相关各类主体的信用档案中，并根据不同企业的信用情况合理科学地制定相应的监管方案，以发挥信用体系的作用。同时，对已关停或计划退出的煤矿，建立和完善煤矿退出信用档案，加强对煤矿退出相关情况的掌握和管理。

2. 构建煤炭应急储备机制[①]

在西北区域构建煤炭产品、产能等的应急储备机制，以应对煤炭行业短期异常波动，保持煤炭消费价格相对稳定。同时，在当前调整能源结构和去产能的背景下，当区域内出现局部煤炭需求突增的情况时，能够及时释放和协调产能，增加供应量以满足需求。除了应对短期的行业波动和供应紧张外，构建煤炭应急储备机制还具有长期战略性意义，充足的资源储备有助于增强在价格谈判时的话语权、保障煤炭的持续供给。

3. 成立西北区域煤炭交易中心

依托西北丰富的煤炭资源，借鉴国内、国际已有平台建设和运营经验，整合产地、集散地和消费地各类煤炭交易市场资源，优势互补，打造一个拥有煤炭交易、现代物流、价格发现、信息集散、金融服务、预警应急等多种功能的西北煤炭交易中心，最终为西北乃至全国煤炭稳定价格、活跃交易、优化结构和技术创新等做出贡献。

三、西北油气市场化改革的方向与思路

结合《关于深化石油天然气体制改革的若干意见》等文件，通过深化油气勘探开发、进出口管理、管网运营、生产加工、产品定价体制改革和国有油气企业改革，释放竞争性环节市场活力和骨干油气企业活力，从而进一步提升西北区域油气资源保障、集约输送及公平服务、市场风险防范等能力，促进西北区域油气行业持续健康发展。

（一）西北油气市场化改革的方向

根据国家油气体制改革方案中"管住中间、放开两头"原则，西北油气市场化改革的方向重点放在推进区域有序放开油气勘探开发、进出口及下游环节竞争性业务等方面，进一步研究探索推动油气管网基础设施公平开放接入，通过公平公正有序的竞争释放市场活力，提高西北油气供应保障能力，推动油气行业高质量发展。同电力和煤炭市场化改革一样，油气市场化改革也分初期和中长期两个目标推进。

初期目标着眼勘测开发、管输运营、多元市场培育三个层面，工作重点放在 4 个方面：一是初步放开上游油气勘查开采准入限制，允许符合准入要求并获得资质的市场主体参与常规油气勘查开采；二是建立油气管网公平接入机制，推进国有大型油气企业干线管道独立，实现管输和销售分开；三是促进下游油气销售业务市场主体更加多元，提升优质油气产品生产供应能力。加大天然气下游市场开发培育力度，促进天然气配售环节公平竞

---

① 赵敏，杨伟红，王国平等 . 我国煤炭资源的战略储备研究［J］. 中国矿业，2017（10）：90-92.

争；四是建立西北区域油气交易平台，鼓励符合资质的市场主体参与交易，通过市场竞争形成价格。

中长期目标在初期目标基础上，在上、中、下游三个层面中进一步加强：一是逐步形成并完善以大型国有油气公司为主导、多种经济成分共同参与的勘查开采体系；二是改革油气管网运营机制，提升集约输送和公平服务能力。油气干线管道、省内和省际管网均向第三方市场主体公平开放；三是实现下游油气销售业务的多元市场主体公平参与、充分竞争局面；四是完善油气储备体系，提升油气战略安全保障供应能力。

（二）西北油气市场化改革的重点任务

在国家"管住中间、放开两头"原则指导下，结合西北油气市场化改革初期和中长期目标，近期改革的重点任务主要集中在放开勘查开采、推进管网公平开放、完善价格体系、深化下游竞争、构建应急储备体系、建立交易中心六个方面，以激发市场活力，提升产业供应和服务能力、确保油气资源的可持续发展和有效利用。

1. 放开上游油气勘查开采准入限制，提升资源接续保障能力

因地制宜，实行勘查区块竞争出让制度和更加严格的区块退出机制，加强安全、环保等资质管理，在保护性开发的前提下，允许符合准入要求并获得资质的市场主体参与西北区域常规油气勘查开采，逐步形成以大型国有油气公司为主导、多种经济成分共同参与的勘查开采体系。

2. 推进油气管网公平开放，提升集约输送和公平服务能力

建立完善油气管网公平接入机制，分步推进西北区域内干线管道独立、管输和销售分离，积极引进民营企业公平接入。推进区域内国有大型油气企业干线管道独立，实现管输和销售分开。

3. 完善油气产品定价，激发市场主体活力

按照"管住中间、放开两头"的总体思路，推进西北油气价格改革，建立合理反映油气资源供给、市场供求关系、生态环境价值和代际补偿成本的油气价格机制，妥善处理和逐步减少交叉补贴，充分发挥价格杠杆调节作用。

4. 深化下游竞争性环节改革，提升优质油气产品生产供应能力

制定更加严格的质量、安全、环保和能耗等方面技术标准，完善油气加工环节准入和淘汰机制。提高国内原油深加工水平，保护和培育先进产能，加快淘汰落后产能。加大天然气下游市场开发培育力度，促进天然气配售环节公平竞争。

5. 完善油气应急储备体系，提升油气战略安全保障供应能力

建立完善政府储备、企业社会责任储备和企业生产经营库存有机结合、互为补充的储备体系。完善储备设施投资和运营机制，加大政府投资力度，鼓励社会资本参与储备设施投资运营。建立天然气调峰政策和分级储备调峰机制。

6. 建立西北区域油气交易中心，提升资源流动能力，优化配置效率

西北区域石油、天然气资源丰富，管网设施发达，是我国最重要的油气开发基地，也

是国家西气东输、北气南送等多条重要战略性气源通道的枢纽。在西北区域建立石油天然气交易中心，有利于增强西北区域现有天然气市场的灵活性和流动性，真实反映区域天然气供需情况和价格信号，优化资源配置，保障西北区域乃至全国能源安全与稳定供应。同时对促进全国油气市场化改革推进，探索国内天然气价格形成机制，切实推进油气行业高质量发展有着重要意义。应抓住市场化改革与国家油气管网公司成立的历史机遇期，统筹西北区域内的油气资源优势、管网设施优势、资本以及西安的区位和金融优势，本着"立足西北、服务全国、辐射丝路沿线国家、面向世界"的发展目标，按照"先现货后期货，先国内后国际"的发展战略，分两步走来筹建"西北区域油气交易中心"。第一步先期建成陕西本地的天然气现货交易市场，即"西安市石油天然气交易中心"；第二步建成"西北区域石油天然气交易中心"，并设立多个交割中心，实现西北区域油气资源的市场化配置和定价。

（三）西北油气市场化改革的保障措施

1. 改革政府管理体制

油气行业改革是全产业链全方位的改革，也包括政府部门自身的改革。简政放权、放管结合，逐步减少非必要的行政干预，以适应油气行业上中下游市场的变化。政府管理重点由量价控制转向制定适应油气行业健康发展要求的市场准入、技术标准和资质管理等，努力形成"竞争主体多元化、产品来源多样化、行业管理规范化"的市场格局，从更高层次上引导油气市场健康发展。

2. 推进油气法制建设

继续推动《能源法》和《能源监管条例》、《天然气管理条例》出台，进一步明确能源监管的职责范畴和执法权限，保障在石油、天然气领域开展监管工作的合法性和权威性，把依法监管理念贯彻于监管工作的各个环节，严格按照法律规定的程序和要求开展监管，确保权限合法、程序清晰、处理得当。

3. 推进信用体系建设

推进西北地区油气行业信用体系建设。充分发挥国家平台优势，突出政府、企业、用户纽带作用，充分挖掘利用信息数据资源，对报送和公开信息隐瞒真实情况等统计失信行为进行通报和曝光，将统计信用记录与政府补贴、招投标等直接挂钩，切实强化对统计失信行为的惩戒和制约。

4. 建立有效监管体系

建立健全油气行业监管法律政策体系，国家能源局及相关部门要加强政策联动和业务联动，灵活运用综合监管、专项监管等组织形式，发挥派出机构一线派驻作用，协同发力，监督国家油气政策执行情况，加强油气市场运行秩序监管，全面了解掌握各地实情，及时反映社会和行业呼声，坚决纠正违法违规行为。

第二节　完善能源监管的方向与思路

随着能源市场化改革全面深化，清洁低碳、安全高效的能源体系建设不断推进，管理职能转变、简政放权进程加快，西北能源生产和消费结构逐步优化，政府监管体系不断完善。当今，能源发展和市场化改革面临新的形势，对完善监管体系也提出了新的要求。一方面需要从外部支撑体系出发，在监管机构设置、优化职能配置、加快法规建设等方面不断完善；另一方面从内部自身建设着手，不断创新和完善监管理念、监管方式方法，切实提高能源监管整体效能。

一、西北能源监管面临的新形势

随着我国经济发展进入新常态，能源行业发展面临着新形势，能源领域"放管服"改革和市场化改革不断推进，能源监管也面临着更多的新任务和新要求。因此，准确把握新形势下能源监管的职责定位，对促进能源行业高质量发展具有重要的现实指导意义。

（一）能源市场化改革全面深化

随着能源市场化改革全面深化，高质量发展成为新要求。2013 年，党的十八届三中全会通过的《中共中央关于全面深化改革若干重大问题的决定》对全面深化改革做出总体的战略部署，经济体制改革成为全面深化改革的重点，其中，如何处理好政府和市场的关系，既能发挥市场在资源配置中的决定性作用，又能更好地发挥政府作用成为核心的关键问题。要想建立统一开放、竞争有序的市场体系，就必须要加快形成企业自主经营、公平竞争，消费者自由选择、自主消费，商品和要素自由流动、平等交换的现代市场体系，因此，着力清除市场壁垒，提高资源配置效率和公平性成为基础。

近年来，西北区域各能源领域有效竞争的市场结构和市场体系逐步构建并完善起来。在电力市场方面，改革重点放在了发用电计划改革、输配电价改革、现货市场建设、辅助服务市场建设、区域市场一体化建设等方面，五省（区）发用电计划已基本放开，除优先发电、优先用电电量外已全部进入市场；西北区域和各省（区）电网第二个监管周期输配电价监审已经结束，新的输配电价即将获批；甘肃电力现货市场进入连续试运行，其余省（区）现货市场建设方案已陆续出台，即将上报国家发展改革委；区域内已经形成了"5+1"的辅助服务市场格局，常规机组、自备机组、电力用户、共享电储能广泛参与，消纳新能源成效突出。中长期交易进一步规范，鼓励更多社会资本参与到增量配电等业务投资中，市场主体更加多元化。五省（区）《中长期电力交易规则》都已印发，电力中长期交易规模持续增加、市场逐步规范；全区域已有 9 个增量配电试点取得电力业务许可证（供电类），各类型售电公司广泛参与电力交易，电力体制改革在西北区域不断激发市场活力、释放改革红利。在煤炭市场方面，稳步推进矿权制度改革，包括流通、投资、价格等在内的市场交易要素将进一步理顺，煤炭市场结构不断优化，市场体系逐步完善。在油气市场方面，进一步开放、鼓励社会资本进入勘探领域，管网公平开放、国有油气企业改革也将进一步深化，使得成品油和天然气价格进一步理顺，油气应急储备体系将不断完善。

（二）清洁低碳、安全高效能源体系建设深入推进

随着生态环境约束日益强化，能源结构调整势在必行，能源生产特征将由传统的数量型、粗放型、高耗能、高污染向质量型、效益型、高效清洁型和可持续型转变，同时经营格局也会由基地式、集中化、远距离向区域性能源供需平衡转变。国家《能源发展“十三五”规划》（以下简称《规划》）进一步明确指出要全面推进能源生产和消费革命，努力构建清洁低碳、安全高效的现代能源体系。在电力工业的低碳转型方面，西北新能源装机容量接近 1 亿千瓦，占比超过全网装机总容量的 1/3，2019 年，全网新能源发电量 1532 亿千瓦时，占总发电量的 18%，新能源利用率 92.3%，弃电率同比降低 40%，自 2016 年以来新能源消纳形势实现持续好转。全网火电机组主力机型已由 30 万千瓦升级到 60 万千瓦，统调机组全部实现超净排放，平均发电能耗持续下降。同时，西北电网主网电压等级由 330 千伏升级到 750 千伏，电网结构更加坚强、大电网掌控能力和清洁能源消纳能力显著提高。在煤炭工业方面，西北以去产能为契机，积极调整产业结构和优化布局，淘汰高耗能、高污染产能，大力推进煤炭深加工和高质量发展。在油气方面，以保障资源供应安全为出发点和立足点，探索放开勘探开发准入，加强管道互联互通和储备应急设施建设。

能源监管重点将关注推进清洁低碳和安全高效能源体系建设两个方面。在推进清洁低碳方面重点工作包括对可再生能源消纳、节能减排、智慧能源建设以及电储能、灵活性改造等绿色创新技术应用等方面的监管，引导能源行业“清洁低碳，绿色发展”。在安全高效能源体系建设方面，基于能源生产供应是确保人民日益增长的美好生活需求的基础，能源监管的重点工作要着眼于完成各项重大保电任务，认真履行天然气保障供应监管，通过不断丰富安全监管内涵，确保能源安全稳定供应，为构建西北区域清洁低碳、安全高效能源体系提供保障。

（三）职能转变、简政放权加快推进

党的十八大以来，党中央、国务院大力推进简政放权、放管结合、优化服务。2019 年 6 月，李克强总理在全国深化“放管服”改革、优化营商环境电视电话会议上发表重要讲话，指出要推动简政放权向纵深发展，优化营商环境，放出活力，通过进一步放宽市场准入、继续压减中央和地方层面设定的行政许可事项、大力清理简并资质资格许可事项、进一步完善市场主体退出机制、压减审批时间和环节等重点工作任务，更好地发挥市场在资源配置中的决定性作用，着力重塑政府和市场关系。

在当前转变职能、简政放权的大形势下，能源监管要着眼于放管有效结合、监管和责任下放同步跟进，加强对简政放权后项目审批工作承接和落实情况的监管，确保放权能够放得下、接得住、落得实、管得好，确保能源项目投资开发规范有序，有效推动能源消费、供给、技术和体制革命。

二、健全西北能源监管体系的思路和举措

在新的形势下，西北能源监管工作通过贯彻落实"四个革命、一个合作"能源安全新战略，按照国家治理能力和治理体系现代化的要求，坚持目标导向和问题导向，以围绕和服务于国家政策的有效实施、能源改革的有序推进、能源市场的科学构建、民生用能的可靠供应为目标，不断创新和完善监管理念、监管体系、监管方式，切实提高能源监管整体效能，严格按照法律法规和"三定"规定履行能源监管责任，为促进西北区域能源行业高质量发展贡献监管力量。

（一）完善监管机构设置，明细监管职责

结合市场化改革深入推进的新形势，健全西北能源监管体系需要完善能源局派出机构设置，提高监管效能。一是可考虑调整优化区域和省级能源监管机构，整合监管资源，强化区域监管机构力量；二是与国家能源局机构设置相对应，增加派出机构油气、煤炭相应职能，并配备专业人员，以满足新形势下监管任务增多、重要性提升的要求。

在国家层面，通过建立健全法律法规对相应部门的监管职责和执法权力予以明确，填补监管漏洞，增强监管力度，明确监管的权威性和规范性。一是应进一步明确煤炭监管职责包括对煤矿建设秩序、煤炭清洁高效标准执行情况、煤炭市场运行情况以及煤炭规划落实情况等的监管；二是进一步明确油气监管职责，包括对自然垄断环节，即油气管网环节公平开放和管输价格的监管，对可竞争性环节，即勘探开采和销售环节市场开放程度和市场秩序的监管，以及对油气规划落实情况、油气储备情况等的监管。

（二）健全监管法规和标准建设，提升行政执法能力

能源行政执法和稽查是国家能源政策、规则有效实施的制度保障和法律防线。在国家层面，通过加强监管法规建设，大力推进如《能源法》和《能源监管条例》等与能源监管相关的法律法规出台，完善相关规章制度，进一步明确能源监管的职责范畴和执法权限，授予监管机构和人员与监管职能和监管目标相匹配的执法手段和执法权力，把依法监管理念贯彻于监管工作的各个环节，严格按照法律规定的程序和要求开展监管，确保权限合法、程序清晰、处理得当，提高能源行政执法和稽查工作的威慑力、公信力。

在区域层面，应加快研究制定能源监管配套规范标准文件的制定工作。一方面，充实完善现有能源监管条例中的内容。建立完善能源规划落实、市场的准入、许可证监管、价格制定和成本监审、普遍服务、基础设施网络开放、服务质量、市场行为、合同签订、会

计和可靠性标准、信息报送和信息公开等方面法规，它既应作为被监管对象行为规范的基本准则，也应是监管机构行使监管职能的主要依据。另一方面，配套出台相关专项监管细则和法规。如油气方面，出台与油气管网规划建设、管网运营企业财务核算、管网运营企业市场准入等重要环节相关的监管办法，天然气管输服务标准等。

（三）扩展监管思路，加强统筹协调

全面做实做好能源监管，不断拓展监管的宽度和深度。一方面，进一步强化对能源市场运行秩序和自然垄断环节的监管，加强电力调度、市场交易、价格成本、供电服务、油气管网设施公平开放、电力业务许可等监管工作；另一方面，着力针对"重审批轻监管"、"重政策制定轻贯彻落实"的情况，把更多行政资源从事前审批转到加强事中事后监管上来，要加强对规划、政策、标准、项目等落实情况的监督检查，落实简政放权事中事后监管责任，开展规划、政策后评估等工作，不断推动能源监管工作系统化、规范化。

在区域层面，应加强能源监管统筹协调，实行年度重点监管任务清单制度，相关部门据此制定工作方案并组织实施。同时，针对重点工作、重点问题，将以综合监管、专项监管、重点监管三种形式开展能源监管。针对中央关心、群众关切、市场反映强烈的问题，实施综合监管；针对特定地区、特定政策执行中的突出问题，开展行业、市场、电力业务许可专项监管。

（四）加强部门协同联动，形成能源监管合力

实现纵向和横向部门间的整体联动是落实监管效果的根本保障之一。西北区域内应处理好派出能源监管机构与地方能源管理部门之间的关系，构建横向协同、纵向联动、明晰高效的工作关系，认真落实"放管服"改革部署，持续完善权力和责任清单，丰富事中事后监管措施，形成监管体系合力。具体地，一是从拟定能源发展规划、产业政策、体制改革建议和核准、备案能源项目开始，加强部门联动、政策联动和业务联动，充分发挥整体工作效能。在重要政策性文件制定、监管工作规则中、拟定监管任务清单和监管工作方案时，同步征求派出机构的意见或会同派出机构一并完成。二是监管机构在制定监管制度、标准和方案时，也应征求地方能源管理部门意见。有效衔接，积极沟通，形成监管合力，构建监管闭环。

（五）创新完善监管方式，提升监管效率

创新完善监管方式，从加强能源监管信息化建设着手，探索非现场监管，提升监管能效。一方面，能源监管机构根据能源监管职责，建立完备的能源行业信息报送制度和数据共享系统，使监管信息报送工作制度化、标准化；另一方面，充分借助互联网信息技术，运用数据分析、大数据挖掘技术更好地聚焦监管重点，形成监管成果，提高监管效能。

在加强能源监管信息化建设方面，应推进信用体系建设和管理，形成市场监管新机

制，具体从以下两个方面予以推进：一是建立标准科学统一、指标合理完备的能源企业信用评估模型，在许可审查、事中和事后监管等环节中探索实施对不同信用等级的市场主体进行差别化分类监管，提高监管工作成效；二是能源监管机构定期发布西北区域能源企业的信用状况分析、月度失信黑名单统计、守信奖励、失信惩罚等信息，联合地方政府、能源企业、行业协会等通过多渠道向公众宣传能源信用体系、普及信用知识，让信用体系对能源企业的行为产生有效的约束力，推动能源企业和协会加强内部信用管理，从而达到监管市场秩序、营造能源行业良好信用氛围的目标。

做好投诉反馈，发挥社会监督作用也是加强能源监管信息化建设的一个方面。充分调动社会的力量，尤其是利益相关者的力量，提供违法违规行为线索，全方位、多角度监督能源企业行为。充分利用 12398 能源监管热线等渠道，做好投诉反馈工作，及时整理反映的问题并开展调查，坚持公平公正原则，对违法违规行为按照法律法规严格查处，关注后续跟踪问题的解决情况，让投诉举报制度真正发挥监督能源企业行为的作用。

同时，多措并举，发挥区域联动监管优势。发挥区域监管局在辖区内的业务牵头作用，组织协调区域内跨省能源监管工作，牵头组织开展重点监管、联合执法、交叉核查等工作；统筹审定、制定区域内跨省交易规则、办法，并加强督促落实；研究推动区域能源市场机制创新，打破区域内省界限制和行政壁垒，探索推动实施区域能源协同发展新机制建设。

在探索非现场监管方面，可从完善监管信息披露，展示监管成果。信息披露从两个层面着手：一是能源监管机构建立健全监管信息披露体系，及时完整地在合适的平台上向大众公开监管工作中发现的问题、采取的措施以及监管结果；二是形成机制，督促能源企业主动披露与用户利益相关的制度和技术标准等信息，保障用户的知情权，接受社会监督。

协同发力，实现部门联合执法。调查与处罚是有效实施能源监管的核心行政执法手段。监管机构应充分"借力"，加强与相关执法部门的联合执法，将能源监管机构的监管专业优势与其他部门的执法手段有机结合起来，将发现的问题和收集的证据报给具有更强执法能力的有关执法部门，联合对违法违规行为进行查处，提升监管力度。

（六）强化监管成果应用，提高能源监管效能

从国家层面看，通过国家能源局相关部门统筹，加强分析研判并强化监管成果应用。一是对监管中发现的问题及时采取政策调整、约谈等监管措施，编制发布监管报告、通报。对于典型性、苗头性问题，要视问题影响程度，综合采取监管约谈、责令改正、通报批评、发布监管报告等措施，及时予以纠正。二是通过加大稽查工作宣传力度，提升能源监管的震慑作用和社会影响力。充分运用网站、报纸、官方社交媒体平台等形式，公开12398 热线投诉处理事项、监管检查发现问题、行政处罚案件等，加大宣传力度，切实增强能源监管的威慑力和社会影响力。

参考文献

［1］陈嘉茹，陈建荣．《外商投资法》出台，外资大举进入油气领域再除障碍［N］．石油商报，2019-03-21.

［2］国家电网有限公司西北分部．西北电网 2018 年下半年暨年度厂网联席会议汇报材料［Z］．2019.

［3］国家发展改革委全国水力资源复查工作领导小组．中华人民共和国水力资源复查成果（2003 年）总报告［R］．北京：中国电力出版社，2004.

［4］国家煤矿安监局．砥砺奋进 70 年煤矿安全生产实现八个历史性跨越——新中国成立 70 周年全国煤矿安全生产工作综述［N］．中国煤炭报，2019-09-28.

［5］国家统计局．中国能源统计年鉴 2015-2018［J］．北京：中国统计出版社，2015.

［6］国家统计局．地区数据［DB］．2019. http：//data. stats. gov. cn/.

［7］国土资源部．中国矿产资源报告 2013-2017［J］．北京：地质出版社，2013-2017.

［8］甘肃能源监管办．甘肃省油气管网设施公平开放信息公开和信息报送专项督查报告［R］．2018.

［9］甘肃能源监管办．甘肃电力市场建设有关工作开展情况的报告［R］．2019.

［10］工业实现十大历史性转变——改革开放 40 年煤炭发展观察［N］．中国电力报，2018-07-28（005）.

［11］顾煜，白佳丽．西气东输主气源地向下游供气超 2300 亿立方米［N］．新华网，2019-06-02.

［12］黄少中．西北能源市场化改革与能源监管实践探索［R］．2017 中国能源政策研究年会，2017-12-22.

［13］黄少中．积极推进西北电力市场建设［J］．中国电业，2016（9）：6-9.

［14］惠树鹏，蔺全录．甘肃石油化工产业创新发展研究［J］．中国管理信息化，2010，13（11）：54-55.

［15］加州公共事业监管委员会．2018 年度报告［R］．2019.

［16］李睿．甘肃省煤炭产业发展循环经济路径研究［D］．兰州：兰州大学，2013.

［17］李强．新疆煤炭产业结构 优化成效显著［N］．中国能源报，2018-03-05.

［18］卢海．省财政下达 4 亿元支持电力直接交易试点［N］．青海日报．2016-03-28.

［19］林威．反行政垄断与必要的行政干预相协调——基于中国石油行业的分析［J］.

中国经济问题，2009（2）：34-42.

[20] 林卫斌，方敏．能源体制革命：概念与框架［J］．学习与探索，2016（3）．

[21] 刘化清，李相博，白云来，李天顺．甘肃省油气勘探开发现状及资源潜力［J］．天然气地球科学，2006，10（5）：612-613.

[22] 刘满平．国家管网公司成立后将面临七大挑战［J］．新能源经贸观察，2019，068（Z1）：64-66.

[23] 刘满平．从石油、天然气"十三五"专项规划谈中国油气体制改革［J］．新能源经贸观察，2017（Z1）：57-59.

[24] 刘瑞丰，陈天恩，李焰．西北新能源消纳和省间交易运营高质量发展的实践与思考［J］．中国电力企业管理，2019（19）：44-47.

[25] 鲁东侯．油气发展新战略［J］．中国石油石化，2015（12）：42-45.

[26] 马莉．电力体制改革：速度和力度怎么增加［J］．能源评论，2019（2）：50-53.

[27] 马新．直购电释放改革红利［N］．青海日报，2017-01-25.

[28] 毛家义．四川天然气定价形成机制演变及价格变化综述［J］．西南石油大学学报（社会科学版），2015，17（5）：16-23.

[29] 宁夏回族自治区煤炭工业厅．当代宁夏煤炭工业［M］．银川：宁夏人民出版社，1988：107-108.

[30] 齐拓野，米文宝．宁夏能源矿产资源的开发与利用［J］．宁夏工程技术，2006，5（2）：201-205.

[31] 钱兴坤，吴谋远．石油工业书写辉煌新篇章——改革开放40年石油发展观察［EB/OL］．中国电力新闻网，2018-08-13. http：//www.cpnn.com.cn/.

[32] 青海省能源局．青海能源发展报告2018［R］．2019.

[33] 慎达．改革开放三十年 陕西石油大发展［J］．现代企业，2009（1）：6-7.

[34] 司贺秋．输配电价改革的成效、问题及措施建议［J］．中国电力企业管理，2018，523（10）：50-53.

[35] 汤烫．新疆煤炭业的发展［J］．新疆财经，1988（4）：23-27.

[36] 谭荣尧，赵国宏．中国能源监管探索与实践［M］．北京：人民出版社，2016.

[37] 王俊豪，程肖君．网络瓶颈、策略性行为与管网公平开放——基于油气产业的研究［J］．中国工业经济，2017（1）：117-134.

[38] 王俊豪．中国现代能源监管体系与监管政策研究［M］．北京：中国社会科学出版社，2018.

[39] 王显政．深化煤炭供给侧结构性改革 建设现代化煤炭经济体系［J］．中国煤炭工业，2017（12）：4-8.

[40] 王显政．2018年夏季全国煤炭交易会开幕式主旨演讲［EB/OL］．国家煤炭工业网，2018-07-20.

［41］王璐，俞卜丹．电改加速：电力交易机构上报股改方案，公开招募非电网股东
［N］．经济参考报，2019-07-11．

［42］魏昭峰．中国电力统计年鉴2015［M］．北京：中国电力出版社，2015．

［43］吴吟．结构调整是煤炭工业"十五"期间的现实选择［J］．中国煤炭，2001
（8）：13-18．

［44］吴吟，张立宽．我国煤炭工业实现十大历史性转变——改革开放40年煤炭发展
观察［N］．中国电力报，2018-07-28（005）．

［45］西北能源监管局．陕西、宁夏、青海油气管网公平开放监管研究报告
［R］．2017．

［46］西北能源监管局．西北区域"十三五"电力规划中期实施情况监管工作的报告
［R］．2018．

［47］西北能源监管局．西北区域电力市场有关工作开展情况的报告［R］．2018．

［48］西北能源监管局．国家能源局西北监管局组织召开西北（陕宁青）电力安全宣
贯培训会议［A］．2018-12-25．http：//xbj.nea.gov.cn/．

［49］西北能源监管局．2018-2019年度陕、宁、青三省（区）煤炭供需形势分析预
测的报告［R］．2019．

［50］西北能源监管局．国家能源局西北监管局2018年度12398能源监管热线投诉举
报处理情况通报［N］．2019-02-13．http：//xbj.nea.gov.cn/．

［51］徐清叙．浅析小型煤矿资源整合的必要性［J］．新疆有色金属，2013，36（4）：
61-62．

［52］徐烁．2018年中国加油站行业发展及趋势分析 全面进入加油站3.0时代［N］．
前瞻经济学人网站，2019-01-16．

［53］徐亮．从"计划"走入"市场"迈向高质量发展——改革开放40年煤炭改革
观察［N］．中国电力新闻网，2018-07-24．http：//www.cpnn.com.cn/．

［54］鄢晓非，魏晓平．煤炭产业集中度与经济效率研究［J］．统计与决策，2016
（3）：145-148．

［55］严绪朝，俞志华，丛强．对石油产业寡头垄断与市场竞争的深入思考［J］．国
际石油经济，2014，22（4）：1-8．

［56］严琼．青海省国有煤炭企业现状与发展探讨［J］．柴达木开发研究，1994（5）：
40-44．

［57］杨习理，张萍．宁夏石油和化学工业的发展现状和展望——庆祝中国石油化工
信息事业创建45周年专题报道［J］．宁夏石油化，2004（3）：1-2．

［58］叶泽，吴永飞，李成仁，等．我国销售电价交叉补贴的关键问题及解决办法
［J］．价格理论与实践，2017（4）：22-26．

［59］于崇德．中国电力统计年鉴2016-2018［M］．北京：中国电力出版社，

2016-2018.

［60］张粒子. 我国输配电价改革中的机制建设和方法探索 ［J］. 价格理论与实践，2016（2）：29-31.

［61］张帅，冉涌. 山西电力现货市场首次按日结算 ［N］. 山西青年报，2019-09-06.

［62］郑军. 新疆国有重点煤炭企业建立现代企业制度研究 ［D］. 首都经济贸易大学，2001.

［63］邹维，张萍. 新疆煤炭：价格和优势资源转换战略 ［M］. 新疆社科信息，2010（4）：23-26.

［64］《中国电力年鉴》编辑委员会. 中国电力年鉴2015-2018 ［J］. 北京：中国电力出版社，2015-2018.

［65］中国电力联合会. 2014-2018年电力工业统计资料汇编 ［Z］. 2014-2018.

［66］中国煤炭工业协会. 2018煤炭行业发展年度报告 ［R］. 2019.

［67］中国能源研究会. 中国能源发展报告2018 ［M］. 北京：中国建材工业出版社，2018：131.

［68］中国石油集团经济技术研究院. 2013-2018年国内外油气行业发展报告 ［M］. 北京：石油工业出版社，2015-2019.

［69］中国石油天然气集团有限公司. 2018企业社会责任报告 ［R］. 2019.

［70］朱吉茂，李瑞峰，李卫东，王雷. 关于煤炭行业管理继续推进简政放权的探讨 ［J］. 中国煤炭，2018，44（6）：12-14.

［71］Djankov S, Glaeser E, La Porta R, et al. The New Comparative Economics ［J］. Journal of Comparative Economics, 2003（31）：595-619.

［72］Glaeser E, Shleifer A. The Rise of the Regulatory State ［J］. Journal of Economic Literature, 2003, 41（2）：401-425.

［73］La Porta R, Lopez-De-Silanes F. The Benifits of Privatization：Evidence from Mexico ［J］. Quarterly Journal of Economics, 1999, 114（4）：1193-1242.

［74］La Porta R, Lopez-De-Silanes F, Shleifer A, et al. The Quality of Government ［J］. Journal of Law, Economics and Organization, 1999, 15（1）：222-279.

［75］Shleifer A. State Versus Private Ownership ［J］. Journal of Economic Perspectives, 1998, 12（4）：133-150.

［76］Shleifer A. Understanding Regulaiton ［J］. European Financial Management, 2005, 11（4）：439-451.

后 记

本书是中国能源研究会能源政策研究中心重点课题"西北能源市场化改革与能源监管研究"的主要成果，课题研究得到西北能源监管局的深度指导和参与。推进西北能源市场化改革和加强能源监管是西北能源监管局的两项重要职能，课题研究及本书的写作与西北能源监管局的工作深度融合。西北能源监管局的吕锐副处长、王瑜副处长、高永明等深度参与了课题研究和本书写作，蔺宝生处长、刘佳鹏处长、吴晓伟副处长参与课题研究并提出意见。中国能源研究会能源政策研究中心的王万兴、平泽宇、董菡和特约研究员王冬容、宋敏等也参与了本书的写作。

课题研究得到了能源基金会的资助，在此特别感谢陆一川先生和袁静女士的支持和帮助。课题研究过程中得到中国能源研究会领导和专家的指导，包括史玉波常务副理事长、周大地常务副理事长、陆启洲副理事长、吴吟副理事长、韩水特邀副理事长、郑玉平秘书长，国家能源局向海平总工程师、戴俊良司长，清华大学夏清教授，华北电力大学张粒子教授等也对课题研究提供了指导，在此一并表示感谢。

开展西北能源市场化改革与能源监管研究具有重要的理论价值和实践意义。由于研究所涉及的领域较广，本书开展的主要是框架性和基础性的工作：对西北区域能源发展的特点和趋势进行系统性的分析，对西北能源市场化改革的进展和能源监管的实践以及面临的问题进行客观的提炼，对深化西北区域能源市场化改革和完善能源监管提出方向性的思路和建议。本书的研究时间截至 2019 年 12 月，涉及的数据皆是截至 2020 年 5 月可获得的数据，但是由于能源行业数据公开具有一定滞后性，本书数据截至多为 2018 年底，个别为 2017 年，在此特别说明。后续，我们将在有关方面的指导和帮助下，开展西北能源市场化改革和能源监管的相关专题研究，为推进西北能源市场化改革和完善能源监管提供可操作性的政策建议。同时，希望本书能抛砖引玉，对该领域的研究提供基础性素材和启发，集思广益推动后续研究。受时间和能力所限，书中疏漏之处在所难免，恳请读者批评指正。